不动产估价

王　喜　陈常优　编著

科　学　出　版　社
北　京

内 容 简 介

本书按照理论—方法—实务的思路进行组织，全书共分为11章。第一章是绪论，主要介绍不动产估价的相关概念及意义、不动产价格的类型及其影响因素、不动产估价的原则与程序等；第二章主要介绍不动产估价的基本理论，包括地租理论、区位理论、成本理论、供求理论，并对这些理论在不动产估价中的应用进行阐述；第三章至第九章是本书的重点，主要介绍不动产估价的基本方法，包括收益还原法、市场比较法、成本法、假设开发法、基准地价系数修正法、路线价法以及长期趋势法、数理统计法等，并结合实例，对每种方法的基本原理及应用进行具体说明；第十章为资源性资产评估方法，包括矿产资源、农用地、森林资源、草原资源等不动产的评估方法；第十一章为不动产估价实务，针对不同估价目的的不动产估价、综合用地评估、负有他项权不动产的估价等各种类型的估价实务，分别说明适用的评估方法，最后介绍了不动产估价报告的撰写。

本书可作为高校土地资源管理、房地产经营与管理、人文地理与城乡规划、自然地理与资源环境、工商管理、城市规划等专业的本科生及研究生的不动产估价课程教材，也可作为不动产估价人员或有志于成为不动产估价行业的人员进行培训、资格考试的学习参考书。

图书在版编目（CIP）数据

不动产估价／王喜，陈常优编著．—北京：科学出版社，2015.5
ISBN 978-7-03-044303-8

Ⅰ．①不⋯　Ⅱ．①王⋯②陈⋯　Ⅲ．①不动产–资产评估　Ⅳ．①F293.3

中国版本图书馆 CIP 数据核字（2015）第 101848 号

责任编辑：文　杨／责任校对：赵桂芬
责任印制：徐晓晨／封面设计：迷底书装

科 学 出 版 社 出版
北京东黄城根北街16号
邮政编码：100717
http://www.sciencep.com

北京厚诚则铭印刷科技有限公司 印刷
科学出版社发行　各地新华书店经销

*

2015 年 6 月第 一 版　开本：787×1092　1/16
2017 年 3 月第三次印刷　印张：17
字数：403 000
定价：48.00元
（如有印装质量问题，我社负责调换）

前　言

随着我国市场经济的不断发展和完善，不动产行业不断发展壮大，不动产流通的数量和范围不断扩大，不动产买卖、租赁、抵押、投资入股等经济活动日益增多，不动产分割、清算等数量不断增加，特别是随着我国不动产登记制度的实施，不动产交易将变得更加活跃。建立科学的不动产估价方法与制度，是促进不动产行业健康发展的必要前提，不动产相关的各种经济活动，无不是以不动产估价为基础的。为此，在吸收国内外相关优秀教材的基础上，结合作者长期从事不动产估价理论研究和实践工作的经验，组织长期从事不动产估价教学与研究的学者们共同编写了《不动产估价》教材。本教材与国内其他优秀教材相比，主要是增加了资源性不动产的估价方法以及不同目的的不动产估价、负有他项权利的不动产评估、综合用地评估等内容。

本书按照理论—方法—实务的基本思路进行组织，共 11 章。第一章为绪论，主要介绍了不动产估价的相关概念、不动产的价格类型及影响因素和不动产估价的原则及程序；第二章为不动产估价的基本理论，包括地租理论、区位理论、成本理论以及供求理论；第三章至第九章是不动产估价的基本方法，包括收益还原法、市场比较法、成本法、假设开发法、基准地价系数修正法、路线价法以及长期趋势法、数理统计法等其他方法；第十章为资源性资产评估方法，包括矿产资源、农用地、森林资源、草原资源等不动产的评估方法；第十一章为不动产估价实务，包括不同估价目的的不动产估价、综合用地评估、负有他项权不动产的估价、不动产估价报告的撰写等内容。

本书由王喜、陈常优编著。各章编写分工如下：王喜负责第一、二、七章，崔彩辉负责第三、四、五章，路婕负责第六、十章，傅建春负责第八、九章，陈常优负责第十一章。全书由王喜、陈常优负责修改与统稿。在书稿完成过程中，研究生毋晓蕾、李东伟、彭宏杰、何耀星、张琴梅、王慧丽、王茹楠、王昊、王楠楠、孙文晓等参与了资料收集、校稿等工作，在此对他们的辛苦劳动与付出表示感谢。

由于编者水平有限，本书难免有疏漏之处，恳请广大读者批评、指正，以便修订和完善。

编　者

2015 年 4 月

目　　录

第一章 绪 论

第一节 不动产的概念及特性

一、不动产的概念

不动产，顾名思义是指不能移动的财产，关于不动产的定义有许多种。在民法中，将财产（或称为财务）分为动产和不动产两类。例如，《法国民法典》第 516 条规定："一切财产，或为动产，或为不动产。"对动产和不动产的划分，通常是以财产能否自由移动为依据。不动产的主要特征表现在它不能移动，或者虽然可以移动，但移动后会破坏它的完整性、使用价值及功能，或者会带来明显的经济损失。各国在对不动产的界定上说法不一，下面列举不同国家或地区对不动产的解释。

不动产在英语中，称为"real estate"或"real property"。"real estate"一词具体是指土地及附着在土地上的人工构筑物和房屋。"real property"一词具体是指"real estate"及其附带的各种权益，包括所有权在内的，以及与此相关的保有权、享用权、管理权、处分权等。现在，不动产（real estate）和不动产权益（real property）通常可以互换使用。美国不动产概念包含两个递进层次：①把土地和房屋、构筑物等附着物当做一个整体来看待；②把土地及房屋、构筑物附带的各种权利合在一起广义地视为一个整体。

《意大利民法典》第 812 条规定："土地、泉水、河流、树木、房屋和其他建筑物，即使是临时依附于土地的建筑物以及在一般情况下那些或是自然或是人为地与土地结为一体的物品是不动产。固定河岸或者河床之上并且为永久使用而建造的磨房、浴场以及漂浮在水面上的建筑视为不动产。"

罗马法对动产与不动产的划分是：凡是能用外力推动或自行能够移动，且不改变其性质和价值的物，如牲畜、家禽、家具和器皿之类，称之为动产；反之，如土地房屋等物，称之为不动产。

《日本民法典》第 86 条规定："不动产是指土地及其定着物。"土地的定着物，是指继续定着于土地，在不容易分离的状态下使用，如房屋、桥梁、石墙、水井等均属不动产。种植的树木也是土地的定着物，但暂时种植者则非土地的定着物，而是动产。是否定着于土地需要依社会一般观念决定，不过通常认为与土地分离而使土地发生变更，或因分离而需要花费相当的劳力费用的，即被称为定着物，但附着于土地的农作物不属于不动产。在此定着与附着两个词有着严格的区分。

中国内地有关立法中，也使用了不动产的概念，如《中华人民共和国担保法》第 92 条规定："本法所称不动产是指土地以及房屋、林木等地上定着物。"依我国台湾地区民法典第 66 条的规定："称不动产者，谓土地及其定着物。不动产之出产物，尚未分离者，为该不动产之部分。"

在我国香港特别行政区，通常使用"物业"一词，在物业管理上就是不动产，仅不同叫法而已。香港李宗锷先生对物业的解释为："物业是单元性地产。一住宅单位是一物业，一工厂楼宇是一物业，一农庄也是一物业。故一物业可大可小，大物业可分割为小物业。"

综上所述，我们可以从广义和狭义两方面来给不动产下定义。广义地说，不动产是指土地及其地上的一切定着物，包括土地、地上地下的建筑物和构筑物（如房屋、道路、桥梁、围墙、水利设施、地下室等）、河流、森林、草原、矿山等。狭义地说，不动产主要是指土地及其地上的建筑物和构筑物，具体指土地和房屋及其附属设施，也就是我们经常说的房地产或者物业，因此房地产的评估占整个不动产评估的绝大多数。另外，我们理解不动产的概念，要把握不动产是实物和权益的统一体，既要理解不动产中看得见、摸得着的部分，如土地的形状、大小、地形、地势、地质条件、是否平整，定着物的外观、结构、设备、内部装潢等实体要素，又要理解不动产中无形的、不可触摸的权益部分，它是一种权利束，包括所有权、使用权和他项权利，以及在此权利上享有的利益和收益。只有这样，我们才能完整地理解不动产的内涵。

二、不动产的特性

不动产与一般商品、不动产价值价格与一般商品的价值价格相比，有其独特的特点，这是由不动产本身所具有的特性而决定的，充分认识并掌握不动产的特性，是准确分析不动产价格、进行不动产估价的前提和基础。不动产是指土地及其地上的一切定着物，它的特性主要由土地的自然特性决定，其基本特征是不可移动性。另外，不动产作为一种财产，体现的是人们之间的社会关系和经济关系，所以不动产的特性除了自然特性外，还包含一些社会经济特性。

综合起来，不动产的特性包括：不可移动性、长期使用性、个别性、总量有限性、高价值量性、用途多样性、影响广泛性、权益受限性、难以变现性、保值增值性。

1. 不可移动性

不可移动性指土地的自然地理位置固定，不是以人类的双手所能移动的。另外，固定或依附于土地的建筑物或其他附着物由于土地的固定性，它们的位置也是固定的，通常也不能移动。它们虽然可以被拆除或因某种力量引起其位置的改变，但拆除后就不再是建筑物，或因其性质和形状的改变，不再是原不动产的组成部分，因此包括建筑物和其他附着物在内的不动产同样具有不可移动性。由于不动产具有位置固定性，不动产效用就严格受到位置的支配，且在进行不动产买卖时，也要到实地观察，不能采取样品交易方式。

不动产位置固定的性质，决定了每宗不动产都处于特定的自然和社会环境之中，形成了每宗不动产独有的自然地理位置和经济地理位置，即不动产具有明显的区位优劣差异。区位，是指某地域空间范围内各种事物的位置分布及其相互联系，除自然地理位置外，还包括可达性（接近的难易程度）、联系的便捷性、与重要场所的距离、地域自身的社会经济地位等。不动产的地理位置是固定的，但其在被人类利用过程中所表现出的区位条件则是可变的。例如，有些地区原为良好的住宅区，因附近建有工厂以致变成环境污染或过密的住宅区，影响居住区的居住条件。相反，有些原为不好的居住区，由于公共设施的兴建而变成优良的居住区，城市内的居住小区改造正体现了这一点。由于不同时期的社会经济状况会发生变化，不动产所处的地理位置虽然固定不变，但其社会经济地位却会发生变化，即不动产的经济位置是可变的。城市内道路和车站的增加或迁移，基本设施的扩建、改建，都会影响市区土地的经济价值和利用效益。

不动产位置固定的性质，也决定了不动产市场是一个地区性市场，不动产的供给和需求局限于一定的空间范围内。也就是说，某地的不动产供给，只能来自于当地土地资源的开发和利用，而不动产需求也只是对当地不动产的需求。因此，不动产市场既受限于当地的土地资源状况，也受限于当地的社会经济条件和市场需求。

2. 长期使用性

长期使用性也称耐久性，指土地不因使用或放置而损耗或毁灭。从本质上说，土壤和岩石虽然会流失或风化，地形和地貌也会发生变化，但土地本身却是永存的，可供人类永久性使用。一方面，如果进行合理利用，其收益也是永久性的。建筑物的寿命一般也很长久，可以长期使用，其使用寿命主要受经济寿命的制约。也就是当使用和维护建筑物所能带来的利益或收益低于所需支付的成本时，建筑物不再具有保留价值。另一方面，如果能更有效地利用土地或者能更好地实现土地的经济价值，则也有拆除建筑物的必要。

不动产的耐久性可给产权人带来现实和未来的持续收益，但是产权人所能获得的未来持续收益受有关法律的制约。例如，我国规定，土地使用权出让的最高年限分别为：居住用地70年，工业用地50年，教育、科技、文化、卫生、体育用地50年，商业、旅游、娱乐用地40年，综合或其他用地50年。以出让方式取得土地使用权的，只能在出让合同约定的使用年限内获得土地收益；如果转让其不动产，则土地使用权年限为原出让合同约定的使用年限减去原土地使用者已使用年限后的剩余年限，因此受让方只能获得土地使用权剩余年限内的不动产收益。因为土地使用权期满后将被国家无偿收回，如果续期则必须按新的合同约定重新交纳续期年限内的土地使用权出让金。因此，我国的不动产估价必须考虑土地使用权年限的限制。

3. 个别性

个别性指土地的异质性，即任何两宗土地都存在一定的差异。尽管两栋建筑物可以采用完全相同的建筑设计，但也会因为它们各自所占土地的自然条件和坐落位置等的不同而使这两宗不动产在实质上并不相同。此外，假定两相邻地块其他各种差异可以忽略不计，只是土地利用强度（容积率、建筑密度、建筑高度等）的规定有所不同，则两地块会因产权人权益的不同而不同。在极端情况下，即使是同一宗土地，也会因为设定他项权利后的权益发生变化而与此前的不同。

不动产的个别性使得不动产之间不能实现完全替代，每一宗不动产的价格都存在差异，因此不动产市场是一个非完全竞争的市场。同时，由于不动产涉及多方面的综合知识，使得不动产市场交易信息严重不对称，因此需要不动产估价专业人员提供估价服务。

值得注意的是，不动产尽管有个别性，但在不动产之间仍有一定程度的替代性，相邻的不动产之间存在一定的竞争，价格上相互影响。因此，为评估出估价对象不动产的价格，我们可以选择一些可比交易实例并进行价格修正，从而得出估价对象不动产的价格。市场比较法评估不动产价格正是基于替代原理。

4. 总量有限性

总量有限性指人类赖以生存的土地资源总量是固定不变和有限的，既不可能增加，也不可能减少。土地是自然物，是自然历史的产物，不能被人类所创造，相对于人类无限需求而言，数量十分有限。人类的劳动会影响土地的质量，但对土地总面积的影响却是极其有限的，甚至是微不足道的。移山填海，扩展陆地，固然能办到，从而增加了一定的陆地面积，但从广义的土地来说，整个地球的土地总面积是固定不变的。土地面积的有限性是针对土地总面积而言的，就某一特定用途面积而论则是不断变化的。例如，在一定地区范围内，居住用地增加，相应的其他某些用地面积就会减少；城市建设用地增加，农业用地就会减少。除此之外，土地价格增加也不可能使土地自然供给总量增加，所以土地的自然供给缺乏弹性。由于土地供给有限，在土地上可建造的定着物或是附着物的数量也是有限的。

不动产的供给有限性，使得不动产具有独占性。良好土地区位的不动产被占有后，其占有者就形成对它的垄断，可以获得占有、使用、收益、处分的权利。别人若要享有这些，需要进行不动产的交易，支付一定的代价。要增加不动产的供给，有两个途径：一是将未利用的土地转化为不动产；二是集约利用不动产，提高不动产的利用效率，如增加容积率等，这主要是通过增加不动产的经济供给来实现。

5. 高价值量性

不动产与一般商品相比，价值很大，表现在不动产的总价值和其单位价值都很高。例如，一宗不动产的总价值可达数十万元甚至上亿元，一平方米土地的价格少则数百元，多则数千元，甚至上万元。不动产交易额也特别高，达数十万元或数亿元之多。并且不动产出售或转让一般是整宗或成单元成套进行，不像食品等商品可以批发或零售。国家规定，不动产不能按平方米等小单位零星销售，不可分割销售。因此，不像一件家具或是一件电器那样，居民能够买得起，不动产的销售价格往往让人望而却步，甚至普通老百姓一辈子的积蓄也买不起一套商品房，更不用说别墅了。

6. 用途多样性

用途多样性指土地可根据人类需要用于多种不同用途，如作为商业、住宅、工业、农业用地等。在一定条件下，不同用地之间可实现相互转化。例如，由于土地用途的多样性与土地数量的不增性并存，从而引起不同用途之间的竞争和改变，农业用地转化为商业、住宅或工业用地等，或工业用地转化为商业或农业用地等，只要这种转化能够使土地资源得到更有效或更适宜利用，或者为了满足人类对某种用地的急需。同类用地也可在利用形式上发生变化，如改变用地的利用强度和空间分布等。此外，不同用地还可实现空间交叉或并存，如在一定的地区既有居住用地，也有林地、农地、工业用地等。

由此可见，虽然土地资源总量是固定不变的，但由于土地用途可以转化，土地利用强度可以改变，因此对各种用地类别而言，土地供给又是有弹性的。为区别于土地的自然供给，一般将这种供给称为土地的经济供给。应当指出，土地的经济供给虽然有弹性，但弹性较小。因为土地一旦被用于某种用途，则改变用途需要花费成本；而且某些用途转变后就不再具有逆转性，或者因为逆转成本太高，或者因为土地适宜性已经完全改变。土地的利用强度也不能随意改变，它受到建筑技术、经济实力以及周围环境和公共利益等的限制。因此，用途多样性虽然有利于促使不动产趋向最佳利用方式，但同时它又受到各方面的制约。

7. 影响广泛性

影响广泛性指不动产涉及社会的各个方面，容易对外界各方面产生影响，但同时它也容易受到外界各方面的影响。

由于不动产具有不可移动性和耐久性，因此一旦形成某种格局就很难轻易改变。从总体上看，城市用地结构和空间布局是长期形成的，无论合理与否都很难改变，除了需要大量的资金投入和时间耗费外，还涉及社会各方面的利益。例如，一条道路甚至一栋建筑物的修建，既可能给一些群体带来方便和利益，但也可对另一些群体的利益造成损害；或者在给人们带来利益的同时，也给人们带来一定的损害。从个体上看，任何不动产的价值不仅取决于自身的状况，而且取决于周围环境和区位条件的优劣。对每一宗不动产而言，它既是其他不动产周围环境的组成部分，同时也是整体区位的组成单元。也就是说，它不仅受外界的影响，而且也对外界产生影响。

不动产的这一性质，使得不动产很容易涉及外部性（也称为外部效应）问题。外部性，是指个人或企业的行为，不通过市场供求关系的变动而直接对他人或其他企业的经济环境和经济利益产生影响。外部性既可能增加他人的利益，称为正的外部性；也可能损害他人的利益，称为负的外部性。例如，基础设施的改善使周围不动产增值；住宅楼附近设置的菜场在给居民带来方便的同时又会影响居民的居住环境；占道搭建的市场会影响居民的通行，甚至影响防火安全；高架道路建设会改变路旁楼房中的隐私环境；破坏结构的装修会危及整栋房屋的安全性；土地使用强度过高的大楼会使周围较低楼层的日照条件难以满足；市政管线的地下布局和走向限制了一些土地向下利用的权利等。在产权明晰的条件下，外部性问题往往可以通过市场交易方式解决。

8. 权益受限性

世界上没有任何财产权利是绝对的，它们都会受到法律的制约。尤其是不动产，由于它的涉及面非常广泛，因此权益更易受到限制。政府为了维护公共利益，通过实行以下权利对不动产权益加以限制。

（1）征用权（eminent domain）。政府为了公共利益的需要，无需取得业主同意，有权征用私人的不动产，但需对业主进行补偿。征用权的行使也必须执行法律程序，征用目的应是用于公共设施。我国法律也规定，国家为了公共利益的需要，可以征用农民集体所有的土地。

（2）警察权（police power）。警察权是政府为了给社区提供公共健康、安全、道德和一般福利而对利用不动产加以规范和进行限制的权利。警察权的行使通常包括制定土地细分规则、建筑规范、环境保护法规等，分别对公共用地要求，各种用地的形状、方位和最小单元面积，土地功能分区利用，建筑设计和施工，环境保护等做出具体规定。类似我国城市规划等相关法规对土地用途、土地使用强度、绿化、建筑标准和环保等做出的规定。

（3）征税权（taxation）。政府为了提高财政收入，增加社区福利，可以在必要时对不动产征税或提高不动产税收。我国也设有类似的权利。

（4）无继承人财产充公权（escheat）。无继承人财产充公权是政府对不动产业主的一种限制。当不动产所有者死亡，没有留下有效遗嘱或没有继承人，也没有对其财产的合法原告和请求人，则其不动产将被自动转为国家的财产。

除此之外，政府还针对外部性问题对不动产权益制定了一些限制性规定。例如，不动产业主在利用其不动产时不得损害他人的利益；共有不动产的正当占有人有责任维护其他共有产权人的合法利益，不得因自身行为不当引起共有不动产的价值损失；不动产的受让人应按转让或承租合约利用不动产，同时也必须服从政府为维护公共利益所制定的法规；不动产业主有为他人提供地役权的义务；不动产业主有责任对其不动产进行维修和保养，不得对他人人身和财产造成损害等。

9. 难以变现性

由于不动产价值高、不可移动和个别性，使得同一宗不动产的交易不可能很频繁。一宗不动产的单价少则每平方米数百元，多则数千元甚至上万元；总价少则数十万元，多则数百万元、上千万元，甚至数亿元也不足为奇。同时，一旦购买不动产，由于它不像动产那样可以自由流动，所以必须承担未来区位条件变化和政策影响的风险。不动产价值越高，风险相应也越大。此外，不动产的个别性使得它所面对的购买群体范围相对较窄。不动产价值越高，购买群体范围也越窄。因此，当不动产需要出售时，往往需要花费相当长的时间来寻找合适的买方和进行讨价还价，因而变现比较困难。否则，只有采用相当幅度降价的方式，才可能实现快速变现。

10. 保值增值性

由于不动产具有耐久性，土地可长久使用，建筑物价值自然损耗时间也很长，且可进行维护保养和改良投资保持或增加其价值，因而可以抵御通货膨胀的影响。即不动产的交换价值可随货币贬值而增加，从而表现出保值和增值性。土地增值是客观存在的，它不仅反映在土地交易中，还反映在土地利用中，只要有人类对土地的利用，作用于土地的活动，往往都会引起土地的增值。又因为不动产具有稀缺性和涉及广泛性，稀缺程度随人口和经济增长等引起的需求增加而增加，从而导致不动产增值；而外部投资产生的正效应也可使不动产增值。例如，平整土地、兴修水利、改善交通、扩建城市等大规模的基本建设活动，改善了土地的生产条件和环境条件，提高了土地的利用能力，引起土地的正增值。

不动产的保值增值性指的是不动产的一般性质，是针对不动产价值变化的总体趋势而言的，不排除不动产价值随社会经济发展的波动而波动，也不排除人为造成的市场动荡和外部负效应所引起的不动产贬值。然而，对于不动产个体而言，由于我国法律限制了土地使用权年限，所以保值增值性是相对的。也就是说，在某个时间段内，它的交换价值表现出保值增值性，但随着剩余使用年限逐渐减少到零，产权人所能获得的交换价值也将逐渐减少到零。而在土地使用权到期被国家收回后，国家重新出让的土地使用权价格体现的是该时点市场条件下新的权益价值，往往会在原出让价格上发生增值。

三、不动产的分类

（一）按是否产生收益分类

不动产按是否产生收益可分为以下两类。

（1）收益性不动产。收益性不动产指的是能够直接取得市场租金或其他经济收益的不动产。主要有：商业用途不动产、服务用途不动产、医疗用途不动产、农业用途不动产、工业和仓储用途不动产、经营性办公用途不动产；按市场价格收费的文化娱乐及休闲用途不动产；此外，在市场上出租的所有不动产都是收益性不动产。

（2）非收益性不动产。非收益性不动产是指那些不能直接取得经济收益的不动产，泛指除收益性不动产以外的所有不动产。例如，只能自用的住宅、政府办公楼、部队营房、寺庙、教堂等。对于公益性机构中的不动产，如文化娱乐设施和学校设施等，即使这些机构收费，其所收取的费用也只是为了维持自身收支平衡，并不包含不动产取得的收益，则这些不动产也是非收益性不动产。

（二）按用途分类

不动产按照其用途划分，可分为以下 10 类。

（1）居住用途。包括普通住宅、公寓、别墅、集体宿舍等。

（2）商业用途。包括购物中心、零售商店、批发市场、超级市场、贸易场所等。

（3）服务用途。包括宾馆、饭店、旅店、度假村、招待所、酒店、餐馆、快餐店、酒吧、咖啡店、食堂、菜场、浴室、理发店、加油站等。

（4）文化娱乐及休闲用途。包括图书馆、文化馆、博物馆、展览馆、音乐厅、影剧院、游乐场、娱乐城、夜总会、体育场、海滩、游泳馆、滑雪场、风景名胜等。

（5）办公用途。包括经营性的商业办公楼，如金融、保险大厦、电话、电信大楼等；也包括政府行政办公楼。

（6）医疗用途。包括医院、急救中心、疗养院等。

（7）工业和仓储用途。包括工业厂房、车间、矿山、仓库、料场、直接为工业生产配套服务的场内办公场所等。

（8）农业用途。包括农用地、农场、林场、畜牧场、谷场、果园、水利设施等。

（9）综合用途。包括两种或两种以上用途的不动产。

（10）特殊用途。包括火车站、汽车站、机场、水上客运站、大中小学设施、托幼设施、实验楼、部队营房、寺庙、教堂、墓地等。

第二节　不动产价格的概念及特性

一、不动产价格的概念

（一）土地的价值与价格

马克思在资本论中指出，商品的价值是凝结在商品中的一般人类劳动，商品的价值量由生产商品的社会必要劳动时间决定。价格是商品价值的货币表现，价格以价值为基础，围绕价值上下波动。而土地作为商品而言有其特殊性，其价值价格和一般商品价值价格既有区别又有联系。

1. 土地的价值

土地的价值是以马克思地租理论为依据的，是理解不动产价值本质的钥匙。

马克思的劳动价值论认为，任何物品要想成为商品，具有价值，就必须具备三个条件：一是人类劳动产品；二是具有使用价值，满足人们某种需要；三是可以交换，具有交换价值。自然状态的土地，未经人类开发，没有投入劳动，不是人类劳动产品，不存在价值。马克思指出：未开垦的土地"没有价值，因为没有人类劳动物化在里面"。"土地不是劳动的产品，从而没有任何价值"。但是，土地具备承载、生产、资源功能，有特殊的使用价值，马克思指出：土地即"一切生产和一切存在的源泉"，是人类"不能出让的生存条件和再生产条件"。威廉·配第也指出："劳动是财富之父，土地是财富之母"。马克思在《资本论》中还谈到："一个物可以是使用价值而不是价值，在这个物并不是由于劳动而对人有用的情况下就是这样。如空气、处女地、天然草地、野生林等。"只要人类能够合理利用和保护土地，它就能被反复利用，永无尽期。土地特殊的使用价值为其以商品的形式进行交换提供了可能。从土地制度上看，只要存在土地所有者和不占有土地的直接生产者，后者要想从前者手中获得土地，进行生产和提供服务，就必定要为此支付经济代价，即后者在土地利用中有剩余生产物被前者所占有，这种经济代价即是地租，正如马克思所说的，"作为农场主的资本家，为了得到在这个特殊生产场所使用资本的许可，要在一定期限内（如每年）按契约规定支付给土地所有者即他所使用土地的所有者一个货币额（和货币资本的借入者支付一定利息完全一样）。这个货币额，不管是为了耕地，还是为了建筑地段、矿山、渔场、森林等支付，统称为地租。在这里地租是土地所有权在经济上借以实现即增值价值的形式"。这就把土地以商品的形式进行交换变成了现实。

2. 土地的价格

土地具有了"价值"，那么它的"价值量"的多少是如何确定的呢？显然不能由生产"土地"的社会必要劳动时间决定，只能由不占有土地的直接生产者所支付的经济代价——地租量的多少来衡量。因此，一般来说，土地价格不以土地"价值"为基础，而是以地租量为基础。正因为有了地租，才产生了土地价格。马克思指出："实际上，这个购买价格不是土地的购买价格，而是土地所提供的地租的购买价格。"

马克思指出："资本化的地租表现为土地价格。"其公式为：土地价格＝地租/土地还原利率。土地价格的量是这样确定的，地租表现为土地所有者出租一块土地每年得到的一定货币额。在现实中，任何一定的货币收入都可以资本化，即看成是一定量资本的利息。假如平均利息率是 10%，一块土地的每年收入地租为 400 元，土地价格＝地租/利息率，即 400/10% ＝4000 元。也就是 400 元的地租可以看做是 4000 元资本的年利息收入，这样资本化的地租形成了土地的购买价格。这与将 4000 元存入银行得到 10% 的平均年利息，或把这个资本投到有息证券上获 10% 的收入，或按 10% 的利息直接借出去是完全一样的。因此，将地租按一定的利息率还原为一个资本量，就得到土地的价格。土地价格和地租量成正比，和利息率成反比。

目前我们利用的土地大都不是在自然状态下，人们对土地投入了劳动，马克思把固定在土地中的劳动称为土地资本，属于固定资产的范畴。土地资本能为投资者带来收益，会对地租进而对地价产生影响。这时土地价格的公式就是：土地价格 ＝（地租＋土地资本）/土地还原利率。假如平均利息率是 10%，一块土地的每年收入地租为 400 元，每年投入的土地资本为 100 元，土地价格 ＝（地租＋土地资本）/利息率，即 （400+100）/10% ＝5000 元。

土地供给具有稀缺性，这种稀缺性会导致土地供求关系的紧张，从而基于稀缺性理论的土地供求关系在很大程度上影响着土地的价格。土地的自然供给是一定的，土地的经济供给也是有限的。而人类对土地资源的需求却是不断增长的。因此，土地的价格必须有效反映土地资源市场的稀缺程度，从而有助于规范土地资源市场秩序，实现土地资源的有效配置，缓解土地供求矛盾。在此模式下，引入影子价格进行修正，即土地价格＝土地资源本身价格＋影子价格。

土地利用后果具有社会性。土地是自然生态系统的基础因子，每块土地和每一区域土地利用的后果，不仅影响本区域内的自然生态环境和经济效益，还影响邻近地区甚至整个国家和社会的生态环境和经济效益，产生巨大的社会后果。因此，从可持续发展的目标出发，土地价格还应考虑土地资源利用的社会后果——即外部性成本，包括代内外部性和代际外部性。外部性，是土地的所有者或使用者在开发、利用土地资源时对他人造成的实际影响。这种影响如果对他人有益，就称为正的外部性，即外部性收益；如果对他人有害，则称为负的外部性，即外部性成本。既要考虑当代人的外部性成本——代内外部性；又要考虑后代人的外部性成本——代际外部性。在此模式下，土地价格＝土地资源本身价格+影子价格+外部性成本价格。

（二）定着物的价值与价格

定着物是构成不动产的另一重要因素。定着物主要指房屋、道路、桥梁等依附于土地的建筑物和构筑物。定着物财产本质上和一般商品并无区别，都是人类劳动产品，作为商品是由价值和使用价值构成，遵循价值规律。

定着物价格的构成取决于价值的构成。定着物价值由三个部分构成：一是已经消耗并转移到新产品中去的生产资料价值 C；二是工人必要劳动创造的价值 V；三是工人剩余劳动创造的剩余价值 M。用公式表示就是：价值＝$C+V+M$。在价格构成中，$C+V$ 部分表现为成本价格 K，是不动产企业用于生产资料和劳动力等生产要素的资金消耗，主要包括建筑材料费、建筑人工费、运输费用等建筑安装成本。M 表现为利润 P。作为价值的货币表现，价格构成 $K+P$ 是价值构成 $C+V+M$ 的货币表现。

定着物价格的确定与变动取决于定着物价值的确定与变动。定着物价值（$C+V+M$）随生产定着物的劳动生产率的变化呈反比例变动。在其他条件不变的情况下，劳动生产率提高，单位定着物的价值量就会下降，价格也随之下降；反之，劳动生产率下降，价格就会随单位定着物的价值量上升而上升。定着物价格也受市场供求关系的影响，供不应求，价格上升；供大于求，价格下降。

定着物价格还取决于货币价值的变动情况。定着物价格体现的是定着物价值和货币价值的对比关系。在定着物价值不变的情况下，定着物价格与币值成反比例变化。例如，币值升值5%，则定着物价格下降5%；反之，若币值贬值5%，则定着物价格上涨5%。当定着物价值同货币价值同时按同一方向、同一幅度上涨或下跌时，定着物价格保持不变。而当定着物价值同货币价值同时按不同方向，或按同一方向但不同幅度发生变化时，定着物价格就会相应地呈现出各种不同的变化。

因此，从理论上看，定着物的价值在同一供需圈子内，假定个别生产单位的劳动生产率相同，那么，同一供需圈子内的定着物价值应该相同或差别很小，反映其定着物价值的价格也应该相同或差别很小。但实际情况不是这样，同一供需圈子内的结构、功能、面积、用途等相同的定着物市场价格却不同。这主要是因为定着物价格往往是包含土地在内的，即定着物价格包含土地价格。因此，我们要理解不动产价格的本质，除了从理论上进行分析之外，还应把不动产的两个要素结合在一起进行研究。

（三）不动产的价值与价格

综上所述，不动产的价值和价格，以马克思的劳动价值论和地租理论为基础，按照投入在不动产上的物化劳动和活劳动的价值确定不动产的基础价格。同时结合稀缺性理论，考虑土地利用的外部性影响，利用市场机制调节不动产价格，使之成为既由劳动价值和地租决定又反映供求关系和社会、经济、生态效益的市场价格。也就是说，不动产价格指的是因人们对不动产效用的认识、不动产的相对稀少性及不动产的有效需求的存在，三者相互结合，所产生的不动产的经济价值（交换价值）的货币表现形式。

在进行不动产评估业务时，我们通常称为某某不动产的价格是多少，即主要是从量上把握不动产的交换价值，因此，本书中都是指不动产价格。

在此基础上，我们给不动产价格下个定义：不动产价格指在某个时点上为取得他人不动产而获得相应权益所支付的代价，这种代价可以是货币额也可以是商品或其他有价物等实物。此定义有三层含义：第一，不动产价格随市场供求关系变动，因此不动产价格是指某个时点状态下的价格；第二，不同的不动产权益对应于不同价格；第三，这种代价一般以货币形式支付，但也可以实物或劳务等其他形式支付，如以知识产权作价入股的一方，能够以股权形式享有包含合资方不动产在内的总资产所带来的部分利益。

二、不动产价格的特性

不动产价格与一般物品的价格既有共同之处，也有不同的地方。共同之处：都是价格，用货币表示；都有波动，受供求等因素的影响；按质论价，优质高价，劣质低价。

但不动产价格具有以下不同于一般商品价格的特性。

（1）不动产价格一般表示为交换代价的价格，同时也可表示为使用和收益代价的租金。不动产因为价值量大，使用寿命长，所以存在买卖和租赁两种交易方式，两种交易市场。有些类型的不动产，如公寓、写字楼、旅馆，租赁甚至是主要交易方式。因此，不动产同时存在两种价格：一是其本身有一个价格，即表现为用来交换（买卖）的代价；二是使用（租赁）它一定时间的价格，表现为使用代价的租金。一般的商品，主要是买卖价格，很少有租赁价格。

如地价与地租的关系一样，不动产的价格和租金的关系，犹如资本金和利息之间的关系。如果想求取本金，只要能把握纯收益与还原利率，即可依照收益还原法，将纯收益还原，求取不动产价格；相反，若想求租金，只要能把握不动产价格及期待还原率，就可以求得纯租金。

（2）不动产价格是关于不动产的权利利益的价格。由于土地的地理位置具有固定性或不动性，在不动产市场上流通的并非不动产本身，而是该不动产的所有权、使用权及其他权利，因此说，不动产价格也就是这些权利的价格。不动产在发生流转时，只是变更法律意义上的权利关系，物理实物本身并不发生移动。即可以转移的不是实物，而是附设在实体之上的不动产的产权，包括所有权、使用权或他项权利。实物状况相同的不动产，由于其权利状况的不同，其价格会差别很大。这些权利状况包括土地使用的期限长短、产权是否明确、权属是否合法，以及权利是否受到限制（如法院查封）、是否设定抵押等。从这个角度讲，不动产价格实质上是不动产的权益价格。在进行不动产价格评估时，必须搞清楚估价对象不动产的权利状况，才能作出正确的评估。

（3）不动产价格是在长期考虑下形成的。不动产通常与其他不动产构成某一地区，但是该地区的各种条件并非是固定的，其社会、经济条件经常在变化之中，不动产的使用或构成状态是否是最合适的，或现在虽然最合适，但随着时间的推移，能否保持最合适状态，这些都需要经常进行分析。因此，不动产价格通常是在过去至将来的长期考虑下形成的。另外不动产的价值量大，人们在购买不动产时是十分谨慎的，购买一宗不动产不是短期内就能实现交易的，其价格往往是在销售双方当事人长期考虑下形成的。

（4）不动产的现实价格，一般随着交易的必要而个别形成，尤其在不动产价格决定中，交易主体之间的个别因素容易起作用。一般商品，由于品质相同，价值量低，并且同类产品相互之间替代性强，同时存在众多的卖者和买者，商品之间存在较强的价格竞争，因此，一般商品的价格形成比较客观，不易受交易者个别因素的影响。而对于不动产来说，由于其价值量大，市场交易信息不畅通，某宗不动产往往只有少数的几个买者和卖者，有的不动产甚至只有一个买者和卖者。因此，成交价格一般随交易的必要而个别形成，并容易受卖者和买者双方的个别因素（如购买者的个人偏好、讨价还价能力、感情冲动、卖者急于变现）等的影响。总而言之，由于不动性、不增性、个别性等土地的自然特性，使不动产有别于其他一般商品，不易具备交易市场行情，而且不易形成固定的交易市场，不像其他一般商品，可以进行样品交易、品名交易、标价出售等，其价格可以在交易市场上形成。

因此，实际成交的不动产价格可能会偏离其正常交易状况下的价格，所以，在进行不动产价格评估时，要对不动产的实际交易价格进行修正，以得到反映正常不动产市场状况和价格。

（5）不动产价格受区位的影响很大。这是由土地的位置差异造成的。相同实物状况和权益状况的不动产，在不同的土地区位有不同的价格，甚至相差悬殊，如在城市中心商业区的一宗不动产与在城市郊区的同样实物状况和权益状况的另外一宗不动产，其价格有天壤之别。人们根据土地所处的不同区位，将土地在一定范围内进行分等定级，不同等级内的土地具有不同的价格。因此，在进行不动产价格评估时，要分清待估不动产所处的土地区位，估算其对应的价格。

第三节　不动产估价的概念及意义

一、不动产估价的概念

对于不动产估价的概念，业界有不同的认识和定义。英国皇家特许测量师协会（Royal Institution of Chartered Surveyors）的会员米灵顿（A. F. Millington）认为，不动产估价是"为特定目的评估不动产之特定权益于特定时间之价值的艺术或科学"，评估时应"考虑该不动产之特性及不动产市场之所有潜在经济因素"。日本不动产鉴定协会从估价的过程对不动产估价作出如下的解释：首先，不动产鉴定是经接受申请后，决定委托的内容，依据登记簿以及实测图等，进行实地调查；其次，以本项调查为基准，实施鉴定作业，以决定其适宜公正的价格；最后，发给经不动产鉴定师签名盖章的估价报告书，其估价报告书所记载的内容，不仅裨益于当事人的正确判断，也可作具有公正适当价格的证明文件。我国台湾学者林英彦认为，不动产估价系依据影响不动产价值之各种资料，划定对象不动产之经济价值，并以货币额表示之。柴强认为，不动产估价是指不动产专业估价人员，根据估价目的，遵循估价原则，按照估价程序，采用科学的估价方法，并结合估价经验与对影响不动产价格因素的分析，对不动产最可能实现的合理价格所作出的推测与判断。艾建国和吴群认为，不动产估价是不动产估价人员依据不动产估价的原则、理论和方法，在充分掌握不动产市场交易资料的基础上，根据不动产的自然经济属性，按不动产的质量、等级及其在现实经济活动中的一般收益状况，充分考虑社会经济发展、不动产利用方式、利用政策以及利用效益等因素的影响，综合评定出某不动产在某一权利状态下的某一时点的价格。对不动产估价概念的理解可以着重从以下几个方面进行。

（一）不动产估价人员必须具备相应的基本素质

不动产估价人员必须具备的基本素质包括执业素养和论理素质两方面。

（1）执业素质。不动产估价人员应具备不动产估价的专门知识，要具有较强的调查研究才能；有严密的判断推理能力；具备较为熟练的不动产估价的经验和较为广泛的背景知识。

（2）伦理素质。除具备上述的执业素质外，不动产估价人员更应具备如下伦理素质：一是责任心强，应时刻考虑所肩负的责任；二是诚实守信，估价人员应凭良心、公正忠实地工作，不得有虚伪、隐蔽或其他欺骗行为；三是廉洁自律，估价人员除工作上应该的报酬外，不应接受其他利益、恩惠等，或特殊原因的诱惑而接受委托者或不动产拥有人的要求，故意提出违反真实的估价报告；四是公开公正，估价人员应排除偏见，不受他人左右，力求公平无私；五是不违背社会信任，估价人员应专心从事自己的业务，不可违背社会信任。

（二）不动产估价的目的必须明确

不动产估价的目的不同，所涉及的不动产对象资料的搜集、参数的选择、方法的选用等就有所不同，如政府为了进行土地价格现值公告，必须对土地基准地价、标定地价进行评估；为防止国有土地资产的流失，需要对协议出让土地的最低价格进行评估；为了公共利益的需要，政府代表国家征用农村集体的土地，而农用地尤其是城市规划区农用地价格评估方法与技术路线又有别于城市建设用地，需加以进一步探讨。在不动产的租售、抵押、典当、保险、税收、企业改制、破产清算以及不动产的涉案纠纷过程中，都需要根据不同的估价目的和估价对象的具体情况制定相应的估价方案。

（三）不动产估价必须遵循不动产估价的基本原理与方法

不动产有别于一般的商品，具有特殊性，它既非劳动产品又可取得商品的形式，具有价格，且价格的决定机理十分复杂，受自然、经济与社会诸多因素的综合影响。就不动产本身而言，地产与房产也存在着区别：地产是由无劳动价值的土地物质和有劳动价值的土地资本构成，而房产则完全是劳动商品；地产的价格主要取决于其位置及供求关系，而房产的价格主要取决于其劳动价值量；地产具有稀缺性，会因供不应求而不断增值，而房产除因外部投资的辐射增值外，会因不断折旧而贬值；地产的经济运行主要遵循地租规律，而房产的经济运行主要遵循价值规律。因此，不动产估价有其固有的原理与方法。

（四）不动产估价必须依照一定的程序选用合适的方法进行

不动产估价的程序主要包括：①明确估价目的；②拟定估价方案；③估价对象资料搜集与整理；④估价对象实地查勘；⑤估价方法应用；⑥确定估价结果；⑦撰写估价报告；⑧估价资料归档。估价程序正确才能保证估价工作有序高效。

不动产估价的方法较多，有收益法、市场比较法、成本法、假设开发法、基准地价系数修正法、路线价法和其他估价方法，而前三种方法是不动产估价的基本方法。每一种估价方法都有其理论依据、特定的适用对象和应用范围、条件，因此，不动产估价应选取最合适的估价方法。当然，同一宗不动产也可同时选用几种方法进行估价，以提高估价结果的精度。

例如，某商务区待开发商业用地，除了选取假设开发法来估价外，还可运用市场比较法、路线价法等方法进行。需要指出的是，尽管不动产估价是一门"科学"，但同时也是一门艺术，估价人员的经验对不动产估价有很大影响。

（五）不动产估价必须拥有充足的资料

拥有大量的第一手资料对不动产估价非常必要，在评估一宗不动产之前必须充分了解评估对象不动产的各种权利状况，因为权利状况不同，价格可能相差很大。价格形成于市场，充足的不动产市场资料的获取是不动产估价的关键环节，不动产市场的历史与未来发展趋势资料，对不动产价格评估也十分重要。此外，有关不动产估价相关的政策、法规资料及不动产估价对象所在地区的自然、经济与社会发展等资料都必须搜集。

（六）不动产估价应明确估价期日与估价结果有效期

估价期日是决定估价对象不动产估价额的基准日期，通常以年、月、日表示，如估价期日为 2001 年 6 月 30 日是指某不动产价格是 2001 年 6 月 30 日这一时点的价格。不动产价格是不动产对象在某一权利状况下某一时点的价格，时点不同价格则不同。随着经济、社会的发展变化和不动产市场的不断发育完善，不动产价格经常处于变动之中。因此，不动产估价结果具有一定的时效性。对估价结果的确认必须界定在一个合理的有效期内，有效期的长短与不动产市场的发育程度有关，不动产市场发育程度越高，不动产估价结果有效期越短。地价指数、不动产价格指数反映了地产市场、不动产市场发育的程度与趋势；可据此判断估价结果有效期的长短。

二、不动产估价的意义

对房产、土地、森林、构筑物等不动产进行价值评估，其意义在于：为不动产市场交易服务；有利于提高不动产经济运行效率；是确立公平的收益分配制度的基础；有利于税负公平。

1. 为不动产市场交易服务

由于不动产产品自身的特点，如位置的固定性、质量的差异性，使用的耐久性或持久性、利用的限制性、价格的昂贵性等，使得不动产市场有不同于一般市场的特征。因而，不动产市场是一种不完全竞争性市场，而且每套房产、每一地块、每片森林等的交易都存在很大的价格差异，这就要求必须有专业人士对交易不动产进行科学评估，为不动产交易提供客观依据。

2. 有利于提高不动产经济运行效率

不动产经济运行的过程，是不动产经济资源（如土地、建材、技术、资金、劳动力）要素配置的过程。从理论上讲，不动产资源的最优配置就是指不动产经济运行处于一般均衡状态，或称"帕雷托状态"，即在不动产经济运行中，不动产经济资源得到充分利用，且供需平衡，不动产商品售完，并取得了应有的收益，有能力的不动产购买者的购买欲望得到满足，不动产市场处于理想状态。然而，由于市场竞争的非完全性、信息传递与反馈的非充分性（不完全或缺乏）、非及时性（时滞）、非真实性（失真），以及不动产供需双方对自身经济利益最大化的追求，而可能引起外部不经济等问题，使得不动产经济运行难以真正实现不动产资源的最优化配置，而只是一个不断趋优的过程。而不动产价格评估人员则可以通过运用专业性理论知识和方法体系为不动产经济活动参与者提供相对科学的存量或增量不动产价格，从而科学引导不动产经济运行参与者尤其是供需双方的经济行为，使得不动产经济资源配置更有效率。

3. 是确立公平的收益分配制度的基础

公平的收益分配制度是经济运行的基础和根本保证，对于不动产产业来讲，也是如此。在不动产开发经营过程中，其收益分配问题涉及不动产的多元产权主体、多元投资主体。例如，从不动产开发经营的筹资阶段来看，无论是运用抵押贷款、发行证券等筹资手段，还是其他方式，都要对不动产开发投资的预期收益进行估算，从而再依据预期收益核算不动产价格，并据此确定不动产抵押贷款数额（由于不动产的资金杠杆率较高，一般抵押贷款额为不动产价值的70%~95%）或不动产证券价格。同样，如果一宗物业由多元产权主体构成，则必须根据不同产权所拥有的物业价值确定收益份额。例如，如图 1-1 所示，A、B、C、D四块地相邻，B、D 两块地大于 A、C 两块，为土地利用的便利以谋求更高的经济效益，A、B、C、D 四块地合并使用，但若合并使用后的土地收益按四块地的面积分配，则 A、C 两个地块产权主体肯定不会同意，因为，A、C 两块地临街面积大，会带来更高的单位面积收益价值，只有按四块地各自的价格占该合用地块总价格的份额来分配土地经营的总收益，才是合理的，这就要求分别核算不同地块的收益价格，因此，不动产价格评估是建立科学的不动产开发经营收益分配制度的基础。

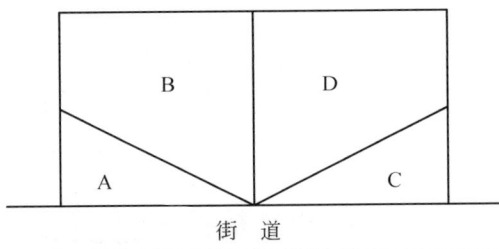

图 1-1　不同产权主体地块的合并使用

4. 有利于税负公平

由于不动产的地域性或异质性特征，不同地区或同一地区不同地点乃至同一街道的两边、同一栋楼的不同楼层价格都会有很大的差异，如果仅按不动产的面积征税，则会造成严重的税负不公平。若根据该物业的收益价格来征税，则相对公平。据此，从一个城市来看，总体而论，市中心的不动产价格相对昂贵，赋税就重；而远离市中心，不动产价格相对较低，则赋税较轻（图 1-2）。

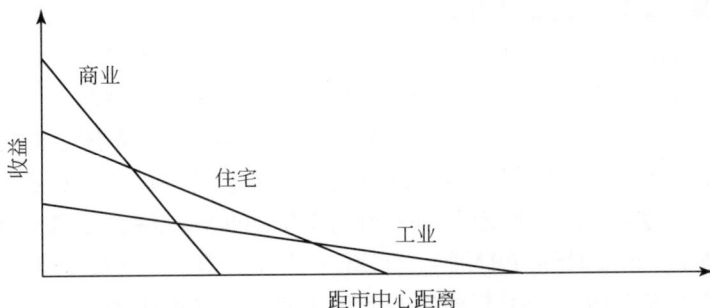

图 1-2　不同地段产业的收益地价水平

此外，不动产价格评估还有多重意义，如为政府提供不动产市场政策制定与实施的依据；为城市规划、建设提供量化依据，从而通过合理的产业布局最大限度地提高土地资源配置效率；有利于产业部门建立科学的核算体系；可以为处理不动产纠纷提供依据。

第四节 不动产的价格类型及影响因素

一、不动产价格的类型

（一）按价格的形成方式分类

按价格的形成方式不动产价格可分为以下几类。

（1）成交价格。指不动产交易双方在不动产交易中实际达成的价格，这种价格为买卖双方所认同。

（2）市场价格。指某种不动产在公开市场上一般的、平均水平的价格，是该种不动产大量成交价格的抽象结果。

（3）理论价格。是假设不动产交易双方为理性的"经济人"的前提下，他们的交易行为和预期是理性的，或者说其真实需求与真实供给是相等的，在此条件下形成的价格。

（4）评估价格。是不动产估价人员对不动产价格进行测算和判定的结果。

（5）市场调节价。指由经营者自主制定，通过市场竞争形成的价格。

（6）政府指导价。指由政府价格主管部门或者其他部门，按照定价权限和范围规定基准地价及其浮动幅度，指导经营者制定的价格。在我国，不动产价格中具有政府指导价性质的主要有基准地价、标定地价、房屋重置价格以及经济适用房销售价格。

（7）具有政府定价性质的主要是城镇住房制度改革中对出售公有住房实行的标准价和成本价。

（二）按实物形态分类

按实物形态不同不动产价格可分为以下几类。

（1）土地价格。又称地价，既可指无地上定着物的空地的价格，又指具有定着物的不动产中土地部分的价格，不包含定着物的价格。

（2）定着物价格。指定着物部分的价格，不含定着物所占用土地的价格。

（3）不动产价格。指土地及其地上定着物的总价格。

（三）按不同的经济行为分类

按不同的经济行为不动产价格可分为以下几类。

（1）买卖价格。是指购买方为取得不动产，向不动产卖方支付的货币额或实物。

（2）租赁价格。指不动产出租方将不动产出租给承租人使用，由出租人收取或承租人支付的货币额或实物。

（3）抵押价值。是假设债务期满而债务人不能如期履行债务，债权人拍卖或者变卖抵押的不动产所得价款或者抵押不动产折价的价值扣除优先受偿的款额后的余额。

（4）保险价值。指将不动产投保时，为确定保险金额提供参考依据而评估的价值。

（5）课税价值。指为课税的需要，由不动产估价人员评估的作为计税依据的价值。

（6）征收价值。是国家为了公共利益的需要，强制取得单位或个人的不动产时应给予的补偿金额。

（四）按权益分类

按权益不动产价格可分为以下几类。

（1）所有权价格。指土地所有权价格、定着物所有权价格，或者土地所有权和定着物所有权价格。

（2）使用权价格。主要是指土地使用权价格，包括出让土地使用权价格、划拨土地使用权价格、土地承包经营权价格。

（3）其他权益价格。指所有权和使用权价格之外的各种其他权益的价格，如租赁权价格、地役权价格等。

（五）按取得方式分类

按取得方式不同，不动产价格可分为以下几类。

（1）拍卖价格。是在不动产拍卖活动中，通过公开竞价的方式将不动产标的卖给最高出价者，由买受人所支付的货币额。在拍卖活动中还出现不动产标的物评估价、拍卖保留价、起拍价、应价、拍卖成交价等一组价格。

（2）招标价格。是在不动产招标活动中，通过投标方式将不动产卖给中标者，由买受人所支付的货币额。招标价格一般低于拍卖价格。

（3）协议价格。是不动产所有者和使用者通过协商的方式，签订不动产转让合同，由买受人所支付的货币额。协议价格一般低于拍卖价格和招标价格。

（六）按计算价格方法分类

按计算价格不同，不动产价格可分为以下几类。

（1）总价格。指某一宗或某一区域范围内的不动产整体的价格。不动产的总价格一般不能反映不动产价格水平的高低。

（2）单位价格，简称单价。其中，土地单价是指单位土地面积的土地价格，定着物单价是指单位定着物面积的定着物的价格，不动产单价指单位定着物面积的不动产价格。

（3）楼面地价。是一种特殊的土地单价，是土地上的定着物面积均摊的土地价格。在现实中，楼面地价比土地单价更能反映土地价格水平的高低。

（七）按不动产销售方式分类

按销售方式不动产价格可分为以下几类。

（1）现房价格。指已建成不动产时的销售价格，一般包括房屋价格和所占用土地的价格。

（2）期房价格。是以目前尚未建成，而在将来能够建成的不动产（房屋和土地）为交易标的的价格。

（3）起价。指所销售的不动产的最低价格。

（4）标价。又称报价、表格价，是不动产出售方在其出售价目表上标注的不同楼层、朝向、户型的不动产出售价格，即卖方的要价。

（5）均价。是所销售的不动产的平均价格，具体包括标价的平均价和成交价的平均价两种。

二、不动产价格的影响因素

不动产的价格受到诸多因素的影响，这些因素从不同方面、在不同程度上影响着不动产价格水平的高低，不动产价格便是这些因素交互作用、相互影响的结果。科学、准确的不动产估价必须深入把握和分析影响不动产价格的这些因素。

影响不动产价格的因素可从宏观和微观两方面来分析。从宏观方面讲，主要有国际因素、社会因素、经济因素、环境因素、行政因素、人口因素等。从微观方面讲，主要有不动产自身的条件和交易者个人心理因素及其他不可预见因素等。各个因素对不动产价格产生影响的范围不同，有的对一国甚至于整个世界产生影响，有的仅对某一地区或某一城市产生影响。每个因素所引起的不动产价格发生变化的方向也不相同，有的是正面影响，使得不动产价格上升，有的是负面影响，使得不动产价格下降。另外，不同因素所引起的不动产价格发生变化的程度也不相同，有的因素对不动产价格的影响很大，它的变化引起不动产价格涨落的幅度较大，而有些因素对不动产价格的影响很小，它的变化引起不动产价格涨落的幅度较小甚至几乎没有影响。现实中的不动产价格往往是各个因素共同影响、综合作用的结果。下面就影响不动产价格的因素作简单介绍。

（一）不动产自身条件

1. 区位

指不动产所处的地理位置以及与其他事物的空间关系。区位条件的好坏对不动产价格影响很大。一般来说，在其他方面一致的情况下，区位好的不动产价格就高，反之就低。区位可以区分为自然区位和经济区位，自然区位是固定不变的，而经济区位是可以变化的，这些变化可能是由交通建设或周围设施的变化引起的。当社会经济位置得到改善时，不动产的价格便会上升；反之，则下降。另外，区位好坏的衡量标准是针对具体的不动产类型而言的。不同用途的不动产对区位的要求是不一样的，如商用不动产要求区位接近城市商业中心，居住用不动产则更加注重周围环境质量、交通条件、公共设施完备程度等。

2. 地势、地形

地势的高低、地形的起伏影响不动产开发建设成本（主要是土地），从而影响不动产价格。一般而论，地势即土地与相邻地块高低关系的比较，一般地势高的土地由于可以免受水灾等灾害的影响价格高于地势低的土地；地形平坦的土地开发利用的成本低，地价较高，不良的地形使得地价偏低。总之，土地较平整，其价格就高，反之就低。

3. 地质

地质条件决定着地基的承载力和稳定性大小以及地下水位的高低，尤其在现代城市向高层化发展的条件下，地质条件对地价的影响越来越大。一般来说，地质条件好的土地，其承载力大、稳定性强、地基处理费用低，有利于建筑使用，土地价格就高，反之就低。

4. 地力

地力即土地的肥力，是土地提供的植物生长、繁殖所需要的养分的能力。可分为天然地力和人工地力。地力对于农业生产是非常重要的，对于其他各行业却不重要。所以地力主要影响农业用地的价格。土地肥沃，价格就高，反之就低。

5. 土地面积、形状

一般来说，相同区位的两宗不动产，面积大的土地在用途上有多种选择，利用效率高，土地价格就高，反之，面积狭小不利于利用的土地，其土地价格就低。但土地面积与土地价格的关系不是绝对正比例关系，也有由于相邻土地要兼并面积狭小的土地能获得更多效益，从而使面积狭小的土地高价出售。所以在实际情况中，要根据不同位置、不同用途的要求具体分析，过大或过小土地面积的土地价格会较适度土地面积的价格低。

同时，土地形状是否规则，对地价也有一定程度的影响。土地形状的不同导致了其利用的难易程度不同，形状规则的土地便于利用，因而价格高，如矩形地；形状不规则的土地及三角形地、菱形地等难以利用，因此其价格偏低。

6. 气候因素的影响

日照、通风、风向、风力、温度、湿度、降水量、天然周期性灾害等因素的变化直接影响居住、生活或工作在不同用途不动产内的人们的生活质量、工作或生产环境，从而对不动产的价格产生影响。

7. 建筑物外观、朝向、结构、内部格局、设备配置状况、施工质量等因素的影响

这些因素对不动产价格也有较大影响。以住宅不动产为例，若建筑物外观新颖大方、富有美感、朝向南方、结构及内部格局合理、设备齐全、施工质量优良，其价格就高，反之就低。

（二）环境因素

1. 噪声

交通工具、机器设备、人员流动等，都会产生噪声。对于居住、教育、卫生等对噪声有要求的不动产来说，噪声污染大，不动产价格就低，反之，就高。

2. 空气污染

空气质量的好坏，关系到人们的身体健康，人们一般不愿购买位于空气污染严重区的住宅。若不动产所处的位置空气污染严重，那么其价格就低，反之，就高。

3. 视觉

不动产周围环境优美、绿树成荫，给居住或工作在这里的人们形成视觉上的享受，不动产内部规划设计合理、错落有致、景观效果显著，其价格就高，反之，就低。

4. 清洁

清洁卫生条件的好坏也影响不动产价格。清洁卫生条件好的，不动产价格就高，反之，就低。

（三）行政因素

1. 不动产制度

不动产制度主要指土地制度（包括土地所有制度、土地使用制度）、住房制度。例如，我国传统的不动产制度使得土地无偿、无限期、无流动地被个人和单位使用，根本不存在地价。在现有有偿、有限期、有流动使用土地的制度下，土地价格呈现多种形式。国家可以通过制定合理、科学的土地制度刺激土地投资者和使用者的积极性，带动地价合理涨落。住房制度主要指住房供给、分配及相应的配套制度。在我国传统的住房制度下，实行低租金、完全福利制，人们享受福利而不投资不动产，必然造成不动产价格低落；住房商品化后，国家制定的住房制度也直接影响着不动产价格，一般来说合理的住房制度可以使住宅价格和居民收入保持适宜的比例关系，促进住宅市场的繁荣。可见，土地使用制度改革和住房制度改革使不动产价格显现出来，反映客观的不动产市场价格。

2. 城市发展战略、城市规划、土地利用规划

这些战略或规划确定了城市的性质、规模、发展目标、发展方向、发展空间，指导土地的开发、利用和保护，对不动产价格的影响很大。土地利用总体规划依据国民经济和社会发展计划、国土资源和环境保护的要求、土地供给能力以及各项建设对土地的需求，对一定时期内一定行政区域范围内的土地开发、利用和保护制定目标、计划和战略部署；城市规划确定扩展方向、用地结构、用地功能布局、分期开发次序、开发强度和建筑用地技术规范，决定城市未来各区位的不动产开发价值和有效利用程度。两者对地价及不动产价格的影响主要表现在三个方面：①规划对土地用途的限定对地价影响很大，同样的地块用于不同用途，其价格差异很大，一般而言，商业用地价格要高于工业用地和住宅用地等；②规划对土地利用强度的规定，如容积率、绿化率、建筑高度等的规定直接影响土地价格；③土地或房屋规划用途的改变会引起价格的巨大变化。

3. 不动产价格政策

不动产价格政策指政府对不动产价格高低的态度以及要采取的干预方式、措施等。通过政府指导价、政府直接定价的方式，制定促进或抑制不动产价格变化的政策措施，来调控不动产的价格。

4. 税收

有关不动产的不同税种、税率和征收环节及减免税政策，对不动产价格影响很大。增加或减少不动产开发、交易、保有等环节的税收，会直接影响不动产的价格。供给者如不动产开发商或转让者的税收负担加重，会加大供给成本减少供应量使不动产价格上升；需求者的税收负担加重，会削弱购买能力，一般使不动产价格下降。因此，政府可以用税收政策对不动产价格进行调控。

5. 交通管制

交通管制即政府交通管理部门对某些道路交通实行的限制性规定，其对不动产价格的影响主要看交通管制的内容和不动产本身的用途是什么以及实施交通管制后的综合效果如何。影响不动产价格的交通管制有禁止某种车辆通行、实行单行道或步行街、按时段通行等。这些交通管制对不同地段、不同用途或类型的不动产价格产生影响。如住宅区内实行交通管制，限制车辆通行，可以减少噪声，提高住宅区的环境质量和安全水平，从而提高住宅的价格；而对某些不动产实施交通管制后使其通行困难，可达性差，这种情况则会降低此类不动产的价格。

6. 行政变更

行政区划调整、行政建制升格或降低，都会对该行政区域内的不动产价格产生影响：某地的行政级别上升，如将某个非建制镇升格为建制镇或将某个镇升级为市等，无疑会扩大其用地规模和人口规模，加快城市化进程，增加对不动产的需求，使该地不动产价格上升；行

政级别不变，若将一地区由原来较落后地区划归为发达地区管辖，也会导致这一地区不动产价格的上涨。反之，会下降。

7. 特殊政策

中央对一些地方的政策性倾斜、扶持，如建立经济特区等，会促进这些地方的不动产价格上涨。

（四）社会因素

1. 政治安定状况

一般来说，政治安定，社会秩序稳定，人们对不动产进行投资、开发的信心增强，愿意置业和投资，可以拉动不动产的消费需求，引起不动产价格上升；反之，政治混乱，社会秩序动荡，人们对不动产进行投资、开发失去信心，就会引起不动产价格下降。

2. 社会治安状况

社会治安状况良好，犯罪率低，人们安居乐业，生命财产得到保护，则会增加不动产的需求，造成其价格上涨；反之，社会治安混乱，人们缺乏生命和财产的安全保障，不愿进行投资，就会造成不动产价格的下降。

3. 不动产投机

不动产投机是指为了获利需要而频繁地购买或者出售不动产，以赚取由于价格涨落形成的价差。一般来说，不动产投机可以使得不动产价格上涨、价格下降或者保持稳定，这要具体情况具体分析。当不动产价格上涨时，预测以后价格还会上涨的投机者会购置不动产从而引起价格的进一步上涨；当不动产价格下跌时，投机者因为害怕价格会继续下降抛售不动产的行为会使得不动产价格进一步下跌；但不动产的投机活动有时也可以起到稳定价格的作用，如在价格上涨时投机者抛出不动产，增加供给平抑价格，或在价格下跌时，期待日后价格会上涨而购买房产使得价格上扬。

4. 城市化

城市化水平反映了一国的经济实力，经济的发展会促进城市化进程。城市化水平的提高意味着在空间上人口向城市集中和城市规模的扩大，导致对城市不动产需求不断增加，带动不动产价格上涨。在人口密集的大城市和经济发达的重要城市，其地价水平往往高于其他城市。一般而论，随着城市化的推进，农业人口向城市人口转变，集体土地向国有土地转变，资金、人才、信息、资源等向城市集中，造成对城市不动产的需求不断增加，促进不动产产业快速发展，引起不动产价格上涨。

（五）经济因素

1. 经济发展状况

经济发展状况直接影响着国民生产总值和国民收入状况、产业结构状况、资源利用状况、社会福利状况等。经济发展水平高意味着投资、生产、消费等活动活跃，经济繁荣，金融景气，对相关不动产的需求增加，促使不动产的价格上涨；反之，则不动产的价格下降。不动产的价格变动趋势大体与经济循环趋势一致并滞后于经济周期。

2. 居民储蓄、消费和投资水平

居民的储蓄额增加，购买力增强，对不动产产品消费欲望加大，一旦形成有效需求，就会购买不动产，引起价格上涨；反之，则下降。人们对不动产的置业投资水平增加，会扩大需求，也会引起价格上涨；反之，则下降。

3. 财政收支及金融状况

财政收支平衡或有盈余，金融市场运行平稳，金融资本安全系数大，会促进不动产的投资开发，增加市场供应，使得不动产价格保持稳定或者稍有下降。反之，价格上涨。

4. 物价

物价变动导致货币价值变动而波及不动产价格。通常通货膨胀严重时，为减少货币贬值，人们会转向不动产投资，以求保值、增值，刺激不动产价格以比通货膨胀率更高的速度上涨。此外，某些物价的变动也会引起不动产价格的变动，如物价上涨特别是建筑材料价格上升，会增加不动产的开发成本，从而引起价格上涨；反之，价格则下降。同时由于不动产的供给受土地供给有限和开发周期较长的限制，以及不动产具有保值和难以替代等特性的影响，价格上涨幅度往往大于一般物价的上涨幅度而且不动产价格的变动也往往滞后于一般物价的变动。

5. 利率

利率的升降对不动产价格影响很大。既影响不动产的供给，又影响不动产的需求。综合来讲，不动产价格与利率呈负相关关系：利率上升，不动产价格会下降；利率下降，不动产价格会上升。

6. 不动产投资

社会对不动产投资规模、投资总额增加，会增加不动产的产品供给，当人们对不动产的需求不发生变化时，不动产价格会下降；反之，价格上涨。

（六）人口因素

1. 人口数量

不动产价格与人口数量关系密切，呈现正相关，随着人口的增加，对不动产的需求也增加，从而导致不动产价格的上升。反映人口数量的相对指标是人口密度，人口密度的增加一方面可以刺激商业和服务业的发展，使得不动产价格上升；另一方面人口密度过高又会导致居住环境恶化，从而使不动产价格下降。简言之，人口数量增加，对不动产的需求量就会增加，不动产价格上涨；反之，价格下降。

2. 人口素质

人口素质包括人们的受教育程度、人们的思想观念、道德品质水平和文明程度等。人口素质也会导致不动产价格发生变化。随着社会文明的发展，人口素质的不断提高，人类对不动产的消费观念也在发生变化，从最初的对不动产挡风遮雨的需求发展到讲究舒适美观的高层次需求，再到对不动产数量和质量的更高要求，从而导致不动产价格趋升。另外，现实生活中高素质人口聚居的地区不动产价格往往高于其他地区的情况也反映了人口素质对不动产价格的影响。也就是说，人口素质高，就会增加对不动产的需求，引起价格上涨；反之，价格下降。

3. 家庭规模

家庭规模即家庭平均人口数，人口总数不变，家庭规模发生变化也会引起不动产价格的变化。一般而论，家庭规模变小，则家庭数量增多，居住单位增加，所需要的不动产产品总量增加，促进不动产价格上涨；反之，价格下降。

（七）心理因素

1. 交易双方心态

若不动产卖主不想卖或者不急于卖，而买主对该不动产非常中意，那么买主就会出高价购买；反之，若卖主急于出手变现，而买主又不急于购买，那么卖主就会低于正常市场价格出售。

2. 消费者偏好

有的不动产买主的个人好恶、欣赏趣味与众不同，会对不动产有特殊要求，当某一不动产能满足要求时，他会不惜重金购买，其交易价格会偏高于正常市场价格。

3. 名人效应

往往一些政要、娱乐明星等社会上流人物入住的不动产，由于名人效应，会使不动产价格上涨。而追星一族为了接近名人，不惜重金购买名人住宅附近的不动产，以满足其心理需要，也会引起价格上涨。

4. 风水

在中国，一些买主在购买不动产之前，必先请阴阳先生看看宅第，确定风水好坏。也有人讲究楼号、单元号、层号、门牌号，如 8 号楼、8 单元、8 层、18 号。只要买主认为大吉大利的，会支付高于一般价格的货币购买。

（八）国际因素

1. 世界经济状况

特别是相邻国家的经济状况，对不动产价格有较大影响。国际经济状况良好，不动产价格就高；反之，就低。

2. 军事冲突情况

不言而喻，战争的破坏性极大。发生军事冲突地区的不动产价格会大幅度下降。

3. 政治对立状况

国与国之间发生政治对立，出现经济封锁、经济制裁、冻结财产、冻结金融帐户、终止外交关系等，都会影响不动产的投资开发，造成不动产价格下降。

4. 国际竞争

国家之间为争夺外来投资，采取一系列不动产的优惠政策，如降低土地价格，从而引起不动产价格下降；反之，价格上涨。

（九）其他因素

如重要人物的健康与生死，有可能左右时局，从而引起不动产价格涨落。

第五节　不动产估价的原则及程序

一、不动产估价的原则

不动产估价的原则，是指人们在不动产估价的反复实践和理论探索中，在对不动产价格形成和变化的客观规律认识基础上，总结出的一些简明扼要的、在估价活动中应当遵循的法则或标准，它是不动产估价机构和人员客观、公正、科学、合理地开展估价活动必须遵守的法则或标准。根据不动产价格形成原理，有关法规和不同估价目的的要求，不动产估价原则可分为两方面内容，即不动产估价的工作原则和经济原则。

（一）不动产估价的工作原则

不动产估价的工作原则，是指不动产估价执业中应遵循的一般基本准则，它适合各种不同估价目的和要求，对估价工作具有普遍指导意义。

1. 独立性原则

独立性原则，是指不动产估价机构和估价人员在执业中，不受估价对象、不动产各方当事人利益的影响，与不动产各方当事人没有任何利害关系，不受其他任何因素的干扰和影响，从第三者的角度独立进行操作。当估价机构或估价人员与不动产当事人某一方有利害关系时，应采取回避的态度。不动产价格涉及范围广、影响因素多、价格额度大，不动产估价坚持独立性原则，是客观合理评估不动产价格的基本要求。

2. 客观性原则

客观性原则，是指不动产估价机构和估价人员在执业中，根据不动产的用途、性质、特点、规模、使用状况等，实事求是，从实际出发，认真进行调查研究，掌握全面、翔实、可靠的资料，采用适当标准和方法，通过认真分析、测算之后，得出合理、公正、可靠的估价结论。为体现估价结果的客观性，估价时：一是要全面、简要、真实地描述不动产的物质与权益状态，合理界定估价范围；二是估价结果要客观地反映不动产在估价时点的市场价格；三是估价依据、内容和结果要经得起历史检验；四是在估价过程中既不受各方当事人主观意志的干扰，也不为收费而高估冒算；五是当委托人提出估价工作和不动产估价报告书确有疏忽、遗漏之处，甚至出现错误时，估价机构应及时予以改正，估价中对委托方提出的疑问，应认真予以解答。

3. 科学性原则

科学性原则，是指在不动产估价过程中，根据特定目的，制定科学的估价方案，采用合理的估价程序和科学的估价方法，评估不动产价格。

4. 合法性原则

合法性原则，是指不动产估价要依法进行，使估价结果具有法律效应，即不动产估价应以估价对象的合法权益为前提。不动产估价的合法性主要表现为：一是要以不动产的合法使用为前提；二是要根据现行相关法律和法规开展估价业务；三是要按现行计量、计费标准、定额和有关规定为依据；四是要具备完整合法的产权证明或证件。

（二）不动产估价的经济原则

不动产估价的经济原则，是指不动产估价中应遵循的专业性、技术性原则，它是客观、科学、合理估计对象不动产价格的基本保证。

1. 最高最佳使用原则

最高最佳使用原则，是指不动产估价要以不动产的最高最佳使用为前提。不动产的最高最佳使用主要体现为估价对象不动产在自然状态或物理状态的最可能使用，而这种最可能的使用，是估价对象不动产在法律上允许、技术上可行、资金上可能的前提下，能够使估价对象不动产在当前和未来获得最高价值的使用。同时考虑其他相关因素，不动产的使用被认为是最高最佳的使用。最高最佳使用具体包括三个方面：最佳用途、最佳规模、最佳集约度。最高最佳使用原则要求评估价值应是在合法使用前提下，各种可能的使用方式中，能够获得最大收益的使用方式的估价结果。例如，某宗不动产，城市规划规定既可以用作商业用途，也可以用作居住用途，如果用作商业用途能够取得最大收益，则估价应以商业用途为前提；反之，应以居住用途或者商业与居住混合用途为前提。但是当估价对象已作了某种使用，则在估价时应根据最高最佳使用原则对估价前提进行判断和选择，并应在估价报告中予以说明。

由于土地使用权出让年限和建筑物耐用年限较长，最高最佳使用原则在不动产实际估价中具体运用，可从以下几方面考虑。

（1）一般情况下，当估价对象有几种用途都适合时，应经分析论证后，从中选择出一种最高最佳使用的用途。

（2）如果估价对象为存量不动产，维持现状进行持续经营为最高最佳使用时，应按维持现状持续经营进行估价。

（3）如果估价对象为存量不动产，改变目前用途转换为其他某种用途为最高最佳使用时，应按转换为其他某种用途进行估价。

（4）如果估价对象为存量不动产，按现有用途持续经营，但须通过室内外改造或装修为最高最佳使用时，应按改造或装修后的使用状况进行估价。

（5）如果估价对象为存量不动产，须通过室内外改造或装修并改为其他用途为最高最佳使用时，应按室内外改造或装修并改变用途进行估价。

（6）如果估价对象为旧有不动产，当拆除原有建筑物改为其他用途为最高最佳使用，应按拆除原有建筑物改为其他用途进行估价。

2. 估价时点原则

估价时点又称估价期日、评估时日或评估基准日，是指确定估价对象不动产估价额、估价结论开始成立的特定时日。估价时点通常用某年某月的某日表示，它是一个具体的日期。一般来说，评估不动产的价格是确定对象不动产某一天的市场价格，一宗不动产每次评估只能有一个估价时点，估价时点是在征求委托方基础上，由估价机构确定的。不动产价格具有很强的时间性，不动产估价中强调估价时点原则，是说明不动产估价只是求取某一时点上的价格。不动产市场是不断变化的，构成不动产价格的各种因素也经常处在不断变化之中，所以同一宗不动产，在不同时点会有不同的价格。估价中重视估价时点原则，是把不断变化的不动产价格，相对停止地估价在某一时点上。估价时点的选择，应有利于使估价结果有效地服务于估价目的，准确划定估价范围，合理选取估价依据，尽量减少和避免估价时点后的调整事项。估价作业日期是指不动产估价人员自接受委托至完成估价报告的评估操作起止日期。估价作业日期一般根据估价对象的规模、复杂和难易程度等，由估价人员与委托单位共同商定。在不动产估价中，估价时点与估价作业日期是不同的，主要区别为：一是含义不同，估价时点是指确定对象不动产价格额度的具体日期，它指的是某天，是把不断变化的各种构成不动产价格因素的价值量归集到估价时点上，估价结果是要说明估价对象不动产在这一天的市场价格。而估价作业日期是对象不动产估价操作所需要的时间，它可以是几天或更长的时间。二是目的不同，估价时点是估计对象不动产市场价格的时间界限，如不动产市场供求状况的变化，不动产法规、标准、税收政策的变更，经济形势的变化等，都会影响不动产的价格。估价作业日期则注重说明，在协议或规定时间内，估价机构和估价人员必须在保证估价质量前提下，根据委托方的估价时间要求，按时完成估价报告。而委托方应在规定的时间内提供全面、真实、合法有效的资料，并在不同阶段进行必要的配合，以及按规定支付评估费等。不动产估价时点与估价作业日期在时间上往往是不一致的，估价人员有时将实地勘察的日期确定为估价时点。但是，有时处于某种需要，把估价时点确定为过去或将来。估价中与估价时点联系较紧密的因素主要为不动产市场情况和估价对象不动产状况。估价中考虑估价时点主要有以下三种情况。

（1）当不动产估价时点为现在时：①不动产状况与不动产市场状况均为现在时点。无论新增不动产还是存量不动产，这是估价中遇到的最多的一种情况。如商品房出售时的现在价格、存量旧有建筑物的现在价格、土地使用权出让价格等。②不动产状况为过去某时点，不动产市场状况为现在时点。如过去某时点停建的在建工程的现在价格等。③不动产状况为未来某时点，不动产市场状况为现在时点。例如，当前正在开发中尚未完工的商品房的期房价格等。

（2）当不动产估价时点为过去时：不动产状况及不动产市场情况均为过去某时点时。这属于回顾性估价，如不动产估价目的是为了解决前一年某月某日的民事纠纷等。

（3）当不动产估价时点为未来时：不动产状况及不动产市场情况均为将来某时点时。这属于预测性估价，如估计在建不动产开发项目在将来某时点完工时的价格，又如根据当前商品住宅价格预测未来某时点同类型不动产的价格等。

3. 供求原则

不动产价格同其他物品一样，具有很强的时间性，直接受不动产市场供求关系的影响。如果供给不变，需求增加时，价格上升，需求减少，价格下降；如果需求不变；供给增加，价格下降，供给减少，价格上升。

强调不动产估价的供求原则，是要在不动产估价中，认真考虑同类不动产的市场供求状况，不动产的供求状况如何，直接影响着不动产价格的变化。运用不同估价方法，分析不动产供求状况，应侧重不同的内容。如成本法中，要着重分析影响构成房屋实体建材、设备等供求状况与价格，在市场比较法中，应着重分析存量不动产的供求状况与价格。

不动产供求状况，经常与不动产市场上是否出现房屋空置相联系。房屋空置是不动产市场需求较清淡时，已建成商品房因租售受阻较长时间而出现积压现象，或者说空置是不动产市场上房屋的整体或部分未得到使用，处于待售或待租状态的现象。空置房屋包括新建成房屋和旧有房屋没确定新的使用者。衡量房屋空置程度大小的指标是房屋空置率，空置率是指空置房屋面积占全部总存量的比率。可以这样讲，当市场上房屋出现空置且空置率较高时，房屋价格降低，反之，价格上涨。

4. 替代原则

追求经济合理性是人们经济行为遵循的普遍原则。根据经济学原理，在同一个市场中，具有相同使用价值和质量的物品，在同一估价时点，其价格是趋于一致的，进而相互间存在完全替代性。不动产因存在位置的固定性或自身个别性，在同一个市场上几乎不可能存在完全相同的不动产，因此，当估计对象不动产价格时，可利用替代原则，通过市场上已发生交易的相同或相类似不动产价格，在分析比较之后，确定估价对象不动产价格。

替代原则的突出特点是强调估价人员选用的可比实例与估价对象具有相同或相类似性，具体地讲，在用途、结构、价格类型等方面的相同或相类似性。因此，不管是房地合一的不动产，还是构成不动产价格的某些因素以及估价主要参数，只要市场上条件具备，估价中都可以考虑利用替代原则解决有关问题。替代原则要求不动产估价结果不得明显偏离类似不动产在同等条件下的正常价格。

5. 预期收益原则

地价是资本化的地租，是未来地租的贴现值。因此，不动产价格的评估，需要的不是过去的收益，而是未来的收益。过去的收益只是为推测未来土地收益提供依据。在不动产价格评估中，必须综合分析影响不动产价格的各种因素，特别是未来因素的变化趋势，包括国际和国内的政治经济形势、城乡建设规划、社会发展因素等。客观、科学、合理地预测不动产未来可能的收益，还要具体分析不动产市场上各类不动产供需状况，投资者经营能够给权利人带来的利润总和，以预期不动产价格。

尽管不动产价格是现在时点上的价格，但估价对象不动产之所以有价格，就是因为将来能够产生收益或效益，因而其价值量的大小主要是由反映将来的总收益、总费用、资本化率等指标所定。估价中运用预期收益原则，一方面是因为估价对象不动产不仅能够产生收益或效用，而且拥有一定的使用年限。如果估价对象是一幢建筑物，根据其建造质量、结构、已使用年限、使用维修状况等，应尚存一定的使用寿命年限。如果估价对象是一宗土地，根据用途、原出让规定年限和时间，应尚存一定的土地使用权年限。另一方面是因为估价对象可以进行持续经营。持续经营，是假设估价对象不动产在未来一段时间内，将依照当前的用途、使用方式规模、经营状况、环境或在有所改变的基础上进行连续不断的经营。作为收益性不动产，估价时须结合具体经营方式和情况对预期收益进行合理估算，尤其对规模较大经营内容较多的收益性不动产，无论按现状持续经营，还是适当改换方式经营，都应当搜集翔实、可靠的资料，以便合理估计对象不动产的价格。

6. 公平原则

不动产估价的目标在于求得一个对各方当事人来说都是公平合理的价格，倘若评估的价格不合理、不公平，则必然使权益人或相关人的利益蒙受损失，反过来也损害了不动产估价工作的声誉，削弱了估价结果的权威性。公平原则要求不动产估价人员站在公正的立场上，遵循不动产价格形成理论及规律，运用科学方法客观公正地对不动产价格进行估价。

要做到公平，首先要求不动产估价人员有良好的职业道德；其次应有起码的职业素质，既要熟悉各项相关政策法规，依法办事，又要熟悉掌握不动产估价的基本方法与技能；再次是清正廉洁，建立回避制度，提高工作透明度。

二、不动产估价的程序

不动产估价程序是指一个不动产估价项目运作全过程中的各项具体工作，按照各个工作的先后时间次序进行排列，先干什么，后干什么，确保估价工作科学有序进行的工作流程。不动产估价必须按照科学的估价程序进行，才能提高工作效率和工作精度。一般包括以下过程。

（一）取得估价项目

取得估价项目的方式主要有两种：一是被动接受，即要求进行不动产评估的单位或个人主动找到不动产估价机构，要求不动产评估机构提供不动产评估业务服务的方式；二是外出承揽业务，即不动产评估机构通过宣传、广告等方式，走出门去主动争取不动产估价业务，为需要进行不动产项目评估的单位和个人提供服务的方式。

（二）接受估价委托

1. 明确估价基本事项

（1）明确估价目的。估价目的是委托估价方的需求，也是估价报告的用途，主要由委托人提出并决定。估价目的不同，估价依据、估价时点、估价结果都可能存在很大的不同。

（2）明确估价时点。在实际估价中，估价时点由估价人员根据估价目的，在征求委托人同意后确定。

（3）明确估价对象。主要是明确估价对象的实物状况、权益状况和区位状况，主要包括三个方面，一是明确估价对象具体所在的位置、面积、四至或边界、建成年代等实物状况信息；二是明确估价对象权益状况；三是明确估价对象所处的区位、周边环境、配套设施等。

2. 签订估价委托合同

在明确了有关事项后，估价机构可以要求委托人出具估价委托书，并与其签订书面估价委托合同。

（三）拟定估价作业计划

拟定估价作业计划的主要内容有：采用的估价技术路线和估价方法；调查收集的资料和资料的来源渠道；所需要的时间、人员和经费；估价作业步骤和工作进度安排。

（四）收集估价所需资料

估价所需资料包括：普遍影响不动产价格的资料；影响估价对象所在地的不动产价格资料；相关实例资料，即类似不动产的交易、收益、开发建设成本等资料；反映估价对象状况的资料。资料收集的渠道有：①委托人提供；②查阅各种媒体有关不动产信息资料；③估价师协会、不动产经纪人提供的资料；④政府有关部门资料；⑤不动产交易中心、咨询中介机构获取；⑥实地查勘获得。

收集到的第一手资料必须进行整理，去粗取精，去伪存真，对原始数据进行深加工，对图形资料进行数字化处理，必要时进行资料的补充收集。

（五）实地查勘估价对象

实地查勘估价对象指估价人员亲自去估价对象现场，对委托人先前介绍的估价对象的有关情况，以及委托人提供和估价人员收集的有关资料，进行全面核对查实，同时感受估价对象的位置、周围环境，查看估价对象的外观、实物状况，了解其使用状况和权益状况，并进行拍摄和补充其他资料，了解不动产市场行情等。

（六）选择估价方法测算

根据估价的目的和技术路线，考虑估价对象的不动产类型、各种估价方法的适用对象和条件以及所掌握的资料情况，确定所采用的估价方法。然后运用各种估价方法测算估价对象的价值。

（七）　确定估价结果

在确认各种测算结果准确，而且不同测算结果之间差异合理的情况下，可以采用平均数、中位数、众数等方法求取一个综合结果。由于影响不动产价格的因素很多，估价人员不能仅仅拘泥于某些计算公式得出的结果，还需同时考虑其他价格影响因素，结合估价师的工作经验，对结果进行适当调整，确定出最终估价结果。

（八）　撰写估价报告

估价人员应按照估价报告写作的形式、要求和内容撰写估价报告。估价报告应全面、公正、客观、准确地记述估价过程和结论。具体要求第十一章第四节要讲，这里不再叙述。

（九）　审核估价报告

由估价机构负责人或资深估价师按照一定程序和要求，对撰写出来的估价报告进行审查，确认估价结果的合理性。

（十）　出具估价报告

审核合格之后，由有关估价人员签名，以估价机构的名义出具估价报告。然后交付委托人签收，到此就完成了对估价委托人的估价服务。

（十一）　估价资料归档

估价资料归档的目的是为了方便今后的估价和管理，它有助于估价机构和估价人员不断提高估价水平，还有助于政府主管部门和行业自律组织对估价机构进行资质审查和考核。所以估价人员应全面、及时、准确地将估价工作中形成的各种文字、图件、表格、声音、图像等资料进行分类整理、归并，并将它们妥善保存。

第二章 不动产估价的基本理论

不动产估价所应用的基本理论主要有地租理论和区位理论，此外还涉及会计学中的成本理论和经济学中的供求理论。下面阐述这些基本理论。

第一节 地 租 理 论

地租理论是经济学中的一个重要研究领域。由于地租不仅仅具有经济的意义，而且也是一个政治、法律、伦理道德和自然环境的多面体。因此，长期以来，它已经发展成为一个相对完善的体系，已成为不动产发展中的最重要、最基本的理论，它揭示了地价或不动产价格的实质。

一、地租的概念

地租的存在离不开对土地的占有，即土地所有者只有在得到一定报酬的前提下，才肯将土地让渡给他人使用，该报酬就是地租。也就是说，地租指的是报酬或收益，是土地所有者凭借土地所有权获得的收入。就各种社会经济形态下地租的最一般特征来讲，地租是直接生产者在农业（或其他产业）中所创造的生产物被土地所有者占有的部分，是土地所有权借以实现的经济形式。马克思指出不论地租有什么独特的形式，它的一切类型都有一个共同点：地租的占有是土地所有权借以实现的经济形式。土地所有权和使用权的分离是地租产生的前提。

马克思从土地所有制入手对地租进行分析，论证了无论地租的性质、内容和形式有何不同，都是土地所有权在经济上的实现，并且严格区分了地租和租金这两个范畴，指出了"真正的地租是为了使用土地本身而支付的"，并进一步对地租产生的原因和条件进行了分析和研究。根据地租产生的原因和条件，马克思把地租区分为级差地租和绝对地租，指出这是资本主义地租的两种基本形式。此外，还有垄断地租、矿山地租、建筑地段地租等形式。

近代西方经济学者把地租的概念加以扩充，分为广义地租和狭义地租。广义地租，是指超额的工资、利息、利润及利用任何生产要素所获得的超额报酬。而狭义地租，仅指利用土地所获得的超额利润。在西方经济学中还有准地租的概念。同时，西方经济学者还把地租理论扩展到土地利用、区位及运输等相关理论，使地租成为土地经济学、城市经济学等学科研究的重要基础。

二、西方资产阶级地租理论

（一）资产阶级古典经济学家的地租地价理论

资产阶级古典经济学家的地租地价理论的主要代表人物有威廉·配第、弗朗斯瓦·魁奈、亚当·斯密和大卫·李嘉图，他们分别在各自的主要经济学著作中对地租和地价问题发表了自己的见解。

威廉·配第是资产阶级古典政治经济学的奠基人，他在名著《赋税论》中曾论述过地租地价，明确指出：地租是劳动产品扣除生产投入维持劳动者生活必需后的余额，其实质是剩余劳动的产物和剩余价值的真正形态。配第还提出了关于级差地租的最初概念。他先从肥力相同位置不同的地段对市场的不同距离引出级差地租，还以土地的不同肥力即同等面积的土地的不同生产率阐述了产生级差地租的又一原因。配第还认为，在地租是既定的情况下，等面积不同肥力的土地的价值大小，即地租的多少与耗费的劳动成反比。

亚当·斯密是资产阶级古典政治经济学最优秀的代表人物之一。他的地租与地价理论反映在 1776 年出版的《国民财富的性质和原因的研究》这一世界名著中。什么是地租？斯密回答说，地租是作为使用土地的代价，是为使用土地而支付的价格。他认为，地租不是投在土地上的资本的利息，而是土地所有权所要求的，是土地所有权的单纯结果，是一种垄断价格。斯密对地租范畴的科学概括从根本上揭示了资本主义地租存在的原因。

在考察了地租概念之后，斯密分析了什么是"为使用土地而支付的代价"。他说这个代价是"产品或产品价格超过这一部分（即补偿预付资本和'普通利润'的部分）的余额，不论这个余额有多大，土地所有者都力图把它作为自己的土地并把地租攫为己有"。"有土地的地主，像一切其他人一样，都想不劳而获。"这就是说，这个余额不是利润，而是利润之上归土地所有者无偿占有的部分，是利润之上被土地所有者剥削的那一部分剩余价值。

在涉及级差地租时，斯密十分重视改良地区间的交通运输条件，认为在"一切改良中，以交通改良最为实效"。良好的道路、运河或可通航河流，可以减少运输费用，使偏远地方与城市附近的地方的商品价格接近；同时交通便利可以促进偏远地区的开发，阻止市郊农业的独立，还可以为市郊农产品开拓新市场。

大卫·李嘉图是资产阶级古典政治经济学的杰出代表和完成者。在李嘉图的经济著作中，地租理论占有显著的地位。在他的名著《政治经济学与赋税原理》中设有几个篇章专门论述地租问题。

李嘉图在探讨地租问题时，先确定了地租概念。他明确提出，对地租范畴的界定，应严格区分通俗意义上的地租与经济学上的地租。他认为，通俗意义上的地租（即租金）是指农场主每年实际付给地主的一切。他说："假定有两个相邻的农场，其面积相等，自然肥力也相同，其中一个具有农场建筑的各种便利条件，而且排水施肥也很便宜，又有墙壁篱垣便利地分隔开来；另一个却全然没有这些设施，那么使用前者所付报酬自然会比后者多，然而两种情况下所付的这种报酬却都会被称为地租。"经济学上的地租仅是"为使用土地的原有和不可摧毁的生产力而付给地主的那一部分土地产品"。这句话的中心意思是强调经济学上的地租，仅仅是为了使用土地而付给地主的金额。在地租名义下多付给的金额，则是为使用建筑物付给的实际上是地主所有的资本的利润。这就是说，地主仅仅因为占有土地而索取地租。地租是地主阶级不劳而获的收入。这就说明了地租的性质。

既然地租是租地农场主使用土地固有的生产力而支付给地主的报酬，那么是不是地主出租一切耕作的土地都会获得地租呢？并非如此。李嘉图认为，只有生产物获得超过必要生产费用以上的超额利润的土地，方可产生地租。也就是说，地租总是由于使用两份等量资本和劳动而获得的产品之间的差额。因此，李嘉图讲的地租实际上是级差地租。

李嘉图认为级差地租产生的条件：一是土地数量有限，二是土地的肥沃程度与位置的差别。依据级差地租产生的条件，他推论人类最初土地十分丰富，没有被人占有，每一个人都可以任意支配，随便耕种。因此，没有人会为使用土地而支付代价。这就好比使用空气等取之不尽、用之不竭的自然恩赐物一样，无需支付任何报酬。但是，随着社会的发展、人口增加，仅仅靠耕种优、中等土地已不能满足需要，于是劣等土地投入耕种，优、中等土地马上就开始有了地租。因为，优、中等土地生产率高，而劣等土地生产率低。李嘉图认为，在资本竞争的条件下，耕种不同质量土地的资本要求获得一种利润率，而不是两种利润率。农产品市场价格必然由劣等土地产品的劳动耗费决定，由那些要继续在最不利的条件下进行生产的人所必须投入的较大量劳动决定，优、中等土地就会得到一个超过平均利润的差额，这个差额便转化为地租归地主所有。

（二）资产阶级庸俗经济学家的地租地价理论

资产阶级庸俗经济学家地租地价理论的代表人物主要是法国的让·巴蒂斯特·萨伊和美国的托马斯·罗伯特·马尔萨斯。让·巴蒂斯特·萨伊地租理论的基础是"生产三要素"论，而谈生产三要素时他又是从效用价值论入手的。萨伊仅仅把生产归结为自然方面，抽去了社会方面。他认为生产的意义在于，通过各种因素协同活动使自然界本来就有的各种物质，适宜于用来满足人们的需要。因此，"生产，不是创造物质而是创造效用"。"人力所创造的不是物质而是效用"。他说，由于生产出来的物品具有效用，人们就给这种物品以价值。也就是说，物品的价值的唯一基础是它的效用。这个观点显然是错误的。效用是商品的使用价值，商品的使用价值只是商品价值存在的物质前提，而不是价值存在的基础。商品价值的大小应由生产商品所耗费的劳动量大小决定。

托马斯·罗伯特·马尔萨斯的地租理论，全部反映在其 1815 年发表的《关于地租之性质及其进步的研究》一书中。对于什么是地租，马尔萨斯的解释是，地租是总产品价值中的剩余部分，或者用货币来计算，是总产品价格中扣除劳动工资和耕种投资利润后的剩余部分。这个剩余部分产生的原因是什么，马尔萨斯认为有三：第一，也是主要的，是土地的性质，土地能够生产出比维持耕种者的需要还多的生活必需品；第二，是生活必需品所特有的性质，生活必需品在适当分配以后，就能够产生出它自身的需要；第三，是肥沃土地的相对稀少性。这里土地的性质是指土地的肥力。马尔萨斯认为，它是剩余产品即地租产生的基础或主要原因。他说地租是自然对人类的赠与，与垄断完全无关，认为地租是一国财富增加和社会繁荣的象征。

（三）西方新古典主义城市地租理论

新古典主义城市地租理论的诞生可追溯到 20 世纪末至 21 世纪初，当时有大量的文献对地租问题进行探讨，但绝大部分或侧重于对农业地租进行分析，或是偏重于对土地在生产过程中的作用进行讨论。进入 20 世纪 60 年代以后，以阿隆索、米尔斯等为代表的经济学家将边际分析应用于传统的地租理论中，从而产生了该领域内的革命，孕育出新古典主义城市地租理论。

新古典主义城市地租理论的出现，其直接动因是城市问题的日益突出引起人们对城市地租问题的关注，经济学家们试图从经济学的角度解释城市空间结构的演变规律。边际分析方法的应用不仅为这种研究领域的扩展提供了条件，而且导致了地租研究的深入。

下面仅就新古典主义地租理论中政策因素与地租、地价的关系以及地租模型等问题作一简单的介绍。

1. 政策因素与地租和地价

政策因素的概念非常广泛，其作用主要在于避免土地自由市场对居民收入和社会财富的分配可能带来的种种不公，同时也在于减少各种不同用地之间不相容的现象，从用地的角度减少污染、拥挤等带来的损失。

（1）土地利用规划。土地利用规划一般被认为是一种对土地市场上个人活动进行限制的消极措施。联合国1973年出版的一份研究报告中指出："土地利用规划是用来限制开发进程，以保护农业地、公共活动空地和自然保持区。有时规划鼓励高密度建设，以减少交通运输开支，为此，规划常采取限制可供开发的土地数量的做法，这自然会使地价上升。"同时，由于规划对土地供给的影响，会导致土地投机现象增多。也有的专家认为，规划限制了某一特定用途用地的总数量，这不仅会从总量上造成地价上升，而且由于规划方案造成的区位影响，还会对个别地块的价格发生影响。

进入20世纪80年代以后，有些学者研究后发现，规划控制还会"增加某些用途的用地数量，使之高出市场目前的实际需求水平，因而确保地价低于市场水平"，这样可保证这部分用地不被用作其他用途。

关于规划对土地供给的限制，有学者将其划分为两种类型：一种是实质性的规划政策，即那些具有特定目的的政策措施，为保护农业用地，进行用地调整等；另一种为程序性规划政策，即那些为实现实质性政策而提供的手段或方法，如用地分区管理条例、土地细分法规等。这两种政策都可能增加土地的供给。

由于这些规划政策的作用，地价曲线再也不是一个由市中心向郊区渐降的平滑曲线，而是一个起伏的、不连续的折线。

（2）城市基础设施政策。生地很少直接进入市场，在市场上交换的一般都是经过开发的、具有某些基础设施的熟地。有关统计资料表明，基础设施投资在地价中占有很大比重，这一比例在35%～80%。与此相关的一个问题是基础设施建设的时机问题，建设晚了就会导致用地短缺和地价上升，早了又会造成投资的浪费。同时由于这些设施的建设周期较长，更使得建设时机问题变得特别敏感。

2. 地租模型

这里主要介绍阿隆索的地租模型，这是新古典主义地租模型中最杰出的代表。阿隆索的突出贡献在于他将空间作为地租问题的一个核心进行了考虑，并首次引进了区位平衡这一新古典主义概念，同时成功地解决了城市地租计算的理论方法问题。

阿隆索假设在一个平坦的、没有任何地理差异的平原上，土地质量处处相等，每片土地都可直接用于开发，并可在市场上进行自由贸易。买卖双方对土地市场都有充分的了解，卖方希望其收入最大，买方希望其愿望能最大限度地得以满足（对企业为生产利润最大，对个人为满意程度最高）。同时还假设在该平原上有一座单一核心的城市，在该城市中，任何方向的交通都极为方便。

阿隆索首先对单个家庭的情况进行了分析，当一家人到达该城市时，将面临着一个双重抉择的问题：他们将在距市中心多远的地方购买多大面积的土地？由于家庭收入固定，这一收入将用于土地投资、交通运输（通勤）费用和购买其他商品（包括储蓄）。即

$$收入=土地投资+交通费用+其他商品开支$$

阿隆索运用古典主义理论的成果，指出：土地投资为地价 $P(t)$ 和土地数量 q 的函数；

交通费用为距市中心距离 t 的函数；其他商品的开支可分解为商品数量 Z 和单位价格 P_z。因此，上式可改写成

$$Y = P_z Z + P(t)q + K(t)$$

式中，Y 代表收入；P_z 代表其他商品的单位价格；Z 代表其他商品的数量；$P(t)$ 代表 t 处的地价；q 代表土地数量；$K(t)$ 代表 t 处的交通费用；t 代表距市中心的距离。

在对土地数量 q、其他商品的数量 z 和距中心距离 t 之间的关系进行分析之后，阿隆索指出，对于一个家庭来说，区位平衡的取得取决于这三者之间比例的确定，即通过变化这三者的比例关系，使其满意程度最大，但开支总数又不超出收入的约束。另外，该家庭所具有的选择是其个人意愿的函数，阿隆索运用同好曲面来表示这种个人的意愿。在这一曲面上，不管地价怎样变化，都保持个人在不同区位满意度不变，由此可对三个变量进行多种组合。同时，满意程度 U 也是其他商品数量 z、土地数量 q 和距市中心距离 t 的函数，即

$$U = u(z,\ q,\ t)$$

然后，他设计了买价曲线来表示假设的地价和距离的组合，他将买价曲线定义为"一组家庭在不同的距离都有能力支付而又保证同等满意度的价格曲线（对于企业而言，满意度即为利润）"。所以，如果地价按此曲线变化，那么家庭（或企业）将不会计较具体的区位。相对于不同的满意度（或企业的利润）水平，就会有一组买价曲线。买价曲线 BP 的位置越低，其满意度（或利润）越高（图2-1）。

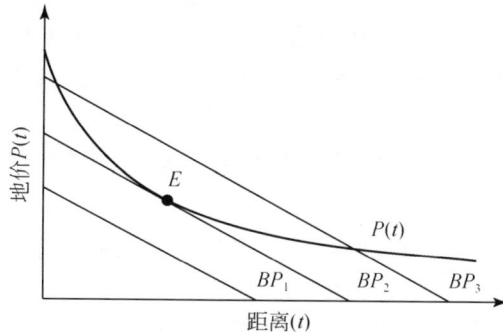

图 2-1　平衡区位的取得

至此，他将五维空间 $u,\ q,\ t,\ z,\ y$ 简化为一个二维求解过程，仅剩下 t 和 $P(t)$ 两个变量。阿隆索将买价曲线与地价构成曲线 $P(t)$ 相叠加，得出如下结论：家庭（或企业）会选择一个其满意程度最高，而又与地价构成曲线相吻合的区位，即图中买价曲线 BP_2 与地价曲线 $P(t)$ 相切处 E，这时该家庭（企业）取得区位平衡。

阿隆索又对城市及郊区土地市场进行了分析，提出了土地市场取得平衡的条件，即供求数量相等"直到城市边缘的所有的土地都被卖光，在一定距离以内不再有土地出售"。买价曲线斜率最大的用户因其竞争性强而取得市中心的区位，由于使用者对区位的偏好，会因与市中心距离的增加而急剧减小，因此在第一个使用者决定其土地消费量后，斜率次大的使用者将取得最靠近市中心的土地，一直外推出去，直到城市边缘最后一个边际使用者为止（如农业使用者）。对于农业地价的计算办法古典主义经济学已有较成熟的理论，那么就很容易从城市郊区将地价反推至城市中心。这样，城市中任意一处的地价就可通过一系列的平衡区位和边际价格与边际区位的分析求得。这里，他不仅为地价推算提供了一个理论模型，

而且运用边际分析方法对相邻区位的地价关系进行了分析。

阿隆索的模型自 1964 年问世以来,被后人不断加以补充完善,同时也遭到不少人的批评。虽然如此,这一理论模型仍然是新古典主义地租理论中最重要的模型。

除了理论上的探索外,不少经济学家从统计分析的角度出发,对这一理论模型进行验证、修改与补充。

在英国,韦伯根据伦敦的资料对房价和房屋类型进行了分析,其结论是距离因素的影响并不是简单的可达性与房价之间的消长关系,人口密度和环境质量都具有重要的影响。

后来,阿普斯对英国几个大城市的分析也从侧面证明了阿隆索的推导具有理论价值。其他如莱恩、威尔金森、埃文斯、卡宾等人也有类似的研究。

1971 年,安德森和克罗克对空气污染的影响进行了分析。他们对华盛顿市、堪萨斯市和圣路易斯市进行了比较,一个很重要的发现是家庭的收入不仅通过家庭对房屋特性的评价而影响对房屋的选择,而且会直接影响房屋价格本身。他们还发现,在城市郊区,距离因素的作用很微弱。

总之,自问世之日起,新古典主义地租理论就一直是人们关注的焦点,褒贬兼有,评价各异,有人为其大唱赞歌,也有人批评它是主观唯心主义的产物;有人认为它只不过是古典主义的翻版,不能称其为一门独立的学派;又有人发现它与马克思主义地租理论在研究方法上有相似之处。不管怎样,进入 20 世纪 70 年代以后,人们更多的注意力已由评价该理论转向验证、完善与具体应用这一理论,从而形成了其霸主地位,成为当代西方土地经济学的核心,具体的地价测算与房地产行业的经营管理以其作为理论的基础,政府部门对土地市场进行宏观调控以其为理论依据,规划部门在制定规划方案时,以其为理论指导。

三、马克思主义地租理论

马克思在继承与批判资产阶级古典经济学地租地价理论的基础上,以科学的、完整的劳动价值论、生产价格论和剩余价值论为依托,建立了马克思主义地租地价理论。马克思地租地价理论的基本内容包括:第一,资本主义地租是农业资本家为取得土地的使用权而交给土地所有者的超过平均利润的那部分剩余价值,是资本主义土地所有权在经济上的实现形式;第二,资本主义地租的来源是农业资本家雇佣工人创造的超出平均利润以上的那部分剩余价值,是超额利润的转化形式;第三,农产品的社会生产价格决定资本主义地租水平,而农产品的社会生产价格又由劣等地的生产条件决定,因此说资本主义地租水平不是由社会平均土地生产条件决定,而是由全社会劣等地的生产条件决定;第四,资本主义地租根据其产生的原因和条件,可分为级差地租、绝对地租及由于某种土地的特殊优越性和稀缺性所产生的垄断地租等。该理论揭示了资本主义地租的实质,是以资本主义土地私有制为前提,土地所有者凭借土地所有权不劳而获的收入,其特点在于土地所有权和使用权的分离。

1. 马克思级差地租理论的基本内容

级差地租是指租用较优土地所获得的归土地所有者所占有的超额利润。级差地租与土地等级相联系,土地条件(反映为土地等级)的差别是级差地租形成的基础。这种差别表现为土地自然条件(如肥力、承载力、地形等)、地理位置及开发利用的程度。在等量投入的情况下,土地等级不同,土地收益便不同,因此地租额不同。

马克思分析资本主义级差地租以下列假定为前提条件,即资本主义的生产关系在农业中已占统治地位，资本在国民经济各部门之间，在农业和工业之间可以自由转移，平均利润、生产价格已经形成，农产品像其他一切商品一样，按照生产价格出售。用实例来说，我们根据土地自然肥沃程度和地理位置的差别，把土地划分若干个地块，分为优、中、劣三个等级，分别由各租地农场主耕种。尽管他们租用相同面积的土地，投入相同的劳动量或是投入相同的资本，也会形成不同的劳动生产率，产品的个别生产价格就有高低之分。耕种劣等土地的劳动生产率低于耕种中、优等土地的劳动生产率，其产品量也低于耕种中、优等土地的劳动产品量，其个别生产价格就会高于优、中等土地的个别生产价格。假定农产品的社会生产价格，也像工业中产品价格，是由社会平均必要劳动时间决定的，或者说是由中等生产条件的个别生产价格决定的。那么，劣等地所生产的产品的个别生产价格就高于社会生产价格，租用或是经营劣等土地的农业资本家，就得不到平均利润。在这种情况下，农业资本家就不会去租用或是经营劣等土地了。在这一规律支配下，农业资本家必然要把资本转移到别的部门去。这时，会出现两种情况：一是劣等地退出耕种后，产品供求平衡，那么原来较好的土地就会成为全部耕地中的劣等地；另一种情况是当劣等地退出耕种后，农产品供不应求，价格上涨，并且一直涨到原来的劣等地也能得到平均利润，又重新投入耕种。这样一来，农产品的生产价格就只能由劣等地农产品的个别生产价格来决定。因而经营比劣等地质量优越的各级土地，都能按土地等级的差别，获得超额利润。

由此可见，土地自然条件的差别（即土地等级的差别）只是级差地租形成的自然条件或自然基础。马克思指出，土地的"自然力不是超额利润的源泉，而只是超额利润的一种自然基础……这就和使用价值总是交换价值的承担者，但不是它的原因一样"。而土地的有限性所引起的土地经营上的垄断，才是级差地租产生的原因。而级差地租来源于农业工人创造的剩余价值即超额利润，它不过是经由农业资本家手中转到土地所有者手中。

另外，马克思在分析级差地租时，按其形成的基础不同，把级差地租分为两种形式：级差地租第一形式（即级差地租Ⅰ）和级差地租第二种形式（即级差地租Ⅱ）。

级差地租Ⅰ：是指农业工人因利用肥沃程度高和位置较好的土地所创造的超额利润而转化的地租。

级差地租Ⅱ：是指对同一地块上的连续增加投资，使各次投资的劳动生产率不同而产生的超额利润转化的地租。

2. 马克思的绝对地租理论

绝对地租是指土地所有者凭借土地所有权垄断所取得的地租，是不管耕作什么样的土地都必须交纳的地租。绝对地租的来源是产品价格与生产价格之间的差额，是农业人工创造的剩余价值的一部分。其产生的条件是农业资本有机构成低于社会平均资本有机构成使得其产品价格高于产品价值。土地私有权的垄断是使超额利润保留在农业部门并使之转化为绝对地租的原因。马克思在分析级差地租时，为了说明级差地租而假定劣等地是不缴纳地租的。其实，土地所有者出租的土地无论优劣都要收取地租，否则"就意味着土地所有权的废除，即使不是法律上的废除，也是事实上的废除"。因此，租用劣等地的资本家也必须缴纳地租。从对级差地租的分析看，租用劣等地的资本家只得到了平均利润，如果让其从平均利润中拿出一部分缴纳地租，农业资本家得不到平均利润绝对不行，可又必须缴纳地租，显然绝对地租不是平均利润的一部分，而是农产品市场价格高于生产价格的余额。

农产品为什么可以不按生产价格而按市场价格出售呢？原因有以下两点：①低于工

业资本有机构成的农业资本有机构成是地租形成的条件；②土地所有权的垄断是绝对地租形成的根本原因。农业资本的有机构成低于社会平均资本有机构成，使得农产品能够按照高于生产成本的产品价值所决定的市场价格出售，并获取相应的超额利润，而土地所有权的垄断使超额利润转化为绝对地租。因此，绝对地租的实质和来源同样是农业工人创造的剩余价值。

3. 马克思的其他地租理论

1）垄断地租

垄断地租是由产品的垄断价格带来的超额利润而转化成的地租。垄断地租的形成，除了土地所有权垄断这个前提外，还与某些土地具有的特殊的自然条件有关。具有特殊自然条件的土地能够生产某些特别名贵而又非常稀缺的产品。这些商品的生产者凭借对这一商品的垄断经营，使这些产品的价格不仅大大超过其生产价格，而且也超过其价值，从而形成垄断价格。垄断价格"一般是指这样一种价格，这种价格只由购买者的购买欲和支付能力决定，而与一般生产价格或产品价值所决定的价格无关"。这样，生产者便可获得垄断价格与生产价格之间的差额，即垄断利润。这部分利润经由租地资本家转交给土地所有者后，便形成垄断地租。垄断地租不是来自农业雇佣工人创造的剩余价值，而是来自于社会其他部门工人创造的价值。

2）矿山地租

矿山地租是指工业资本家为取得采掘地下矿藏财富的权利而向土地所有者支付的地租。马克思指出："真正的矿山地租的决定方法和农业地租完全一样"，经营矿山开采业的资本家同样要缴纳级差地租和绝对地租。这是因为：①由于各矿山的蕴藏丰富程度不同，开采条件不同，距离消费地点（即使用矿石的企业）远近和运输条件也不同。因此，各个矿山开采的矿产品的个别生产价格也不同。②采矿业同农业一样，存在着资本主义的垄断经营。所以，矿产品的社会生产价格由劣等生产条件的矿山的个别生产价格来决定。③由于矿山采掘业的资本有机构成低于社会平均资本有机构成。这样，矿产品的价值也就高于它的生产价格。由于存在矿山所有权的垄断，使矿产品可以按其价值出售。

3）建筑地段地租

建筑地段地租是指工商业资本家和房地产业资本家为获得建造各种建筑物所需土地而支付给土地所有者的地租。建筑地段地租同样是土地所有权在经济上的实现。它的来源同样是工人创造的剩余价值超过平均利润的余额，反映了土地所有者对雇佣劳动者的剥削关系。

马克思在分析建筑地段地租时指出，农业地租是建筑地段地租的基础；并且指出，建筑地段地租同样存在着级差地租，"而这种级差地租"同样要"遵循着与农业级差地租相同的规律。"

建筑地段地租的基础虽然是由真正的农业地租规定的，并受相同的级差地租规律的支配，但它与农业地租是有区别的，并且具有其自身的特征：①建筑地段地租是为了获得生产的场所和空间而支付的；②建筑地段所处的位置对建筑地段地租有着决定性的影响；③马克思指出土地的所有者具有"完全的被动性，它的主动性（特别是在采矿业）只在于利用社会发展的进步"去提高建筑地段的地租，而对于这种进步，他并不像产业资本家那样"对于社会的进步起过一定的作用，"有过什么贡献，冒过什么风险"；④建筑地段地租的另一个显著特点，就是垄断地租占有显著的优势。社会主义条件下，仍然存在绝对地租、级差地租和垄断地租等多种地租形式，因此，马克思地租理论仍是城镇土地估价的基本理论之一。

四、地租理论在不动产估价中的指导作用

从上面的分析可以知道，绝对地租是指土地所有者凭借土地所有权垄断所取得的地租。级差地租按其形成的基础，又可分为级差地租Ⅰ和级差地租Ⅱ。

对农用地来说，级差地租Ⅰ是由土地的肥沃程度、地理位置、距市场远近等条件的差异而造成的；级差地租Ⅱ则是由连续追加投资所产生的。对城镇用地来说，级差地租Ⅰ主要是由区位因素与土地自身条件的差异引起的；级差地租Ⅱ则主要是由公用基础设施及对土地的投资建设而形成的。垄断地租是由产品的垄断价格带来的超额利润转化成的地租。在不动产估价研究中，最具有指导意义的是级差地租理论。其指导作用主要体现在3个方面。

1. 绝对地租是土地价格存在的根源

绝对地租是土地所有者凭借土地所有权的垄断所取得的收益。无论土地质量是优是劣，土地所有者都要求使用者支付给他一定的经济收益，也就是地租。因此，土地所有者在转移其土地所有权时，必然会要求取得土地所有权的一方给予相应的经济补偿，而这种补偿的形式就是土地价格。

2. 级差地租是决定土地质量和价格高低的主要原因

级差地租Ⅰ是因为土地所处位置的不同产生的不同水平的地租，它使不同位置的土地形成了不同的质量价格。如沿海、沿江、沿河等地域，由于交通便利等因素，能够提供出较其他地域更多的地租量，故形成了较高的土地价格。在一个地域内部，城市由于其优越的位置和方便的交通条件，形成了较农村高得多的土地价格。而在城市内部，市中心比郊区具有更高的土地价格。

级差地租Ⅱ是由于连续地对土地进行的投入所引起的地租量的不同，从而也形成了不同的土地质量及价格。如耕地由于人类成百上千年的劳动，较荒地能够提供更多的地租，形成了更高的价格；城镇土地由于各种级差设施的巨大投入，其土地质量及价格远远大于农地的土地价格。

3. 垄断地租是导致特殊地段土地价格高的主要原因

垄断地租的形成除了土地所有权的垄断之外，还因某些土地具有特殊的自然条件，使得这些土地能够提供更多的地租，从而具有更高的价格。

第二节　区位理论

区位理论的根本宗旨在于揭示人类社会活动的空间法则。不动产是人类发生活动最为频繁的场所，并且具有较强的地域性特点，因此其发展必然遵循一定的空间规律。区位理论是分析事物在空间上的方位和距离的关系，研究在一定社会经济活动中，各种事物所处的地位、作用、空间分布及其内在联系的理论。区位理论正是源于级差地租的研究，后来逐渐发展成为一种有关空间经济活动的一般性理论。区位是指社会经济活动及其他人类活动在空间分布的位置，是自然、经济、交通运输地理位置在空间上的有机结合。

一、区位的概念

区位是一个综合的概念，除解释为地球上某一个事物的空间几何位置外，还强调自然界的各种地理要素与人类社会经济活动之间的相互联系和相互作用在空间位置上的反映。换言之，区位就是自然地理区位、经济地理区位和交通地理区位在空间地域上有机结合的具体表现。

自然地理区位包含地球上某一事物与其周围陆地、山川、河湖、海洋等自然环境的空间位置关系，以及该位置上的地质、地貌、植被、气候等自然条件的组合特征。

经济地理区位是指地球上某一事物在人类社会经济活动过程中创造的人地关系。就城市整体而言，则是指一个城市在特定的经济区内所处的具体位置及其与其他市镇或农村居民点之间经济上的相互关系。就城市内部来说，是某一街区或某一地段在城市中的具体方位，以及它与其他街区或其他地段之间的相对地理位置和相互之间的社交、工作、购物、娱乐等多方面的社会经济活动的关系。

交通地理区位主要是指某城市或市内某地段与交通线路和设施的关系。它主要体现在通达性方面，通达性好的土地产生好的集聚效益，导致高额租金。

以上三种区位是有机联系、相辅相成的，它们共同作用于地域空间，形成土地区位的优劣差异，影响土地的使用价值和收益水平，进而在空间地域上形成不同的土地等级，产生级差地租和地价。

二、主要的区位理论

（一）农业区位论

农业区位论的创始人是德国经济学家冯·杜能，他于1826年完成了农业区位论专著《孤立国对农业和国民经济之关系》（简称《孤立国》），成为世界上第一部关于区位理论的古典名著。

1. 杜能"孤立国"理论的前提

杜能"孤立国"理论的前提是：①在孤立国中只有一个城市，且位于其中心，其他都是农村和农业土地。②"孤立国"内没有可通航的河流和运河，马车是城市与农村间联系的唯一交通工具。③"孤立国"是一天然均质的大平原，并位于中纬，各地农业发展的自然条件等都完全相同，宜于植物作物生长。④农产品的运费和重量与产地到消费市场的距离成正比关系。⑤农业经营者以获取最大经济收益为目的，并根据市场供求关系，调整他们的经营品种。

2. 杜能农业区位的主要内容

（1）杜能区位理论的基本经济分析。杜能根据其理论前提，认为市场上农产品的销售价格决定农业经营的产品种类和经营方式；农产品的销售成本为生产成本和运输成本之和；而运输费用又决定着农产品的总生产成本。因此，某个经营者是否能在单位面积土地上获得最大利润（P），将由农业生产成本（E）、农产品的市场价格（V）和把农产品从产地运到市场的费用（T）三个因素所决定，它们之间的变化关系可用公式表示为：

$$P = V - (E + T)$$

上式按杜能理论的假设前提进一步分析，"孤立国"中的唯一城市，是全国各地商业农产品的唯一销售市场，故农产品的市场价格都要由这个城市市场来决定。

（2）杜能圈。根据区位经济分析和区位地租理论，杜能在其《孤立国》一书中提出六种耕作制度，每种耕作制度构成一个区域，而每个区域都以城市为中心，围绕城市呈同心圆状分布，依次为自由农作区、林业区、谷物轮作区、草田轮作区、三圃农作制区、放牧区，这就是著名的"杜能圈"。

（二）工业区位论

工业区位理论的奠基人是德国经济学家韦伯。其理论的核心就是通过对运输、劳力及集聚因素相互作用的分析和计算，找出工业产品的生产成本最低点，作为配置工业企业的理想区位。

为了理论演绎的需要，与杜能一样，韦伯首先作了下列若干基本假设：①研究的对象是一个均质的国家或特定的地区，在此范围内只探讨影响工业区位的经济因素，而不涉及其他因素；②工业原料、燃料产地分布在特定地点，并假设该地点为已知；③工业产品的消费地点和范围为已知，且需求量不变；④劳动力供给也为已知，劳动力不能流动，且在工资率固定情况下，劳动力的供给是充裕的；⑤运费是重量和距离的函数；⑥仅就同一产品讨论其生产与销售问题。

1. 关于运输成本定向工业区位的分析

假定在没有其他因素影响下，仅就运输与工业区位之间关系而言，韦伯认为，工厂企业自然应选择在原料和成品二者的总运费为最小的地方。因此，运费的大小主要取决于运输距离的函数，即运费与运输吨公里成正比关系。

在货物重量方面，韦伯认为，货物的绝对重量和相对重量（原料重量与成本重量间的比例）对运费的影响是不同的，后者比前者尤为重要。为此，他对工业用原料进行了分类：一是遍布性原料，指到处都有的原料，此类原料对工业区位影响不大；二是限制性原料，也称地方性原料，指只分布在某些固定地点的原料。它对工业区位模式产生重大影响。

根据以上分类，韦伯提出原料指数的概念，以此来论证运输费用对工业区位的影响。原料指数，是指需要运输的限地性原料的重量和制成品重量之比，即

原料指数 = 限制性原料总重量／制成品总重量

按此公式推算，可得到在工业生产过程中，使用不同种类原料的原料指数。一般使用遍布性原料的指数为 0，纯原料的指数为 1，失重性原料的指数大于 1，限地性原料加用遍布性原料，其指数都可能小于 1。由此可知，限地性原料的失重程度越大，原料指数也越大；遍布性原料的参用程度越大，原料指数则越小。而原料指数的不同将导致工业区位的趋向不同。因此，当在原料指数不同的情况下，只有在原料、燃料与市场间找到最小运费点，才能找到工业的理想区位。

2. 劳工成本影响工业区位趋向的分析

韦伯从运输成本的关系论述了工业区位模式之后，对影响工业区位的第二项因素——劳工成本进行了分析。他认为劳工成本是导致以运输成本确定的工业区位模式产生第一次变形的因素。劳工成本，就是指每单位产品中所包含的工人工资额，或称劳动力费用。

（三）中心地理论

中心地理论是由德国地理学家克里斯塔勒提出的。

1. 一些基本概念

（1）中心地。指相对于一个区域而言的中心点，不是一般泛指的城镇或居民点。更确切地说，是指区域内向其周围地域的居民点居民提供各种货物和服务的中心城市或中心居民点。

（2）中心地职能。由中心地提供的商品和服务就称为中心地职能。中心地职能主要以商业、服务业方面的活动为主，同时还包括社会、文化等方面的活动，而不包括中心地制造业方面的活动。

（3）中心性。中心性或者中心度，可理解为一个中心地对周围地区的影响程度，或者说中心地职能的空间作用大小，中心性可以用"高"、"低"、"强"、"弱"、"一般"、"特殊"等概念来形容和比较。

（4）需求门槛。需求门槛，是指某中心地能维持供应某种商品和劳务所需的最低购买力和服务水平。在实际中，需求门槛多用能维持一家商服企业的最低收入所需的最低人口数来表示。这里的最低人口数，就称为门槛人口。

（5）中心商品和中心地职能的等级。根据中心商品服务范围的大小可分为高级中心商品和低级中心商品。高级中心商品是指服务范围上限和下限都大的中心商品，如高档消费品；低级中心商品则是服务范围上限和下限都小的中心商品，如小百货、副食品等。供给高级中心商品的中心地的中心职能为高级中心职能，反之则为低级中心地职能。

（6）商品销售范围。如果其他条件不变，消费者购买某种商品的数量，取决于他们准备为之付出的实际价格。此价格就是商品的销售价格加上为购买这种商品来往的交通费用。显然，实际价格是随消费者选择商品提供点的距离远近而变化的。距离越短，交通花费越少。商品的实际价格越低，因而该商品的需求量也就越大。否则相反。由此可得出，商品销售范围就是指消费者为获取商品和服务所希望通达的最远路程，或者是指中心地提供商品和劳务的最大销售距离和服务半径。

（7）中心地的等级。具有高级中心地职能布局的中心地为高级中心地，反之则为低级中心地。高级中心地提供高级到低级的全部商品或服务，中级中心地提供从中级到低级的全部商品或服务，而低级中心地只有低级的商品和服务。中心地的等级表现在每个高级中心地都附属有几个中级中心地和更多的低级中心地。居民的日常生活用品（低级中心商品）基本在低级中心地就可满足，但如购买较高级的商品和需要高档次的服务必须去中级中心地或高级中心地才能满足。

2. 克里斯塔勒的中心地理论

1）假设条件

克氏理论的假设条件如下：①研究的区域是一块均质的平原，其上人口均匀分布，居民的收入水平和消费方式完全一致；②有一个统一的交通系统，同一等级规模的城市的便捷性相同，交通费用和距离成正比；③厂商和消费者都是经济人；④平原上货物可以完全自由地向各方向流动，不受任何关税或非关税壁垒的限制。

2）六边形市场区

在一个均质平原上，让所有的人都由一个中心地提供商品和服务显然是不可能的。超额利润的存在，必然吸引其他中心地的厂商加入进来。为了避免相互竞争所引起的销售额下降，第二个中心地必须与第一个中心地相隔一定距离，一般 Z_r 的距离（r 是第一个中心地某商品的最大销售距离），不能相距太近。以后，第三、第四……个中心地都会以同样方式加入进来。

在这块平原上，由于新的中心地厂商的不断自由进入，竞争结果使各厂商经营某类商品的最大销售范围逐渐缩小，直到能维持最低收入水平的门槛范围为止。这样，就使某类商品的供给在均质平原上最终达到饱和状态，而每个中心地的市场区都成为圆形，且彼此相切。但是，相切的圆形市场区，如果不重叠的话，圆与圆之间必然会出现空隙，使居住在这些空隙里的居民得不到服务。实际上在相互激烈竞争的情况下，这种现象不可能长期存在下去。各中心地都试图把这片空白区吸引到自己的市场区内。竞争的结果，使它们之间的距离进一步缩短，以致各中心的销售范围都有一部分相互重叠。这时，居住在重叠区内的居民就有两个可供选择的区位。按照消费者最近供应地购物的假设，重叠区就被平均分割给两个相邻的中心地。其中位于平分线上的居民到两个相邻的中心地的距离是相等的，故这条线被称为无差别线。由于重叠区被无差别线分割，圆形的市场区即被六边形的市场区所替代，从而推导出正六边形市场区这一便于组织中心地与服务区相联系的最有效的全覆盖的理论图式。

3）市场等级序列

根据前面的论述，中心地商品和劳务的需求门槛、利润和服务范围，是与中心地规模、人口分布密度、居民收入水平及商品与服务的种类密切相关。例如，在一个规模较小，人口密度和居民收入都很低的中心地，其每个单位面积内的商品销售量和服务需求水平也低。不同规模的中心地，其需求门槛和销售范围也是不同的。它们在空间地域上的这些差异，经过相互作用和人类经济活动的干扰，就将形成规律有序的中心地——市场等级体系。

4）中心地体系的基本模型

（1）市场原则。市场原则就是从最有利于组织商品的供销、保证商品和服务的供应范围最大角度出发，并在均等机会下配置各级中心地及其市场区的数目。因此，在此原则下建立的中心地体系为 $K=3$ 体系。这里 K 值是中心地模型的重要指标，它表明在不同的空间组织原则下，中心地相对于由它服务、供应及管辖的市场区排列关系和数量关系。在市场原则下，$K=3$，即一个上级中心地的商服网点，不仅吸引自己中心地的商服活动，而且还支配（吸引）相邻 6 个下级中心地的商服活动。但所支配的不是它们的全部，只是其中 1/3（图2-2）。以 A 级中心支配 B 级中心 1/3 为例，A 级中心的市场区的边界通过 6 个 B 级中心点。这样 3 个相邻的 A 级中心就把 6 个 B 级中心的市场区各分成三块，则一个 A 级中心地只吸引 6 个 B 级中心的市场区的 1/3 面积，而另两个 A 级中心各瓜分 1/3。这样，一个 A 级中心所支配的 B 级中心市场区就是 $6 \times 1/3 + 1 = 3 = K$。

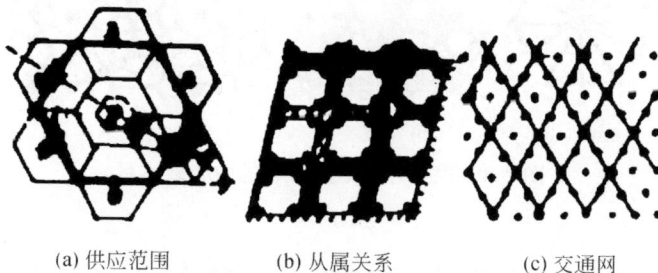

(a) 供应范围　　(b) 从属关系　　(c) 交通网

图 2-2　根据市场原则形成的中心地体系

由从属关系图可更清楚地看出，每一个较大的中心地的市场区总是包含 3 个比它低一级的市场区，依此逐级类推，可得出市场区的等级序列为1，3，9，27，81，……由于高一级中心地包含低一级中心地的所有职能，即一级中心地同时也是二级中心地。因此，不同等级规模的中心地出现的序列是1，2，6，18，54，……

（2）交通原则。为了弥补市场原则的缺陷，克里斯塔勒按交通原则，推导出$K=4$的中心地市场网络系统。具体讲，就是在围绕高级中心地（A）的六边形市场区内，次级中心地（B）不在六边形的顶角上，而是坐落在联结两个高级中心地（A）的交通线路的中部处（图2-3）。C级中心与B级中心的位置关系也同样，如此组合下去。这样次一级中心地的市场区就被高一级中心地平分，如图2-3中B级中心地的市场区被相邻的几个A级中心地平分，也就是说高一级中心地除包括自身处的一个完整的次一级中心的市场区外，还包括相邻6个次一级中心的市场区的1、2，即$K=1+1/2×6=4$。因此，由$K=4$形成的市场区等级序列是1，4，16，64，……中心地的系列数为1，3，12，48，……依$K=4$的原则形成的交通系统，因次一级中心地皆位于联系较高级中心地的主要交通线路上，所以被认为是最便利的效率、最高的交通网络，也是最有可能在现实社会中出现的中心地体系。

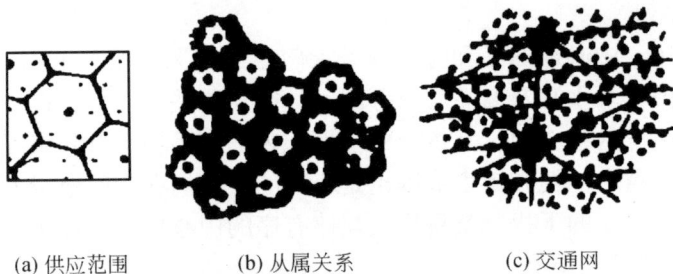

(a) 供应范围　　(b) 从属关系　　(c) 交通网

图2-3　根据交通原则形成的中心地体系

（3）行政原则。为了管理上的方便，使市场区不分割行政区，克里斯塔勒又设计了$K=7$的中心地体系，即一个高一级中心地管7个低一级中心地的管理区。也就是说，每一高等级中心地的管辖范围除包括自身所在的次一级中心地的管辖范围外，还包括相邻6个次一级中心地的管辖范围，因而巢状化自然形成。这样形成的管理区等级序列为：1，7，49，343，……各级中心地从属关系体系为1，6，42，294，…

行政原则下形成的中心地体系，是一种自给自足，封闭体系，居民购物的出行距离最长，其交通系统最为不便。行政原则下形成的供应范围、从属关系和交通网见图2-4。

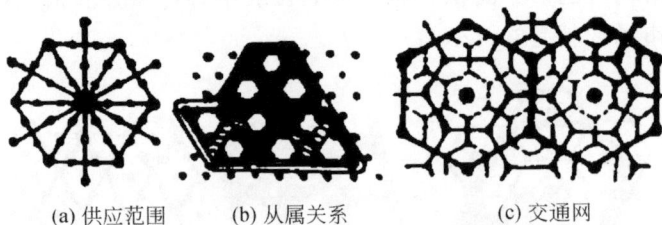

(a) 供应范围　　(b) 从属关系　　(c) 交通网

图2-4　根据行政原则形成的中心地体系

三、区位理论对不动产估价的指导作用

区位理论是研究特定区域内关于人类经济活动与社会、自然等其他事物和要素间的相互内在联系和空间分布规律的理论。区位对不动产（尤其是房地产）起着极其重要的作用。主要体现为：在城镇，由于土地区位不同，产生不同的使用价值和价值，使得同类行业在不同的区位上获得的经济效益会相差很大，不同行业在同一位置上经济效益也相差很大。

土地作为人类一切活动的场所和载体，虽不可移动，但因其从事的活动不同，使之在空间上表现出的利用类型不同。地租、地价也随之变化、演替和转移，以致不同质量、不同地租、地价的地块之间不仅有距离和方位特征，还具有确定的空间分布规律。而这些空间分布规律、变化演替过程及区位特征又都与各种地理要素和社会经济活动的影响有密切联系。因此，当把土地作为区位理论研究的客体，而把各种已有的地理要素和社会经济活动的空间配置作为区位条件时，分析研究这些条件在土地上的分布和变化特点，以及它们相互组合对土地发生的综合影响和作用，就可以揭示城镇土地的空间变化规律及其数量特征，根据土地区位条件造成的区位空间差异，评估出土地价格。

1. 区位是决定城市土地利用价值的重要因素

从区位理论来看，区位对城市土地起着极其重要的作用。在城市，由于土地区位不同，产生不同的使用价值和价值，使得同类行业在不同的区位上获得的经济效益会相差很大，不同行业在同一位置上经济收益也相差很大。

2. 区位是衡量地租、地价的主要标尺

它促使土地使用者在选用土地时，必须把自己所能在该土地上获得的区位收益与所需支付的区位地租进行比较，然后选择与其经济水平相适应的地段，从而使土地利用在地租、地价这一经济杠杆的自发调节下，不断进行用途置换，最终形成土地收益和租金都趋向于最佳用途水平的合理的空间结构。

因此，以区位理论做指导，从区位条件入手，用因果关系的推理思路，根据各种条件下形成的区位类型（自然、经济、交通）对不同区位土地产生的影响，及其在空间上表现出的不同的使用价值和价值及市场交易形成的地价和土地收益，就能准确地评估出土地价格。

第三节　成本理论

一、成本概述

1. 成本的概念

由于成本问题的复杂性，在经济学和会计学中，似乎都很难给成本予以明确定义。一般认为成本就是在生产经营活动中，为取得一定数量的产品所耗费的生产资料价格和必要劳动的货币表现。在商品经济中，成本属于价值范畴，它是以价值尺度衡量生产经营过程中劳动耗费量的标准，其经济本质为生产产品。提供劳务或商品流转时，耗费掉的物化劳动，生产者必要劳动的补偿价值。成本具有空间性、时间性、系统性、连续性、替代性、责任性、综合性等特征。

2. 成本的实质

成本作为一个价值范畴，在社会主义市场经济中是客观存在的。加强成本管理，努力降低成本，无论对提高企业经济效益，还是对提高整个国民经济的宏观经济效益，都是极为重要的。而要做好成本管理工作就必须首先从理论上充分认识成本的经济实质。

马克思指出："按照资本主义方式生产的每一个商品 w 的价值，用公式来表示是 $w=c+v+m$。如果我们从这个产品价值中减去剩余价值 m，那么，在商品中剩下的，只是一个在生产要素上耗费的资本价值 $c+v$ 的等价物或补偿价值。""只是补偿商品使资本家自身耗费的东西，所以对资本家来说，这就是商品的成本价格。"马克思在这里称为商品的"成本价格"的那部分商品价值，指的就是商品成本。

社会主义市场经济与资本主义市场经济有着本质的区别。但二者都是商品经济，在社会主义市场经济中，企业作为自主经营、自负盈亏的商品生产者和经营者，其基本的经营目标就是向社会提供商品，满足社会的一定需要，同时要以产品的销售收入抵偿自己在商品的生产经营中所支出的各种劳动耗费，并取得盈利。只有这样，才能使企业以至整个社会得以发展。因此，商品价值、成本、利润等经济范畴，在社会主义市场经济中，仍然有其存在的客观必然性，只是它们所体现的社会经济关系与资本主义市场经济中的不同。

在社会主义市场经济中，产品的价值仍然由三个部分组成：①已耗费的生产资料转移的价值（C）；②劳动者为自己劳动所创造的价值（V）；③劳动者为社会劳动所创造的价值（M）。从理论上讲，上述的前两个部分，即 $C+V$，是商品价值中的补偿部分，它构成商品的理论成本。

综上所述，可以对成本的经济实质概括为：生产经营过程中所耗费的生产资料转移的价值和劳动者为自己劳动所创造的价值的货币表现，也就是企业在生产经营中所耗费的资金的总和。

马克思关于商品成本的论述是对成本经济实质的高度理论概括。这一理论是指导我们进行成本会计研究的指南，是实际工作中制定成本开支范围、考虑劳动耗费的价值补偿尺度的重要理论依据。但是，社会经济现象是纷繁复杂的，企业在成本核算和成本管理中需要考虑的因素也是多种多样的。

3. 成本的作用

从经济学的角度来分析，成本具有十分重要的作用。

（1）成本是补偿企业生产经营耗费的尺度。如果没有补偿这个条件，生产耗费就难以从销售收入中及时、足额地得以补偿，企业再生产过程就不能周而复始地继续下去。成本反映着生产耗费补偿的尺度。

（2）成本是制定产品价格的经济依据。产品的价格是产品价值的货币表现。由于成本是产品价值的重要组成部分，在目前还难以直接计算产品价值的情况下，成本就成了制定价格的重要依据。特别是在计划价格、浮动价格和自由价格并存的情况下，成本作为定价的经济依据就显得更为重要了。

（3）成本是企业进行经济决策的重要因素。企业能否正确地进行经营决策，是决定生产经营成败的一个环节。进行生产经营决策，要考虑许多因素，如产量、质量、品种等，这些往往都应涉及成本。因此，企业对生产经营过程中重大问题决策时，要权衡利弊得失，选定质量好、成本低、效益高的方案，作为企业奋斗的目标。

（4）成本是推动企业提高生产管理水平的重要杠杆。通过成本，可以控制企业生产经营过程，监督企业劳动耗费，揭露生产经营中的问题，从而积极推动企业充分挖掘内部潜力，努力提高经营管理水平。

二、成本理论的基本内容

1. 商品价格的构成

商品价格是由生产成本、流通费用、税金和利润构成的，如下式：

$$商品价格=生产成本+流通费用+税金+利润$$

生产成本，是指商品在流通过程中发生的生产资料消耗费用（支出）和劳动报酬费用（支出）。生产成本可以用 $C+V$ 来表示。

流通费用，是指商品在流通过程中发生的生产资料消耗费用（支出）和劳动报酬费用（支出）。流通费用也可以用 $C+V$ 来表示。

税金是国家按法律规定对生产企业和流通企业（商业和物资企业）无偿征收的货币额或无偿征收的实物所转换的货币额。税金可以用 M_1 来表示。

利润是生产企业销售新产品的收入扣除生产成本和税金以后的余额，或商业和物资企业销售产品的收入扣除销售成本和税金以后的余额。利润可以用 M_2 来表示。

税金和利润统称盈利。盈利可以用 M 来表示。

可见，商品价格依生产者价格、消费者价格以及生产者价格与消费者价格之间的中间环节价格加以区分，其构成分别如下：

$$生产者价格=生产成本+税金+利润$$
$$消费者价格=销售成本+税金+利润$$

2. 价格构成是价值构成的反映

在生产领域，商品的价值是由生产商品所耗费的生产资料价值（转移价值或过去劳动创造的价值）和生产商品所耗费活劳动新创造的价值组成的。生产商品所耗费的活劳动新创造的价值，又可分为两部分，一部分是必要劳动创造的价值，即劳动者为自己劳动所创造的价值，另一部分是剩余劳动创造的价值，即劳动者为社会劳动所创造的价值。所以，

$$商品价值=已消耗的生产资料价值+劳动者为自己所创造的价值+$$
$$劳动者为社会所创造的价值$$

3. 成本是价格的主要组成部分，是价格形成的主要依据

从广义来说，成本既指一切生产部门，如农业、工业、运输业、建筑业的生产成本，也指商业和物资部门的销售成本。只是不同部门成本，特别是商业和物资部门成本各有其特殊的表现。我国国民经济部门成本均占销售价格的绝大比重，平均为81.8%，其中，工业为73.9%，农业为77.3%，交通运输业为69.6%，公用事业为97.8%，建筑业为92.6%，国有商业为96.3%。

4. 决定商品价格的成本为社会成本

（1）决定价值量的劳动时间，必须是现在生产或再生产所需要的劳动时间，而不是过去生产或将来生产所需要的劳动时间。因此，报告成本或计划成本都不能作为形成价格的依据，只能作为参考。

（2）决定价值量的劳动时间，必须是正常生产条件下需要的劳动时间，而不是非正常条件下需要的劳动时间。因此，试制成本不能作为形成价格的依据，而应以正式生产成本作为依据。那种把停工待料、停电停产、调整产品种而开支的费用列入成本的做法当然是错误的。

（3）决定价值量的劳动时间，必须是社会的、平均的、必要的劳动时间，而不是个别的、社会并非必要的劳动时间。因此，个别的、无论是先进的或落后的成本都不能作为形成价格的依据。

三、成本理论在不动产估价中的应用

成本理论在不动产估价中主要体现在成本法（成本逼近法）的应用。

成本法是成本理论在不动产估价中的基本方法，又称原价法、承包商法、成本逼近法，在旧有不动产估价方面通常称为重置成本法或重建成本法。它是以开发或建造估价对象地产或类似地产所需的各项必要费用之和为基础，再加上正常的利润和应纳税金得出估价对象地产价格的一种估价方法。

成本逼近法是从卖方的角度来认识土地价格，卖方愿意接受的价格，不能低于他为开发或建造该不动产已花费的代价，如果低于该代价，他就要亏本。另外，从买方的角度看，是指买方愿意支付的价格，不能高于他所预计的重新开发或建造该不动产所需花费的代价，如果高于该代价，他还不如自己开发或建造。一个是不高于开发或建造所需的代价，一个是不低于开发或建造所花的代价，买卖双方可接受的共同点必然是等于正常的成本（无疑应包含正常的利润和税金）。由此就可以根据开发或建造估价对象所需的各项必要费用再加上正常的利润、税金来估计其价格。

成本估价法：土地价格＝土地取得费＋土地开发费＋利息＋税费＋利润

成本逼近法：土地价格＝土地取得费＋土地开发费＋利息＋土地增值收益＋税费＋利润

　　　　　　土地增值收益＝市场价－成本价

第四节　供求理论

一、需求与需求变化

1. 需求、需求表与需求曲线

需求是指消费者在某特定时期内和一定市场上，按一定价格愿意并且能够购买的某种商品或劳务的数量。需求是与商品销售价格所对应的消费者购买欲望和购买能力的统一。在提及人们对某种商品的需求时，必须同时明确与该需求所对应的商品价格。

需求有个人需求和市场需求。个人需求时单个消费主体的需求。市场需求是市场中全部消费者个人需求的加总。

需求表是指反映某种商品价格与该商品需求量之间关系的表格，如表 2-1 所示。

表 2-1　某商品的市场需求表

价格	1	2	3	4	5
需求量	81	64	47	30	13

把需求表的有关数据描绘在以需求量为横坐标、价格为纵坐标的平面坐标系上，就可以得出某种商品价格与该商品需求量之间关系的曲线，即为需求曲线，如图 2-5 所示。

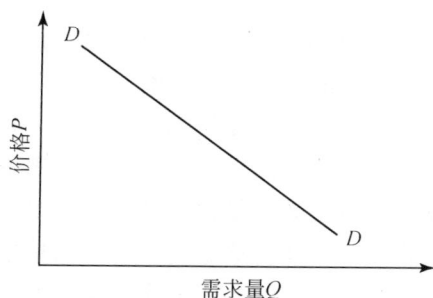

图 2-5　需求曲线

2. 影响商品需求的因素和需求函数

一般来说，影响商品需求的因素如下。

（1）消费者的收入水平。一般而言，当其他条件不变时，人们的收入水平越高，对商品的需求也越多。因此，消费者的收入水平和社会收入分配情况，对市场需求有重要影响。

（2）消费者偏好。反映消费者心理上对商品喜好程度的排序，从而影响对该商品的需求。在同一时期，不同消费者对商品有不同偏好，同一消费者在不同时期偏好也存在很大差异。

（3）该商品本身的价格。在其他情况不变的情况下，商品本身的价格与其需求量之间存在相当稳定的负相关关系，即两者之间存在反向变动的关系。

（4）相关商品的价格。商品之间的关系有两种，一种为互补关系，另一种为替代关系。前者是指两种商品共同满足一种欲望，如车库和商品住宅、汽车和汽油；后者是指两种商品可以相互替代来满足另一种欲望，如普通住宅与经济适用房、大米和面粉。两种互补商品之间价格与需求呈反向变动，如汽油价格上涨将导致人们使用汽车的费用增加，从而引起人们对汽车的需求减少。而两种替代商品之间价格与需求呈同向变动，如小麦价格上涨，人们将减少对面粉的需求而增加对其替代商品大米的需求。

（5）消费者对商品未来价格的预期。消费者预期某种商品价格将上涨时，会增加对该商品的购买量。消费者预期某种商品价格上涨时，也会增加对其替代商品的需求。

（6）其他因素。其他因素也会影响商品的市场需求，如城市化、人口因素、政府产业政策、消费的政策等。一般来说，随着城市化水平的提高、家庭人口规模的减少、降低房地产交易税费等政策出台可以增加所在地区的房地产市场需求；反之则会有相反的结果。

将影响商品需求的各种因素作为自变量，需求作为因变量，反映需求与各种影响因素对应关系的数学表达式即为需求函数，表示为

$$D = f(x_1, x_2, x_3, \cdots, x_n) \tag{2-1}$$

式中，D 为需求；x_1，x_2，x_3，$\cdots$，x_n 为影响需求的因素；f 为函数关系的记号。

设 Q_d 为人们对某商品的需求量，P 表示该商品的价格，如除 P 之外，其他影响需求的因素都不变，需求函数可表示为

$$Q_d = f(P) \tag{2-2}$$

或

$$P = F^{-1}(Q_d) \tag{2-3}$$

式中，F^{-1} 为 f 的反函数。

3. 需求规律

需求规律是人们大量经验资料中所观察到的商品需求量与其他价格变化依存关系的规律。一般来说，在其他条件不变的情况下，某商品的需求量与该商品价格之间呈反向变动，即需求量随商品本身价格的上升而减少，随商品本身价格的下降而增加。在需求曲线图上，需求曲线是一条自左上方向右下方倾斜的曲线。需求规律在理论上可用替代效应和收入效应的综合作用——价格效应来解释。价格效应是指当某商品的价格发生变动时，消费者需求量发生变动的现象。替代效应是指其他商品价格不变，某商品价格发生变动，从而商品的相对价格发生变化，消费者在原来价格组合下的购买力水平没有发生变化的情况下，对价格变动商品的需求量发生变化的现象；收入效应是指由于商品价格变化引起消费者的收入相对变化而引起商品的购买量发生变化的现象。三者的关系为

价格效应 = 替代效应 + 收入效应

任何商品的替代效应总是为负值，收入效应则根据商品的特点，有的为正值，有的为负值。这是因为某种商品价格下降，意味着消费者收入增加，会改用其他品质较高的商品，减少对其需求，表现为收入正效应。对于收入效应为负值的商品，因替代效应为负值，因此价格效应为负值，这种商品即为满足需求规律的正常商品；对于收入效应为正值的商品，其价格效应是替代效应和收入效应力量对比的结果，因而可能是不满足需求规律的特殊商品。例如，某些商品价格下降后，由于收入正效应相当大，消费者实际收入提高引起对该商品需求减少的数量超过替代效应所引起的购买量的增加，导致事实上对该商品的需求量在其价格降低时反而减少，这类商品称为"吉芬商品"。还有一些商品，由于消费者出去追逐"高雅"的心理选择消费，产生了所谓的"炫耀效应"，以致出现商品的价格越高，需求量反而越大的现象，如消费群体对品牌高档商品的追求、高收入阶层对高档住宅房地产的需求等。这些特殊商品都是不满足需求规律的例外。

4. 需求量的变化与需求的变化

需求量的变化是指在影响需求的其他因素不变的条件下，需求量在同一条需求曲线上随商品本身价格变化而发生的反方向变化，如图 2-6 所示，需求量从 Q_1 移动到 Q_2。

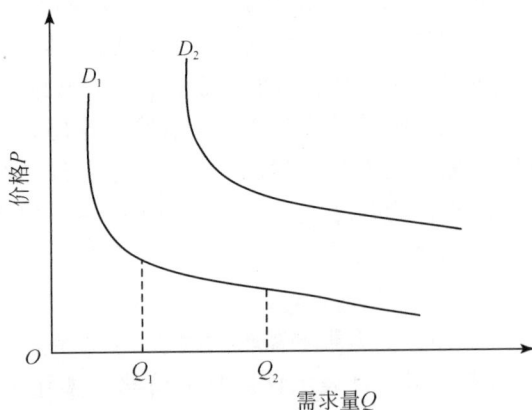

图 2-6　需求变动与需求量变动

需求的变化是指在商品本身价格不变的条件下，由于其他因素变化引起的需求状况的变化。需求的变化表现为需求曲线的移动，如图 2-6 所示，当收入增加后，需求曲线从 D_1 移动到 D_2。

二、供给与供给变动

1. 供给、供给表与供给曲线

供给是指厂商在一定市场上和某一特定时期内，与一定价格相对应，愿意并且能够提供商品的数量。供给表是以列表形式反映某种商品价格与该商品供给量之间关系的表格，如表2-2所示。

表 2-2　某商品的市场供给表

价格	1	2	3	4	5
供给量	4	16	28	40	52

把供给表的有关数据描绘在以商品供给量为横坐标、价格为纵坐标的平面坐标系上，得出表示某种商品供给量与该商品价格之间关系的曲线，即为供给曲线，如图2-7所示。

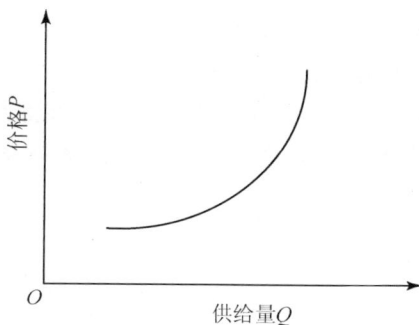

图 2-7　供给曲线示意图

2. 影响商品供给的因素与供给函数

影响商品供给的主要因素如下。

（1）商品本身的价格。在影响某种商品供给的其他因素既定不变的条件下，该商品的价格与其供给量之间存在正相关关系，即两者之间存在同向变动的关系。

（2）其他商品的价格。当某种商品价格不变，而另一种商品价格上涨，则厂商将减少对该种商品的供给，增加对另一种商品的生产。

（3）生产技术的变动和生产要素的价格。由于技术进步，或由于任何原因引起生产要素价格下降，都将使单位产品的生产成本下降，从而使得与任一价格对应的供给量增加。

（4）政府的政策。政府主要通过计划、管制、税收、转移支付、货币政策等对国家经济发展进行宏观调控，并影响厂商的生产决策和消费者选择。如政府增加对某种产品的课税将使该产品售价提高，在一定条件下会通过需求的减少使供给减少；反之，如政府为刺激消费，降低商品税负或给予补贴，使商品价格降低而增加需求，从而使供给增加，同样政府提高房地产保有期间的财产税、降低房地产流转税，也可以增加房地产的市场供给。

（5）厂商对未来的预期。厂商预料商品价格将上涨时会增加对该商品的供给量，反之则减少对该商品的供给量。

将影响供给的各种因素作为自变量，将供给作为因变量，那么反映供给随这些影响因素

变化而变化对应关系的数学表达式即为供给函数，它可以表示为

$$S = \Psi\ (x_1,\ x_2,\ x_3,\ \cdots,\ x_n) \tag{2-4}$$

式中，S 为供给；x_1，x_2，x_3，$\cdots$，x_n 为影响供给的因素；Ψ 为函数关系的记号。

设 Q_S 为某种商品的供给量，P 表示该商品的价格，如除 P 之外，其他影响供给的因素都不变，则供给函数可表示为

$$Q_S = \Psi\ (P) \tag{2-5}$$

或

$$P = \Psi^{-1}\ (Q_S) \tag{2-6}$$

式中，Ψ^{-1} 为 Ψ 的反函数。

3. 供给规律

供给规律反映了商品本身价格与其供给量之间变化的依存关系。一般在其他条件不变的情况下，商品的供给量与价格之间同向变动，即供给量随商品本身价格的上升而增加，随商品本身价格的下降而减少。在供给曲线图上，供给曲线是一条自左下方向右上方倾斜的曲线。

4. 供给量的变化与供给的变化

供给量的变化是指在影响供给的其他因素不变的条件下，供给量在同一条供给曲线上随商品本身价格变化而发生的同方向变化。供给的变化是指在商品本身价格不变的条件下，由于其他因素变化所引起的供给状况的变化，供给的变化表现为供给曲线的移动，如图 2-8 所示。

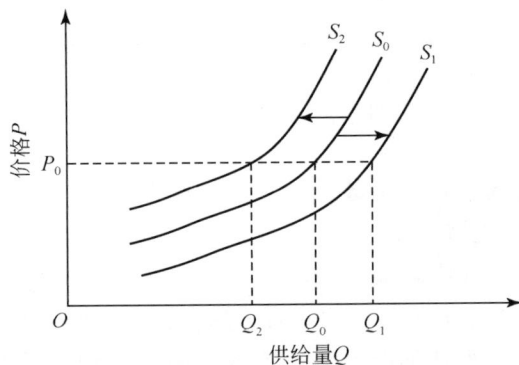

图 2-8　供给曲线变动示意图

三、供求理论在不动产估价中的应用

供给和需求是价格水平形成的两个最终因素。其他一切因素，要么通过影响供给，要么通过影响需求，来影响价格。

一种商品的需求，是一个市场中各个购买者对该种商品的需求的总和。按照西方经济学的观点，需求有两个条件：第一，消费者愿意购买；第二，消费者有支付能力。仅有第一个条件，只能被看成是欲望或需要，而不是需求；仅有第二个条件，对商品的价格不能产生影响，因为它未使购买行为发生。这两种情况在现实生活中都是存在的。第一种情况比较普遍，第二种情况则比较少见。

　　供给是指一定时间内生产者所提供的商品数量。它也必须具备两个条件：一是生产者能接受的价格；二是在此价格条件下可供出售的商品数量，包括新提供的商品和已有的存货。一般情况下，价格越高，生产者愿意提供的商品越多；相反，价格越低，生产者愿意提供的商品就越少。

　　不动产价格一般来说也是由供给和需求决定的，与需求成正相关，与供给成负相关。供给一定，需求增加，则价格上升；需求减少，则价格下跌。需求一定，供给增加，则价格下跌；供给减少，则价格上升。

　　由于不动产的不可移动性及变更使用功能的困难性，决定某一不动产价格水平高低的，主要是本地区本类不动产的供求状况。至于其他类型不动产的供求状况对该不动产的价格水平有无影响及其影响的程度，要看这些供求状况的波及性而定。

　　不动产价格与有效供给、有效需求、类似不动产价格及其他因素有关。用公式可以表示为

$$P = (G,\ X,\ A,\ Q)$$

第三章　收益还原法

收益还原法是目前国际上流行的资产评估三大方法之一，该方法是运用资金的时间价值原理，将不动产未来收益折现求其现在市值的一种评估方法。三种方法中，收益还原法相对较难，但它却以其充分的理论依据在国内外被广泛应用于收益性或具有潜在收益性不动产的估价中。

第一节　收益还原法的基本原理及公式

一、收益还原法的基本原理

（一）收益还原法的概念

收益还原法（income approach；income capitalization approach；investment method）是指为取得待估不动产的价格，以还原利率将不动产在未来所能产生的正常纯收益贴现到估价时点，并以其贴现之和作为待估不动产的价格。收益还原法被广泛地运用于收益性不动产价格的评估，以收益还原法求取的不动产价格通常称为收益价格（俞明轩，2012）。

收益还原法在国内外的称谓很多，主要有：收益还原法、收益现值法、收益资本化法等。在我国不动产估价中通常叫做收益还原法。

（二）收益还原法的理论依据

收益还原法是基于预期原理，即未来收益权利的现在价值，是不动产所有权在经济上的体现。其基本思想可以先粗略地表述如下：由于不动产的使用寿命长，占用某一收益性不动产，不仅现在能取得一定的纯收益，而且能期待在将来继续取得这个纯收益，这样，该宗不动产的价格就相当于这样一个货币额，如果将这个货币额存入银行也会源源不断地带来一种与这个纯收益等量的收入。形象一点表示：某一货币额×利息率＝不动产纯收益。那么，这个金额就是该宗收益性不动产的理论价格，用公式可简单表示为（艾建国，2003）

$$不动产价格＝纯收益/利息率$$

这种抽象化的理论，是一种朴实、简单明了、便于人们理解的表达，严格来说是不很确切的。其中包含着三个假设前提：①纯收益每年不变；②利率固定，且不动产投资风险与利率收入风险相当；③收益为无限年期。例如，假设某人拥有一处不动产，每年可产生100万元的纯收益，同时此人有1000万元货币，以10%的年利息率存入银行，每年可得到100万元的利息，则对该不动产所有者来说，理论上这宗不动产与1000万元的货币等价，即值1000万元。

可以看出，运用收益还原法对有收益的不动产进行估价时，首先需要求取该宗不动产的纯收益，即总收益减去总费用；然后确定还原利率；最后选取适当的计算公式求得待估不动产的价格。

（三）收益还原法的特点

收益还原法的特点有如下几点。

（1）收益还原法具有严格的理论基础，地租地价理论和生产要素分配理论是收益还原法的理论依据，不动产中的土地、建筑物、人员、管理等要素组合产生的收益，应当由各要素分配。

（2）收益还原法是以收益为出发点评估不动产的价格，所以求得的价格通常称为"收益价格"。

（3）收益还原法评估结果的准确度，取决于不动产纯收益和还原利率确定的准确度。这两点是收益还原法评估的关键，它们受政治、经济和工商企业以及不动产市场发展变化的影响，业内人士认为收益还原法应用有一定难度，有时会制约收益还原法的实践运用。

二、收益还原法的基本公式

由于在应用收益还原法求取不动产价格时，是对未来若干年纯收益的贴现，而纯收益和收益年限都是可变因素，这就增加了现实操作的复杂性，因此，从数学推导角度来看，求取公式的形式就可能各不相同。这就要求估价人员要针对具体实例，选用适合的计算公式来求取待估不动产的价格。

（一）初始计算的情形

公式如下：

$$V = \frac{a_1}{(1+r_1)} + \frac{a_2}{(1+r_1)(1+r_2)} + \frac{a_3}{(1+r_1)(1+r_2)(1+r_3)}$$
$$+ \frac{a_4}{(1+r_1)(1+r_2)(1+r_3)(1+a_4)} + \cdots + \frac{a_n}{(1+r_1)(1+r_2)(1+r_3)\cdots(1+r_n)}$$

式中，V 为不动产价格；a_1，a_2，a_3，$\cdots$，a_n 为不动产未来各年的纯收益；r_1，r_2，r_3，$\cdots$，r_n 为不动产未来各年的收益率。

说明：①此公式实际上是收益还原法基本原理的公式化。②当公式中 a、r、n 变化时可以导出下述各种公式，可见下述各种公式只是本公式的一个特例。③本公式只有理论分析上的意义，实际估价中难以操作。

（二）无限年期且其他因素不变的情形

公式的假设前提是：① a 每年不变；② r 每年不变且大于零；③年期无限。公式如下：

$$V = \lim_{n \to \infty} \frac{a}{r} \left[1 - \frac{1}{(1+r)^n} \right] = \frac{a}{r} \left[1 - \lim_{n \to \infty} \frac{1}{(1+r)^n} \right] = \frac{a}{r}(1 - 0) = \frac{a}{r}$$

式中，V 为不动产价格；a 为不动产的纯收益；r 为不动产的收益率。

例如：某宗不动产，已知该宗不动产正常情况下每年所获得的总收益为 300 万元，每年所需支出的总费用为 180 万元，该类不动产的收益率为 8%，则该宗不动产的收益价格为

$$V = (300 - 180)/8\% = 1500(万元)$$

实际运用此公式时，通常情况下是用估价对象前三年或三年以上的纯收益的平均值来替代 a ，而不是预测未来的 a 。

（三）有限年期且其他因素不变的情形

具体有两种情况：一种是收益率大于零；另一种是收益率等于零。

1. 收益率大于零的情况

公式的假设前提是：① a 每年不变；② r 每年不变且大于零；③ n 为年期有限。

公式如下：

$$V = \frac{a}{(1+r)} + \frac{a}{(1+r)^2} + \frac{a}{(1+r)^3} + \cdots + \frac{a}{(1+r)^n}$$

$$= \frac{a}{1+r}\left[1 + \frac{1}{1+r} + \frac{1}{(1+r)^2} + \cdots + \frac{1}{(1+r)^{n-1}}\right]$$

$$= \frac{a}{1+r} \cdot \frac{1 - \left(\dfrac{1}{1+r}\right)^n}{1 - \left(\dfrac{1}{1+r}\right)} = \frac{a}{r}\left[1 - \frac{1}{(1+r)^n}\right]$$

式中，V、a、r 的含义同前；n 为不动产的使用年限或仅有收益的年限。

例如：某一不动产，正常情况下利用该宗不动产，每年所获得的总收益为 120 万元，每年所需支出的总费用为 50 万元，该类不动产的收益率为 10% ，另外，该宗不动产是在政府有偿出让土地使用权的地块上建造的，当时获得的土地使用权年限为 50 年，现已使用了 4 年，则该宗不动产的收益价格为

$$V = (120 - 50)/10\% [1 - 1/(1 + 10\%)^{50-4}] = 700 \times 0.987\,5 = 691.25(万元)$$

尤为需要注意的是，上述公式在不动产估价中还有一些其他用途，如可利用该公式说明在不同收益率下土地使用权年限长与短，土地使用权价格接近于无限期时的土地价格。假设收益率分别为 8% 、9% 、12% 、14% 、16% 、20% ，土地使用权价格接近于无限期的年限分别为 140 年、120 年、90 年、80 年、70 年、60 年。

从上面的分析可以发现：收益率越高，接近于无限年期的价格越快。当收益率为 8% 时为 140 年，9% 时为 120 年，16% 时为 70 年。当收益率为 20% 时，只要 60 年就相当于无限年期的价格。

利用上述文字还可以用作比较两宗不动产价格高低。例如，当收益率为 4% 时，A 不动产使用年期为 50 年，单价为 110 元/m²；B 不动产使用年期 70 年，单价为 115 元/m²。如果要比较不动产的单价高低，直接比较是不合理的，因为年期不同不可比。为使之可比，可利用有限年期的修正公式。

$$A\ 不动产 = \frac{110}{1 - \dfrac{1}{(1+4\%)^{50}}} = 128.01\ （元/m^2）$$

$$B\ 不动产 = \frac{115}{1 - \dfrac{1}{(1+4\%)^{70}}} = 122.89\ （元/m^2）$$

通过比较我们知道，名义上 A 不动产的价格低于 B 不动产的价格，而实际上 A 不动产

的价格高于 B 不动产的价格。当收益率也不相同时，同样可采用此方法进行比较。这里要说明的是，将不可比的年期、收益率化为可比，对于运用市场比较法估价时进行有关修正是特别有用的。即可以利用下列公式进行年限修正：

$$K_n = 1 - \frac{1}{(1+r)^n}$$

式中，r、n 的含义同前；K_n 为 n 年时的 K 值，K 为不动产使用年期修正系数，如 K_{70} 为 n 等于 70 年时的 K 值。另外，V_n 为有限年期的不动产价格，如 V_{50} 为 50 年期的价格，V_{30} 为 30 年期的价格。则具体修正方法如下。

若已知 V_∞，求 V_{70}、V_{30}，公式如下：

$$V_{70} = V_\infty \times K_{70}$$
$$V_{30} = V_\infty \times K_{30}$$

若已知 V_{50}、V_{30}，求 V_{40}，公式如下：

$$V_\infty = V_{50} \times \frac{1}{K_{50}}$$

$$V_{40} = V_{50} \times \frac{K_{40}}{K_{50}}$$

如将上述公式一般化，则有

$$V_n = V_N \times \frac{K_n}{K_N}$$

$$= V_N \times \frac{(1+r)^{N-n}[(1+r)^n - 1]}{(1+r)^N - 1}$$

2. 收益率等于零的情况

公式的假设前提是：①a 每年不变；②r 等于零；③年期有限为 n。公式如下：

$$V = \frac{a}{(1+r)} + \frac{a}{(1+r)^2} + \frac{a}{(1+r)^3} + \cdots + \frac{a}{(1+r)^n}$$

$$= \overbrace{a+a+a+a+\cdots+a}^{n个}$$

$$= a \times n$$

式中，V、a、n 的含义同前。

（四）纯收益在前若干年有变化的情形

具体有两种情况：一种是年期无限；另一种是年期有限。

1. 无限年期的情况

公式的假设前提是：①t 年以前（含第 t 年）纯收益有变化；②t 年以后纯收益无变化为 a；③r 每年不变且大于零；④年期无限。公式如下：

$$V = \sum_{i=1}^{t} \frac{a_i}{(1+r)^i} + \lim_{n \to \infty} \frac{a}{r(1+r)^t}\left[1 - \frac{1}{(1+r)^{n-r}}\right]$$

$$= \sum_{i=1}^{t} \frac{a_i}{(1+r)^i} + \frac{a}{r(1+r)^t} \cdot \lim_{n \to \infty}\left[1 - \frac{1}{(1+r)^{n-r}}\right]$$

$$= \sum_{i=1}^{t} \frac{a_t}{(1+r)^i} + \frac{a}{r(1+r)^t}$$

式中，V、a、n 的含义同前；a_i 为第 i 年的纯收益；t 为纯收益有变化的年限。

该公式重要的实用价值在于现实估价中如果单纯采用公式 $V = a/r$，在大多数情况下未免太片面。但如果根据纯收益每年都有变化的实际情况来估价，又不可能。为了有效解决这个矛盾，业内人士一般情况会根据经营状况和市场条件，对不动产在未来 3~5 年（或可以预测的更长年限）的纯收益做出预测，并且假设从此以后到未来无穷多年不动产将保持固定的纯收益，然后对这两部分纯收益分别进行资本化处理，计算出不动产价格。

例如：某宗不动产，通过预测得到其未来 4 年的纯收益分别为 10 万元、13 万元、15 万元、18 万元，假设从第五年到未来无穷远每年的纯收益将稳定在 22 万元左右，该类不动产的收益率为 8%，则该宗不动产的收益价格为

$$V = 10/(1+8\%) + 13/(1+8\%)^2 + \cdots + 22/[8\% \times (1+8\%)^5] = 232.70 \text{（万元）}$$

2. 有限年期的情况

公式的假设前提是：①t 年以前（含第 t 年）纯收益有变化；②t 年以后纯收益无变化为 a；③r 每年不变且大于零；④年期有限为 n。公式如下：

$$V = \frac{a_1}{(1+r)} + \frac{a_2}{(1+r)^2} + \cdots + \frac{a_t}{(1+r)^t} + \frac{a}{(1+r)^{t+1}} + \frac{a}{(1+r)^{t+2}} + \cdots + \frac{a}{(1+r)^n}$$

$$= \sum_{i=1}^{t} \frac{a_i}{(1+r)^i} + \frac{a}{r}\left[1 - \frac{1}{(1+r)^{n-t}}\right] \cdot \frac{1}{(1+r)^t}$$

$$= \sum_{i=1}^{t} \frac{a_i}{(1+r)^i} + \frac{a}{r(1+r)^t}\left[1 - \frac{1}{(1+r)^{n-t}}\right]$$

式中，V、a、a_i、r、t、n 含义同前。

（五）预知未来若干年后的不动产价格的情况

公式的假设前提是：①已知未来某年的不动产价格为 V_t；②在已知不动产价格的年份以前的纯收益有变化；③r 每年不变且大于或等于零。公式如下：

$$V = \frac{a_1}{(1+r)} + \frac{a_2}{(1+r)^2} + \cdots + \frac{a_t}{(1+r)^t} + \frac{V_t}{(1+r)^t}$$

$$= \sum_{i=1}^{t} \frac{a_i}{(1+r)^i} + \frac{V_t}{r(1+r)^t}$$

式中，V、a_i、r 含义同前；t 为预知的未来不动产的年限；V_t 为未来第 t 年的不动产价格。

当目前的不动产价格难以知道，但根据发展前景比较容易预测到未来的不动产价格水平时适宜于用上述公式，特别是在某地区将来出现较大的改观的情况下。

例如：某宗不动产近期的价格水平为 4000 元/m²，年纯收益为 200 元/m²，收益率为 8%，现获知该地区将兴建一座大型的商贸大楼，该商贸大楼将在 4 年后建成投入使用，到那时该地区将达到该城市现有商贸大楼地区的繁荣程度。在该城市现有商贸大楼地区，该类不动产价格为 6000 元/m²，据此预计新商贸大楼建成投入使用后，新商贸大楼地区该类不动产价格水平将达到 6000 元/m²。试求获兴建商贸大楼后该宗不动产的价格。

$$V = 200/8\%[1 - 1/(1+8\%)^4] + 6000/(1+8\%)^4 = 5072.60 \text{（元/m}^2\text{）}$$

可见，该宗不动产在获知兴建新商贸大楼后，价格由每平方米 4000 元涨到每平方米 5072.60 元。

（六）纯收益按等差级数递增的情形

具体有两种情况：一种是年期无限；另一种是年期有限。

1. 无限年期情况

公式的假设前提是：①纯收益按等差级数递增；②r 每年不变且大于零；③年期无限。公式如下：

$$V = \lim_{n \to \infty}\left\{\left(\frac{a}{r} + \frac{b}{r^2}\right)\left[1 - \frac{1}{(1+r)^n}\right] - \frac{b \times n}{r(1+r)^n}\right\} = \frac{a}{r} + \frac{b}{r^2}$$

式中，V、a、r 的含义同前；b 为纯收益按等级数递增的数额，如纯收益第一年为 a，则第二年为 $a + b$，第三年为 $a + 2b$，第 n 年为 $a + (n-1)b$。

例如：某一不动产，未来第一年的纯收益为 40 万元，预计此后各年的纯收益会在上一年的基础上增加 2 万元，该类不动产的收益率为 8%，则该宗地不动产的收益价格为

$$V = 40/8\% + 2/(8\%)^2 = 812.5 \text{（万元）}$$

2. 有限年期的情况

公式假设前提是：①纯收益按等差级数递增；②r 每年不变且大于零；③年期有限为 n。公式如下：

$$V = \frac{a}{r}\left[1 - \frac{1}{(1+r)^n}\right] + \frac{b}{r^2}\left[1 - \frac{1}{(1+r)^n}\right] - \frac{b \times n}{r(1+r)^n}$$

$$= \left(\frac{a}{r} + \frac{b}{r^2}\right)\left[1 - \frac{1}{(1+r)^n}\right] - \frac{b \times n}{r(1+r)^n}$$

式中，V、a、r、b、n 的含义同前。

（七）纯收益按等差级数递减的情形

具体有两种情况：一种是年期无限；另一种是年期有限。

1. 无限年期情况

公式的假设前提是：①纯收益按等差级数递增；②r 每年不变且大于零；③年期无限。公式如下：

$$V = \lim_{n \to \infty}\left\{\left(\frac{a}{r} - \frac{b}{r^2}\right)\left[1 - \frac{1}{(1+r)^n}\right] + \frac{b \times n}{r(1+r)^n}\right\} = \frac{a}{r} - \frac{b}{r^2}$$

式中，V、a、r 含义同前；b 为纯收益按等级数递减的数额，如纯收益第一年为 a，则第二年为 $a - b$，第三年为 $a - 2b$，第 n 年为 $a - (n-1)b$。

2. 有限年期的情况

公式假设前提是：①纯收益按等差级数递减；②r 每年不变且大于零；③年期有限为 n。公式如下：

$$V = \frac{a}{r}\left[1 - \frac{1}{(1+r)^n}\right] - \frac{b}{r^2}\left[1 - \frac{1}{(1+r)^n}\right] - \frac{b \times n}{r(1+r)^n}$$

$$= \left(\frac{a}{r} - \frac{b}{r^2}\right)\left[1 - \frac{1}{(1+r)^n}\right] + \frac{b \times n}{r(1+r)^n}$$

式中，V、a、r、b、n 的含义同前。

（八）纯收益按一定比率递增的情形

具体有两种情况：一种是年期无限；另一种是年期有限。

1. 无限年期的情况

公式的假设前提是：①纯收益按等比级数 s 递减；②r 每年不变且大于 s；③年期无限。公式如下：

$$V = \lim_{\substack{n \to \infty \\ r > s}} \frac{a}{r-s}\left[1 - \left(\frac{1+s}{1+r}\right)^n\right] = \frac{a}{r-s}\left[1 - \lim_{\substack{n \to \infty \\ r > s}} \left(\frac{1+s}{1+r}\right)^n\right] = \frac{a}{r-s}(1-0) = \frac{a}{r-s}$$

式中，V、a、r、b、n 的含义同前；s 为纯收益逐年递增的比率，如纯收益第一年为 a，则第二年为 $a(1+s)$，第三年为 $a(1+s)^2$，第 n 年为 $a(1+s)^{n-1}$。

例如：有一不动产未来第一年的纯收益为 15 万元，预计此后各年的纯收益会在上一年的基础上增长 2%，该类不动产的收益率为 9%，则该宗不动产的收益价格为

$$V = 15 / (9\% - 2\%) = 214.3 \text{（万元）}$$

若总收益与总费用的递增比率不等，设 A 表示总收益，每年递增的比率为 s_1，C 表示总费用，每年递增的比率为 s_2，则

$$V = \frac{A}{r-s_1} - \frac{C}{r-s_2}$$

2. 有限年期的情况

公式的假设前提是：①纯收益按等比级数递增；②r 每年不变，且 $r \neq s$；③年期有限为 n。公式如下：

$$V = \frac{a}{(1+r)} + \frac{a(1+s)}{(1+r)^2} + \frac{a(1+s)^2}{(1+r)^3} + \cdots + \frac{a(1+s)^{n-1}}{(1+r)^n}$$

$$= \frac{a}{(1+r)}\left[1 + \left(\frac{1+s}{1+r}\right) + \left(\frac{1+s}{1+r}\right)^2 + \cdots + \left(\frac{1+s}{1+r}\right)^{n-1}\right]$$

设 $\frac{1+s}{1+r} = x$，则上式变为

$$V = \frac{a}{1+r}(1 + x + x^2 + \cdots + x^{n-1})$$

如果 $x = 1$，即 $r = s$ 时，上式变为

$$V = \frac{a}{1+r}(\overbrace{1 + 1 + \cdots + 1}^{n \text{个} 1}) = \frac{a \times n}{1+r}$$

如果 $x \neq 1$，即 $r \neq s$ 时，上式变为

$$V = \frac{a}{1+r}\left(\frac{1-x^n}{1-x}\right) = \frac{a}{1+r} \cdot \frac{1 - \left(\frac{1+s}{1+r}\right)^n}{1 - \frac{1+s}{1+r}}$$

$$= \frac{a}{1+r} \cdot \frac{1 - \left(\frac{1+s}{1+r}\right)^n}{\frac{(1+r) - (1+s)}{1+r}} = \frac{a}{1+r} \cdot \left[1 - \left(\frac{1+s}{1+r}\right)^n\right]$$

故有

$$V = \begin{cases} \dfrac{a \times n}{1+r}, & r = s \\ \dfrac{a}{1+r} \cdot \left[1 - \left(\dfrac{1+s}{1+r}\right)^n\right], & r \neq s \end{cases}$$

式中，V、a、r、b、n 的含义同前。

例如：某一不动产，未来第一年的纯收益为 16 万元，预计此后各年的纯收益会在上一年的基础上增长 2%，该类不动产的收益率为 9%，另外，该宗不动产是在政府有偿出让土地使用权的地块上建造的，当时获得的土地使用权年限为 50 年，现已使用了 6 年，则该宗不动产的收益价格为

$$V = 16/\ (9\% - 2\%) \times \{1 - [\ (1 + 2\%)\ /1 + 9\%\ ]^{50-6}\} = 228.6 \times 0.953 = 217.86\ （万元）$$

（九）纯收益按一定比率递减的情形

具体有两种情况：一种是年期无限；另一种是年期有限。

1. 无限年期的情况

公式的假设前提是：①纯收益按等比级数递减；②r 每年不变且大于 s；③年期无限。公式如下：

$$V = \lim_{n \to \infty} \frac{a}{r+s}\left[1 - \left(\frac{1-s}{1+r}\right)^n\right] = \frac{a}{r+s}\left[1 - \lim_{n \to \infty}\left(\frac{1-s}{1+r}\right)^n\right] = \frac{a}{r+s}[1 - 0] = \frac{a}{r+s},\ r+s > 0$$

式中，V、a、r、b、n 的含义同前；s 为纯收益逐年递减的比率，如纯收益第一年为 a，则第二年为 $a(1-s)$，第三年为 $a(1-s)^2$，第四年为 $a(1-s)^{n-1}$。

2. 有限年期的情况

公式的假设前提是：①纯收益按等比级数递增；②r 每年不变，且 $(r+s) \neq 0$；③年期有限为 n。公式如下：

$$V = \frac{a}{(1+r)} + \frac{a(1-s)}{(1+r)^2} + \frac{a(1-s)^2}{(1+r)^3} + \cdots + \frac{a(1-s)^{n-1}}{(1+r)^n}$$

$$V = \frac{a}{1+r}\left[1 + \frac{1-s}{1+r} + \left(\frac{1-s}{1+r}\right)^2 + \cdots + \left(\frac{1-s}{1+r}\right)^{n-1}\right]$$

$$= \frac{a}{1+r} \cdot \frac{1 - \left(\frac{1-s}{1+r}\right)^n}{1 - \frac{1-s}{1+r}} = \frac{a}{1+r} \cdot \frac{1 - \left(\frac{1-s}{1+r}\right)^n}{\frac{(1+r) - (1-s)}{1+r}}$$

$$= \frac{a}{1+r}\left[1 - \left(\frac{1-s}{1+r}\right)^n\right],\ r+s > 0$$

式中，V、a、r、b、n 的含义同前。

第二节　收益还原法的估价程序

一、收集整理资料

不动产估价所需的资料，可以通过走访有关部门及个人，搜集现有资料、实地调查获取。在资料调查基础上，根据样本资料的类别和特点分级别归档。应用收益还原法评估时，应根据待估不动产的位置和特点，选择同一级别相同性质的适宜调查样本作为下一步计算的依据。资料调查途径见表 3-1。

表 3-1　不动产交易资料调查途径一览表

不动产转移类型	资料来源
不动产租赁	租赁双方及主管部门、各省市建筑定额标准、各地房屋拆迁补偿标准、工商、建设、物价等部门、街道办事处、房地产开发公司
商品房出售	各省市建筑定额标准、房地产开发公司、买房单位、房地产交易所、物价、税务、建行、建设及规划部门
房屋买卖	交易双方及主管部门、各省市建筑定额标准、各地房屋拆迁补偿标准、房地产交易所、公证处、物价、税务、建行等部门
土地使用权出租	租赁双方及主管部门、公证处、税务局、街道办事处
土地使用权转让	交易双方及主管部门、公证处、税务、财政部门、街道办事处
企业效益资料	企业、工商、税务、财政部门

二、确定总收益

　　不动产的收益可分为实际收益和客观收益两类。实际收益是指待估不动产在现状的经营管理水平条件下，实际取得的收益。它是个别企业在个别的经营管理等情况下的实际收入水平，未排除个别因素对不动产的影响，所以它不可作为估价的依据。而客观收益是指排除了各个企业实际收益中属于特殊的、偶然的要素对实际收益的影响后得到的一般正常收益，它可直接应用于估价中。

　　不动产收益还可分为有形收益和无形收益。在估价过程中既要考虑企业的有形收益，还要考虑企业的各种无形收益。但值得注意的是，如果无形收益已通过有形收益得到体现，如在当地能显示其形象、地位的写字楼，即承租者租用该写字楼办公可显示其实力，该因素往往已包含在写字楼的较高租金中，则不应再单独考虑，以免重复（高邦怀等，2008）。

　　在确定不动产客观收益时，应根据一定的原则，全面分析各种因素对收益的影响，从而确定出合理的客观收益。确定客观收益一般要考虑以下条件：①从客观上看，不动产的总收益是由具备良好素质及正常使用能力的使用者使用，并能产生收益。②收益必须是持续且有规律地产生的收益。③收益是安全可靠的收益（是指符合国家规定并经批准的经营项目所产生的收益，未批准的经营项目和违法的经营项目收益不能作为计算客观收益的依据）。不动产总收益产生的形式有以下两种情况：①不动产出租的租金。是指不动产出租过程中，出租方获得的实际租金额以及其他有关的收益，如押金利息等。客观收益水平的确定，要通过对实际租赁合同金额与当地估价期日同类型不动产的租金额、租赁市场状况以及同类型的租赁市场状况综合分析后得到。②经营用不动产的收益。是指不动产在正常经营管理水平下，每年所获得的与同类型不动产相类似的客观收益。排除不动产中的不正常收益，还应当考虑估价对象所引起的其他衍生收益，如不动产租赁过程中承租方所支付押金的利息收益、不动产生产经营过程中的副产品销售收益等，同时还应充分考虑收益的损失，如不动产租赁的出租率或空房损失率等对总收益的影响。

三、确定总费用

总费用是指出租或经营不动产期间，不动产所有者取得总收益而必须支付的有关费用。根据总收益获取的形式不同，总费用的内涵和计算也有所不同，总费用计算可分为以下两种情形。

（一）不动产出租中总费用的计算

根据不动产出租中租金的构成因素分析，计算不动产的总费用主要包括以下五项。

（1）管理费。是指出租不动产要进行的必要管理所需的费用。有管理人员的工资和出租过程中所消耗的公共设施的费用。管理费的计算方法在我国有两种，一种是按照可出租面积平均计算；另一种是依据租金的一定比例计算。

（2）维修费。是指为保证房屋正常使用每年所支付的房屋的维护费用（修缮费用）。此费用计算起来十分复杂，维护并不一定每年一样，为了计算方便，我国通常按建筑物重置价格的一定比例计算。

（3）保险费。是指不动产拥有者为防止拥有的房产免遭意外（火灾等）而向保险公司支付的费用。我国一般按房屋重置价格或现值的一定比例计算。

（4）税金。是指不动产拥有者由于不动产出租而应按照国家有关规定向税务机关缴纳的房产税和营业税等。关于纳税标准，国家和各省市县均有具体规定。

（5）中介费用。是指通过中介机构发生租赁的，应当由不动产所有者支付给中介机构的一定费用。

（二）不动产经营费用的计算

不动产经营费用是指不动产在经营过程中为获得经营效益而必须支付的一切费用。由于不动产的性质不同，费用的构成也不同。但主要有两大类，即商品经营服务型不动产和生产型不动产。商业经营服务型不动产在经营过程中的费用主要有商品销售成本、经营费用、管理费用、商品销售税金及附加、财务费用和商业利润等；生产型不动产在经营过程中的费用主要有生产成本、产品销售费用、产品销售税金及附加、财务费用、管理费用和厂商利润等。

四、计算纯收益

根据具体估价对象，选择不同计算方法。按照总费用介绍的两种形式，纯收益的计算公式也有以下两种。

（一）不动产出租中的纯收益计算

出租型房地产是收益还原法估价的典型对象，包括出租的住宅（公寓）、写字楼、商场、停车场、标准工业厂房、仓库和土地等，其净收益是根据租赁资料来索取，通常为租赁收入扣除维修费、管理费、保险费（如房屋火灾保险费）、房地产税（如房产税、城镇土地使用税）和租赁代理费等后的余额。租赁收入包括有效毛租金收入和租赁保证金、押金等的利息收入。在实际求取时，维修费、管理费、保险费、房地产税和租赁代理费是否要扣除，应在分析租赁契约的基础上决定。如果保证合法、安全、正常使用所需的费用都由出租方负担，则应将它们全部扣除；如果维修、管理等费用全部或部分由承租方负担，则出租方所得的租金就接近于净收益，此时扣除的项目要相应地减少。另外，如果租金中包含了无偿提供使用水、电、燃气、空调、暖气等，则要扣除水、电、燃气、空调、暖气等费用。还要考虑是否连同家具等房地产以外的物品一起出租，如果是，则租赁收入中包含了家具等的贡献，这部分是否扣除，要视评估价格是否需要包含此部分的价值来定。

$$不动产纯收益 = 不动产总收益 - 不动产总费用$$

若费用都由不动产出租方承担，计算纯收益时则应全部扣除；若维修费、管理费等费用的全都或部分由承租方负担，计算纯收益时，应对费用中由承租方负担的部分不计入总费用予以扣除。

（二）经营用的不动产纯收益的计算

经营用的不动产纯收益的计算公式如下：

$$经营用的不动产年纯收益 = 年总收益 - 年经营总费用$$

此外，要注意对尚未使用和自用的不动产纯收益计算可比照有收益的类似不动产的有关资料，按上述相应的方式计算净收益，或直接比较得到净收益。

五、确定资本化率

（一）资本化率的重要性

资本化率是将不动产的年净收益资本化成价格的比率。收益还原法中资本化率究竟应该如何选取，是很重要又比较困难的问题。资本化率的微小变化会导致价格的很大变化，资本化率如果选取不当，计算结果就会出现很大的差异，从而即使净收益的估算很精确，计算结果仍然不可信任。例如，对于某宗年纯收益为 30 万元的土地来说，在资本化率为 3% 时，土地价格为 1000 万元，若资本化率提高 1%，则土地价格变为 750 万元。因此，充分认识资本化率的重要性，能使我们对资本化率的选取抱着更加科学与慎重的态度。资本化率的重要性，集中体现在资本化率对估价结果的影响上。选择的资本化率的大小不同，估价结果就会发生很大的差别。

（二）资本化率的实质

资本化率（又可称为不动产还原利率、综合收益率、综合还原利率）实质是资本投资的收益率。在收益还原法中资本化率确定的准确与否，直接关系到不动产价格的定位。购买房地产可以看成是一种投资，这种投资所需投入的资本是房地产价格，这笔投资试图获得的收益是房地产每年产生的纯收益。因此，资本化率实质上是一种资本投资的收益率（由一笔投资赚回的收益的百分数，有若干种不同的名称，如收益率、获利率、报酬率、利润率、回报率、赢利率和利率）。我们知道，以最小的风险来获得最大的收益虽然是所有出资者的愿望，但在一个较为完善的市场中，要获得高的投资收益意味着要承担高的风险。即收益率与投资风险成正相关，风险大者收益率也高，反之则低。例如，将资金存入国家银行，风险小，但利息率也低；而将资金搞投机冒险，收益率高，但风险也大（徐晓燕和陈斌，2013）。

认识到资本化率实质上是一种收益率，我们实际上在观念上把握住了求取资本化率的方法：收益还原法中应采用的资本化率，等同于与获取估价对象不动产所产生的纯收益具有同等风险的资本的收益率。

对资本化率应等同于具有同等风险的资本收益率的这样一种认识，使资本化率的确定可以包容多种情况，避免一些过于武断或只适合于某些特定情况下的结论。拿土地来说，如像马克思所讲的那样，当人们把土地所有权看作所有权的特别高尚的形式，并且把购买土地看作特别可靠的投资时，资本化率就要低于其他较长期投资的收益率，甚至比银行的利息率还要低。但当情况不再是这样，如拥有土地者不再有任何特殊地位，受自然或社会因素的影响获取地租并不稳定、有风险时，资本化率就高于其他较长期投资的收益率。因为土地的不可移动性，使它不易于逃避一些政策、社会动荡和天灾的影响。不同地区、不同时期、不同性质、不同用途的房地产，由于其投资的风险性不同，收益率是不尽相同的。因此，在不动产估价中并不存在一个统一不变的资本化率。

（三）资本化率确定的原则

资本化率是影响评估价值的重大因素。其微小扰动，就可能会对整个评估结果无限放大。普利高津的混沌学在这里有其适用意义（得到了鲜明的体现）。紧抓资本化率的适宜性意义重大。为了确定适宜的资本化率，应该遵循以下原则。

1. 匹配原则

就是要根据评估资产的目的与估价的需要，采用各种评估依据与数据价格类型相适宜的资本化率来进行资产评估。具体来说，评估资本化率参数的匹配原则，是指评估资本化率参数与收益还原法之间、评估资本化率参数与评估预期收益额之间、评估资本化率参数与评估收益期之间、评估资本化率参数与其他评估依据资料之间，都保持财务内涵的统一和计算统计口径的统一。在应用收益还原法时，由于未来预期收益口径、未来收益期等有不同的涵义，因此，资本化率与未来预期收益额、未来收益期等的口径匹配十分重要。

2. 风险报酬原则

企业追求的不仅仅是无风险报酬，还要认识到追求风险报酬是推进企业发展的一大原动力。在进行企业资产价值评估时，必须承认和考虑风险报酬因素的存在。确定风险报酬率主要考虑委托方的经营风险、行业风险、市场风险、政策风险等因素。在分析委托方的经营现状、发展态势等的基础上，结合高技术、高风险、高回报的基本特性，在适当借鉴同行业特别是同类上市公司的投资报酬率等情况的基础上最后加以确定。

（四）资本化率的种类

不动产的资本化率可分为三类，即综合资本化率、建筑物资本化率和土地资本化率。它们既有严格的区分，又有相互的联系。若知道其中两个资本化率以及它们的价格，便可求出另一个资本化率，其计算公式如下：

$$R_0 = \frac{R_L \times V_L + R_B \times V_B}{V_L + V_B}$$

式中，R_0 为综合资本化率，适合于土地和建筑物合一的估价；R_L 为土地资本化率；R_B 为建筑物资本化率；V_L 为土地价格；V_B 为建筑物价格。

有时建筑物资本化率和土地资本化率可以获取，而土地和建筑物价格难以获取，但知道土地价格占不动产价格的比例或知道建筑物价格占不动产价格的比例，也可求综合资本化率。计算公式如下：

$$R_0 = L \times R_L + B \times R_B$$

式中，R_0、R_L、R_B 含义同上；L 为土地价格占不动产价格的比例；B 为建筑物价格占不动产价格的比例，$L+B=100\%$。

在美国的不动产估价中，收益率是用于直接资本化法中的回报率。直接资本化法是以收益率将单一年度收益期望值转化成不动产价值的方法。它可以用来折现潜在总收益、有效总收益、净经营收益或税前现金流量。收益率是单一年度的收益与其房地产价值的比率，是静态指标。一般以第一年度的收益除以价值来计算，也可以用各年平均收益作为代表性年收益来计算。应用收益率可以一步计算出不动产价值。已知标的不动产的年收益和收益率，即

价值=收益/收益率

收益率分为综合资本化率、期末资本化率、自有资金资本化率、抵押贷款资本化率（抵押贷款常数）、建筑物资本化率、土地资本化率。这些比率之间存在着内在的联系，其中，最基本的比率是综合资本化率。

1. 综合资本化率

综合资本化率（R_0）是房地产单一年度净经营收益期望值与房地产总价值或总价格的比率。净经营收益是房地产的有效总收益扣除经营费用后，但未扣除贷款本息偿还额及帐面折旧额的余额。

计算综合资本化率的方法有：市场抽取法、投资组合法（包括抵押贷款与自有资金组合和土地与建筑物组合两种）和债务保障公式，也可以从有效总收益乘数中求算。

市场抽取法要求市场发育良好，相同类型物业的销售资料充足。在用这种方法计算 R_0 时，要求比较案例与标的不动产具有相似性，否则要对存在的差异进行修正。估价师要搜集每宗比较案例的售价、收益、费用、融资条件、销售时的市场条件、产权情况、风险状况。确定每宗比较案例应按照相同的计算方式计算净经营收益。例如，比较案例的净租金每年上涨 3%，综合资本化率是 10%，标的不动产的净租金每年上涨 2%，虽然二者在其他条件上具有相似性，但标的不动产不能以 10% 作为它的综合资本化率，必须进行修正，后者的 R_0 要比前者的 R_0 高。又如，比较案例为一宗旧物业，购买时的 R_0 为 10%，但在 2 年内需要重新装修，标的不动产为刚竣工的新物业，虽然二者在同一区位，交易时间接近，但由于后者收益不需要从经营费用中扣除装修费用，故不能用前者作为后者的综合资本化率，应该进行修正，标的不动产的 R_0 应该低于 10%。

应用市场提取法计算综合资本化率的具体步骤是：

第一步，估价师收集与标的案例具有可比性的比较案例，列出它们的售价、租金标准、费用、融资条件、市场状况、销售时间、产权状况等资料。

第二步，估价师利用比较案例的资料，计算出每宗案例的净经营收益，然后将具有可比性的每宗比较案例的净经营收益除以售价，可以得到每宗不动产的综合资本化率，并形成一个综合资本化率取值范围。

第三步，估价师确定标的不动产的综合资本化率。可以根据其与比较案例的可比性，在

比较案例估算出来的综合资本化率一定的范围内进行休整，再根据估价师的经验判断而形成。

投资组合法也是计算综合资本化率的方法，一般可以分为两种组合，即土地与建筑物组合和抵押贷款与自有资金组合。在 20 世纪中期以前，人们将不动产划分为土地和建筑物两种投资成分。在估价中，由于贷款利率较低，资本投资收益稳定，估价师一般不考虑融资的问题和资本收益，仅使用实体剩余法分别计算土地的资本化率和建筑物的资本化率。1959年，埃尔伍德对收益资本化法作出了重要的贡献，他在估价中引进了"不动产总价值必须反映抵押贷款价值及自有资金价值"的观念，即在估价中，不仅要分析土地和建筑物的价值，也要分析抵押贷款和自有资金的价值，分别计算它们的资本化率（即抵押贷款常数和自有资金资本率），以此来表达放款人和自有资金投资者对投资收益的判断。这主要是由于通货膨胀和不动产价值实质增值已经超过了建筑物实体折旧对不动产价值的影响，以及不动产投资者投资行为日益复杂、收益流量不稳定、短期投资增多等。

2. 土地资本化率和建筑物资本化率

在投资组合技术中，应用到土地资本化率和建筑物资本化率两个技术指标。土地与建筑物组合计算综合资本化率的公式是

$$R_0 = L \times R_L + B \times R_B$$

式中，L 为土地价值占整个不动产价值的百分比；B 为建筑物价值占整个不动产价值的百分比；R_L 为土地的资本化率；R_B 为建筑物的资本化率。

土地资本化率是土地的年净经营收益与土地价值的比率，建筑物资本化率是建筑物的净经营收益与建筑物价值的比率。土地资本化率和建筑物资本化率可以从市场资料中应用市场提取法计算出来。在建筑物剩余法中，使用土地资本化率，建筑物资本化率和其他资料可以计算建筑物价值，将其与已知的土地价值相加，得到整个不动产价值。这种剩余法应用范围非常有限，可以应用到不动产（指建筑物折旧）有大量累计折旧的情况下计算不动产价值的估价目的。也可以用来直接衡量建筑物对整个不动产价值的贡献度。

3. 抵押贷款常数和自有资金资本化率

抵押贷款常数和自有资金资本化率应用在投资组合技术中计算综合资本化率，抵押贷款与自有资金组合公式是

$$R_0 = M \times R_M + E \times R_E$$

式中，M 为贷款价值比，是贷款占不动产总投资的百分比；R_M 为抵押贷款常数；E 为自有资金占不动产投资的百分比；R_E 为自有资金资本化率。

抵押贷款常数是每年的本金和利息偿还额之和与抵押贷款本金总额的比率。它是放款者所要求的放款的利率报酬。自有资金资本化率是不动产年度税前现金流量与自有资金总额的比率。自有资金资本化率可以从充足的市场资料的比较实例中计算出来，即由每一个比较案例的年度税前现金流量除以自有资金总额得到。年度税前现金流量通常是不动产持有期第一年的预期现金流量。自有资金资本化率是用来资本化自有资金的收益。

已知自有资金资本化率和抵押贷款利率，以及抵押贷款总额等资料，应用自有资金剩余法可以计算出自有资金的剩余收益，它用于分析新开发的不动产的绝对所有权（或称为不动产的完全所有权权益，它不受其他任何权利的支配，仅受政府课税、不动产征收的限制）收益，或者评估受特定抵押贷款限制的不动产的自有资金收益。

4. 期初资本化率和期末资本化率

期初资本化率是不动产被购入第一年的净经营收益与不动产现值的比率。期末资本化率是用来估计不动产期末出售价值的综合资本化率，它高于平均综合资本化率和期初资本化率，这是由于在不动产持有期期末，建筑物的经济寿命已减少，获得经营收益的风险较高的原因。

（五）资本化率的确定

在不动产估价实务中，资本化率确定的方法主要有：市场提取法、安全利率加风险调整值法、复合投资收益率法、投资收益率排序插入法和收益风险倍数法（别致，2004）。这些方法将在本章的第三节中详细介绍，在此不再赘述。

国内外学者对于资本化率的求取还有诸多主张，下面简要加以介绍。

（1）马克思对地租资本化中的利息率的一些论述。关于地租资本化中的利息率，马克思在《资本论》中同时提到 5 种利息率的可能性：①平均利息率；②资本投在有息证券上的利息率；③借贷资本的利息率（即贷款利息率）；④普通利息率；⑤资本增值率。同时，马克思还提到，地租资本化的利息率比长期投资的利息率还要低。

（2）中国台湾林英彦提出，收益还原法中的还原利率应采用实质利率。实质利率，是以一年期定期存款利率为基础，并用物价指数调整以后，再扣除一成的所得税，得到的比率，这个比率可直接作为土地还原利率。

（3）中国台湾柯傅义在其编译的资料中，介绍了西方选择还原利率所使用的方法：①市场投资品质比较法；②投资组合法；③银行家利率选择法；④重叠法。

（4）日本杉木正幸著的《不动产价格》一书中，总结了以往学说上关于决定还原利率的种种主张。主要有：①地方的一般利率说；②地方的习惯利率说；③地方的土地税率说；④普通的一般利率说；⑤长期投资利率说；⑥相当于抵押贷款利率与剩余贷款利率的复合利率说；⑦相当于纯粹利息与风险贴补金的复合利率说。

（5）美国雷利·巴洛维教授在《土地资源经济学——不动产经济学》一书中指出，确定还原利率主要采用三种方法：①加总法；②"投资分段理论"；③对比选择法。另外，他补充提到了第四种方法，即银行家利率选择法。雷利·巴洛维的加总法与柯傅义的重叠法是一回事，"投资分段理论"与投资组合法是一回事，对比选择法与市场投资品质比较法是一回事，仅是由于用词或翻译的不同。

（6）日本及中国台湾有关不动产估价法规中规定了求取还原利率的方法。日本《不动产鉴定评价基准》规定：还原利率以最具一般性的投资利润为标准。中国台湾《地价调查估计规则》规定：还原利率采用通行投资年利率。

（7）其他有关文献也有一些不同主张。如①银行存款利率；②产业平均获利率；③政府统计的经济增长率；④安全利率加上风险调整值，其中的安全利率一般可以用银行的定期存款利率（在美国为长期债券利率），风险调整值则根据当时影响地价的社会经济环境决定；⑤房地产的租价比，即还原率＝租金/价格。

收益还原法中采用的还原利率，从纯理论上讲，应等于与获取纯收益具有同等风险和资本的获利率。因此，采用安全利率加上风险调整值比较合适。同时，采用租金与价格的比率是比较实用的。

六、求取收益价格

应选择适当的资本化率对不动产纯收益进行还原，从而求取不动产价格。

通常选取多个可行的资本化率，计算得到几个价格，对它们与其他估价方法的估价结果进行比较分析，最终确定可能的价格，作为此方法的估计价格。

当建筑物和耐用年限短于土地使用年限时，先根据建筑物耐用年限确定未来可获收益的年限，选用有限年的收益还原法计算公式，净收益中不应扣除建筑物的折旧和土地取得费用的摊销；然后再加上土地使用权年限超出建筑物耐用年限的土地剩余使用年限价值的现值。

当建筑物耐用年限长于土地使用年限的，根据国务院（1990）55 号令（《中华人民共和国城镇国有土地使用权出让和转让暂行条例》）规定，土地使用期满而使用者未申请续期的，土地使用权由国家无偿收回，《中华人民共和国城市房地产管理法》未作具体规定。因此，不动产使用者可使用房屋的年限不得超过土地使用权出让年限。所以，房屋的耐用年限只能按土地使用权出让年限计算。

第三节　不动产资本化率的确定方法

一、市场提取法

该方法是利用收益还原法的公式，通过收集市场上类似区域相同或相类似的不动产的纯收益和价格等资料，求出不动产的资本化率。应用该方法应收集市场上三宗以上近期发生的类似不动产的净收益和价格等资料，选用相应的收益还原法计算公式，求出资本化率（龚水燕和黄秀梅，2003）。

（1）在 $V = \dfrac{a}{r}$ 的情况下，$r = \dfrac{a}{V}$，即可以采用同一市场上类似房地产的净收益与其成交。

价格的比率作为资本化率。具体方法是：如果需要求取某宗房地产的资本化率，可以在市场上抽取与该房地产具有相似特点的房地产的净收益与价格的比率作为依据，通常为避免偶然性，需要抽取多宗房地产，求取其净收益与价格之比的平均数。具体要求是选择近期发生的三宗以上与估价对象房地产相似的交易实例。举例说明，如表3-2所示。

表3-2　选取的 6 个可比实例及其相关资料

可比实例	净收益/(万元/年)	价格/万元	资本化率/%
1	12	102	11.8
2	23	190	12.1
3	10	88	11.4
4	65	542	12.0
5	90	720	12.5
6	32	250	12.8

（2）在 $V = \dfrac{a}{r}\left[1 - \dfrac{1}{(1+r)^n}\right]$ 的情况下，是通过 $V - \dfrac{a}{r}\left[1 - \dfrac{1}{(1+r)^n}\right] = 0$ 来求取 r。具体是先采用试错法，计算到一定精度后再采用线性内插法求取，即 r 是试错法与线性内插法相结合的方法来求取。试错法是先以任何方式挑选一个认为是最可能的 r，通过计算这一选定 r 下公式左边的结果来检验它。如果计算出的结果正好等于零，则通过；如果计算结果为正值，则通常表明必须试一下较小的 r；相反，如果计算结果为负值，就必须试一下较大的 r。这个过程一直进行到找到一个使计算结果等于零的 t 为止。在不利用计算机的情况下，求解 r 必须进行反复的人工试算。在利用计算机的情况下，只要输入 V、a、n，让计算机来做计算就可以了。

（3）在 $V = \dfrac{a}{r-s}$ 的情况下，$r = \dfrac{a}{V} + s$。

二、安全利率加风险调整值法

以安全利率加上风险调整值作为资本化率。安全利率是指无风险的资本投资的收益率。可选用同一时期的一年期国债年利率或中国人民银行公布的一年期定期存款年利率；风险调整值应根据估价对象所在地的经济现状及对未来的预测、估价对象的用途及新旧程度等确定。

安全利率加风险调整值法又称累加法，是以安全利率为基础，再加上风险调整值作为资本化率的方法。其基本公式为

资本化率=安全利率+投资风险补偿+管理负担补偿+缺乏流动性补偿–投资带来的优惠

这种方法的具体操作是先找出安全利率。安全利率，是无风险投资的收益率。再确定在安全利率基础上的加码（或扣减），包括对投资风险、管理负担和投入资金缺乏流动性的各项补偿。其中，流动性是指在不损失太多价值的条件下，将非现金资产的各项资产转换为现金的速度。速度越快则流动性越好，反之越差。不动产买卖通常耗时较久，在市场上不易找到合适的买者，因此不动产缺乏流动性。投资风险、管理负担和缺乏流动性的补偿是根据估价对象所在地区现在和未来的经济状况、估价对象的用途及新旧程度等来确定。此外，投资估价对象也可能得到某些额外的好处，投资者因此会降低所要求的收益率，所以，还应扣除这种投资所带来的优惠。

完全无风险的投资在现实中难以找到，对此可选用同一时期的一年定期法定利率（或一年期国债利率）去代替安全利率。于是，投资风险补偿就变为投资估价对象相对于投资一年定期存款的风险补偿；管理负担补偿变为投资估价对象相对于投资一年定期存款的管理负担的补偿；缺乏流动性补偿变为投资估价对象相对于投资一年定期存款的缺乏流动性的补偿；投资所带来的优惠变为投资估价对象相对于投资一年定期存款所带来的优惠。

三、复合投资收益率法

将购买不动产的抵押贷款收益率与自有资金收益率的加权平均数作为资本化率，按下式计算：

$$R = M \times R_M + (1-M) \times R_E$$

式中，R 为资本化率（%）；M 为贷款价格比率（%），抵押贷款额占不动产价格的比率；R_M 为抵押贷款资本化率（%），第一年还本息额与抵押贷款额的比率；R_E 为自有资金要求的正常收益率。

要掌握此方法，应理解以下内容：①拥有不动产是持有货币的一种形式；②购买不动产可看做是一种投资行为，不动产价格为投资额，不动产收益是投资收益；③购买不动产的资本可分为抵押贷款和自有资金两种，两种之和即为不动产价格；④不动产纯收益=抵押贷款带来的收益+自有资金收益；⑤抵押贷款额×抵押贷款利息率+自有资金额×自有资金收益率=不动产价格×资本化率。

例如：某人购买某不动产，到银行办理抵押贷款，获得购房资金的70%，贷款的年利息率为5%，自有资金的一般收益率为8%，试计算不动产的资本化率。

不动产资本化率=抵押贷款额占不动产价格的比例×抵押贷款利息率+自有资金额占不动产价格的比例×自有资金收益率=70%×5%+30%×8%=5.9%

四、投资收益率排序插入法

找出相关投资类型及其收益率，将收益率由高到低或由低到高的顺序排列，制成图表，再将估价对象不动产与其他投资进行比较分析，考虑投资的风险程度、管理难易度、安全性等，找出同等风险投资，从而判断资本化率应落的区域范围，最终判断、确定资本化率。

投资收益零排序插入法的操作步骤和内容如下。

（1）调查、搜集估价对象所在地区的房地产投资、相关投资及其收益率和风险程度的资料，如各种类型的银行存款、贷款、政府债券、保险、企业债券、股票，以及有关领域的投资收益等。

（2）将所搜集到的不同类型投资的收益率按从低到高的顺序排列，制成图表（图3-1）。

（3）将估价对象与这些类型投资的风险程度进行分析比较，考虑投资的流动性、管理的难易以及作为资产的安全性等，判断出同等风险的投资，确定估价对象风险程度应落的位置。

（4）根据估价对象风险程度所落的位置，在图表上找出对应的收益率，从而确定所要求取的资本化率。

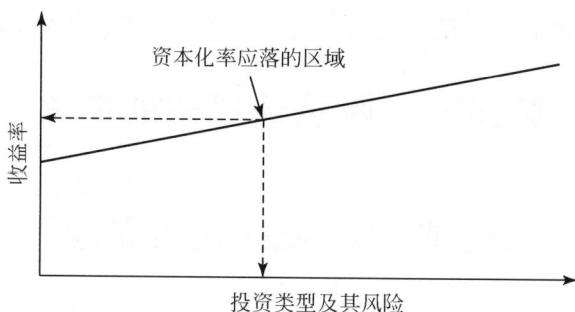

图 3-1 投资收益率排序插入法示意图

值得注意的是，尽管这些方法为我国不动产估价中资本化的求取方法，但这些方法并不能确切地告诉我们资本化率在某个时期究竟应该是一个多大的数值。这些方法求取的资本化率都含有某些主观选择。这就需要我们不仅学会这些方法，还要在实际估价工作中运用自己掌握的有关知识、实际估价经验和对当地的投资环境及不动产市场的充分了解等，只有这样才能做出较为准确的判断。资本化率的确定就是估价工作精髓的具体体现，它是科学、艺术加经验的结合。

五、收益风险倍数法

收益风险倍数法是在参照投资收益率排序法的基础上，对安全利率加调整值法加以改进的方法。即把安全利率加风险调整值法中要求取的风险调整值改变为确定房地产投资与安全投资年回收额的多出倍数。

因房地产投资的风险高于国债，在投资收益率排序上，房地产投资收益率应高于同期国债年利率。具体思路是：假设以房地产投资方式购买收益性房地产的总价额为 V，尚可使用年限为 n，资本化率为 r，年纯收益为 a。同时以安全投资方式（购买国债）投资金额为 P，期限也为 n，年利率为 i，连本带息年回收额为 A，则有

$$V = \frac{a}{r}\left[1 - \frac{1}{(1+r)^n}\right]$$

$$P = A \times \frac{(1+i)^{n-1}}{i \times (1+i)^n}$$

由于房地产投资的风险、收益均要比国债投资大，如果两种投资额相等，收益期相同，那么房地产投资的年回报额（纯收益）要比国债投资的本息回收额要大。假定房地产投资的年回收额比国债投资的本息回收额高出的倍数为 b，则有

$$a = (1+b) \times A$$

因 $V=P$，故有

$$\frac{(1+i)^{n-1}}{i \times (1+i)^n} = \frac{1+b}{r} \times \left[1 - \frac{1}{(1+r)^n}\right]$$

进一步简化即为

$$\frac{1}{i \times (1+i)} = \frac{1+b}{r} \times \left[1 - \frac{1}{(1+r)^n}\right]$$

该公式就是收益风险倍数法确定资本化率的基本公式，式中的 b 称为收益风险倍数。利用此公式，只要事先知道 i、n，就可根据收益风险倍数，确定资本化率 r。

第四节　收益还原法的应用

一、收益还原法的适用范围

收益还原法是以求取不动产纯收益为途径来评估不动产价值的一种方法，它只适用于有收益或有潜在收益的不动产估价，如商场、宾馆、写字楼、公寓等。但对于无收益或公益性不动产估价则不适用，如政府办公楼、学校、公园等。

二、应用注意事项

对于出租性、经营性房地产，根据国家税法应当考虑以下几种税费：城镇土地使用税、房产税、营业税、城市维护建设税、印花税、教育附加费、交通重点建设附加费等；对于生产性房地产（企业），应考虑城镇土地使用税、印花税及房产税等。

三、应用举例

（一）案例一

1. 估价对象概况

某公司于 2008 年 3 月以有偿出让方式获得位于某市二级地 A 地块 50 年期的土地使用权，面积为 3500m²；并于 2009 年 9 月在此地块上建成 9800m² 写字楼，当时建筑造价为 2500 元/m²；其经济耐用年限为 60 年。目前该建筑物全部出租，每月实收租金 48 元/m²。

2. 估价机构掌握的经筛选后的资料

目前当地同类建筑物出租租金一般为 50 元/m²，该类建筑物重置价格为 2700 元/m²，残值率为 2%，不动产所有者需支付的年管理费为建筑物年租金的 2%，年维修费、年保险费分别为建筑物重置价格的 2%、0.5%，每年支付土地使用税及房产税为每建筑平方米 45 元，土地资本化率和建筑物资本化率分别为 5% 和 7%。

3. 估价要求

根据以上资料估算 A 地块在 2011 年 3 月的土地使用权价格。

解题思路：依据收益还原法以外的方法求取不动产的纯收益和建筑物的价格；然后从不动产的纯收益中扣除建筑物的纯收益，得到土地的纯收益；再以选取的土地资本化率，应用有限年期的收益公式还原，即可得到有限年期的土地使用权的收益价格。

4. 估价过程

（1）待估不动产出租，为有收益的不动产，适宜采用收益还原法评估 A 地块的价格。

（2）计算总收益。根据估价机构掌握的经筛选的资料，日前当地同类建筑物出租租金一般为 80 元/m²。则

$$年总收益 = 50×9800×12 = 5\ 880\ 000\ （元）$$

（3）计算出租年总费用，总费用包括以下几项：

年管理费 = 年总收益×2% = 5 880 000×2% = 117 600 （元）

年维修费 = 建筑物重置价格×2% = 2700×9800×2% = 529 200 （元）

年保险费 = 建筑物重置价格×0.5% = 2700×9800×0.5% = 132 300 （元）

年税金 = 建筑面积×45 = 9800×45 = 441 000 （元）

小计：1 220 100 （元）

（4）计算房屋年纯收益。计算房屋年折旧：由于土地使用年限小于建筑物耐用年限，根据国务院《中华人民共和国城镇国有土地出让和转让暂行条例》明确规定，土地使用期满而使用者未申请续期的，土地使用权由国家无偿收回，而《中华人民共和国城市房地产管理法》未作具体规定。因此，不动产使用者可使用房屋和土地的年限不得超过土地使用

权出让年限；所以，当房屋的耐用年限超过土地使用年限时，房屋的耐用年限只能按土地使用权出让年限计算，在土地使用年限内房屋的残值也应收回，所以在计算年折旧时不应考虑残值。对于此次评估，不动产所有者可使用房屋的年限为50-1.5（建设期）=48.5年；而房屋的残值不动产所有者在土地使用期满时也不能由其收回。因此，房屋的重置价格必须在土地使用期内收回，则

年折旧费=房屋重置价/房屋可使用年限

=9800×2700/48.5=545 567.01（元）

房屋现值=房屋重置价格-年折旧费×房屋已使用年限

=9800×2700-545 567.01×1.5=25 641 649.5（元）

房屋年纯收益=房屋现值×房屋资本化率

=25 641 649.5×7%=1 794 915.46（元）

（5）计算土地年纯收益。

土地年纯收益=不动产总收益-不动产总费用-房屋年纯收益

=5 880 000-1 220 100-1 794 915.46=2 864 984.54（元）

（6）估算2011年3月的土地使用权价格。由于待估宗地于2008年3月以有偿出让方式获得50年期的土地使用权，距估价期日已有整3年，则剩余土地使用年限为47年。

A地块在2011年3月的47年期土地使用权价格：

$V=a/r\left[1-1/(1+r)^n\right]=2864984.54/5\%\left[1-1/(1+5\%)^{47}\right]=51\ 515\ 332.3$（元）

（二）案例二

现有某一宗地，占地面积为200m²，2005年11月通过出让方式取得土地使用权，使用年限为50年。2007年11月建成一房屋，建成后的房屋建筑面积为500m²，现全部用于出租。试根据以下资料，评估该宗土地2010年11月的价格。

（1）该房屋出租，每年收取押金10万元，平均每月租金收入为5万元，平均每月总费用为2万元。

（2）该房屋耐用年限为50年，目前重置价格为每建筑平方米4000元，假设残值率为0。

（3）押金收益率为9%。

（4）土地资本化率为6%，建筑物资本化率为8%。

解：

（1）该宗土地有收益，适合于运用收益还原法评估。

（2）计算房地年总收益。

租金收益=5×12=60（万元）

押金收益=10×9%=0.90（万元）

总收益=60+0.90=60.90（万元）

（3）年总费用=2×12=24（万元）

（4）房屋年纯收益=60.90-24=36.90（万元）

（5）建筑物现值=4000×500×（48-3）/48=187.5（万元）

（6）建筑物年纯收益=187.5×8%=15（万元）

（7）土地年纯收益=36.90-15=21.90（万元）

（8）计算土地总价格 V。

$$V = \frac{21.90}{6\%} \times \left[1 - \frac{1}{(1 + 6\%)^{45}}\right]$$
$$= 338.48 \text{（万元）}$$

单价 $= 338.48 \div 200 = 1.69 \text{（万元／m}^2\text{）}$

第四章　市场比较法

第一节　市场比较法的基本原理及公式

一、市场比较法的基本原理

（一）市场比较法的概念

市场比较法（market comparison approach or sales comparison approach）又称买卖实例比较法、市价比较法、交易实例比较法、市场资料比较法、现行市价法、市场法等，是将估价对象与接近估价时点的已发生交易的类似不动产进行比较，对类似不动产的成交价格进行适当的修正，进而得出估价对象在估价时点的客观合理价格的方法。它是不动产估价方法中最常用的估价方法之一，也是目前国内外广泛应用的经典估价方法。

这里的"类似不动产"，是指在同一供需范围内，在用途、建筑结构、规划条件等方面，与估价对象相似的不动产。采用市场比较法求得的价格，称为比准价格。比准价格经过修正后，得出市场价值（赵明媚，2009）。

（二）市场比较法的基本原理

市场比较法的理论依据，就是经济学中的替代原理。在市场上任何经济主体都谋求以最小的代价取得最大利润或效用，所以其在选择商品时会选择效用大而价格低的商品。因此，在同一市场上，效用均等的物品或服务在其价格上应该相等，即具备替代关系。此外，在同一市场上具有完全替代关系的商品同时存在时，商品的价格是经过相互影响之后才决定的。这就是说，相同典型、具有替代关系的商品之间，由于市场竞争，其价格相互牵制而趋于一致。

替代原理广泛应用于经济活动之中，同样适合于不动产市场。具体来讲，在同一市场上从事不动产交易时，任何有理性的当事人都会依据替代原理，将拟交易的不动产的价格与类似不动产的成交价格进行比较，然后决定其市场行为。因此，任何买者不会接受比市场上的正常价格过高的价格成交，任何卖者自然也不会接受比市场上的正常价格过低的价格成交。最终的结果是类似的不动产价格相互牵制而接近。正是因为在不动产价格形成中有替代原理的作用，所以在进行不动产估价时，可以依靠评估人员的专业知识和经验，通过对交易情况、交易日期、区域因素、个别因素等一系列影响因素的调整修正，可以使待估案例与交易案例之间基本满足替代关系存在的条件。当然，在现实的市场交易中，由于每个交易者的动机、偏好、对市场的了解程度、财务状况、讨价还价能力等的不同，具体某一宗不动产交易的成交价格可能会偏离其正常的市场价格。但是，从统计学的角度看，只要有足够多的交易实例，通常可以反映市场的常态来推测待估不动产的价格（周小萍等，2008）。

（三）市场比较法的特点

1. 现实性强

市场比较法利用近期发生的与待估土地具有替代性的交易案例作为比较标准，修正推算待估土地的价格，能够反映近期市场的行情，也使测算的价格具有较强的现实性，容易被接受。

2. 理论性差

市场比较法由价格求价格，欠缺理论基础。市场比较法是在实践中产生的可行实用的方法，并已得到广泛应用，但是方法的理论说明尚不够完善。

3. 经验性大

市场比较法要求估价人员具有较高的素质，因为在应用比较法进行市场情况、交易日期、区域因素以及个别因素等一系列项目的比较修正时，不仅需要计算分析，更多地需要估价人员的经验判断，这就要求不动产估价人员要具备多方面的知识和丰富的经验，否则难以得到客观准确的结果。

4. 评估结果为比准价格

市场比较法是通过已发生的交易案例的不动产价格，利用其与待估不动产之间的替代关系，比较求算待估不动产的价格，所以也称比准价格。

二、市场比较法的基本公式

市场比较法就是通过对一系列因素修正，而得到估价对象在估价时点的市场状况下的价格水平。这些因素主要有交易情况因素、交易日期因素、区域因素和个别因素四类。在市场比较法中，根据实际比较的基准不同，计算公式可分为直接比较修正公式和间接比较修正公式两类。

（一）直接比较修正公式

直接比较修正，是以待估不动产的状况为基准，把各交易案例与其逐项比较，然后将比较的结果转化为修正价格的系数。其基本公式为

$$P_D = P_A \times K_A \times K_B \times K_C \times K_D = P_A \times \frac{100}{(\ )} \times \frac{(\ )}{100} \times \frac{100}{(\ )} \times \frac{100}{(\ )}$$

式中，P_D 为待估不动产的价格；P_A 为比较案例不动产的价格；$K_A = \dfrac{100}{(\ )} = \dfrac{\text{正常交易情况指数}}{\text{可比实例交易情况时数}}$，为交易情况修正系数；$K_B = \dfrac{(\ )}{100} = \dfrac{\text{评估基准日价格指数}}{\text{可比实例交易时价格指数}}$，为交易日期修正系数；$K_C = \dfrac{100}{(\ )} = \dfrac{\text{待估对象所处区域因素条件指数}}{\text{可比实例所处区域因素条件指数}}$，为区域因素修正系数；$K_D = \dfrac{100}{(\ )} = \dfrac{\text{待估对象个别因素条件指数}}{\text{可比实例个别因素条件指数}}$，为个别因素修正系数。

在上式中，交易情况修正系数 K_A 中的分子 100 表示以正常交易情况下的价格为基准而确定可比实例交易情况的价格修正参数；交易日期修正系数 K_B 中的分母 100 表示以可比实

例交易时的价格指数为基准而确定评估基准日的价格指数；区域因素修正系数 K_C 中的分子 100 表示以待估对象所处的区域环境为基准而确定可比实例所处区域环境的修正系数；个别因素修正系数 K_D 中的分子 100 表示以待估对象的个别因素条件为基准而确定可比实例个别因素的修正系数。当然，比较的基准不同，100 所处的位置也不同，其他表示方法也可以。

（二）间接比较修正公式

间接比较修正是以一宗标准的房地产为基准，把交易案例不动产和待估不动产均与之逐项比较，然后把结果转化为修正价格系数。标准不动产是指一定区域内设定的，具备的条件在一定范围内有代表性，可起示范及比较标准作用的不动产。根据间接比较的原理，其基本公式为

$$P_D = P_A \times K_A \times K_B \times K_O \times K_C \times K_D = P_A \times \frac{100}{(\ )} \times \frac{(\ )}{100} \times \frac{100}{(\ )} \times \frac{(\ )}{100} \times \frac{(\ )}{100}$$

式中，P_D、P_A、K_A、K_B 的含义同前；$K_O = \frac{100}{(\ )} = \frac{标准房地产状况指数}{可比实例状况指数}$；$K_C$ 和 K_D 的含义为以标准房地产的区域因素和个别因素条件为基准（即 100）而确定待估对象的区域因素和个别因素条件的修正系数。

第二节　市场比较法的估价程序

运用市场比较法估价一般按下列步骤进行：交易实例的调查搜集；选取比较实例；建立价格可比基础；比较实例因素条件的修正；求取比准价格（张欢，2014）。

一、交易实例的调查搜集

运用市场比较法评估不动产价格，必须具备较多的"初级资料"。如果资料太少，则比较评估出的价格难免武断，不够客观。因此，运用市场比较法从事不动产估价时，首先应尽可能地搜集较多的交易实例。关于交易实例的搜集，值得重视的一点是，估价人员必须时刻留意积累，而不要等到需要采用市场比较法估价时才去做。

（一）搜集交易实例的途径

搜集交易实例的途径如下。

（1）查阅政府有关部门关于不动产交易的资料，如定期或不定期公布的不动产市价行情、价格指数、基准地价、房屋的重置价格、房地产权利人转让不动产时申报的成交价。

（2）查阅各种报刊上有关不动产出售、出租的广告信息等资料。

（3）参加不动产交易展示会、换房大会，了解不动产价格行情，索取有关资料。

（4）向不动产交易当事人、四邻、经纪人、金融机构、司法机关等调查了解有关不动产交易情况。

（5）假装成不动产购买者，与不动产出售者，如开发商、经纪代理商等洽谈，取得真实的不动产价格资料。

（6）同行之间相互提供。估价人员如果能组成类似估价学会、协会等的组织，约定互

相提供经手的交易实例和估价案例资料，将可使资料更加丰富。

（7）充分利用网络资源对不动产交易信息进行跟踪（包括有关不动产市场分析报告、文章等）。

（二）交易实例应搜集的内容

在搜集交易实例时，需要搜集哪些内容很重要。它一般要包括交易价格、交易日期、付款方式、交易实例不动产状况、交易双方的基本情况和交易目的等。需要搜集的内容最好事先制成统一的表格，搜集时按该表填写。对于搜集到的每一个交易实例、每一项内容都需要查证，做到准确无误。例如，有无隐价、瞒价情况以及有无债务清偿、人为哄抬、迁移急售或亲友间的交易等特殊情况，并记载于交易实例调查表中。表格的一般样式见表4-1。

表4-1 可比实例调查表

名称				编号	
坐落				基准地价	
规划限制				使用限制	
权利状况				土地证号	
建筑结构		建筑面积		用途	
卖方				买方	
交易价格				交易方式	
成交日期				付款方式	
个别因素	宗地面积			地形条件	
	宗地形状			地质条件	
	临街类型			临街位置	
	临街深度			容积率	
	临街宽度			剩余使用年限	
区域因素	距商服中心距离	市级		道路状况	
		区级		公共设施状况	
		小区级		基础设施状况	
	距对外交通设施距离	火车站		文体设施状况	
		汽车站		人口密度	
		码头		绿地覆盖度	
其他		调查人		调查时间	
位置示意图				备注	

作为政府不动产管理部门、估价机构，甚至估价人员个人，应当建立不动产交易实例资料库或资料中心，有条件的，应将不动产交易实例分门别类存入计算机中。这是从事不动产估价的一项基础性工作。

二、选取比较实例

比较交易实例的选择，是针对具体要评估的对象条件，从众多的市场交易实例中选择符合条件的实例，用于进行比较参考。比较案例选择的是否合适，直接影响市场比较法评估的结果，所以这一步也是重要的基础工作。

估价人员搜集和积累的交易实例较多，但针对要估价的某一不动产来说，其中有些交易案例并不适用。因此，在对某一不动产估价时，还需要选择其中符合一定条件的交易实例，作为供比较参考的交易实例。供比较参考的交易实例选择是否得当，直接影响市场比较法评估价格的正确性，因此应该特别慎重，选取的供比较参考的交易实例，与估价对象应具有相关、替代性，即应符合下列要求：①物质的同一性或类似性；②地点的同一性或类似性；③时间的接近性；④交易情况无反常。

具体选取时则应尽量做到如下几点。

（1）与估价对象不动产的用途应相同。这种用途主要指如下几大类用途：①商业；②办公楼；③宾馆；④住宅；⑤工业；⑥仓库。

（2）与估价对象不动产的建筑结构应相同。这种建筑结构主要指大类建筑结构，如果能做到小类建筑结构也相同则更好。大类建筑结构如下：①钢结构；②钢筋混凝土结构；③砖混结构；④砖木结构；⑤简易结构。

（3）与估价对象不动产所处的地区应相同，或在同一供求范围内的类似地区。由于市场比较法是以替代原理为理论依据，故用来比较参照的交易实例不动产，与估价对象不动产之间要具有替代关系。因此，交易实例必须是在同一供求范围内的类似地区中的不动产交易，如果能做到在同一地区则更好。拿北京市来说，若要评估坐落在王府井地区的一个商业店铺，选取的供比较参照的交易实例也最好在王府井地区。如果该地区可供比较参照的交易实例不多，也可以选择像东单、前门、西单这种类近邻地区或同等级别的商业地区中的交易实例。若要评估的是在北京市的一座向外商出租的高级办公大厦，则选取的供比较参照的交易实例最好在北京地区。如果该地区可供比较参照的交易实例不多，也可以选择在上海市、天津市这类地区中向外商出租的高级办公大厦的交易实例，因为这类大城市在这种办公大厦方面，当前可以认为基本上处于同一供求范围。

（4）与估价对象不动产的价格类型应相同。这种价格类型主要指大类价格类型，如果能做到小类价格类型也相同则更好。大类价格类型如下：①买卖价格；②租赁价格；③入股价格；④抵押价格；⑤征用价格；⑥课税价格；⑦投保价格；⑧典当价格。

（5）与估价对象不动产的估价时点应接近。估价时点，是指决定估价对象不动产估价额的基准日期。接近的含义是相对的，如果不动产市场变化快，则比较的有效期要缩短。一般认为，交易实例的交易日期在 5 年以上的不宜采用，因为在进行交易日期修正时会出现较大偏差。

（6）该交易实例必须为正常交易，或可修正为正常交易。正常交易，是指交易应是公开、平等、自愿的，即在公开市场、信息通畅、交易双方平等自愿、没有私自利益关系情况下的交易。正常交易应是一种对交易双方来说经济上合理的交易。

三、建立价格可比基础

选取了可比实例之后，应先对这些可比实例的成交价格进行换算处理，使其成交价格之间的口径一致，相互可比，为进行后续的比较修正建立共同的基础。

建立价格可比基础包括下列五个方面。

（一）统一付款方式

由于不动产的价值量大，交易价格往往采用分期付款的方式支付。但是付款期限的长短不同，付款数额在付款期限内的分布不同，实际价格会有所不同。估价中为便于比较，价格以一次付清所需支付的金额为基准，所以要将分期付款的可比实例的成交价格折算为在其成交日期时的一次总付清。具体的方法是资金时间价值中的折现计算。

（二）统一采用单价

在统一采用单价方面，通常为单位面积上的价格。但要注意土地除了单位面积上的价格之外还可以为单位建筑面积上的价格——楼面地价。在这些情况下单位面积是个比较单位。根据待估对象的具体情况，还可以有其他的比较单位，如仓库以单位体积为比较单位，医院和宾馆等以每个床位或房间为比较单位等。

（三）统一币种和货币单位

在统一采用币种和货币单位方面，不同币种的价格之间的换算，应采用该价格所对应的日期时的市场汇率。在通常情况下是采用成交日期时的市场汇率。但如果先按照原币种的价格进行交易日期修正，则对进行了交易日期修正后的价格，应采用估价时点时的汇率进行换算。在统一货币单位方面，按照使用习惯，如人民币、美元、港元等通常采用"元"。

（四）统一面积内涵

在统一面积内涵方面，现实中的不动产交易中，有按照建筑面积计价的，也有按照使用面积计价的，它们之间的换算关系为

$$建筑面积下的价格 = 使用面积下的价格 \times \frac{使用面积}{建筑面积}$$

$$使用面积下的价格 = 建筑面积下的价格 \times \frac{建筑面积}{使用面积}$$

（五）统一面积单位

在统一面积单位方面，中国内地通常采用平方米，对于土地的面积单位有时还会用亩[1]、公顷等，中国台湾地区和日本、韩国一般采用坪[2]，中国香港地区和美国、英国等常用平方英尺[3]。不同的单位要注意换算成统一的面积单位。

---

[1] 1 亩 ≈ 666. 67m²。

[2] 1 坪 = 3. 3m²。

[3] 1 平方英尺 = 0. 092 9m²。

四、比较实例因素条件的修正

（一）交易情况修正

1. 修正实质

交易情况修正，也称市场交易情况修正，是指通过修正排除交易行为中的一些特殊因素所造成的交易价格偏差。由于不动产市场的特殊性质，如交易物的不可移动性、市场的不完全性等，其交易价格是随个别交易而形成的，它往往容易受当时的一些特殊因素的影响形成偏差，不易作为比较对象。所以必须进行市场情况的比较和分析，排除特殊情况，使其正常化。一般需要研究的情况主要有以下七种。

（1）有一定利害关系之间的交易。如亲友之间、有利害关系的公司、公司与其职员之间的交易活动等。这些交易通常价格偏低。

（2）对市场行情的了解情况。如果买方不了解市场行情，盲目购买，成交价格往往偏高，如果卖方不了解市场行情，盲目出售，则成交价格往往偏低。

（3）急于出售或急于购买的交易。例如，欠款到期要还，只有出售不动产偿还，成交价格往往偏低；相反，在急于购买情况下的成交价格往往偏高。

（4）有特别动机的交易。如出于某种原因急欲出售的交易，一般会使其价格偏低。而基于某种原因急欲购买的交易，以及基于"贡献原则"的购买又会出现偏高的交易价格等。

（5）特殊的交易情形。不动产正常的成交价格，往往是买卖双方经过充分的讨价还价而形成的，所以协议方式是正常价格的形成方式。拍卖、招标方式由于受现场气氛和情绪的影响而使价格失常。但是我国目前的土地使用权出让是例外，拍卖价格和招标价格往往反映了市场行情，而协议价格往往偏低。

（6）相邻不动产的合并交易。不动产价格受其土地面积、形状、建筑规模的影响。一宗不动产与其相邻的不动产合并后，效用通常会增加，故当该不动产的拥有者预购买相邻不动产时，相邻不动产拥有者据此会索要高价，而该不动产的拥有者往往也愿意出较高的价格购买。所以，相邻不动产合并交易的成交价格往往要高于其单独存在、与其不相邻者交易时的正常市场价格。

（7）交易税费非正常负担的交易。在不动产交易中往往需要交纳一些税费，如营业税、土地增值税、契税等。按照规定，有的税费应由卖方缴纳，有的税费应由买方缴纳，有的税费由买卖双方各负担一部分。正常的成交价格，是指在买卖双方各自缴纳自己应缴纳的交易税费下的价格，即在此价格下，卖方缴纳卖方应缴纳的税费，买方缴纳买方的税费。需要评估的客观合理价格，也是基于买卖双方各自缴纳自己应缴纳的交易税费。但在现实交易中，往往出现本应由卖方缴纳的税费，买卖双方协议由买方来缴纳；或者本应由买方缴纳的税费，买卖双方协议由卖方缴纳。这些都会造成交易价格的不正常。

2. 修正方法

关于交易情况修正，需要估价人员具有丰富的经验，对市场行情有充分的了解，所以能否准确进行情况修正，很大程度上依赖于估价人员的经验。一般的修正程序包括以下几项。

（1）剔除非正常的交易案例。即要将那些已不属于或已超出可以进行修正范围的案例排除掉。

（2）确定交易情况修正系数（K_A）。分析在正常情况下和某些特殊情况下，土地价格可能产生的偏差的大小。测定方法可以利用已掌握的交易资料分析计算，确定修正系数。也可以由估价师根据长期的经验积累，判断确定修正比例。

（3）进行交易情况修正。即

$$P_2 = P_1 \times K_A$$

式中，P_1 为修正前比较案例的价格；P_2 为修正后比较案例的价格。

$$K_A = \frac{1}{1+S\%} \text{或} \frac{100}{100+S}$$

（当可比实例的成交价格比其正常市场价格高时，S 为正值；低时，S 为负值）。

具体修正可参考下述方法：

某城市在一次估价中经调查分析，确定需进行情况修正的主要因素是交易的形式修正，即要剔除比较交易案例和待估土地之间因具体交易形式（协议、招标、拍卖等）不同造成的价格差别，并以利用市场价格调查结果，确定修正系数表，见表4-2。

表4-2 交易形式情况修正系数表

交易形式	协议	招标	拍卖
修正系数	0.5	0.75	1

若选择某交易案例为协议交易，其成交价为 550 元/m²，而待估土地则要求评估拍卖成交价格，这种情况修正计算如下：

$$情况修正后的交易案例价格 = 550 \times \frac{1}{0.5} = 1100 \text{（元/m}^2\text{）}$$

（二）交易日期修正

1. 修正实质

交易案例的交易日期与待估不动产估价日期是有差异的，一般前者发生在先，后者发生在后。在此期间，不动产的价格很可能会发生变化，所以要进行日期修正，以使比较案例的价格符合估价日期的实际市场情况。

2. 修正方法

（1）计算日期修正系数（K_B）。即

$$K_B = \frac{估价期日的价格指数}{交易时期的价格指数}$$

价格指数可选用地价指数或房屋价格指数。

（2）进行日期修正。即

$$P_2 = P_1 \times K_B$$

对估价日期的价格进行修正时，要分不动产用途和不动产成交时间确定不同的类型，然后通过收集不同年代相同用途不动产的交易案例，分析其价格的变动规律，测定地价或租金的变动率，建立起不动产价格日期修正系数表。利用地价指数表进行估价日期修正的方法可参考如下例子。表4-3为某市地价指数。

表 4-3　某市地价指数表

年度	2005	2006	2007	2008	2009	2010
地价指数	100	105	110	115	120	125

若某市地块 2005 年 1 月 1 日地价为 1000 元/m²，则该地块 2010 年 1 月 1 日的地价是多少。（其他条件不变）套用日期修正计算公式得

$$修正为估价日期的交易案例价格 = 1000 \times \frac{125}{100} = 1250 \quad （元/m^2）$$

（三）区域因素修正

1. 修正实质

区域因素是指不动产所在地区的自然因素与社会、经济、政治等因素相结合所产生的地区特性，对不动产价格水平产生影响的因素。区域因素包含的内容主要有地区的繁华程度、交通状况、基础设施状况、人文环境等（矫德阳，2014）。

地区的繁华程度指商业服务业的规模等级及其对不动产利用的影响程度。一般商业服务业的规模等级越高，土地利用的集聚效益越高，且随着距商服中心距离的增加，土地效用呈现递减的趋势。

交通状况指地区的道路通达度、公共交通的便捷度以及对外交通的便利度等。良好的交通状况，土地利用效益高，地价也高，所以交通条件的优劣直接影响土地效用的高低。

基础设施状况主要指地区的生活设施状况及公用设施状况，如地区的给排水、供电、供热、供气、电讯及中小学、影剧院、医院等设施是否齐备，服务的技术等级及服务保证率等，这些设施条件的好坏直接影响土地的利用效益。

人文环境主要指地区的环境优劣程度以及环境的绿化、美化程度，也是影响土地效用的重要因素。

通过对区域因素的修正，可以将交易案例不动产与待估不动产因地区特性不同产生的价格差异剔除掉。

2. 修正方法

关于区域因素的修正，主要包括以下几项内容。

（1）确定比较因素。即根据具体的评估对象，选择确定比较的区域因素。

（2）确定各区域因素条件指数。确定区域因素条件指数的方法一般有经验判断打分法及根据某种指标定量计算法。它可以分为以下几种：①利用距离为比较尺度。如比较距商服中心的距离、距某公共设施的距离等，以距离为依据进行比较。②利用数学公式或经验公式计算的影响分值为比较尺度。即利用一定的公式计算因素的影响分值，并以分值为比较依据。③利用经验判断打分为比较尺度。如对某一因素，最好条件 100 分、其次 80 分等。

3. 计算区域因素修正指数（K_C）

K_C 的计算有加和与积算两种方式，一般采用加和方式。

（1）加和方式。若各区域因素的修正是在确定区域因素修正总幅度的基础上进行的，则应采用加和方式：

$$K_C = \frac{\sum\limits_{i=1}^{n} C_i}{\sum\limits_{j=1}^{n} C_j}$$

式中，C_i 为待估宗地第 i 因素条件指数；C_j 为比较案例宗地第 j 因素条件指数；n 为区域因素总个数。

例如：某比较案例不动产地域因素修正过程中，经分析比较为 4 个地域因子必须修正，各地域因子条件指数分别为 110、120、90 和 85（设待估不动产地域因素修正系数为 100）。则该不动产地域因素修正系数为

$$K_C = \frac{100+100+100+100}{110+120+90+85} = 0.9876$$

（2）乘积方式。若各区域因素条件指数是采用单因素与地价的相关分析确定的，则 K_C 的计算应采用乘积方式：

$$K_C = \frac{\prod\limits_{i=1}^{n} C_i}{\prod\limits_{j=1}^{n} C_j}$$

式中，符号含义同上。

如上例中，区域因素的修正系数为

$$K_C = \frac{100}{110} \times \frac{100}{120} \times \frac{100}{90} \times \frac{100}{85} = 0.9903$$

4. 进行区域因素修正

进行区域因素修正的公式，即

$$P_2 = P_1 \times K_C$$

可参考下例中对区域因素修正。

某市有三个可比实例 A、B、C 成交价格分别为 1360 元/m²、1480 元/m²、1510 元/m²。现将可比实例不动产的区域因素与估价对象不动产的区域因素进行直接比较，结果见表 4-4（假设各因素权重一样）。

表 4-4　区域因素修正比较表

区域因素	估价对象	可比实例 A	可比实例 B	可比实例 C
1. 繁华程度	10	10	9	12
2. 对外交通	10	8	12	10
3. 道路通达度	10	13	10	10
4. 公交便捷度	10	9	11	11
5. 城市基础设施	10	8	10	9
6. 治安状况	10	12	12	11
7. 规划限制	10	10	10	9
8. 环境状况	10	8	9	10
9. 社会公共设施	10	8	10	12
10. 景观	10	11	12	12
总分值	100	97	105	108

对可比实例进行直接区域因素修正，可得

可比实例 A 在估价对象区域条件下的价格 $= 1360 \times \dfrac{100}{97} = 1402$（元/m²）

可比实例 B 在估价对象区域条件下的价格 $= 1480 \times \dfrac{100}{105} = 1410$（元/m²）

可比实例 C 在估价对象区域条件下的价格 $= 1530 \times \dfrac{100}{108} = 1417$（元/m²）

（四）个别因素修正

1. 修正实质

个别因素是指构成不动产的个别特性（不动产条件）对其价格的影响因素。个别因素比较的内容，主要有宗地（地块）的面积、形状、宗地基础及市政设施状况、地形、地质、临街类型、临街深度、临街位置等。

例如，宗地的面积直接影响对土地的使用，一般不同的用途，都有其最适合的面积要求。面积过小，不利于使用；面积过大，又会影响使用效益。所以面积是否合适是分析土地有效使用的重要标志。

宗地的形状不同，也影响土地的利用效用。一般情况下，方形地块要较三角形或不规则形状地块更利于使用。

宗地的地形和地质条件也直接影响对土地的使用，平缓的地形与良好的地质条件会提高对土地的利用效果。

宗地所临街道类型不同，也会影响土地的利用效用。如商业用途的宗地，其所临道路若为交通型干道或生活型干道，其利用效用会产生很大差异。

地块的利用效用一般与其临街深度呈负相关。在一定宽度条件下，临街深度越深，土地效用越差，在宽、深比达到适合状态时，土地的利用效用最佳。

地块所处街道的位置不同，对其效用也有影响。一般从商业用途来看，位于街角地的地块要比普通沿街的地块效用高得多，且位于十字路口街角地与位于丁字路口街角地的效用也会存在差别。

个别因素修正的目的，就是要通过修正将待估不动产与比较案例不动产之间由个别因素差异而产生的价格差别剔除掉，以便准确评估待估不动产的价格。

2. 修正方法

个别因素修正方法和过程与区域因素修正方法一样，在计算个别因素修正系数时也有加和与积算两种方式。其修正过程为：①确定比较因素；②确定个别因素条件指数；③计算个别因素修正系数（K_D）；④进行个别因素修正。

在进行个别因素的修正时，要注意选择构成对不动产价格产生影响的个别因素，如宗地面积、形状、临街状况、位置、土地使用年限等。如果宗地有建筑物，在个别因素中还要选择反映建筑物一些因素，如建筑物结构、装修、新旧程度等。

可参考下例中对个别因素修正。

例如：现有一可比实例，成交价格为 1200 元/m²，该可比实例的个别因素综合起来劣于待估对象，经分析，可比实例在临街深度、宗地形状、宗地面积等方面综合起来需修正 −2%，则经个别因素修正后的可比实例价格为

$$1200 \times \frac{100}{98} = 1224.49 \ （元/m^2）$$

（五）容积率修正

容积率是指建筑物的总建筑面积与整个宗地面积之比，一般城市规划对城市不同地区的建筑容积率有一定的规划限制。规定的容积率越大，土地可进行建筑的面积越多，土地利用效益就越高，从而使地价抬高。所以要求进行容积率的修正，以消除由于容积率不同而造成的地价差异，进而影响整个不动产的价格。容积率修正同样采用修正系数来修正计算。

（1）收集资料。主要了解城市规划关于城市容积率的规定标准及城市的容积率现状水平。

（2）测算修正系数。进行容积率与地价水平的相关分析，然后根据容积率与地价的相关系数制定容积率修正系数。

（3）用修正系数调整地价公式为

$$容积率修正后的交易案例价格 = 比较交易案例价格 \times \frac{待估宗地容积率修正系数}{比较案例宗地容积率修正系数}$$

例如：运用市场比较法评估某宗地地价时，选取的比较案例成交价为 1200 元/m²，容积率为 3.5，待估宗地容积率为 1.8，根据该城市容积率修正系数表（表4-5），求进行容积率修正后的交易案例价格。

表4-5　某市容积率修正系数表

容积率	0.5	0.7	1	1.3	1.8	2	2.5	3	3.5	4
修正系数	0.6	0.8	1	1.1	1.3	1.7	2	2.1	2.3	2.5

套用容积率修正公式，解题方法如下：

$$容积率修正后的交易案例价格 = 1200 \times \frac{1.3}{2.3} = 678.26 \ （元/m^2）$$

对容积率修正系数的确定，还有另外一种方法，就是成本效益系数修正法，此方法通过分析容积率与建筑成本的关系，确定容积率升高到一定程度时，会造成单位建筑面积建筑成本升高而单位楼面地价降低，从而编制成不同容积率对应的地价修正系数。

（六）土地使用年期的修正

我国实行有限年期的土地使用权有偿使用制度，土地使用年期的长短，直接影响土地收益的多少。土地的年收益确定以后，土地使用期限越长，土地的总收益就越多，土地利用效益也越高，土地的价格也会因此升高。通过使用年期修正，可以消除由于使用期限不同而对房地产价格造成的影响。

土地使用年期修正系数按下列公式计算：

$$k = \frac{1 - \dfrac{1}{(1+r)^m}}{1 - \dfrac{1}{(1+r)^n}}$$

式中，k 为将可比实例年期修正到待估对象使用年期的年期修正系数；r 为还原利率；m 为待估对象的使用年期；n 为可比实例的使用年期。

土地使用年期的修正公式为

$$土地使用年期修正后的地价 = 可比实例价格 \times k$$

五、求取比准价格

由于选用的可比实例有多个，通过上述综合修正后，由每个可比实例都会得出一个价格，而且不可能完全一致，需要求出一个价格，作为估价对象的最终估价结果。方法通常有如下四种。

（一）简单算术平均法

设 P_1、P_2、P_3、$\cdots$、P_n 为上述修正得到的 n 个价格，则其简单算术平均数的计算公式如下：

$$P = \frac{P_1 + P_2 + P_3 + \cdots + P_n}{n} = \frac{1}{n}\sum_{i=1}^{n} P_i$$

例如：通过三个可比实例的修正、调整出的 3 个价格分别为 5580 元/m² 、5610 元/m² 和 5690 元/m² 。试采用"简单算术平均数"综合出一个价格。

解：采用"简单算术平均数"综合出的价格为

$$(5580+5610+5690) \div 3 = 5626.67 \ （元/m²）$$

（二）加权算术平均法

加权算术平均法是在将修正、调整后的各个价格综合成一个价格时，考虑每个价格的重要程度不同，先赋予每个价格不同的权数或权重，然后综合出一个价格。通常对于与估价对象不动产最类似的可比实例不动产所修正、调整后的价格，赋予最大的权重；反之，赋予最小的权重。设 P_1、P_2、$\cdots$、P_n 为修正、调整后的 n 个价格，f_1、f_2、$\cdots$、f_n 依次为 P_1、P_2、$\cdots$、P_n 的权重，则其加权算术平均数依下列公式求取：

$$P = \frac{P_1 f_1 + P_2 f_2 + \cdots P_n f_n}{f_1 + f_2 + \cdots f_n} = \frac{\sum_{i=1}^{n} P f_i}{\sum_{i=1}^{n} f_i}$$

例如：在上例中，如果赋予三个价格的权重分别为 0.5，0.3，0.2，试采用"加权算术平均数"综合出一个价格。

解：采用"加权算术平均数"综合出的价格为

$$5580 \times 0.5 + 5610 \times 0.3 + 5690 \times 0.2 = 5611 \ （元/m²）$$

（三）中位数法

中位数是将修正、调整后的各个价格按由低到高的顺序排列，如果是奇数个价格，那么处在正中间位置的那个价格为综合出的一个价格；如果是偶数个价格，那么处在正中间位置的那两个价格的简单算术平均数为综合出的一个价格。例如，2600、2650、2800、2865、

3620 这组数值的中位数为 2800；2200、2300、2400、2600、2750、2800 这组数值的中位数为（2400+2600）÷2＝2500。

（四）众数法

众数与中位数一样，是一种位置平均数，它是将各总体单位按某一标志排序后，整理成分布数列，如果其中有某一标志值出现的次数最多，即为众数值。在不动产估价中，则需要选择 10 个以上的可比实例，才能用这种方法确定估价结果。一组数值可能有不止一个众数，也可能没有众数。

第三节　市场比较法的应用

一、应用注意事项

（一）规范估价人员的行为准则

不动产估价人员应有极强的敬业精神，要有高度的政治责任心和社会责任心，以及职业的使命感和荣誉感，要有较强的专业知识和水准，这是从事不动产估价的行为准则和指导思想。这就要求不动产估价人员要认真执行国家规定的不动产估价标准和规范以及当地的有关规定，遵守公开、公平、公正的原则，客观公正地体现不动产的市场价格。对于每个项目，估价人员都要亲临实地现场进行勘察，实地了解情况。尤其是拆迁评估，应严格按照技术参数和量化标准，认真实施必要的流程和步骤（赵文娟，2013）。

（二）把握市场比较法的适用范围和条件

市场比较法的应用基础是发达的不动产市场及丰富的交易案例资料，所以比较法仅仅适用于不动产市场发育比较完善、稳定且有大量交易案例的地区，并且交易案例与待估不动产应有相关性和替代性，交易案例较少或无交易案例的地区则不适用；不动产市场发育不健全，尚未形成合理价格竞争机制的地区也不适用。此外，评估的不动产必须是由市场形成价格的不动产，既无收益又无市场的一些不动产如科教文卫、行政司法等的土地估价也不适用市场比较法。

（三）注意交易案例的遴选

交易案例的遴选，首先要有搜集充分的选择案例，这就要求必须打开信息通道，进一步开发信息资源，使一切有用的资料充分发挥其作用。在选择比较案例时，要注意几种不可比的情况：用途不同，不具有可比性；地域不同，不具有可比性；房地产价格类型不同，不具有可比性；物价指数或房地产价格指数波动较大时，不具有可比性；交易案例为非正常交易的，不具有可比性。因此，交易案例的遴选首先要保证与待估不动产具有可比较的基础，如两者位于同一供需圈内、具有相同用途等。其次要保证交易案例与待估不动产间较强的相关性和替代性。最后要保证交易案例的充足性，资料的可靠性和合法性等。

（四）合理确定修正比率

每一个比较实例都要经过多项修正，而每项修正也都不同程度地需要靠估价师的人为经验判断，尤其是交易情况修正、区域因素修正、个别因素修正等。因此，需要在修正中谨慎、合理和有创造性地确定修正比率，并尽可能使估价额接近其真实价格。首先，在应用市场比较法时，最理想的是比较标的不动产与待估标的不动产情况完全一致，而且交易细节也完全相同。然而，由于不动产的个别性和地域性，没有完全相同的两宗不动产。因此，估价人员必须对比较标的不动产与待估不动产之间的差别做出合理的调整。此外，估价人员要善于抓住能反映估价物特点的主要特征和影响其价值的重要因素，将所评估不动产特征充分挖掘，将有代表性、对物业价值影响较大的因素重点比较。其次估价事务所或估价人员在多年积累的估价经验基础上，注意修正系数的积累，对地段、朝向、容积率、楼层等差别因素应尽可能制定统一的修正系数。

（五）估价人员做好日常资料收集和建立动态分析估价体系

①由于信息不对称，估价人员获取案例的机会较少，尤其是成交案例更加难以获得。这使得在使用市场比较法时，所选案例的可比性和代表性大打折扣；另外由于信息资料没有共享通道，交易情况、交易背景不透明，使得交易情况这一评估参数几乎无法修正，这两个因素很大程度上制约了评估精度。②由于估价人员搜集案例的渠道单一，有的单凭从报上剪下来的一些房地产售楼信息和送上门的楼书，有的估价人员只是闭门造车，带着结果去选择案例，整个估价过程受结果支配，缺乏市场调查的主动性，有的选取未成交案例进行评估。③由于估价经验不足，所选择的案例没有考虑非市场行为对价格产生的影响；对评估物业所在地区房地产走势把握不准；对房地产中各类不同物业的特征缺乏了解，没有抓住评估对象类似物业的主要特征，对影响评估物价值主要因素的修正与次要因素修正主次不分；不按技术规范操作，在评估中没有全部采用成交案例实施评估等许多原因，造成评估结果偏差的现象时有发生。

因此，市场比较法对资料收集、分析处理有很高的要求，尤其需要估价师做好日常资料收集、整理、分析、应用的各项基础性工作。这也是各项修正比率确定的客观前提。如在资料收集方面，估价人员应经常到政府有关土地、房产交易登记部门查询有关交易情况的行情记录和公告地价、标定地价等官方资料。同时还要向交易者、潜在交易者及用户调查咨询、向同行获取信息等。在进行期日修正前平时应作好数据分析，可以搜集同一类甚至是一宗地或房地产两次或两次以上交易，测算此期间内地价幅度并予以处理，预测其走向并据以建立修正比率。再如在资料整理上，估价人员应收集城市规划图、土地利用现状图等，并应设法利用黑白街道图来制作买卖实例图，将交易实例在图上编号标志，以利于资料的查找和运用。

二、应用案例

（一）案例一

1）估价对象的概况

在某城市，需要评定的地块为 G，现收集到与待估地块 G 条件类似的六宗地块，各地块条件如表4-6所示。

表4-6 案例宗地与待估宗地对比因素修正情况表

项目	宗地成交价/（元/m²）	交易时间	容积率	位置比较	形状比较	区域因素比较	个别因素比较
A	630	2006	1.3	0%	−5%	0	0
B	690	2007	1.2	3%	0	0	−4%
C	720	2007	1.4	0	−2%	0	0
D	760	2008	1.4	0	0	−3%	0
E	810	2008	1.3	0	0	3%	0
F	850	2009	1.2	2%	0	−5%	0
G		2009	1	0	0	0	0

现假设该城市地价指数以2006年为基期，每年增长数同2006年相比增长率为12%。对于容积率，此类型地块的最低容积率为1，据统计分析，该城市此类型地块的土地，当容积率每增加0.1，宗地单位地价比容积率为1时地价增加5%。位置、形状、区域因素、个别因素对地价的修正，都与待估地块比较，表中数字为负的，表示成交宗地的条件比待估宗地条件差，表中数字为正的，表示成交宗地的条件比待估宗地好；数值表示对宗地地价所修正幅度。

2）评估价格

根据上述条件，试计算2009年宗地G的评估价格。

3）估价过程

（1）计算城市地价指数。按给定的条件，该市的地价修正指数见表4-7。

表4-7 地价修正指数表

年代	2006	2007	2008	2009
地价指数	100	112	124	136

（2）计算该城市容积率修正指数：按给定的条件，该市的容积率修正指数见表4-8。

表4-8 容积率修正指数表

容积率	1	1.1	1.2	1.3	1.4
修正指数	100	105	110	115	120

（3）计算位置、形状、区域因素、个别因素对地价的修正系数。按条件，以待估宗地的条件为标准，因素条件指数计为100，则表中数字为正，表示比较案例条件比待估宗地好，其条件指数大于100，表中数字为负的，则表示比较案例的因素条件指数小于100。

（4）计算各案例宗地修正后的比准价格：

$$A. \ 630 \times \frac{136}{100} \times \frac{100}{115} \times \frac{100}{100} \times \frac{100}{95} \times \frac{100}{100} \times \frac{100}{100} = 784.26 \ （元/m²）$$

其中各项依次为：期日修正、容积率修正、位置修正、形状修正、区域因素修正、个别因素修正

$$B. 690 \times \frac{136}{112} \times \frac{100}{110} \times \frac{100}{103} \times \frac{100}{100} \times \frac{100}{100} \times \frac{100}{96} = 770.32 \ （元/m^2）$$

$$C. 720 \times \frac{136}{112} \times \frac{100}{120} \times \frac{100}{100} \times \frac{100}{98} \times \frac{100}{100} \times \frac{100}{100} = 743.44 \ （元/m^2）$$

$$D. 760 \times \frac{136}{124} \times \frac{100}{120} \times \frac{100}{100} \times \frac{100}{100} \times \frac{100}{97} \times \frac{100}{100} = 716.11 \ （元/m^2）$$

$$E. 810 \times \frac{136}{124} \times \frac{100}{115} \times \frac{100}{100} \times \frac{100}{100} \times \frac{100}{103} \times \frac{100}{100} = 750.01 \ （元/m^2）$$

$$F. 850 \times \frac{136}{136} \times \frac{100}{110} \times \frac{100}{102} \times \frac{100}{100} \times \frac{100}{95} \times \frac{100}{100} = 797.45 \ （元/m^2）$$

（5）评估宗地 G 的地价。

将收集的宗地进行修正后，各宗地地价偏差不大，故采用算术平均数计算宗地价格：

$$G = （A+B+C+D+E+F）\div 6 = 760.27 \ （元/m^2）$$

所以，宗地 G 在 2009 年时的地价为 760.27 元/m²。

（二）案例二

为评估某商品住宅 2010 年 10 月 30 日的正常市场价格，在该住宅附近调查选取了 A、B、C 三宗类似住宅的交易实例作为可比实例，有关资料如下：

（1）可比实例的成交价格和成交日期，见表 4-9。

表 4-9　与待估宗地可比实例成交情况表

项目	可比实例 A	可比实例 B	可比实例 C
成交价格	3800 元/m²	4100 元/m²	3900 元/m²
成交日期	2010 年 5 月 30 日	2010 年 8 月 30 日	2010 年 9 月 30 日

（2）该类住宅 2010 年 4～10 月的价格指数，见表 4-10。

表 4-10　地价修正指数表

月份	4	5	6	7	8	9	10
价格指数	100	96.4	98.3	99.6	102.3	106.1	108.2

上表中价格指数为定基价格指数。

（3）交易情况的分析判断结果，见表 4-11。

表 4-11　交易情况修正表

项目	可比实例 A	可比实例 B	可比实例 C
交易情况	-2%	0	+2%

上表中交易情况的分析判断是以正常市场价格为基准，正值表示可比实例成交价格高于其正常市场价格的幅度，负值表示低于其正常市场价格的幅度。

（4）房地产状况的比较判断结果，见表 4-12。

表 4-12　房地产状况比较判断表

房地产状况	权重	估价对象	可比实例 A	可比实例 B	可比实例 C
因素 1	0.5	100	105	100	90
因素 2	0.3	100	100	110	115
因素 3	0.2	100	110	90	100

（5）试利用上述资料测算该商品住宅 2010 年 10 月 30 日的正常市场价格。

解：该商品住宅 2010 年 10 月 30 日的正常市场价格测算为

比准价格＝可比实例价格×交易情况修正系数×交易日期修正系数×房地产状况修正系数

①求取交易日期修正系数。

$$可比实例 A 的交易日期修正系数：\frac{108.2}{96.4}$$

$$可比实例 B 的交易日期修正系数：\frac{108.2}{102.3}$$

$$可比实例 C 的交易日期修正系数：\frac{108.2}{106.1}$$

②求取交易情况修正系数。

$$可比实例 A 的交易情况修正系数：\frac{100}{100-2}=\frac{100}{98}$$

$$可比实例 B 的交易情况修正系数：\frac{100}{100-0}=\frac{100}{100}$$

$$可比实例 C 的交易情况修正系数：\frac{100}{100+2}=\frac{100}{102}$$

③求取房地产状况的修正系数。

$$可比实例 A 的房地产状况修正系数：\frac{100}{105×0.5+100×0.3+110×0.2}=\frac{100}{104.5}$$

$$可比实例 B 的房地产状况修正系数：\frac{100}{100×0.5+110×0.3+90×0.2}=\frac{100}{101}$$

$$可比实例 C 的房地产状况修正系数：\frac{100}{90×0.5+115×0.3+100×0.2}=\frac{100}{99.5}$$

④求取比准价格（单价）P_A、P_B、P_C。

$$P_A=3800×\frac{108.2}{96.4}×\frac{100}{98}×\frac{100}{104.5}=4164.77（元/m^2）$$

$$P_B=4100×\frac{108.2}{102.3}×\frac{100}{100}×\frac{100}{101}=4293.53（元/m^2）$$

$$P_C=3900×\frac{108.2}{106.1}×\frac{100}{102}×\frac{100}{99.5}=3918.80（元/m^2）$$

⑤将上述三个比准价格的简单算术平均数作为市场比较法的测算结果，则估价对象价格

$$P=（P_A+P_B+P_C）÷3=4125.7（元/m^2）$$

所以，该商品住宅 2010 年 10 月 30 日的正常市场价格为 4125.7 元/m²。

第五章 成 本 法

第一节 成本估价法的基本原理

(一) 成本法的定义

成本法 (cost approach), 又称原价法、成本逼近法, 是三大基本估价方法之一。它是通过求取估价对象在估价时点时的重置价格或重建价格, 然后扣除折旧, 以此估算估价对象的客观合理价格或价值的方法。成本法是从不动产重新开发建设角度进行评估, 对重新开发建设的各环节产生的成本、利润、税金进行求和, 再扣除不动产已经产生的折旧, 即得到待估对象的不动产价格 (艾建国和吴群, 2008)。

成本法估价中的几个基本概念如下。

(1) 重建成本。建造相同建筑物所需要的人工、材料价格和采用原建筑物的材料、设计及技术所需要的成本。

(2) 重置成本。建造与目标不动产功能相同不动产的人工、材料价格和管理费用以及采用目前的设计、材料与标准所需要的成本。

(3) 建筑物残值 (率)。建筑物达到使用年限, 不能继续使用, 经拆除后的旧料价值减去拆除的清理费用得到的价值。残值与房屋造价的比例即为残值率。

(4) 建筑物成本。主要包括房屋主体结构工程的建筑装修费用、室内各种配套设施及安装费、勘察设计费、建筑红线内的室内各种设施配套安装费、管理费、贷款利息等。

(5) 应计折旧。是指到估价时点建筑物所发生的所有折旧, 主要包括物理折旧、经济折旧、功能折旧等 (朱道林, 2007)。

需要指出的是, 成本法所采用的 "成本 (cost)" 是具有特定含义的成本。具体表现为估计时点时的价格: 成本法所指的成本并非历史成本或账面成本, 也并非总是 "现在", 也可能是过去。所以不能总是用现在或过去的成本代替估价时点时的价格。经济成本: 成本法所采用的 "成本" 是不动产重新建造时的完全价格, 即经济成本, 包括建造成本、一切合理必要的费用、税费及应得的利润等, 并非人们通常认为的成本, 其实质是一种价格。客观成本: 重新购建价格不是个别企业或个人的实际耗费, 而是社会一般的公平耗费, 即是客观成本, 不是实际成本。消费者的成本: 成本法中的成本并非指开发商或承建商所付出的成本, 而是指包括所有最终消费者的成本, 以这种成本为基础评估出来的价格才能保证其科学性和公正性 (艾建国和吴群, 2008)。

(二) 成本法的原理

成本法的理论依据是生产费用价值论——商品的价格依据其生产所必需的费用而决定。所需的必要费用越高, 价格越高; 反之, 价格越低。而不动产的价格或价值也是与其开发建设所花费的必要费用相联系的。一方面，开发建设所花费的必要费用越多，出售者的要价越高。也就是说从卖方的角度来看，成本法的理论依据是生产费用价值论。即不动产的价格是基于"生产费用"，重在过去的投入。具体而言，是卖方愿意接受的最低价格不能低于他为开发建造该不动产已花费的代价；如果低于该代价，他就会亏本。另一方面，买者在决策以什么样价格购入不动产时，他不仅会与相邻房地产当前的市场价格进行比较，还会与自己购买土地、自己委托建设所花的必要成本进行比较。也就是说从买方的角度来看，成本法的理论依据是替代原理。即买方愿意支出的最高价格不能高于他所预计的重新开发建造该不动产所需花费的代价，如果高于该代价，他还不如自己开发建造（或者委托他人开发建造）不动产（周小萍等，2008）。

综合买卖双方，他们能接受的共同点只能是价格等于包含正常的费用、合理利润和税金的成本。所以，我们就可以根据开发建造估价对象所需的正常费用、税金和利润之和来估算其价格。

（三）成本法的特点

成本法在估价业务中具有相当重要的地位，与市场法、收益法等估价方法相比，成本法有以下特点。

（1）成本法是从价格构成要素的角度进行评估，它是以成本累加为方法，它是按必要成本加正常利税、利润、税费进行估价。

（2）估价过程中房地产价格取决于效用，花费的成本对效用增大有作用才能构成价格。

（3）不论不动产的新旧状态如何，积算价格总是以估价时点为基准时间点积算的。

（4）成本估价法估算的价格往往偏离正常市场价格。例如，商业繁华地段的沿街密集商业房，该种不动产特点就是容积率高，土地利用很充分，资源集聚度高，不动产的收益高。对这类地段的不动产，往往会出现成本法估价结果低于市场价或收益价。但对地理位置偏僻的地方，则会出现估价结果偏高的情况。

（5）有效成本应为社会必要成本。在实际估价中应将成本和效用结合在一起，在充分分析市场供求关系的基础上，最终确定不动产价格（周小萍等，2008；虞晓芬，2010）。

（四）成本法的适用范围

只要是新近开发建设、可以假设重新开发或者计划开发建设的不动产，都可以采用成本法估价。成本法特别适于评估那些无收益又很少发生交易的不动产，如学校、图书馆、医院、政府办公楼、军队营房、公园等公用公益不动产，以及特殊工业厂房、油库、发电站、码头、油田等有独特设计或只针对个别用房的特殊用途而建造的不动产的估价。单纯的建筑物的估价基本上也是采用成本法。另外，成本法也适用于市场不完善或狭小市场上无法运用比较法进行估价的不动产。在房地产保险及损害赔偿中通常也采用成本法估价，因为往往仅是局部损毁，从而必须使其恢复到原有的设计状态或者完全重建；对于发生全部损毁的，有时也需以重置或重建的办法来解决。

运用成本法估价需要注意的是：现实生活中不动产的价格直接取决于其效用，而非花费的成本，成本的增减一定要对效用有所作用才能形成价格；换一个角度看，不动产成本的增加并不一定能增加其价值，投入的成本不多也不一定说明其价值不高。价格等于成本加平均利润，只有在特定条件下才成立。因此，运用成本法估价一是要区分实际成本和客观成本，估价中采用的应是客观成本（假设开发建设时大多数开发商的正常花费），而不是实际成本（某个具体的开发商的实际花费）。二是要结合供求分析确定最终的不动产价格，当市场供大于求时，价格低于成本；供不应求时，价格高于成本，不动产体格要在具体的供求状况下进行向上或向下的调整。

成本法估价比较费力，测算重新购建价格和折旧也有一定的难度，尤其是那些过于老旧的建筑物，往往需要估价人员针对建筑物进行实地勘察，需要依靠其主观判断。因此，成本法主要适用于比较新的建筑物的估价，不大适用于过于老旧的建筑物的估价。成本法估价还要求估价人员有专业知识和丰富的经验，特别是要具有良好的建筑、建筑材料、建筑设备和工程造价等方面的专业知识。

第二节　成本估价法的公式及估价程序

一、成本法的基本公式

（一）成本法最基本的公式

成本法最基本的公式为

房地产价格＝重新购建价格−折旧价格

上述公式可以根据下列三类估价对象而具体化：①新开发的土地；②新建的房地产（此处指房地、建筑物两种情况）；③旧的房地产（此处指房地、建筑物两种情况）。

新开发的土地和新建的房地产采用成本法估价一般不存在折旧问题，但应考虑工程质量、规划设计、周围环境、房地产市场状况等而难予以适当的增减价调整。例如，运用成本法评估某在建工程的价值，即使该在建工程实实在在投入了较多费用，但在房地产市场不景气时要予以减价调整（周小萍等，2008）。

（二）适用于新开发土地的基本公式

新开发土地包括填海造地、开山造地、农地整理、征用农地后进行"三通一平"等开发的土地，在城市旧区中拆除旧建筑物等开发的土地。在这些情况下成本法的基本公式为

新开发的土地价格＝（土地取得费＋土地开发费＋税费＋投资利息＋投资利润
＋土地增值收益）×修正系数

公式各项具体含义如下。

1. 土地取得费

土地取得费按新开发土地取得的渠道划分主要包括以下两种。

（1）征用土地所产生的费用。根据《中华人民共和国土地管理法》（以下简称《土地管理法》）第四十七条规定：征收耕地的补偿费用包括土地补偿费、安置补助费以及地上附着物和青苗的补偿费。征收耕地的土地补偿费，为该耕地被征收前三年平均年产值的6~10倍。征收耕地的安置补助费，按照需要安置的农业人口数计算。需要安置的农业人口数，按照被征收的耕地数量除以征地前被征收单位平均每人占有耕地的数量计算。每一个需要安置的农业人口的安置补助费标准，为该耕地被征收前三年平时年产值的4~6倍。但是，每公

顷被征收耕地的安置补助费，最高不得超过被征收前三年平均年产值的 15 倍。征收其他土地的土地补偿费、安置补助费标准以及被征收土地上的附着物和青苗补偿标准，由省、自治区、直辖市规定。征收城市郊区的菜地，用地单位应当按照国家有关规定缴纳新菜地开发建设基金。依照上述标准支付土地补偿费和安置补助费，尚不能使需要安置的农民保持原有的生活水平的，经省、自治区、直辖市人民政府批准，可以增加安置补助费。但是，土地补偿费和安置补助费的总和不得超过土地被征收前三年平均年产值的 30 倍。2005 年以来，我国许多地区都实行了征地区片价，征地补偿费和安置补助费一般根据征地区片综合地价进行确定。对于占用耕地的，还应按照《土地管理法》第三十一条规定的"占多少，垦多少"的原则，计算耕地开垦费。耕地开垦费的计算，一般可按占用耕地的面积、质量及新开垦耕地的难易程度进行确定。当地有缴纳耕地开垦费标准规定的，应依据其规定标准进行确定。

（2）旧城区拆除旧建筑物开发土地的取得费，关键是查清当地拆迁费用项目和标准。由于成本的增加不一定提高效用和价值，尤其是对单宗地而言，征地、拆迁等土地取得费用是对原土地使用者失去原土地收益的补偿，而不是依据新土地用途和未来收益的高低确定的，征地、拆迁等土地取得费用高并不表明该宗地的效用和价格高。因此，征地、拆迁取得土地的费用资料应从测算评估宗地所在区域平均土地取得费用入手进行计算。

总之，土地取得费各项费用的计算应以当地正在执行的征地补偿费和拆迁安置补助的有关规定标准计算。

2. 土地开发费

取得土地后，对其开发的费用有三种：基础设施配套费、小区开发配套费和公共事业建设配套费。

（1）基础设施配套费。基础设施配套费常常概括为"三通一平"、"五通一平"和"七通一平"。"三通一平"是指通水、通电、通路、平整地面；"五通一平"是指通上水、通下水、通电、通讯、通路、平整地面；"七通一平"是指通上水、通下水、通电、通讯、通气、通热、通路、平整地面。作为工业用地，"三通一平"只是最基本的条件，还不能立即上工业项目，只有搞好"七通一平"，项目才能正常进行。因此，基础设施配套费应以"七通一平"为标准计算。

（2）小区开发配套费。具体费用按各地规定缴纳。

（3）公共事业建设配套费。这与项目大小、用地规模有关，各地情况不一，各地视实际情况而定。

在计算土地开发费的过程中，必须准确确定土地开发程度。土地开发程度，是指土地的基础设施建设和开发的状况，即通常所说的"五通一平"、"七通一平"。但这种开发程度对开发区来说，是指区内的"通"和"平"，而具体对于开发区内某一宗地来说，情况各不相同。

故在实践中确定土地开发程度，应注意如下两方面的问题：①应准确区分宗地内和宗地外的开发程度。对于一般地区来说，由于有关土地设施不足由专门的开发商进行开发建设，因此，许多开发设施并没有真正建设到宗地红线，有的可能距离几十米，有的距离几千米甚至几万米。在这种情况下，一般企业进行生产和建设，通常由企业自行将这部分设有达到宗地红线的设施建设到红线及红线内。所以，可以根据投资主体的不同区分宗地内外的设施状况，一般由市政投资建设的应属于宗地外，而属于宗地内的应由企业投资建设。②宗地红线内外的开发程度不一致。在土地估价中所设定的土地开发程度有宗地红线内、外之别，经常会出现宗地红线内外开发程度不一致的现象，尤其是独立工（矿）业区。因此，在确定土地开发程度后，应根据土地开发程度状况和当地有关土地开发费用标准，合理确定土地开发费。

这里需要注意的是，土地开发费用的分摊问题。如道路不只是让某个项目使用，其他行业可能也会受益；绿地、公园也使周围所有的单位和个人共同受益；所以，要根据实际受益程度做必需的费用分摊。分摊的基本原理为

$$应分摊的费用=受益程度×设施总费用$$

3. 税费

税费是指在土地取得和土地开发过程中所必须支付的有关税收和费用。根据有关法律规定，在土地取得和开发过程中税费主要有耕地占有税、新菜地开发建设基金、土地管理费等。耕地占用税费只对占用耕地征收，新菜地开发基金只对占用城市郊区的菜地征收。另外，部分省（自治区、直辖市）还规定收取教育附加费、南水北调费等。在估价过程中，税费项目和标准应按国家和地方的有关规定加以确定。

4. 投资利息

投资利息，即在评估土地或不动产时要考虑资金的时间价值。资金的时间价值，简单的理解就是将资金存入银行，经过一段时间会产生利息；或将资金投向某行业，经过资金周转循环，最后产生利润。投资利息包括土地取得费、土地开发费和有关税费。由于各部分资金的投入时间和占用时间不同，土地取得费及其税费在土地开发动工前即要全部付清，经历整个开发期，在开发完成销售后方能收回；土地开发费及其税费在开发过程中逐步投入，销售后方可收回。因此，应通过计算利息来考虑各部分投入的时间价值。具体而言，土地取得费及其税费的利息计算以整个取得费为基数，计息期为整个开发期。开发费及其税费的利息可采用两种方法计算：一是以整个开发费为基数，计息期为开发期（或资金投入期）的一半；二是以开发费一半为基数，计息期为整个开发期。

土地开发周期一般根据开发土地的面积大小和开发的难易程度确定；利息率可选用评估期日的银行贷款利息率。如果土地开发周期超过一年，通常还应考虑计算复利。

5. 投资利润

投资的目的是为了获取相应的利润，作为投资的回报。成本法中利润计算的基数包括土地取得费和土地开发费，利润计算的关键是确定利润率或投资回报率。利润率或投资回报率的确定通常考虑以下三个方面的因素（朱道林，2007）。

（1）开发土地的利用类型。一般商业用地的开发利润率较高，住宅用地的开发利润率次之，工业用地的开发利润率最低。因此，如果是某一宗地的单一利用类型的开发，应考虑该利用类型的投资回报率状况；如果是区域性的开发，有多种利用类型，应综合考虑各种利用类型的投资回报率状况，确定一个综合的投资回报率。

（2）开发周期的长短。一般而言，开发周期越长，资金占用的时间就越长，总的投资回报率也就应该高一些。

（3）开发土地所处地区的经济环境。经济发达地区的投资回报率一般较高，有地区性特殊优惠政策的地区投资回报率也较高。

投资利润的计算公式为

$$投资利润=（土地取得费+土地开发费+税费）×投资回报率$$

6. 土地增值收益

一般情况下，政府出让土地除收回成本外，还要使国家的土地所有权在经济上得到实现，即获取一定的增值收益。根据成本法，土地取得费、土地开发费、税费、投资利息、投资利润五项之和为成本价格，成本价格乘以土地增值收益率即为土地增值收益。

土地增值收益＝（土地取得费+土地开发费+税费+投资利息+投资利润)×土地增值收益率

7. 修正系数

通过上述公式计算的土地价格，还应根据估价对象的具体情况和评估目的，进行以下几方面的修正，最终确定估价结果。

（1）根据评估宗地在区域内的位置和宗地条件，进行个别因素修正。

（2）采用成本法求取有限年期的土地使用权价格时，应进行土地使用权年期修正。年期修正公式为

$$K = 1 - \frac{1}{(1 + r)^n}$$

式中，K 为年期修正系数；r 为土地还原利率；n 为土地使用权年期。

是否进行年期修正要具体分析：①当土地增值收益是以有限年期的市场价格与成本价格的差额确定的，年期修正已在增值收益中体现，不再另行修正。②当土地增值收益是以无限年期的市场价格与成本价格的差额确定的，土地增值收益与成本价格都要进行年期修正。③当评估宗地为转让土地时，应进行剩余年期修正。

（3）如果采用成本法测算的是某一小区（或开发区）的平均土地价格，还应考虑小区的土地利用率或可出让土地的比率，进行公共设施的占地面积和公用面积的分摊，因为这些公共设施的占地面积（如道路、公共绿地）是不能出让的，其土地价格和有关土地开发的投资成本应分摊到可出让的土地中去。计算公式为

可出让土地平均单价＝土地总平均单价×(总土地面积/可出让的土地面积)

（4）宗地生熟度修正。由于土地开发程度通常设为宗地红线外的开发程度，而对宗地红线内的开发状况没有考虑，因此对于宗地内的开发和建设状况也应进行适当修正。当然，这种宗地内部条件的改善，对于出让土地来说，应是由出让方投资所引起的。

（5）市场资料比较修正。由于采用上述方法推算出的地价是从土地所有者的角度得到的，而土地使用者（受让人）能否接受此价格，需要土地使用者分析预测土地收益或同已发出的交易价格比较后，确定自己对宗地价格的认同标准。因此，需要通过市场资料进行比较修正，使土地价格接近实际水平。

（三）适用于新建不动产的基本公式

在新建不动产的情况下，成本法的基本公式为

新建不动产的价格＝购置土地价格+建造建筑物价格

式中，

购置土地价格＝（土地取得费+土地开发费+税费+投资利息+投资利润+土地增值收益）×修正系数

建造建筑物价格＝直接成本+间接成本+正常利润

上述公式中，与适用于新开发土地的基本公式中相同的各项，其具体内涵相同，其余各项的含义如下。

（1）直接成本。直接成本是在新建建筑物时所用的人工与材料等成本的支出，主要包

括：人工费（包括直接从事土建、安装工程所用人工工资和在场管理人员的工资）；材料、产品、设备费；承包商的费用（包括监督费、工人工资、火灾及责任保险）和利润；完工保证金、测量与许可费用；机械设备使用费；监督费；工棚和临时性的围篱费用；储存材料的设施费用；电源和其他设施的安装成本。

（2）间接成本。间接成本是人工与材料成本以外的其他支出，主要包括：规划、测量、环境评估和申请建筑许可证与执照的费用及评估、咨询等的费用；长期融资费用（包括营建贷款和服务费等）；施工期间的保险费和各种税费；销售费用（包括佣金、广告、促销等费用）；完工售出或迁入期间的管理成本，所有权转移时所需的费用；不可预见费等。

（3）正常利润。正常利润是按总成本（直接成本+间接成本）的一定比例计算出的，一般各地都有相应的参考值。

值得注意的是，在房屋建造成本评估中，仅仅从建筑物本身出发评估房屋价格。而在房地产开发中，常有开发商提供的公建配套设施，以及配套绿化、给排水设施、供电设施等，这些投资实际上从属于房屋的建造成本。在评估中应把这些投资成本按所评估房屋的建造成本承担的份额分摊到评估价中，才能得出较为可靠的结果。

（四）适用于旧有不动产的基本公式

在旧有不动产情况下，成本法的基本公式为

旧有不动产价格=土地的重新取得价格或重新开发成本+建筑物的重新购建价格−建筑物的折旧

在上式中，必要时还应扣除由于建筑物的存在而导致的土地价值减损，在旧有建筑物的情况下，成本法的基本公式为

旧有建筑价格=建筑物的重新购建价格−建筑物的折旧

二、成本法的估价程序

成本法的评估程序如下。

（1）计算不动产取得费、不动产开发费及税费。

（2）计算投资利息。

（3）计算投资利润。

（4）确定土地增值收益。

（5）进行区位修正，根据评估不动产在区域内的位置确定不动产条件，进行区位修正。

（6）计算不动产价格，根据成本法的计算公式进行计算，并进行区位修正，最终确定不动产价格。

第三节　不动产重新购建价格的估价方法

一、重新购建价格的估算

（一）重新购建价格的概念

重新购建价格又称重新购建成本，是指假设在估价时点重新取得全新状况的估价对象所

必须的支出或者重新开发建设全新状况的估价对象所必须的支出和应得的利润（周小萍等，2008）。

另外，在把握重新购建价格概念时，应该注意以下几点。

（1）重新购建价格是客观的价格。这种价格要能体现社会或者行业的平均水平，它是指社会必要耗费，即是客观成本而不是实际成本，不是个别单位或个人的实际耗费。

（2）重新构建价格是估价时点时的价格。就某一重新开发建设项目来说，重新购建价格就是在估价时点时的国家财税制度和市场价格体系下，按照成本法相关公式测算出的价格。

（3）建筑物的重新购建价格是在全新下的价格，因此并未扣除建筑物的折旧。

从不动产的组成来看，不动产重新购建价格分为土地的重新购建价格和建筑物的重新购建价格。土地的重新购建价格包括土地的重新取得价格和土地的重新开发成本。建筑物的重新购建价格包括重置价格和重建价格。下面介绍一下重置价格和重建价格这两个概念。

（1）重置价格。重置价格又称重置成本，是指采用估价时点时的建筑材料、建筑构配件、设备和建筑技术等，按照估价时点时的价格水平，重新建造与估价对象建筑物具有同等效用的新建筑物的正常价格。

（2）重建价格。重建价格又称重建成本，是指采用与估价对象建筑物相同的建筑材料、建筑构配件、设备和建筑技术等，按照估价时点时的价格水平，重新建造与估价对象建筑物完全相同的新建筑物的正常价格。这种重新建造方式可形象地称为"复制"。

由此可知，重置价格和重建价格是不同的。从理论上讲，似乎采用重建价格来评估不动产的价格更为合理，但是在实际中，一般很难找到与原建筑物完全相同的材料，且施工方法与设计标准又经常变动，因而很难估算其重建价格。一般而言，重建价格只适用于有特殊保护价值的建筑物的估价，其他情况都采用重置价格进行评估。需要指出的是，重置价格的出现是科学技术进步的必然结果，同时，也是"替代原理"的体现。由于技术进步，使原来的许多设计、工艺、原材料、结构等都已过时、落后或成本过高。而采用新材料、新技术等，不仅功能更完善，而且成本也会降低。所以，重置价格通常比重建价格低。

（二）重新购建价格的求取思路

求取不动产的重置价格有两大路径：一是不将该不动产分为土地和建筑物两个相对独立的部分，将其作为一个整体而且模拟不动产开发商的不动产开发过程，采用成本法来求取；二是将该不动产分为土地和建筑物两个相对独立的部分，先求取土地的重新购建价格，再求取建筑物重新购建价格，然后将两者相加来求取。后一种路径适用于土地市场上以能直接在其上进行房屋建设的熟地交易为主的情况。

求取土地的重建价格，通常是假设土地上的建筑物不存在，再采用比较法、基准地价修正法等估价方法求取土地的重新取得价格，特别适用于城市建成区的土地。

求取建筑物的重建价格，是假设旧建筑物所在的土地已经取得，且该土地是一块空地，但除旧有建筑物不存在之外，其他的状况均维持不变，然后在此空地上重新建造与旧建筑物完全相同或者具有同等效用的新建筑物所需的一切合理、必要的费用、税金和正常利润，即为建筑物的重新购建价格；或是设想将建筑物发包给建筑承包商建造，由建筑承包商将直接可使用的建筑物移交给发包人，在这种情况下，发包人应支付给建筑承包商的费用，再加上发包人应负担的正常费用、税金和利润，即为建筑物的重新购建价格。

(三) 重新购建价格的求取方法

重新购建价格包括土地的重新购建价格和建筑物的重新购建价格。

1. 土地的重新购建价格求取方法

在求取土地的重新购建价格之前应先收集整理与待估土地价格相关的资料，主要包括：待估土地的形状、面积、位置、用途、周围环境，土地征用过程中的征地费、补偿费、劳力安置补助费及新菜地开发基金等，各种债券的正常利率，银行存、贷款利率，当地各行业正常的投资回报率，土地使用权的出让年限及剩余年期，当地基准地价评估与修正系数体系资料等。

对于土地重新购建成本，一般可采用成本法、市场比较法、收益法或基准地价修正法等方法进行评估。采用成本法评估时，应参照土地价格评估的成本逼近法的相关内容。

对于城市建成区住宅房屋用地，在难以把握其开发成本时，可以采用市场比较法或收益法，假设该土地上没有建筑物，求取土地价格。在城市基准地价评估范围内的土地都可以采用基准地价修正法，根据土地用途、所处的土地等级或地价区段、具体区位条件、土地使用权年限、估价时点等因素，确定土地重新购建成本。

2. 建筑物的重新购建价格求取方法

在求取建筑物的重新购建价格之前应先收集整理与待估建筑物价格相关的资料，主要包括：建筑物面积、结构、用途、区位、朝向、已使用年数、新旧程度、耐用年限、残值率、重置价格或重建价格标准等。

建筑物的重建价格可采用成本法、比较法来求取，也可以按照工程造价估算的方法来求取。具体又有下列4种方法：单位比较法、系数调整法、分部分项法、工料测量法。

1）单位比较法

单位比较法是将建筑物视为一个整体，以与价格、成本密切相关的单位为比较基础来估算建筑物的重新购建价格的方法。这种方法实际上是市场法，是一种常用、简便、迅速的方法，但比较粗略。单位比较法主要有单位面积法和单位体积法。例如，停车场的比较单位通常为每个车位，旅馆的比较单位通常为每个房间或床位，保龄球馆的比较单位通常为每个球道。

单位面积法是根据当地近期建成的类似建筑物的单位面积造价，对其做适当的修正（修正的内容和方法类似于比较法），然后乘以估价对象建筑物的面积来估算建筑物的重新购建价格。

例如：某建筑物的建筑面积为 300m^2，该类建筑物的单位建筑面积造价为 1500 元 $/\text{m}^2$，则该建筑物的重新购建价格为 $300 \times 1500 = 45$（万元）。

在现实房地产估价中，往往将建筑物划分为不同的建筑用途（如普通住宅、高档公寓、别墅、大型商场、中小商店、办公楼、宾馆、标准厂房、仓库、影剧院、体育馆、加油站及其他等）与结构（如钢结构、钢筋混凝土结构、砖混结构、砖木结构和其他结构等），制定不同时期的基准重置价格表以供求取重置价格时使用。

单位体积法与单位面积法相似，是根据当地近期建成的类似建筑物的单位体积造价，对其做适当的修正，然后乘以估价对象建筑物的体积来估算建筑物的重新购建价格。这种方法适用于成本与体积关系较大的建筑物，如储油罐、地下油库等。

例如：某建筑物的体积为 500m^3，该类建筑物的单位体积造价为 700 元 $/\text{m}^3$，则该建筑物的重新购建价格为 500×700＝35（万元）。

在现实的房地产估价中，往往将建筑物划分为不同的建筑结构、用途或等级，制作不同时期的基准重置价格表，以供求取某个具体建筑物的重置价格时使用。此表的格式可以参见表 5-1。

表 5-1　建筑物基准重置价格表

基准日期：　　　年　月　日　　　　　　　　　　　　　　　　　　　　（单位：元/m²）

项目	钢结构	钢筋混凝土结构	砖混结构	砖木结构	简易结构
普通住宅					
高档公寓					
别墅					
大型商场					
中小商店					
办公楼					
星级宾馆					
招待所					
标准厂房					
仓库					
影剧院					
体育馆					
加油站					
其他					

2）系数调整法

系数调整法是运用建筑成本（造价）指数或变动率，将估价对象建筑物的原始成本调整到估价时点时的现行成本来估算建筑物的重新购建价格的方法。这种方法主要用于检验其他方法的估算结果。调整系数的测定步骤如下：按建筑物重置成本构成划分为机械费、材料费、人工费、管理费四项。建筑物重置值的调整系数则由这四个不同类型的计算系数计算得来；再根据历年概预算定额的资料，主要包括材料预算单价、机械台班单价、人工工资单价；历年定额执行的管理费、设计费、贷款利息等（虞晓芬，2010）。

调整系数＝估价时点的材料费/基期材料费

3）分部分项法

分部分项法是以建筑物的各个独立构件或工程的单位价格或成本为基础来估算建筑物的重新购建价格的方法，即先估算各个独立构件或工程的数量，然后乘以相应的单位价格或成本，再相加。

在运用分部分项法估算建筑物的重新购建价格时，需要注意以下两点：①应结合各构件或工程的特点使用计量单位，有的要用面积，有的要用体积，有的要用长度，有的要用容量；②不要漏项或重复计算，以免造成测算不准。采用分部分项法估算建筑物的重新购建价格就是将建筑物的基础工程、墙体工程、楼地面工程、屋面工程、给排水工程、供暖工程、电气工程等分项工程的成本之和，加上税费、利息和管理费后所得的价格总和。

采用分部分项法测算建筑物重新购建价格的一个简化例子见表5-2。

表5-2　分部分项法

项目	数量	单位成本	金额/元
基础工程	150m³	200 元/m³	30 000
墙体工程	160m²	400 元/m²	64 000
楼地面工程	150m²	200 元/m²	30 000
屋面工程	150m²	300 元/m²	45 000
给排水工程			25 000
供暖工程			15 000
电气工程			20 000
直接费合计			229 000
承包商间接费、利润和税金		8%	18 320
工程承发包价格			247 320
开发商管理费、利息和税费		20%	49 464
建筑物重新购建价格			296 784

4）工料测量法

工料测量法是先估算建筑物所需各种材料、设备的数量和人工时数，然后分别乘以其估价时点时的单价和人工费标准，再将其相加来估算建筑物的重新购建价格的方法。这种方法与编制建筑工程概算或预算的方法相似。即先估算工程量，再乘以概（预）算定额的单价和取得费标准来估算建筑物的重新购建价格。

工料测量法的优点是翔实，缺点是费时费力并需有其他专家（如建筑师）的参与，它主要用在具有历史性建筑物的估价。采用工料测量法估算建筑物重新购建价格就是将建造该建筑物所需的现场经费，如材料费（水泥、沙石、瓦、铁钉砖块、木材等）、人工费、水费及其他费用加总求取的价格。

采用工料测量法测算建筑物重新购建价格的一个简化例子见表5-3。

表5-3　工料测量法

项目	数量	单价	成本/元
现场准备			3000
水泥			6500
沙石			5000
砖块			12 000
木材			7000
瓦面			3000
铁钉			200
人工			15 000
税费			1000
其他			5000
重新购建价格			57 700

二、建筑物折旧的估算

（一）建筑物折旧的概念和类型

这里所讲的建筑物折旧，是估价上的折旧。估价上的折旧是各种原因所造成的价值损失，是建筑物在估价时点时的市场价值与其重新购建价格之间的差额，扣除折旧即是减价修正。估价上的折旧与会计上的折旧，既有相似之处，也有本质区别。在实际估价中，考虑建筑物的折旧包括下列三个方面类型：物质折旧、功能折旧、经济折旧。

1. 物质折旧

物质折旧又称物质磨损，是建筑物在物质实体方面的损耗所造成的价值损失。具体包括下列四个方面：自然老化、意外的破坏损毁、正常使用所造成的磨损、人为破坏或延迟维修所造成的损坏。

（1）自然老化是由于自然力的作用而引起的（如风吹、日晒、雨淋等引起的建筑物腐朽、生锈风化、基础沉降等），与建筑物的实际经过年数（是从建筑物建成之日到估价时点时的日历年数）成正相关；同时，还受建筑物所在地区的气候和环境条件的影响，如酸雨多的地区，建筑物的损耗就大。

（2）意外的破坏损毁主要是因突发性的灾害所引起的，这里所讲的灾害主要包括自然的和人为的两个方面，前者如地震、水灾、风灾；后者如失火、碰撞等。

（3）正常使用所造成的磨损主要是由于人工使用所引起的，与建筑物的使用性质、使用强度和使用年数成正相关。如居住用途的建筑物的磨损要低于工业用途的建筑物的磨损；工业用途的建筑物的磨损又分为腐蚀性的（如在使用过程产生对建筑物有腐蚀作用的废气、废液）和无腐蚀性的，腐蚀性的建筑物的磨损要高于无腐蚀性的建筑物的磨损。

（4）人为破坏或延迟维修所造成的损坏主要是由于没有适时地采取预防、保养措施或修理不够及时，造成不应有的损坏或提前损坏。

2. 功能折旧

功能折旧又称无形损耗，是指由于消费观念变更、规划设计更新、技术进步等导致建筑物在功能方面的相对残缺、落后等不适用所造成的价值损失。如建筑式样过时，内部布局过时，设备陈旧落后，缺乏必要的设施、设备等。以住宅为例，现在的住房都是成套独立使用，有独立卫生间并且楼顶有隔热层，过去建造的住房不成套、不独立使用、没有卫生设施，相对而言就过时了。再如高档办公楼，现在要求智能化，如果某个办公楼没有智能化或智能化不够，相对而言就落后了。

3. 经济折旧

经济折旧是指由不动产外在因素导致的价值和效用降低造成的价值损失。它通常由供给过量、需求不足、自然环境恶化、噪音、空气污染、交通拥挤、城市规划改变、政府政策变化等引起。如在一个高级住宅区的附近建设一座工厂，该住宅区的住宅价值会下降，这也是经济折旧。经济不景气以及高税率、高失业率等也会使房地产的价值降低，在估价上也要考虑这种折旧，但这种现象很少会永久存在，当经济复苏后这方面的折旧就消失了（刘清杰，2000）。

（二）求取建筑物折旧的方法

折旧的求取方法很多，可归纳为下列五类：年限法、实际观察法、成新折扣法、市场提取法、折旧方法的综合运用。

1. 年限法

年限法是把建筑物的折旧建立在建筑物的寿命、经历年数或剩余寿命之间关系的基础上。

建筑物的经过年数分为实际经过年数和有效经过年数。建筑物的实际经过年数是指建筑物从竣工验收合格之日起到估价时点止的日历年数。建筑物的有效经过年数是指估价时点时的建筑物状况和效用所能显示的经过年数。有效经过年数可能短于也可能长于实际经过年数。当建筑物的维护保养正常时，其有效经过年数与实际经过年数相当；当建筑物的维护保养更好或经过了更新改造，有效经过年数短于实际经过年数，剩余经济寿命相应较长；当建筑物的维护保养较差，有效经过年数长于实际经过年数，剩余经济寿命相应较短。

建筑物的寿命有自然寿命和经济寿命之分。前者是指建筑物从建成之日起到不堪使用时的年数，也指建筑物在物理、化学因素作用下，仍能保持应有的使用价值的正常年限。后者是指建筑物从建成之日起到顶期产生的收入大于运营费用的持续期。建筑物的经济寿命短于其自然寿命。具体来说，建筑物的经济寿命是根据建筑物的结构、用途和维护保养情况，并结合市场状况、周围环境、经营收益状况等综合判断。建筑物在其寿命期间如果经过翻修、改造等，自然寿命和经济寿命都有可能得到延长。建筑物的剩余耐用年限是其减去经过年数之后的耐用年限，分为剩余自然耐用年限和剩余经济耐用年限。建筑物的剩余自然耐用年限是其自然耐用年限减去实际经过年数之后的耐用年限。建筑物的剩余经济耐用年限是其经济耐用年限减去有效经过年数之后的耐用年限。因此，如果建筑物的有效经过年数比实际经过年数短，就会延长建筑物的剩余经济耐用年限；反之，就会缩短建筑物的剩余经济耐用年限。

用年限法求取折旧时，建筑物的寿命应为经济寿命。经过年数应为有效经过年数，剩余寿命应为剩余经济寿命。在估价上一般不采用实际经过年数而采用有效经过年数或预计的剩余经济寿命，是因为采用有效经过年数或剩余经济寿命求出的折旧更符合实际情况。例如，有两座实际经过年数相同的同类建筑物，如果维护保养不同，其市场价值也会不同；但如果采用实际经过年数计算折旧，则它们的价值会相同。实际经过年数的作用是可以作为求取有效经过年数的参考，即有效经过年数可以在实际经过年数的基础上做适当的调整后得到。

年限法中最主要的是直线法。它是假设建筑物的价值损耗是均匀的，即建筑物的经济寿命期间每年的折旧额相等。其年折旧额的计算公式为

$$D_i = D = \frac{C(1-R)}{N} = \frac{C-S}{N}$$

式中，第 i 年的折旧额，或称做第 i 年的折旧，在直线法中是一个常数 D；C 为建筑物的重新购建价格；S 为建筑物的净残值（简称残值），是指建筑物达到经济寿命时，不宜继续使用，经拆除后可以收回的残余价值减去拆除清理费用后的数额；N 为建筑物的经济寿命；R 为建筑物的残值率，是净残值与重新购建价格的比率，即 $R = \frac{S}{C} \times 100\%$。

每年的折旧额与重新购建价格的比率称为折旧率（用 d 来表示），则有

$$d = \frac{D}{C} \times 100\% = \frac{C - S}{C \times N} \times 100\% = \frac{1 - R}{N} \times 100\%$$

有效经过年数为 t 年的建筑物折旧总额的计算公式为

$$E_t = D \times t = (C - S) \times \frac{t}{N} = C(1 - R) \times \frac{t}{N}$$

式中，其他字母含义同前。

采用直线法计算建筑物现值（V）的公式为

$$V = C - E_t = C - (C - S) \times \frac{t}{N} = C\left[1 - (1 - R)\frac{t}{N}\right]$$

例如：某建筑物的建筑面积为 1000 m^2，经过年数为 10 年，单位建筑面积的重置价格为 600 元/m^2，经济寿命为 30 年，残值率为 5%。试用直线法计算该建筑物的年折旧额、折旧总额，并估计其现值。

解：年折旧额 $D = 600 \times 10000 \times (1 - 5\%)/30 = 19$（万元）

折旧总额 $= 19 \times 10 = 190$（万元）

建筑物现值 $= 600 \times 10000 \times 10^{-4} - 190 = 410$（万元）

2. 实际观察法

实际观察法不是直接以建筑物的有关年限（特别是实际经过年数）来求取建筑物的折旧，而是注重建筑物的实际损耗程度。较早建成的建筑物不一定损坏严重，其价值未必低；而较晚建造的建筑物不一定维护良好，其价值未必高。这样，实际观察法是由估价人员亲临现场，直接观察与估算建筑物在物质、功能及经济方面的折旧（虞晓芬，2010）。

利用实际观察法也可判定建筑物的成新率，或推测其有效经过年数、剩余经济寿命，在此基础上再利用其他方法计算建筑物的折旧或直接计算建筑物的现值。

建筑物的损耗分为可修复的损耗和不可修复的损耗。修复是指使建筑物恢复到新的或相当于新的状况，有时是修理，有时是更换。预计修复所需的费用小于或等于修复后房地产价值的增加额的，为可修复的损耗；反之，为不可修复的损耗。对于可修复的损耗，可直接估算其修复所需的费用作为折旧额。

例如：某建筑物建成于 1995 年，估价人员经过实际观察确定其成新率为八成，若建筑物在 2013 年 8 月的重置价格为 3600 元/m^2，求建筑物发生的折旧和现值。

解：建筑物的折旧 $= 3600 \times (1 - 80\%) = 720$（元/$\text{m}^2$）

建筑物现值 $= 3600 - 720 = 2880$（元/m^2）

3. 成新折扣法

成新折扣法是根据建筑物的建成年代、新旧程度等，确定建筑物的成新率，直接求取建筑物的现值。其计算公式为

$$V = C \times q$$

式中，q 为建筑物的成新率（%）；C 为建筑物的重新购建价格。

这种成新折扣法比较粗略，主要用于初步估价，或者同时需要对大量建筑物进行估价的场所，尤其是开展大范围的建筑物现值摸底调查（艾建国和陈群，2008）。

在实际估价中，成新率是一个综合指标，可以采用"先定量，后定性，再定量"的方式，按下列三个步骤进行计算。

（1）用年限法计算成新率。采用直线法计算成新率的公式为（设剩余经济寿命为 n）

$$q = \left[1 - (1-R)\frac{t}{N} \right] \times 100\% = \left[1 - (1-R)\frac{N-n}{N} \right] \times 100\% = \left[1 - (1-R)\frac{t}{t+N} \right] \times 100\%$$

当 $R=0$ 时，则有

$$q = \left[1 - \frac{t}{N} \right] \times 100\% = \frac{n}{N} \times 100\% = \frac{n}{t+n} \times 100\%$$

例如：有一座 10 年前建成交付使用的建筑物，经估价人员实地判定其剩余经济寿命为 40 年，该建筑物的残值为零。试用直线法计算该建筑物的成新率。

已知：$t=10$ 年，$n=40$ 年，$R=0$，则有

$$该建筑物的成新率 = \frac{n}{t+n} \times 100\% = \frac{40}{10+40} \times 100\% = 80\%$$

（2）根据建筑物的建成年代对上述计算结果做初步判断，看是否吻合。

（3）采用实际观察法对上述结果做进一步的修正，并说明修正的理由。若建筑物的维护保养属于正常，实际成新率则与直线法计算出的成新率相当；若建筑物的维护保养更好或经过更新改造，实际成新率则应大于直线法计算的成新率；若建筑物的维护保养较差，实际成新率则应小于直线法计算出的成新率。

4. 市场提取法

市场提取法是利用与估价对象建筑物具有类似折旧程度的可比实例来求取估价对象建筑物折旧的方法。在假设建筑物残值率为零的情况下，该方法求取建筑物折旧的步骤和主要内容如下。

（1）大量搜集交易实例。

（2）从交易实例中选取三个以上与估价对象建筑物具有类似折旧程度的可比实例。

（3）对可比实例成交价格进行付款方式、交易情况等有关换算、修正和调整。

（4）求取可比实例在其成交日期时的土地价值，将可比实例的成交价格减去该土地价值得出建筑物的折旧后价值。

（5）求取可比实例在其成交日期时的建筑物重新购建价格，将该建筑物重新购建价格减去建筑物折旧后价值得出建筑物折旧。

（6）将可比实例的建筑物折旧除以建筑物重新购建价格转换为折旧率。如果可比实例的经过年数与估价对象的经过年数相近，求出的各可比实例折旧率的范围较窄，则可将可比实例折旧率调整为适合估价对象的折旧率。如果各可比实例的经过年数、区位、维修养护程度等之间有差异，求出的各可比实例折旧率的范围较宽，则应将每个可比实例的折旧率除以其经过年数转换为年折旧率，然后将年折旧率的范围调整为适合估价对象的年折旧率。

（7）将估价对象建筑物的重新购建价格乘以折旧率，或者乘以年折旧率再乘以其经过年数，便可以求出估价对象建筑物的折旧。

利用市场提取法求出的年折旧率，还可以求取年限法所需要的建筑物经济寿命，即

$$建筑物经济寿命 = 1/年折旧率$$

例如，如果通过市场提取法求出的估价对象建筑物的年折旧率为 2%，则可以根据其倒数估计估价对象建筑物的经济寿命为 50 年。

5. 折旧方法的综合运用

估价人员有时可以同时采用上述几种折旧方法求取建筑物的折旧，但不同折旧方法求得

的结果不尽相同。为此，可以采用简单算术平均或加权算术平均等方法求得最终结果，这是一种综合运用。在估价实务中，通常先以年限法为基础计算折旧，然后根据实际观察法进行修正，这也是一种综合运用。

求取建筑物折旧的方法，还可以分为综合折旧法、分类折旧加总法和个别折旧加总法。这三种方法是从粗到细。在估价实务上，宜先将建筑物区分为可修复项目和不可修复项目。对于可修复项目，估计其中的修复费用作为折旧额；对于不可修复项目，再将其分为短寿命项目和长寿命项目（如将建筑物分为结构、设备和装修，因为它们的寿命不同；再如根据寿命的不同，将建筑物分为基础、屋顶、地板、空调、电梯等），然后采用年限法或成新折旧法分别计算其折旧额。最后将修复费用、短寿命项目的折旧额、长寿命项目的折旧额相加，便得到建筑物的折旧总额。

例如：某建筑物的重置价格为 180 万元，经济寿命为 50 年，有效经过年数为 10 年。其中，门窗等损坏的修复费用为 2 万元；装修的重置价格为 30 万元，平均寿命为 5 年，已使用 3 年；设备的重置价格为 60 万元，平均寿命为 15 年，已使用 10 年。残值率假设为零。其折旧总额计算如下：

$$门窗等损坏的折旧额 = 2（万元）$$

$$装修的折旧 = 30 \times \frac{1}{5} \times 3 = 18（万元）$$

$$设备的折旧 = 60 \times \frac{1}{15} \times 10 = 40（万元）$$

$$长寿命项目的折旧额 = （180-2-30-60）\times \frac{1}{50} \times 10 = 17.6（万元）$$

$$该建筑物的折旧总额 = 2+18+40+17.6 = 77.6（万元）$$

需要说明的是，无论采用上述折旧方法中的哪一种求取建筑物现值，估价人员都应亲临估价对象现场，观察、鉴定建筑物的实际新旧程度，根据建筑物的建成时间、维护、保养和使用情况，以及地基的稳定性等，最后确定应扣除的折旧额或成新率。

（三）求取建筑物折旧应注意的事项

1. 应注意土地使用权年限对建筑物经济寿命的影响

在实际估价中，建筑物的经济寿命应从建筑竣工验收合格之日起计算，建造期不应计入。另外，由于土地使用权是有限期的，建筑物的经济寿命与土地使用权年限可能不一致，计算建筑物折旧时应注意以下两个方面。

（1）建筑物的经济寿命大于土地使用权年限时，应按建筑物的实际经过年数加上土地使用权的剩余年限计算折旧。这样处理是基于《中华人民共和国城市房地产管理法》第二十二条"土地使用权出让合同约定的使用年限届满，土地使用者未申请续期或者虽申请续期但依照前款规定未获批准的，土地使用权由国家无偿收回"和《中华人民共和国城镇国有土地使用权出让和转让暂行条例》第四十条"土地使用权期满，土地使用权及其地上建筑物、其他附着物所有权由国家无偿取得"的规定。而未考虑未来土地使用权期满后是否可以续期，可以续期的土地使用权人是否去办理续期，以及目前对地上建筑物、其他附着物由国家无偿取得存在不同意见等复杂情况。例如，在出让土地使用权上建造商场，土地使用权出让年限为 40 年，建造期为 3 年，建筑物的经济寿命为 60 年，在这种情况下，计算建物折旧的经济寿命应为 37 年，而不是 60 年、63 年或 40 年。若一座旧厂房改造为超级市场，在该旧厂房建成后 6 年补办了土地使用权出让手续，土地使用权出让年限为 40 年，建筑物的经济寿命为 50 年，在这种情况下，计算建筑物折旧的经济寿命为 46 年，而不是 50 年、44 年或 40 年。

（2）当建筑物的经济寿命小于土地使用权年限时，应按建筑物的经济寿命计算折旧。例如，在出让土地使用权上建造普通商品住宅，土地使用权出让年限为 70 年，建造期为 2 年，建筑物的经济寿命为 50 年，在这种情况下，计算建筑物折旧的经济寿命应为 50 年，而不是 52 年或 70 年；一座旧办公楼在其建成 10 年后，补办了土地使用权出让，土地使用权出让年限为 50 年，建筑物的经济寿命为 45 年，在这种情况下，计算建筑物折旧的经济寿命应为 45 年，而不是 35 年、50 年或 60 年（赵林，2013）。

2. 应注意估价上的折旧与会计上的折旧的区别

（1）折旧目的不同。会计上的折旧只注重物质上的折旧，计算固定资产原始取得价值的回收与分摊，目的是为了准确计算成本和利润；而估价中除了计算物质折旧外，还要考虑经济上和功能上的折旧，注重价值的减损，目的是为了真实准确地反映估价时点建筑物的折旧。

（2）折旧方法不同。会计上的折旧方法不轻易更改，而估价上的折旧方法在必要时可以同时采用几种方法，综合计算建筑物的折旧。

（3）折旧基数不同。会计成本上的折旧基数是以建筑物的固定资产实际购入或建造时的价格为依据，不随时间变化而变化；估价中的折旧基数是建筑物在估价时点的重置价格或重建价格，两者的估价时点有差异。

（4）耐用年限不同。会计上的折旧按建筑物的耐用年限计算；估价上的折旧按建筑物的经济耐用年限和土地使用权年限两者结合考虑最终确定的建筑物的年限而计算。

然而在房地产估价中，并非所有的建筑物折旧问题都是估价上的折旧，如在收益法中需要扣除的建筑物折旧费和土地摊销费（土地取得费用的摊销）就属于会计上的折旧。

第四节　成本估价法的应用

一、应用注意事项

成本法中要注意的问题是对成本的认识。这里的成本不同于一般的会计成本。它是社会成本、机会成本，而不是一般的个别成本；是指对房地产的购买者而言所需支付的全部金额，而不是指对开发商而言的开发成本，即它不仅包括开发商的开发成本，也包括开发商的正常利润和应纳税金。应该注意的是，这里的成本是指待估房地产在估价时点的重新建造成本，而不是其原始建造成本（历史成本）。另一点是待估房地产的折旧的求取。在中国房地产估价师学会组织编写的《房地产估价理论与方法》一书中，认为新建房地产采用成本法估价一般不扣除折旧，旧房地产扣除的折旧包含有物质折旧、功能折旧和经济折旧。这里的经济折旧又称外部性折旧，是指建筑物本身以外的各种不利因素所造成的价值损失，包括供给过量、需求不足、自然环境恶化、环境污染、交通拥堵、城市规划改变、政府政策变化等（杜奎，2000）。

二、应用案例

（一）应用案例一

某开发区征用土地总面积为 5km²，现已完成了"七通一平"，开发区内道路、绿地、水面及其他公共和基础设施占地 1.5km²。该开发区拟出让一宗工业用地，出让年限为 50 年，土地面积为 10 000 m²。根据测算，该开发区土地征地、安置、拆迁及青苗补偿费用为 4.5 亿元，征地中发生的其他费用为 1.5 亿元；征地后，土地"七通一平"的费用为 2 亿元/km²，开发周期为两年，且第一年的投资额占总开发投资的 40%，总投资回报率为 20%，土地增值收益率取 20%，当年银行年贷款利息率为 10%，土地还原率确定为 7%。试估算出该宗工业用地的单位面积价格和总价格。

根据题意，采用成本法进行评估，步骤如下：

1. 计算土地取得费

$$土地取得费 =（4.5+1.5）×108÷（5×106）= 120（元/m²）$$

2. 计算土地开发费

$$土地开发费 =（2.0×108）÷（1×106）= 200（元/m²）$$

3. 计算投资利息

在本例中，投资包括土地取得费和土地开发费，土地取得费利息的计息期为 2 年，土地开发费又分两部分，其中 40% 为第一年投入，计息期为 1.5 年；另外 60% 在第二年投入，计息期为 0.5 年，因此

$$投资利息 =120×[（1+0.1）^2-1]+200×40%[（1+0.1）^{1.5}-1]+200×60%×[（1+0.1）^{0.5}-1]$$
$$=25.20+12.30+5.86=43.36（元/m²）$$

4. 计算投资利润

$$投资利润 =（120+200）×20% =64（元/m²）$$

5. 计算土地增值收益

$$土地增值收益 =（120+200+43.36+64）×20%=85.47（元/m²）$$

6. 计算土地价格

$$土地价格 = 土地取得费+土地开发费+投资利息+投资利润+土地增值收益$$
$$=120+200+43.36+64+85.47=512.83（元/m²）$$

7. 进行可出让土地比率修正

由于开发区内道路、绿地、水面及其他公共和基础设施占地是无法出让的，所以这些土地的价格要分摊到可出让土地的价格中去，计算方法如下：

$$开发区可出让土地比率 =（开发区总面积-不可出让土地面积）/开发区土地总面积×100%$$
$$=（5-1.5）/5×100% =70%$$

则
$$可出让土地的平均单价=512.83/70% =732.61（元/m²）$$

8. 进行土地使用权年期修正

以上求取的是土地无限期的使用权价格，则

$$50 年的土地使用权价格=32.61×\left[1-\frac{1}{（1+0.07）×50}\right]=707.74（元/m²）$$

9. 计算土地总价格

$$土地总价格 = 707.74 \times 10000 = 7\ 077\ 400\ （元）$$

因此，采用成本法估算出的该宗工业用地的单位面积价格为 707.74 元/m²，总价格为 7 077 400 元。

（二）应用案例二

某宗房地产的土地总面积为 1000m²，是 10 年前通过征收农地取得的，当时取得的费用为 18 万元/亩，现时重新取得该类土地需要的费用为 720 元/m²；建筑物的容积率是 2，是 8 年前建成交付使用的，当时的建筑造价为每平方米建筑面积 600 元，现时建造类似建筑物的建筑造价为每平方米建筑面积 1200 元，估计该建筑物有八成新。试选用所给资料测算该宗房地产的现时总价和单价。

解：该题主要要注意重新购建价格应为估价时点时的价格。在搞清楚此问题的基础上，该宗房地产的价格测算如下：

1. 求取土地现值

$$土地现值 = 720 \times 1000 = 720\ 000\ （元）$$

2. 求取建筑物现值

$$建筑物现值 = 1200 \times 1000 \times 2 \times 80\% = 1\ 920\ 000\ （元）$$

3. 求取估价对象的现时总价

$$估价对象的现时总价 = 720\ 000 + 1\ 920\ 000 = 2\ 640\ 000\ （元）$$

4. 求取估价对象的现时单价

$$估价对象的现时单价 = 2\ 640\ 000 \div 2000 = 1320\ （元/m²）$$

（三）应用案例三

估价对象概况：本估价对象是一个专用仓库；坐落在某城市建成区内；土地总面积为 2500m²，总建筑面积为 4000m²；土地权利性质为出让土地使用权；建筑物建成于 1985 年 8 月底，建筑结构为钢筋混凝土结构。

1）估价要求

需要评估该专用仓库 2014 年 10 月的价值。

2）估价过程

（1）选择估价方法。本估价对象为专用仓库，很少出现买卖，也无直接、稳定的经济收益，故选用成本法进行估价。

（2）选择计算公式。该宗房地产估价属于成本法中的旧房地产估价，需要评估的价值包含土地和建筑物的价值，故选择的计算公式为

旧房地价格 = 土地的重新购建价格 + 建筑物的重新购建价格 − 建筑物的折旧

（3）求取土地的重新购建价格。由于该土地坐落在城市建成区内，直接求取其重新开发成本很难，政府尚未公布基准地价，所以通过成本法求取该土地的重新购建价格；具体是利用征收农地的费用加土地开发费和土地使用权出让金等，再加上地段差价调节的办法来求取。

采用成本法求取该土地的重新购建价格，利用征收农地的费用加土地开发费和土地使用权出让金等，再加上地段差价调节的办法来求取土地价格。在估价时点（2014 年 10 月）征

收郊区农地平均每亩需要支付 12 万元的征地补偿、安置等费用，约合 160 元/m²；向政府交付土地使用权出让金等费用 30 元/m²；将土地开发成能直接在其上进行房屋建设的土地，需要"五通一平"，为此，每平方米还需要投资（含开发土地的费用、税金和利润）120 元。以上合计 310 元/m² 可视为城市边缘熟地的价格。

该城市土地分为 10 个级别，城市边缘熟地列为最差级，即处于第 10 级土地上，而估价对象房地产处于第 7 级土地上。因此，还需要进行土地级别对价格影响的调整。各级土地之间的价格差异如表 5-4 所示。

表 5-4 某城市各级土地之间的价格差异表

土地级别	1	2	3	4	5	6	7	8	9	10
地价是次级土地的倍数	1.30	1.30	1.30	1.30	1.30	1.30	1.30	1.30	1.30	1.00
地价是最差级土地的倍数	10.60	8.16	6.27	4.83	3.71	2.86	2.20	1.69	1.30	1.00

根据表 5-4：

$$估价对象土地的单价 = 310 \times 2.20 = 682 （元/m^2）$$
$$估价对象土地的总价 = 682 \times 2500 = 170.5 （万元）$$

（4）求取建筑物的重新购建价格。现时（在估价时点 2014 年 10 月）与估价对象建筑物类似的不包括土地价格在内的建筑物的重置价格（含合理利润、税费等）为 1100 元/m²。所以

$$估价对象建筑物的重新购建总价 = 1100 \times 4000 = 440 （万元）$$

（5）求取建筑物的折旧。采用直线法求取折旧额。参照规定并根据估价人员的判断，该专用仓库建筑的经济寿命为 60 年，残值率为零。所以

$$估价对象建筑物的折旧总额 = 440 \times \frac{20}{60} = 146.7 （万元）$$

估价人员到现场观察，认为该专用仓库建筑物的折旧程度为三成，即近七成新，与上述计算结果基本吻合。

（6）求取旧房地价格。

$$旧房地价格 = 土地的重新购建价格 + 建筑物的重新购建价格 - 建筑物的折旧$$
$$= 170.5 + 440 - 146.7$$
$$= 463.8 （万元）$$

估价结果：根据上述计算结果并参考估价人员的经验，将本估价对象专用仓库 2014 年 10 月价值总额评估为 463.8 （万元），折合每平方米建筑面积 1160 元。

第六章　假设开发法

第一节　假设开发法的基本原理及公式

一、假设开发法基本原理

（一）假设开发法的概念

假设开发法（the hypothetical development method），是在估算开发完成后不动产正常交易价格的基础上，扣除未来不动产正常的开发成本、管理费用、投资利息、开发利润和各种税费等费用后，以剩余之数来确定估价对象不动产价格的一种方法。假设开发法又称剩余法（residual method）、倒算法、残余法或余值法。

（二）假设开发法的原理

假设开发法基本理论依据与收益法相同，是预期原理。假设开发法估价的基本思路，用下面模拟一个典型投资者思想活动的例子，可以较好地反映出来（柴强，2007）。

假设某开发商想要对一块可供开发利用的地块开发，那么他愿意出多少钱来购买这块土地呢？很明显，他购买这一地块并不是供自己使用，而是通过开发后出售为其赚取利润。他很清楚希望得到这一地块的人不止他一个，他们也都有同样的动机，面对竞争，他期望从这一地块开发中得到的利润不低于社会平均利润，否则他宁愿把这笔资金投到其他方面。也就是说，该开发商希望能从这一土地开发中获取社会上房地产开发的一般利润即可。而为了获取这一地块，开发商首先要仔细研究待开发地块的内外条件，如坐落位置、面积大小、形状、周围环境、规范限制条件等，以便分析该地块在规划许可范围内最适宜的用途和最大开发程度；然后根据目前房地产市场状况，预测建筑完成后的价格，以及为完成这一开发所需花费的建筑费、设计费、相关税费、各类预付资本的利息和开发商应得的正常开发利润。有了上述的分析和测算，开发商就能知道他可能为取得这块土地所支付的最高价格是多少。很明显，这个最高价等于开发完成后的不动产价格扣除开发成本和相应利息、利润等之后的余额。

由以上可以看出，假设开发法在形式上是评估新建不动产价格成本法的倒算。两者的主要区别是适用范围不同：成本法适用于土地价格已知，需要求取开发完成后不动产价格的情况；假设开发法适用于开发完成后不动产价格可通过预测得到，需要求取土地价格的情况。

（三）假设开发法的适用范围

假设开发法的适用范围如下。

（1）待开发土地的估价（如生地、熟地、毛地）。

（2）待拆迁改造的再开发房地产的估价。

（3）在建工程。

（4）可装修或改变用途的旧房，如装修、扩建、改建等。

（5）土地整治、复垦。

（6）现有新房地产中地价的单独评估，即从房地产价格中扣除房屋价格之后的地价。

（四）假设开发法的特点

假设开发法的特点如下。

（1）时点不同。预期性估价中的各种价格与费用的时间不同，如购买土地的税费、建造费用、未来楼价等分属不同的投资时间，估价时应考虑资金的时间价值。

（2）预期性。假设开发法属于预期性不动产估价，这类估价需要预测未来的各种价格和费用（如开发完成后的房地产价格、开发成本、管理费用等），是估价中的重点和难点。

（3）以种种假设或限制条件为前提：①假设估价中涉及的不动产总价、租金和成本数据在开发期间不会发生大的变化；②假设在开发期间各项成本的投入是均匀或分段均匀投入的；③假设不考虑通货膨胀的影响。

（五）假设开发法的应用前提

应用假设开发法评估不动产的价值需要注意以下两点：第一，是否找到了最佳的开发利用方式。不同的开发利用方式对应于不同的价值，寻找到并能实现最佳的开发利用方式才能反映待估对象的价值。第二，是否准确估计了开发后的成本、价值、利息等。要做到以上两点需要估价人员掌握有关产品市场、建筑技术、开发成本、利息等相关资料，并且要求估价人员具有很强的市场分析、判断能力和对产品的研发能力；另外也需要有一个稳定健康、公平公正的市场环境。

二、假设开发法基本公式

（一）理论公式

待开发不动产的价格＝开发完成后的不动产价格－开发成本－管理费用－投资利息－

销售税费－购买待开发不动产应负担的税费－开发利润

对于公式中具体应减去的项目，掌握的基本原则是设想得到估价对象后，至开发完成还需要支出的一切合理、必要的费用、税金及应得的利润。所以，如果是已经投入的费用，则包含在待开发不动产的价值内，不应作为扣除项。例如，评估毛地的价值，即该土地上有待拆迁安置的房屋，这时减去的项目中还应包括拆迁安置补偿费；如果评估的是拆迁安置后的土地价值，则不应扣除拆迁安置补偿费。

（二）应用公式

运用假设开发法进行具体估价时，一是要把握待开发房地产在投资开发前后的状况；二是要把握投资开发后的房地产经营方式。待开发房地产在投资开发前的状况，即估价对象状况，有土地（又可分为生地、毛地、熟地）、在建工程和旧房等；投资开发后的状况，有熟地和房屋（包含土地）等。生地，指已完成土地使用批准手续（包括土地使用权出让手续）可用于建筑的土地，该建筑用地无基础设施，或者有部分基础设施，但尚不具备完全的"三通"（通路和临时水、电）条件，同时地上地下待拆除的房屋、构筑物尚未拆迁。毛地，指已完成土地使用批准手续（包括土地使用权出让手续），具有"三通"（通路和临时水、电）或者条件更完备的基础设施，但未进行拆迁的可用于建筑的土地。熟地，指具有完善的基础设施，且地面平整，可用于建筑的土地。

1. 求生地价格的公式

（1）适用于在生地上建成房屋的公式。

　　生地价格＝开发完成后房地产价格－由生地建成房屋的开发成本－管理费用

　　　　　　－投资利息－销售税费－开发利润－购买生地应负担的税费

（2）适用于将生地开发成熟地的公式。

　　生地价格＝开发完成后的熟地价格－由生地开发成熟地的开发成本－管理费用

　　　　　　－投资利息－销售税费－开发利润－购买生地应负担的税费

2. 求毛地价格的公式

（1）适用于在毛地上建成房屋的公式。

　　毛地价格＝开发完成后房地产价格－由毛地建成房屋的开发成本－管理费用

　　　　　　－投资利息－销售税费－开发利润－购买毛地应负担的税费

（2）适用于将毛地开发成熟地的公式。

　　毛地价格＝开发完成后的熟地价格－由毛地开发成熟地的开发成本－管理费用

　　　　　　－投资利息－销售税费－开发利润－购买毛地应负担的税费

3. 求熟地价格的公式

　　熟地价格＝开发完成后房地产价格－由熟地建成房屋的开发成本－管理费用

　　　　　　－投资利息－销售税费－开发利润－购买熟地应负担的税费

4. 求旧房价格的公式

　　旧房价格＝装修改造后房地产价格－装修改造成本－管理费用－投资利息

　　　　　　－销售税费－装修改造投资利润－购买旧房应负担的税费

5. 求在建工程价格的公式

　　在建工程价格＝续建完成后的房地产价格－续建成本－管理费用－投资利息

　　　　　　　　－销售税费－续建投资利润－购买在建工程负担的税费

第二节　假设开发法估价程序

运用假设开发法进行不动产价格评估，一般分为以下六个步骤。

一、调查待估不动产的基本情况

调查待估不动产的基本情况主要包括以下几点。

（一）不动产的自然状况

调查不动产的自然状况，包括不动产的位置、坐落、区位条件，土地的面积大小、形状、平整情况、地质状况、基础设施状况、建筑基本情况等，主要是为估算开发成本、费用等服务。

（二）政府的规划限制

调查政府的规划限制，包括规定的用途、建筑高度、建筑容积率等，主要是为确定最佳的开发利用方式服务。

（三）土地权利状况

调查土地权利状况，包括权利性质（目前均为使用权）、使用年限、可否续期，以及对转让、出租、抵押等的有关规定等，主要是为预测未来开发完成后的房地产价格、租金等服务。

二、选择最佳的开发利用方式

最佳开发利用方式是指待开发不动产开发完成后销售或经营时能获得最高收益的利用方式。选择最佳的开发利用方式，应根据调查获得的不动产状况和不动产市场条件，在法律及城市规划允许的范围内进行。选择最佳的开发利用方式包括用途、建筑容积率、覆盖率、建筑式样、规模、档次等的确定，其中最重要的是要选择最佳的用途。

三、估计开发经营期

开发经营期是指从取得土地使用权一直到不动产全部销售或出租完毕这一段时期，可分为三个阶段：开发前期即规划设计和工程预算期（自取得土地使用权至开工建设）、开发建设期（自开工建设至建设竣工）、经营期即不动产空置或租售期（自工程竣工至租售完毕）。开发建设期应根据项目可行性研究、项目的特点、工程技术要求及不动产市场的状况等综合确定。确定开发经营期的目的，是把握开发成本、管理费用、销售费用等的投入，利息的负担，预测开发完成后的房地产售价、租金，以及各项收入与支出的折现计算。估计开发经营期的方法通常参考各地的工期定额指标，可采用比较法，即根据其他相同类型、同等规模的类似开发项目已有的正常开发经营期来估计确定。

四、预测开发完成后不动产总价格

开发完成后的不动产价格，是指开发完成后的不动产的市场价格。根据不动产开发完成后的经营状况不同，可通过不同的方式取得。

（一）　对于出售的不动产

对于出售的不动产，如居住用商品房、工业厂房等，应按当时市场上同类用途、性质和结构的不动产的市场交易价格，采用市场比较法确定开发完成后的不动产总价格（总开发价值），并考虑类似不动产价格的未来变动趋势，或采用比较法与长期趋势法相结合，即根据类似不动产过去和现在的价格及其未来可能的变化趋势来推测。

（二）　对于出租的不动产

对于出租的不动产，如写字楼和商业不动产等，其开发完成后的不动产总价的确定，可根据当时市场上同类用途、性质、结构和装修条件下的不动产的租金水平和出租费用水平，采用市场比较法确定所开发不动产出租的纯收益，再采用收益法将出租纯收益还原为不动产总价格。具体确定时需要估算以下几个要素：①单位建筑面积月租金或年租金；②不动产出租费用水平；③不动产还原利率；④可出租的净面积。

五、估算成本费用及利税

成本费用及利税主要包括开发建筑成本费用、专业费用、不可预见费、投资利息、税金、租售费用及开发商利润。

（一）　估算开发建筑成本费

开发建筑成本费用一般包括直接工程费、间接工程费、建筑承包商利润及由发包商负担的建筑附带费用等，可采用比较法来推算，即通过当地同类建筑当前的平均或一般建筑费用来推算，也可采用建筑工程概预算的方法来估算。

（二）　估算专业费用

专业费用包括建筑师的建筑设计费、预算师的工程概预算费用、工程监理费等，一般采用建筑费用的一定比率估算。

（三）　估算不可预见费

为保证估价结果的安全性，往往预备有不可预见费，一般为总建筑费和专业费之和的2%～5%。

（四）　估算投资利息

（1）应计息的项目。假设开发法中应计息的项目一般包括：地价款、开发建筑费、专业费和不可预见费、管理费用及投资者购买待开发不动产应负担的税费。销售税费一般不计息。

（2）计息的方式。有单利和复利计息两种，但通常以复利来计息。复利是指以上一期的利息加上本金为基数计算当期利息的方法。

复利的计息公式为

$$I = P\left[(1 + i)^n - 1\right]$$

式中，P 为本金；i 为利率。

（3）计息期的长短。计息期从投入资金的时点到项目完成时止。由于计息项目发生的时间不一，因此不同的费用其计息期各不相同，在确定利息额时，必须根据地价款、开发费用、专业费用等的投入额、各自在开发过程中所占用的时间长短和当时的贷款利率高低进行计算。例如，预付地价款的利息额应以全部预付地价款按整个开发建设周期计算；开发建设费、专业费的计息期应以实际投入（通常假定均匀投入）期的中间时点至整个开发建设周期末为止；开发建设费、专业费在建筑竣工后的空置及销售期内应按全额全期计息。

（4）计息周期。计息周期是计算利息的单位时间。计息周期可以是年、半年、季、月、周或天等。

（5）利率的大小。货币的时间价值的量是同量资金在不同时间的价值之差，用绝对量来反映则为"利息"，用相对量来反映则为"利率"。利率是用百分比表示的单位时间内增加的利息与原金额之比，即

$$利率 = \frac{单位时间内增加的利息}{原金额} \times 100\%$$

（五）估算税金

税金主要指建成后不动产销售的营业税、工商统一税、印花税、契税等，应根据当前政府的税收政策估算，一般以建成后不动产总价的一定比例计算。

（六）估算租售费用

租售费用主要指用于建成后不动产销售或出租的中介代理费、市场营销广告费用、买卖手续费等，一般以不动产总价或租金的一定比例计算。

（七）估算开发商利润

开发商的合理利润一般以不动产总价或预付总资本的一定比例计算（如按预付总资本的一定比例计算利润，该比例称作投资回报率），比例高低随地区和项目类型不同而有所不同。

六、求取估价对象价格

计算时通常将上述数据直接代入公式进行计算，即

待估不动产价格=不动产开发完成后的总价格-不动产开发费-专业费-不可预见费
-利息-租售费用-税金-开发商合理利润

第三节　现金流量折现法

（一）现金流量的概念

现金流量是指一个企业或一个项目在某一期间内的现金流入和流出的数量。现金流

量分为现金流入、现金流出、净现金流量。现金流入即资金的流入，收入的数额就是现金流入量，如销售商品、出售固定资产、提供劳务、借入资金、收回投资形成现金流。资金的支出成为现金流出，如购买商品、支付劳务工资、现金投资、偿还债务、上缴税收、构建固定资产等，都是现金流出。净现金流量是某一时点的现金流入量与现金流出量之差。

（二）现金流量折现法的原理

现金流量折现法是将估价对象开发后的成本、价值等，用合适的折现率统一折现到估价时点，然后运用假设开发法的公式，将开发后的价值折现值减去开发成本的折现值等，计算待开发对象的价值的方法。公式为

$$待开发对象的价值=开发后价值折现值-开发成本的折现值$$
$$=累计现金流入折现值-累计现金流出折现值$$

（三）现金流量折现法与传统方法的差异

（1）对开发完成后的房地产价值、管理费用、销售费用、销售税费、后续开发成本的计算，在现金流量折现方法中，主要是模拟房地产开发过程，预测未来发生的时间以及未来发生时的金额，即要进行现金预测。而在传统方法中是根据估计时点的房地产市场状况作出的，即它们通常是静止在估价时点的金额。

（2）在现金流量折现法中投资利息和开发利润隐含在折现过程中而不单独显现出来，而传统方法中投资利息和开发利润都单独显现出来。因此，现金流量折现法要求折现率既包含安全收益部分，又包含风险收益部分。这样处理是为了与投资项目评估中的现金流量分析口径相一致，便于比较。

（3）现金流量折现法考虑各项收入、支出发生的时间不同，即先将它们折算到同一时间上的价值再加减。而传统方法不考虑各项收入、支出发生的时间，它们是直接相加减的，而不将它们折算到同一时间的价值，但要计算投资利息（柴强，2007）。

第四节　假设开发法应用

一、应用注意事项

假设开发法适用于具有投资开发或再开发潜力的不动产估价。除了对不动产价格进行评估外，该方法还可应用于不动产投资决策分析。一是可用来测算投资项目的预期利润，从不动产投资开发总价值中扣除土地取得费、投资开发成本等费用后的余额即为投资商的预期利润，若此利润不低于投资商的期望值，则项目可被接受；二是用来控制开发项目中的成本费用，当土地购置费与预期利润明确后，即可测算开发过程中成本费用的控制标准（王珍莲，2014）。

运用假设开发法估价的效果如何，除了对假设开发法本身的运用技巧掌握外，还要求有一个良好的社会经济环境，如①要有一个明朗、开放及长远的房地产政策；②要有一套统一、严谨及健全的房地产法规；③要有一个完整、公开及高度透明的房地产资料库；④要有

一个稳定、清晰及全面的有关房地产投资开发和交易的税费清单；⑤要有一个长远、公开及稳定的土地供给（出让）计划。如果这些条件不具备，在运用假设开发法时会使本来就难以预测的房地产市场的客观方面又掺入许多人为的主观变化因素，使未来的房地产市场变得更加不可捉摸，从而对未来开发完成后的房地产价值、税费等的预测更加困难（郝丽丽，2013；钟悦红，2002）。

由于主观或者客观的原因，在实际应用假设开发法进行估价过程中常见的问题如下。

（1）没有尽力去研究估价对象的最佳开发利用方式，最终使估价对象的价值降低。

（2）对地块属性不了解、对周边规划信息了解不全或者理解不到位，没有发现地块的优势或者缺陷。

（3）对开发经营期估计不准确，对未来可能面临的困难和问题了解不透彻。

（4）不能正确理解现金流量折现法和传统法，对这两种方法运用不当，例如，在现金流量折现法中计算投资利息和开发利润，在传统估价法中又对部分收入或者支出进行了折现。

（5）在计算过程中漏掉应该扣除项，如遗漏一些成本支出。

（6）没有真正理解假设开发法的内涵，对应该采用假设开发法的房地产没有采用该方法，对不该采用该方法的房地产采用了该方法。

二、应用举例

（一）单纯土地价格评估

案例一：需要评估一宗"七通一平"熟地 2013 年 5 月的价格。获知该宗土地的面积为 5000m²。土地剩余使用年限为 65 年，建筑容积率为 2，适宜建造某种类型的商品住宅；预计取得该土地后建造该类商品住宅的开发期为 2 年，建筑安装工程费按建筑面积算为 950 元/m²，勘察设计等专业费用及管理费为建筑安装工程费的 12%，第一年需要投入 60% 的建筑安装工程费、专业费用及管理费；第二年需要投入 40% 的建筑安装工程费、专业费用及管理费；销售商品住宅时的广告宣传等费用为其售价的 2%，房地产交易中卖方需要缴纳的营业税等为交易价格的 6%，买方需要缴纳的契税等为交易价格的 3%；预计该商品住宅在建成时可全部售出，售出时的平均价格按建筑面积算为 4800 元/m²。试利用所给资料用现金流量折现法估算该宗地 2013 年 5 月的总价、单价及楼面地价（折现率为 12%）。

（1）该宗地的总价为 P。

（2）开发完成后的总价值 $= \dfrac{4800 \times 5000 \times 2}{(1+12\%)^2} = 3826.53$（万元）

（3）建筑工程费等总额 $= 950 \times (1+12\%) \times 5000 \times 2 \times \left[\dfrac{60\%}{(1+12\%)^{0.5}} + \dfrac{40\%}{(1+12\%)^{1.5}} \right] = 962.75$（万元）

（4）销售税费总额 $= 3826.53 \times (2\% + 6\%) = 306.12$（万元）

（5）购买该宗地的税费总额 $= P \times 3\% = 0.03P$

（6）土地总价 $P = 3826.53 - 962.75 - 306.12 - 0.03P$

$P = 2483.17$（万元）

故土地总价 = 2483.17 （万元）

土地单价 = $\dfrac{24\ 831\ 700}{5000}$ = 4966.34 （元/m²）

楼面地价 = $\dfrac{24\ 831\ 700}{10000}$ = 2483.17 （元/m²）

（二）旧有房地产和在建工程价格评估

案例二：某在建工程开工于 2000 年 3 月 31 日，总用地面积为 3000m²，规划总建筑面积为 12 400 m²，用途为写字楼。土地使用权年限为 50 年，从开工之日起计；当时取得土地的花费为楼面价 800 元/m²。该项目的正常开发期为 2.5 年，建设费用（包括前期工程费、建筑安装工程费、管理费等）按建筑面积计为 2300 元/m²。至 2001 年 9 月 30 日实际完成了主体结构，已投入 50% 的建设费用。但估计至建成尚需 1.5 年，还需投入 60% 的建设费用。建成后半年可租出，可出租面积的月租金为 60 元/m²，可出租面积为建筑面积的 70%，正常出租率为 85%，出租的运营费用为有效毛收入的 25%。当地购买在建工程买方需要缴纳的税费为购买价的 3%，同类房地产开发项目的销售税费为售价的 8%。试利用上述资料用现金流量折现法估算该在建工程 2001 年 9 月 30 日的正常购买总价和按规划建筑面积折算的单价（资本化率为 9%，折现率为 13%）。

（1）设该在建工程的正常购买总价为 P。

（2）续建完成后的总价值 = $\dfrac{a}{r}\Big[1 - \dfrac{1}{(1+r)^n}\Big] \times \dfrac{1}{(1+r_d)^t}$

上式中，r_d 表示折现率，t 为需要折现的年数，其他符号的含义同收益法。故续建完成后的总价值计算如下：

续建完成后的总价 = $\dfrac{60 \times 12 \times 12\ 400 \times 0.7 \times 85\% \times (1-25\%)}{9\%} \times \Big[1 - \dfrac{1}{(1+9\%)^{50-3.5}}\Big] \times \dfrac{1}{(1+13\%)^2}$

　　　　　　　　 = 3403.80 （万元）

（3）费用 = $\dfrac{2300 \times 12\ 400 \times 60\%}{(1+13\%)^{0.75}}$ = 1561.32 （万元）

（4）销售税费总额 = 3403.80 × 8% = 272.30 （万元）

（5）购买该在建工程的税费总额 = P × 3% = 0.03P （万元）

（6）P = 3403.80 − 1561.32 − 272.30 − 0.03P

P = 1524.45 （万元）

故在建工程总价 = 1524.45 （万元）

在建工程单价 = 1524.45 ÷ 1.24 = 1229.39 （元/m²）

（三）开发商预期利润的测算

案例三：

1. 评估对象概况

某开发区已经取得某宗地 70 年土地使用权，该宗地为"七通一平"空地，面积为 2000m²，土地价格为 600 万元，取得土地使用权过程中所支付的法律、估价及登记等费用为地价的 2%。城市规划规定该地块用途为住宅，最大容积率为 4。估算该开发公司在该项目开发建设中的预期利润。

2. 估算过程

（1）该宗地为待开发空地，适宜采用假设开发法估价。

（2）根据规划要求，该宗地最佳利用方式是修建住宅，容积率为4。

（3）根据开发商的市场调查和可行性研究，该项工程在取得3个月后即可动工，建筑时间为2年，建成即可全部销售。根据目前的市场行情，住宅售价预计为5000元/m²，建筑费和专业费预计为2000元/m²，在建筑期间的投入情况为，第一年投入40%，第二年投入60%，目前资金贷款年利率为12%，不动产销售的税费为不动产总价的6%。

（4）测算开发商预期利润。

①不动产总价＝5000×2000×4＝4000（万元）

②建筑费及专业费＝2000×2000×4＝1600（万元）

③地价及法律、估价等费用＝6 000 000×（1+2%）＝612（万元）

④总利息＝612×$[(1+12\%)^{2.25}-1]$+1600×40%×$[(1+12\%)^{1.5}-1]$+1600×60%

　　　×$[(1+12\%)^{0.5}-1]$＝352.31（万元）

注：地价计息期为2年3个月即2.25年

⑤销售税费＝40 000 000×6%＝240（万元）

⑥将上述数据代入公式，则

　　开发商利润＝①−②−③−④−⑤＝1195.69（万元）

　　利润占不动产的百分比＝$\dfrac{11\ 956\ 900}{40\ 000\ 000}$＝29.89%

　　利润占开发总成本的百分比＝$\dfrac{1195.69}{1600+612+352.31+240}$＝42.64%

　　由上述预测可知，该项目投资回报良好，预期利润可观，项目可行。

（四）建筑费及专业费最高控制标准的测算

案例四：

1. 估价对象概况

某开发公司已取得某宗地50年土地使用权，该宗地为"七通一平"空地，面积为10 000m²，地价及相关的法律、估价等费用为3 000 000元，城市规划规定该宗地用途为工业厂房，最大容积率为1。确定该开发公司在该项目中的建筑费及专业费的最高控制标准。

2. 测算过程

（1）该宗地为待开发空地，适宜采用假设开发法测算。

（2）根据该开发公司的市场调查和项目可行性研究，该项工程在取得土地使用权后即可动工，建筑时间为2年，建成即可全部销售。根据目前的市场行情，同类厂房的售价预计为1500元/m²，开发资金的投入为均匀投入，当地目前贷款年利率为12%，开发商要求的利润为不动产总价的18%，不动产销售的税费为不动产总价的6%。

（3）测算建筑费及专业费的最高控制标准。假设建筑费及专业费的最高控制额为X元。

①不动产总价＝1500×10 000×1＝15 000 000（元）

②地价及法律、估价等费用＝3 000 000（元）

③总利息＝3 000 000×$[(1+12\%)2-1]$+X×$[(1+12\%)-1]$＝763 200+0.12X

④开发商利润＝15 000 000×18%＝2 700 000（元）

⑤销售税费$=15\ 000\ 000\times6\%=900\ 000$（元）

⑥将上述数据代入公式，则

建筑费及专业费最高控制额 $X=①-②-③-④-⑤=15\ 000\ 000-3\ 000\ 000-（763\ 200+0.12X）-2\ 700\ 000-900\ 000=6\ 818\ 571$（元）

单位面积建筑费及专业控制标准为$\dfrac{6\ 818\ 571}{10\ 000\times1}=681.857\ 1$（元/$m^2$）

第七章　基准地价系数修正法

第一节　基准地价的概念及作用

一、基准地价的概念

（一）基准地价的概念

基准地价是指城镇国有土地的基本标准地价，即在一定时间内，根据各种用地类型、交易情况和土地实际收益状况，按照科学的估价方法，估算出各级别土地的范围或均质地域内的商业、住宅、工业等各类土地的平均价格，是分用途的土地使用权的区域平均价格。一般由政府组织或委托具有相应资质的评估机构评估，评估结果须经政府鉴定认可后定期公布。

简单地说，基准地价系数修正法，是通过比较估价对象与所在级别或区域内土地的平均条件，并根据二者差异，以基准地价为基础修正并确定待估宗地价格的过程（王庆改等，2004）。

（二）基准地价的特点

1. 基准地价是一种平均价格

基准地价反映的只是各区域各类用地的平均价格水平。在某一区域中，具体某一宗地的价格可能稍高于或稍低于此平均价格。所以，在基准地价的基础上建立基准地价修正系数体系，用以评估具体宗地的价格。

2. 基准地价是一种区域性价格

基准地价总是以某一个区域为单位进行评估的，此区域就叫做基准地价的评估区域。所以，基准地价不是一种宗地价格，而是区域性的价格，它总是与一定的区域相联系的。基准地价的评估区域一般有级别、区片和区段三种形式，相应的，基准地价通常有三种表现形式：级别基准地价、区片基准地价和区段基准地价。

3. 基准地价是一种分用途价格

在同一区域中，不同用途的土地有不同的价格水平。所以，不同用途的土地，其基准地价也是不一样的。城镇基准地价通常包括三大类：即商业用地基准地价、住宅用地基准地价和工矿仓储用地基准地价；个别城镇根据其特殊情况，还包括其他用途的基准地价，如旅游用地基准地价。农用地基准地价主要包括耕地基准地价、园地基准地价、林地基准地价、水域基准地价和荒草地基准地价。目前，一些地区所评估的农用地基准地价主要是耕地基准地价（柴强，2008）。

4. 基准地价是一种有限年期的价格

基准地价是土地使用权的价格，土地使用权是一种有时间限制的产权，所以说基准地价是有限年期的价格。就城镇而言：不同用途土地使用权的出让最高年限不同，不同用途基准地价的年期也不同。一般而言，各用途基准地价的年期应以各用途的最高出让年期为准。就农用地而言，目前还没有一个明文的规定，一般取 30 年为农用地基准地价的年期。

5. 基准地价是一种国家调控的价格

基准地价是国家调控土地市场的一种价格，不是市场交易价格。市场上最终达成的价格，是以基准地价为依据，根据市场行情而确定的。

6. 基准地价具有时效性

基准地价反映的只是一定时期的地价标准，为了保持基准地价的现实性，每隔一定时期应对基准地价进行更新。

7. 基准地价是政府委托评估的价格

基准地价是由县级以上人民政府委托评价，同级人民政府国土资源行政主管部门组织听证，评估结果需向社会听证，在广泛征询社会各方面意见的基础上，基准地价评估结果由同级人民政府公布。

8. 基准地价与土地开发利用程度有关

土地利用开发程度对地价有影响。基准地价是一种平均意义上的地价，所以土地开发利用程度对基准地价也有影响。为便于比较，基准地价必须设定开发利用程度。由于各个城镇之间土地开发利用程度存在差异，又要便于比较，所以分类确定基准地价的开发利用程度是合理的（艾建国和吴群，2008）。

二、基准地价的作用

基准地价的作用主要变现在以下几个方面。

1. 宏观调控土地市场的依据

基准地价的确定、调整和公布，使得各级政府能直接掌握地产市场价格水平，以及不同用途、不同区域的地产价格变化情况，并根据地产价格的变化适时地利用规划或计划手段宏观配置城镇土地，制定相关的管理政策，调控地产价格的变化和调整土地收益的分配，以达到从总量和用途上维持供求的平衡，保持地产价格的合理水平和各项管理政策的实施。

2. 国家征收土地使用税的依据

基准地价是征收土地使用税、土地增值税、契税和地产税的依据。因此，科学、合理、公开的基准地价对合理征收土地使用税是非常重要的。

3. 调节土地利用、合理配置土地资源

政府评估并公布基准地价，可以使投资者和土地使用者及时了解不同地段、不同用途的地价水平和变动趋势，从而根据自身需要和支付地租地价的能力调整土地利用方式，以促进土地有序流转，最终达到土地合理利用的目的。

4. 进一步评估宗地地价的基础

基准地价反映了某一区域内宗地的平均价格，该区域内各宗地的地价都围绕基准地价上下波动。因此，根据宗地条件对基准地价进行修订，即可方便地得到具体宗地的地价。

5. 宏观调控土地市场的依据

国家为了体现土地的所有权和对地产收益的宏观调控，中央参与地方收益的分配也应理所当然。但近几年，中央参与地方使用权收入分配的范围和数量都不大。这里至关重要的一个原因，就是中央对各地的地产价格水平掌握不清，很难弄清地方土地使用权出让收入的水平。作为城镇基准地价的制定，不仅有利于中央参与地方分配机制的形成，也为中央参与地产收益分配提供依据。

第二节　基准地价评估的方法及程序

一、级差收益测算法

（一）级差收益测算法的原理

基本原理是：测算出某一用途土地在某一土地级别（区块）上单位面积的平均收益，然后用收益法计算土地级别（地块）地价。主要适用于商服用地、工矿仓储用地、住宅用地级别地价的确定。

根据马克思的级差地租理论，城镇土地级差收益，主要是指企业由于占用土地区位的不同，给企业带来的不同收益额。在社会主义市场经济条件下，企业占用土地获得的超额利润，包含在企业利润总额中，也就是说，土地级差收益是企业全部利润中的一部分。因此，要分析计算土地级差收益的数量，就必须先分析企业利润的构成以及变化规律，同时分析企业超额利润与土地级别的关系，搞清它们之间的内在联系，然后从中找出基准值和级差系数，并剔除非土地因素的影响，才能准确有效地从中分离出与土地有关的超额利润，即土地级差收益（肖争鸣和刘小生，2006）。

（二）企业利润与影响因素的关系

以商服企业为例，影响企业利润的主要因素有六个方面。

1. 土地级别

土地级别综合反映了城镇土地区位和土地质量的差异，它是影响商服业利润的最重要的土地因素。

2. 占用土地面积

占用土地面积的大小对商服企业利润的影响主要表现在两方面：首先，企业占用土地面积大，意味着可拥有大量营业面积，从而具备大规模经营的条件；其次，土地和资金这两大生产要素，在一定的条件下可以互相替代。例如，当企业使用面积确定时，占地面积大预示着可以降低建筑层数，增加首层商服业的营业及辅助用地面积，更易吸引顾客光顾。结果，商服企业在低层中的营业额和利润要比同等面积的高层楼房高得多。

3. 资金量

商服企业资金包括固定资金和流动资金两部分。其中，商服企业拥有的固定资金越多，它的经营条件和营业环境越好，越能提供高水平的服务，从心理上吸引更多的顾客，同时为企业的大规模经营提供雄厚的物质基础。商服企业流动资金的多少，则标志着商品吞吐量的大小，以及商品档次的高低和花色品种的多少。显然，企业流动资金多，其商品的进销量大，商品档次高，花色品种全，服务对象广，销售机会多，从而获得的利润总量就大。反之，则相反。所以，在一般情况下，商服企业的利润与资金量成正比例关系。

4. 活劳动投入量

活劳动投入量是指商服企业在商品经营销售过程中所付出的有效劳动总量，一般由商业职工数量和他们的素质及劳动时间、劳动方式所决定。在测算时，活劳动投入量一般用企业支付给职工的收入总额来体现，包括职工工资、奖金、加班费以及其他附加费等。

5. 经营品种和经营范围

商服企业经营不同的商品，不仅在购销价格上有差别，而且在资金占用量多少、周转速度快慢、损耗率大小以及盈利水平高低等方面也不尽相同，特别是在目前我国尚未形成各行业间的平均利润率情况下，这些无疑要对商服企业的利润率和利润总额产生较大影响。与此同时，商服企业的规模和经营销售范围也影响经营品种的高低档次和销售量，再加上在一定时期内社会对各类商品的需要程度和需求欲望不同，以及销售范围内消费者的收入水平和消费层次结构不同等，都会使不同经营范围内不同规模的商服企业的商品销售和盈利迥然有别。由于这种差异与土地级别密切相关，为使测算简化，这一因素就合并到土地等级的影响之中。

6. 经营管理水平

经营管理水平是造成商服企业间获利差别的一个重要因素。在同样条件下，经营管理好的企业可因此获得额外收益。相反，经营管理差的企业则因此丧失其本应得到的部分收益，甚至得到一个负效益。这种与经营管理水平相对应的额外收益又称为"经济利润"。就我们所研究的范围整体而言，各商服企业的经济利润总和等于零，即经营管理因素对商服企业总利润的影响总和为零，故测算中可不予考虑。

根据以上分析，在影响商服企业利润的六个因素中，经营品种和经营范围因素归并到土地级别中考虑；经营管理水平的影响在实际中相互抵消，这样就剩下四个影响因素，即土地级别、占用土地面积、资金量和活劳动投入量。而且我们知道，商服企业利润是随着影响因素的变化而变化的，也就是说，各影响因素是自变量或叫解释变量，企业利润为因变量或称被解释变量，它们之间存在着一种函数关系，因此，我们可以用下列函数式表达其关系：

$$P = f(K, L, S, N)$$

式中，P 为商服企业的年利润总额；K 为资金占用量；L 为企业全部职工的年工资总额；S 为企业占用土地面积；N 为企业所在土地级别。

若将这一理论模式中各项指标分别除以企业占用土地面积指标，这不仅消除了各企业用地面积不等的影响，而且企业利润和其他影响因素均统一为单位面积指标，便于度量和比较，从而使模式进一步简化为

$$Y = (X_1, X_2, X_3)$$

式中，$X_1 = K/S$，为单位土地面积资金占用量；$X_2 = L/S$，为单位土地面积活劳动投入量；$X_3 = N$，为商服企业所在土地级别；$Y = P/S$，为单位土地面积利润额。

由此关系式我们可知道三因素对利润的影响程度或影响系数分别为 $\dfrac{\infty f}{\infty X_1}$、$\dfrac{\infty f}{\infty X_2}$、$\dfrac{\infty f}{\infty X_3}$，并可把关系式进一步变换为

$$Y = f(X_1) + f(X_2) + f(X_3)$$

式中，$f(X_1)$、$f(X_2)$、$f(X_3)$ 可分别理解为资金、劳动力、土地三要素对利润的分割部分。其中 $f(X_3)$ 就是土地的级差收益。

（三）级差收益测算法的程序

1. 城镇土地级别的确定

城镇土地定级是对土地的使用价值进行评价，基准地价测算是对区域土地的经济收益或租价进行评价，两者之间存在紧密联系。

城镇土地定级应按照国土资源部颁布的《城镇土地定级规程》（以下简称《规程》）规定的技术路线进行。按《规程》的要求，土地定级应采用多因素分值加和——收益测算的方法，将城镇土地划分为若干级，其工作程序一般为收集资料、指标选择、资料整理、因素分值计算表的编制、权重确定、单元划分、单元分值计算、土地级别确定、级差收益测算等（欧阳安蛟和葛昂扬，2002）。

2. 资料收集

1）选择测算对象

用于基准地价测算的土地类型是使用土地过程中能直接获得经济收益的用地类型，当前主要有商服用地、工矿仓储用地和住宅用地三大类。

2）资料收集要求

（1）调查样本要符合统计原理，即样本要保证足够数量。同时还要保证行业齐全，每级土地样本分布尽量均匀。

（2）样本数据要准确。数据准确包含两层含义：一是统计内容能比较真实准确反映企业实际利润水平，一般要收集企业 2~3 年的各项内容，以平均数作为可利用的数据；二是统计各项数据要准确可靠。

3）资料收集

（1）商服用地效益调查。调查的主要内容有土地级别、用地单位、行业属性、位置、职工人数、营业面积、企业占地面积、流动资金、固定资产净值、工资总额、年净利润等。

（2）工矿仓储用地效益调查。调查的主要内容有土地级别、用地单位、经济性质、位置、职工人数、企业占地面积、流动资金、固定资产净值、工资总额、利税总额、实现利润等。

（3）住宅用地效益调查。调查采用的方法一是按房产业在不同土地等级上的建设工程为对象进行调查，调查内容主要是各级土地上单项工程商品住宅销售价格和商品住宅的基本价格；二是从市场房租中统计调查住宅用地的收益。

3. 样本数据处理

1）土地利用类型的划分

划分土地利用类型，　　是根据行业特点对土地利用类型中资金收益不同的土地利用方式进行归类，确定出建立分类型测算收益的基础；二是作为数理统计中样本抽样比例和检验总体的基础；三是可以作为基准地价的代表范围。

城镇土地利用类型的划分，应考虑城镇的特点和各土地类型获得经济收益的差异，一般将土地利用类型分为商服用地、住宅和工矿仓储用地，如果在一个城镇中还有其他有收益的用地类型，也应单独划分出来。对一些经济类型分异明显、资料充足的城镇，可将商服用地按经营性质继续划分，将其分为日用百货、五金交电、饮食服务等用地类型。

2）单元土地质量指数的计算

土地级别是土地质量的等级反映，按人们的习惯，土地质量从优到劣按 1，2，…，n 一级排列，但用于收益测算时土地级别要转换成土地质量指数，而土地质量指数的大小正好与土地级别相反，即 1 级地的土地质量指数为 n，而 n 级土地的质量指数则为 1。

土地定级中的单元总分值和土地级别都是反映土地质量的标准，有时为了在土地级别的基础上，提高基准地价评估的精度，也可用单元总分值作为基准地价测算的基础。

土地定级的单元总分值是划定土地级别的基础。当利用土地级别进行级差收益测算时，估计精度会受到一定影响。因此，将反映土地质量状况的单元总分值用于收益测算时，由于评定土地级别时采用 100 分为限进行封闭区间计算，为达到曲线拟合同实际数据相一致，并便于同土地级别基础上的测算结果相对照，必须将单元总分值转换为单元土地质量指数，再用于收益测算。单元土地质量指数按下式计算：

$$X_{1n} = \frac{f_i}{n}$$

式中，X_{1n} 为某单元土地质量指数；f_i 为某单元总分值；n 为土地级别数。

3）企业标准资本额的计算

在我国目前条件下，资本投入到不同企业的收益率有较大差别，因此造成单位土地收益相同的情况下，支付地租和地价的能力有较大差别，为保证不同行业的资料能用于基准地价测算，需将企业资本折算为统一可比的标准资本额。

（1）行业或类别资本效益折算系数的计算。计算行业或类别资本效益折算系数要以土地利用类型划分的结果为基础，以商业、住宅、工业用地为标准，分别计算出行业用地或类别用地内部不同利用方式下，目前已存在的资本效益折算系数。如对商业用地而言，我们以五金交电行业的现实资本收益同五金交电行业的差异，来反映出资本在不同行业间已存在的经济差异，并通过系数折算的方式，将资料整理成为可比标准，用于收益测算和基准地价评估。因此，计算前需要先确定出各行业或类别中的标准行业和类别，然后按下式计算出各行业、类别内的资本效益折算系数：

$$K_{ci} = C_{rm}/C_r$$

式中，K_{ci} 为某用地类型中的某行业或类别资本效益折算系数；C_{rm} 为该用地类型中某一行业或类别全市平均的资金利润率；C_r 为该用地类型中标准行业或类别全市平均资金利润率。

（2）规模资本效益折算系数的计算。进行规模资本效益折算的原因同行业资本效益折算一样，计算时要分别以商业、住宅、工业中当地最佳企业规模或技术水平下的资本收益为标准，将不同行业内不同规模下的现实资本收益同标准收益比较，以反映出资本在行业内由于规模不同造成的经济差异，并通过系数折算的方式，将资料整理成为可比标准，用于收益测算和基准地价评估。其计算公式为

$$K_{cs} = C_{rn}/C_{max}$$

式中，K_{cs} 为某一行业或类别某一规模下的资本效益折算系数；C_{rn} 为该行业或类别某一规模下全市平均资金利润率；C_{max} 为该行业或类别最佳规模下的全市平均资金利润率。

（3）企业标准资本额的计算。目前，进行企业资本折算主要是进行行业或类别资本效益折算和规模资本效益折算，在确定了行业和规模资本效益折算系数后，可将任一企业的资本折算为标准资本额，其计算公式为

$$C_s = C_e \times K_{ci} \times K_{cs}$$

式中，C_s 为企业标准资本额；C_e 为企业实际用的资本额。

（4）企业合理工资量的计算。只有在合理劳动力数量下支出的工资量，方能给企业带来收益，多余劳动力不仅不创造利润，还会增加企业不合理的支出。为正确计算出土地收益，必须计算出企业在正常状况下合理的工资支出量，计算时按当地各行业不同技术水平下劳动力的定员标准，用下式计算合理的工资支出标准：

$$L_{cs} = L_{ce} \times \frac{L_{ps}}{L_{pe}}$$

式中，L_{cs} 为某企业在标准定员情况下应支出的工资额；L_{ce} 为某企业实际支出的工资额；L_{ps} 为某一技术水平下同等规模的企业应有劳动力的标准数量；L_{pe} 为企业实际占有的劳动力数量。

（5）企业效益资料的整理。在确定了标准资本额和合理工资量后，将收集到的每一企业效益资料，进行标准资本折算和合理工资支出量计算后，重新进行抽样数据的归类和汇总。

4）指标选择与样本数据归类

（1）样本数据归类。归类前，先确定归类标准和内容，进行归类管理的内容应是用于级差收益测算的指标，这些指标主要有单位土地面积的净收益、单位土地面积标准资金占有量、单位土地面积合理工资占有量、企业所在土地级别或单元总分值等。

根据样本数据归类的内容，以土地级或区域为单位，在级内按商服业、住宅、工业等土地利用类型，将经过处理的资料分类整理。对样本数量大、行业效益差异显著的商服业用地，可根据商业行业的特点，分成若干类型，进行资料的归类管理。

资料归类的类型，要保证每个类型中样本量符合数理统计推断的需要。一般情况下，城镇越大，分的类型越多，城镇越小，分的类型越少。按一般统计推断的精度需要，样本数据量最少应为变量数的 4 倍。

（2）数理统计检验。数理统计检验是在土地级别范围内，按土地分类数据的归并结果，对每一类样本数据进行总体和方差检验。①样本总体分布类型检验。对样本的总体分布类型进行检验，以确定用什么方法对样本数据的准确性、可靠性进行验证。另外，一些参数值的计算和测算模型的建立，也都需要测定样本总体的分布类型。②样本数据的准确性检验。数据准确性检验是从总体中剔除异常值。异常值是指同一土地级别内的同行业中，由于某些特殊因素影响而造成明显大于或小于其他观测值的数据。检验数据准确合理性的方法常采用数理统计方法，当样本总体分布属于正态分布时，可用 t 检验法，而对非正态分布函数，可采用均值–方差法。

（四）模型选择与系数估计

1. 选择测算模型

全行业、大面积、系统的土地级差收益测算的一个关键性技术问题是建立合适的数学模型。究竟采用哪个模型好，要根据经济理论有关检验结果确定。

（1）选择方法一。在已知线性模型的前提下，一种简单然而有效的方法，是根据被解释变量与解释变量的二维散点图来初步确定模型的数学形式。具体做法是：①根据样本资料，分别做出被解释变量 Y 与解释变量 X_j（$j=1$，2，3）之间二维散点图；②根据样本点 (Y_i, X_{ji})（$i=1$，2，…，n）的分布图形，逐一确定变量 X_j 在模型中的函数形式，在此基础上设定测算模型的数学形式。

（2）选择方法二。这是一种建立在多次试验基础之上的选择方法，具体做法是：①将认为可能的数量模型全部列出；②将样本数据依次代入各个模型中进行拟合，从而得出不同的样本回归模型；③对所得的各样本回归模型进行经济检验和计量经济检验；④从已通过各项检验的模型中，选出相对最优者作为测算的数学模型。

这是一种比较实用的选择方法，但因计算工作量较大，一般要借助计算机和有关的统计回归分析软件来完成。

（3）选择方法三。这种方法是根据已设定模型提供的信息进行选择，通常用于模型的数学形式调整。具体方法是：①选定某一种数学模型；②将样本数据代入模型进行拟合检验，并从中求出估计值 $\hat{Y}_i$ 和残差 e_i：

$$\hat{Y}_i = Y_i - \sum b_i x_{ij}, \qquad e_i = Y_i - \bar{Y}$$

③以 Y_i 为横坐标，e_i 为纵坐标，作点 (Y_i, e_i) 的二维散点图；④根据散点图中提供的信息，对模型的数学形式加以调整。

在实际测量中，上述三种方法可以结合起来应用。方法一通常用于数学模型的初次选择，方法二用于对初选模型提供调整方案，方法三则用于多次试验中的比较选择。

根据上面介绍的模型选择方法和本章第一节中提供的常用模型，确定城镇的收益测算模型，在提供的模型不能准确反映样点的实际状况时，可重新确定模型标准。

2. 系数估计

数学模型设定后，就可以采用适当的方法，根据样本资料提供的信息求出模型中的参数。目前，参数估计多采用最小二乘法。

3. 因素系数估计值的可靠性检验

通过样本数据设定数学模型后，样本数据可能存在的系统误差、数学模型的设定错误、模型变量选择不当等都会导致估计值的较大偏差。因此，必须对系数估计值的可靠性加以检验。一般要从经济意义、统计和计量经济学三个方面进行检验。

（1）经济意义检验。检验的目的在于了解系数的估计值是否满足理论评价准则的要求，一般从符号和值域两个方面检验。符号检验主要是根据模型中变量设计所要达到的条件进行检验；值域检验是根据现实经济条件加以具体限定。如目前各行业的资金利润一般不超过30%，则可对资金参数估计值加以限定。

（2）统计检验。统计检验是通过对各解释变量影响作用的显著性和模型的拟合效果进行检验来间接说明估计值的可靠性，统计检验常采用回归系数的总体显著性检验。该检验的基本步骤为：①建立检验统计量 F_i 并计算出样本值。②根据预先选定的显著性水平 α 和自由度 V_1，V_2，以 F 分布表中查到临界值 $F_a(V_1, V_2)$ 进行比较，如果 $F > F_a(V_1, V_2)$ 成立，则可认为三种生产要素对净收益的总体影响是显著的。

（3）计量经济学检验。进行计量经济学检验的目的就在于检验模型是否满足所要求的基本假定，从而对统计检验的有效性作出评价。检验的项目主要有异方差性检验和多重共线性检验。

（五）土地收益计算

确定了城镇级差收益测算的模型后，经过系数估计和因素系计值的可靠性检验，就可利用选定模型计算土地收益。

1. 用于收益测算的常用模型

（1）指数模型：该模型的基本形式为

$$Y_n = A\,(1+r)^{X_{1n}} \text{ 或 } Y_n = A\,(1+r)^{\alpha X_{1n}}$$

式中，Y_n 为第 n 级土地上样本每平方米土地的地价或土地收益；r 为利润级差系数或地价级差系数；X_{1n} 为第 n 级土地级别指数或单元土地质量指数；A 为回归常数；α 为模型待定系数。

此模型主要用于地价或土地收益和土地质量等级已知的情况下来估算土地级的基准地价。

（2）多元线性模型：该模型的基本形式为

$$Y_n = b_1 f(X_{1n}) + b_2 X_2 + b_3 X_3 + e_n$$
$$Y_n = b_0 + b_1 X_{1n} + b_2 X_2 + b_3 X_3$$

式中，Y_n 为土地使用者每平方米土地上的利润值；X_{1n} 为第 n 级土地级别指数或单元土地质量指数；X_2 为每平方米土地上标准资金占有量；X_3 为每平方米土地上标准工资占有量；b_0 为常数，大于零；b_1、b_2、b_3 分别为土地、资本、劳动力的回归系数；e_n 为误差项。

此模型主要用于企业利润、土地等级、资本、劳动力工资已知的情况下，估算土地的收益，从而确定出地价。房屋出租也可以按此模型处理，将租金作为 Y_n，房屋的建筑费用作为 X_2，房屋出租的管理费等作为 X_3。

（3）生产函数模型（多元非线性模型）：该模型的基本形式为

$$Y_n = f(X_{1n})^{\alpha} \cdot X_2^{\beta} \cdot X_3^{\gamma} \cdot e^{nh}$$
$$Y_n = A\,(1+r)^{X_{1n}} \cdot X_2^{b_2} \cdot X_3^{b_3}$$

式中，Y_n、X_{1n}、X_2、X_3 与模型 2 相一致；r 为利润级差系数；A 为常数；b_2、b_3 分别为资本、劳动力的回归系数；α、β、γ 为通用模型回归常数；e^{nh} 为误差项。

此模型的适用条件与模型 2 相一致。

（4）分级回归模型：该模型的基本形式为

$$Y_n = f(X_{1n}) + b_2 X_2 + b_3 X_3 + V$$

式中，Y_n、X_2、X_3 与模型 2 相一致；$f(X_{1n})$ 为某级土地上，土地给企业带来的利润为自变量 X_1 的未知函数；X_{1n} 为第 n 级土地级别指数或单元土地质量指数；V 为误差项；b_2、b_3 为分别为资本、劳动力的回归系数。

此模型的适用条件与模型 2 相一致。

2. 土地收益的计算

对于不同的测算模型，在模型各系数已定的情况下，各模型计算土地收益的公式如下。

（1）指数模型：$I_{ni} = A\,(1+r)^{X_{1n}}$

（2）多元线性模型：$I_{ni} = Y_{ni} - (b_0 + b_2 X_2 + b_3 X_3)$

（3）多元非线性模型：$I_{ni} = \dfrac{Y_{ni}}{X_2^{b_2} X_3^{b_3}}$

（4）分级回归模型：$I_{ni} = Y_{ni} - (b_2 X_2 + b_3 X_3 + V)$

以上各式中，I_{ni} 为第一级土地上样点单位面积的土地收益；Y_{ni} 为第一级土地上样点单位面积的利润；A、X_{1n}、r、b_0、b_2、b_3、X_2、X_3、V 的含义同上。

对于有土地经营资料的样点区域，将各样点的资本、劳动力资料及相应的估计参数代入土地收益的计算公式中，则可计算出样点的土地收益。将样点资料代入模型时，除直接将样点数据代入外，也可以按土地级或区域将其中的样点资料进行平均处理后，代入模型得到级别或区域的土地收益。

对于一些区域中没有或很少有样点经营资料的情况，在系数通过模型已定的情况下，可利用土地质量指数或级别直接计算出土地的收益。

（六）基准地价确定

在计算出级别或区域、样点的土地收益后，将土地收益视同经营者交付它租的能力，则可采用收益还原法的计算公式，求出级别、区域或样点的基准地价，计算公式为

$$P_{lb} = \frac{I_n}{r_d}\left[1 - \frac{1}{(1 + r_d)^n}\right]$$

式中，P_{lb} 为某一用途土地在某一土地级上的基准地价；I_n 为某一用途土地在某一土地级上单位面积的平均收益；r_d 为土地还原利率；n 为某一用途法定最高使用年限。

土地还原利率的计算，同收益还原法中计算土地还原利率的方法相同。对一些按样点计算土地收益 I_n 的，在代入公式前，必须先计算平均值，得到某一土地级上单位面积的平均收益。

对于计算的样点土地收益，也可以按区域计算土地收益的平均值，按公式计算出区域基准地价。

二、交易样点测算法

基准地价交易样点测算法，就是利用已发生的各类土地交易样点，在求算各土地交易样点地价的基础上确定基准地价。其测算方法及步骤有以下四点。

（一）基准地价测算区域的确定

利用地租、地价测算城镇基准地价，同样要先确定基准地价的测算区域。

已完成城镇土地定级的，可利用城镇土地级别作为测算基准地价的基本区域，同时按照地价、地租的变化幅度，确定某一种类型的基准地价测算是否需要细划地价区段。一般情况下，区域平均价与样点地价差异超过 30%，且超过的样点数在土地使用价值上确有差异，样点分布呈组团表现并满足数理统计推断的需要，可继续划分区域测算基准地价，区域划分直到区域平均价与样点地价差异不超过 30% 为止。

对土地市场发育良好，地价、地租数量多的城镇，基准地价的测算可不先评定土地级别，但必须确定基准地价测算的区域，而区域确定的客观标准是土地条件的差异。

目前，利用地租、地价测算基准地价也可以用路线价。按路线价评估的原理，其评估结果是基准地价的一种形式，按路线价的定义，其价格是指面临特定街道、接近性相等的市街地的路线平均价。评估路线价的基础是确定特定街道的标准和接近性相等的宗地，而评价标准是影响土地价格的区域和个别因素，而不是价格本身。

利用地租、地价资料测算基准地价时，划定测算区域的主要作用有：

（1）保证划分区域内的样点地价、地租信息共享，使同样土地条件的交易样点，能全部应用到地价评估中。

（2）基准地价要求覆盖城镇，且有地租、地价的区域界限，而土地估价是通过有地价、地租的样点，评估各区域的基准地价。因此，划定区域是评估基准地价的基础。对于没有交易案例或案例较少的区域，可采用区域因素比较的方法，确定区域基准地价。

（3）突出重点区域的地价样点调查，保证收集样点的精度。

（4）有助于分析地价与影响因素的关系。按地价评估的理论和基准地价测算的要求，划分基准地价测算区域的依据应是影响土地使用的一系列因素，这些因素包括土地定级因素和影响土地价格的社会因素和个别因素。因素的选择各城镇可按实际情况进行，但确定因素后的区域划分标准，应尽量规范化。其工作程序一般为选择划分区域的因素，确定因素划分区域的标准，调查资料的图件，初步划分区域，实地校核、调整和确定区域边界。

基准地价测算区域划定后，样点充足且分布区域均匀的城镇，可利用样点反映的地价，直接评估各区域的基准地价。否则，应进行区域间的同质性判别，将性质和质量一致的区域归为一类。

（二）资料收集

利用土地市场中已形成的地租、地价样点测算基准地价，必须先计算出目前市场中已存在的土地转移形式中的地价，按目前我国土地市场的实际情况和土地转移方式，能计算土地价格的有以下方式：土地出让、土地转让、土地出租、房屋出租、房屋买卖、柜台出租、土地入股、合作建房、商品房出售、土地征用和拆迁、企业兼并等。各城镇可根据当地实际情况，确定测算基准地价中采用的资料类型。

1. 资料调查表

按土地转移类型和各种类型计算地价的需要，地价资料调查表可参见国家土地管理局颁布的《城镇土地估价规程》，由各城镇根据市场发育状况，选择确定出调查工作用表。

2. 资料调查方式及部门

各城镇可根据实际情况，确定基准地价估价中的资料调查方式和部门。

3. 资料调查要求

资料调查采取分类不等比抽样。土地分类一般分为商服、住宅、工矿仓储。每一类的抽样比例，应分区域和交易活动的程度，分别由各城镇确定。一般房地出租买卖的调查样本至少应占其总量的15%，每级总样本数不少于50个。

调查资料时，要同时调查宗地的土地条件。调查应分区域进行，选择的样本应有代表性，可能的情况下，样本分布范围要广。在资料调查基础上，最好能将地价点标注在估价工作图上，以反映地价样本分布趋势和定性剔除一些不合格样本等，同时也能初步检验划分测算区域的正确性，并从图上核实一些土地条件调查因素的准确性。

（三）样点资料处理

1. 样点地价计算

应用土地估价的一般方法，结合样点地价资料，分别计算各样点地价。

2. 市场地价的出让年期修正

基准地价评估所需的宗地地价，一般按法律规定的各类土地最高出让年限进行修正。对于前面计算的样点宗地地价，要根据出让或转让中的年期进行年期修正。没有明确年限的，按所有权价格计算方法修正到法定最高出让年限；对有年期但没有到最高出让年限的，也要修正到法定最高出让年限。

（1）有限年期使用权地价修正到法定最高出让年期地价的计算公式为

$$P_m = P_n \times \frac{1 - [1/(1 + r_d)^m]}{1 - [1/(1 + r_d)^n]}$$

式中，P_m 为最高出让年限的土地使用权价格；n 为实际出让年期或剩余出让年期；P_n 为有限年期出让地价；m 为土地使用权出让最高年限；r_d 为土地还原利率。

（2）所有权地价修正到法定最高出让年期地价的计算公式为

$$P_m = P \times \left[1 - \frac{1}{(1 + r_d)^m}\right]$$

式中，P 为土地所有权价格；P_m、r_d、m 含义同上。

3. 市场地价的交易时间修正

以年为单位，区别不同土地用途，计算地价年度之间的平均上涨或下降幅度，编制市场地价交易时间修正系数，计算公式为

$$K_{ij} = P_{is}/P_{ij}$$

式中，K_{ij} 为某类土地用途第 j 年数据修正到评估年的时间修正系数；P_{is} 为该类土地用途评估年该类土地交易平均价或地价指数；P_{ij} 为该类土地用途第 j 年土地交易平均价或地价指数。

对不同年份发生的交易宗地地价，地价修正到评估年份的计算公式为

$$P_{ls} = K_{ij} \times P_{ji}$$

式中，P_{ls} 为修正到评估年的宗地地价；P_{ji} 为第 j 年第 i 宗地的实际成交地价。

4. 市场地价的容积率修正

容积率修正按区域进行，以城镇规划规定的区域容积率为标准，不同的容积率，按土地用途进行抽查调查，得到不同容积率下的单位面积地价，然后用下式计算容积率修正系数

$$K_r = P_{is}/P_i$$

式中，K_r 为容积率修正系数；P_{is} 为某一区域某一用途规定容积率下单位面积平均地价；P_i 为该区域该用途在某一容积率时单位面积的平均地价。

对不同容积率情况下发生的交易地价，按下式将地价修正到规定容积率的价格。

$$P_{ls} = K_r \times P_{li}$$

式中，P_{ls} 为修正到规定容积率时的宗地地价；P_{li} 为某一容积下的宗地成交价；K_r 为同前。

编制容积率修正系数的另外一种方法是边际效益分析，假如当容积率 1 为区域标准容积率，当容积率为 2 时，单位建筑面积的成本增加了 20%，这样修正系数可为 1.6 倍。即容积率等于 2 时，其地价为容积率等于 1 时的 1.6 倍。

5. 样点地价分布图的编制

将经过处理的样点资料，按样点的实际位置，标注在工作图上，从图上分析地价的变化规律，检验区域边界划定的准确性。样点地价图一般区分土地用途，其表示方法可采用直接表示法或样点地价分级表示法，前者适合于地价资料丰富的城镇。样点地价的分级数目，一般由各城镇根据实际情况确定。

有时为检验估价方法处理的正确性，在同一区域中的统一分级标准，对不同方法处理的地价资料，可不用反映在图上，以检验处理方法的正确性。

（四）样点数据检验

1. 资料处理方法检验

资料处理方法的检验按照有同样使用价值的土地，在相同的市场条件下，应该有同样的价格。在同一个区域中，不同方法处理的结果，应服从样本来自同一总体的检验，按数理统计的要求，检验方法主要有 t 检验法、均值–方差法、秩和检验法等。

当检验结果认为样本地价为不同总体的样本时，则需在检验区域划分准确性和不同地价计算方法可能产生的系统误差调整后，重新进行检验，直到符合要求为止。

2. 资料归类

资料归类以基准地价测算区域或类型为单位，按商业工业等类型，将经过处理的资料和通过处理方法检验的进行分类整理，资料整理见表 7-1。

表 7-1　地租、地价资料整理表

土地区域及编号	土地用途	交易方式	成交地价/(元/m²)	修订后价格/(元/m²)
—	—	—	—	—

3. 数理统计检验

数理统计检验以区域或按区域归并后的土地类型。

4. 剔除异常数据

根据市场发育程度和数理统计检验结果，选择合适标准，剔除样本中的异常数据。

三、基准地价评估程序

（一）模型选择

对一些条件复杂、资料丰富的城镇，可利用多种选择方法，确定适合本城镇的基准地价测算模型。

（二）参数估计

在模型选择基础上，依据模型中的参数变量，确定是否进行参数估计，一般情况下，只要条件具备，最好能运用模型进行参数估计，通过数理统计分析，可以确定估价精度，检验资料处理中可能出现的一些系统误差。同时，利用模型中建立的土地质量与地价的相关关系可以较好地处理无样点或样点较少区域的基准地价评估。

对利用算术平均数据型的，对样点不足区域的地价评估，需通过其他方法进行补充，以评估出城镇全区域的基准地价。

（三）地价计算

利用收集到的地租、地价资料和确定的数学模型，就可以计算土地级或土地均质区域的地价。对已完成土地定级的城镇，可利用模型先计算土地级别的地价，再按行业特点和地价样点分布与变化情况，确定是否划分均质区段，并评估出地价。按均质区域评估基准地价的城镇，有样点的区域可直接计算出地价，而没有地价样点的区域则必须采用比较估价的原理和方法，进行区域间因素比较和修正，得到其他区域的基准地价。

（四）基准地价的确定

按上述方式确定基准地价测算区域并估算地价后，由于各城镇土地交易形成的地租、地价差别较大，在我国目前状况下，交易类型比较集中，因此，一定土地级或区域中，只反映了一种或两种土地交易的平均价。但我国城镇土地长期无偿使用，城镇规划的约束性不强，地籍资料和图件比例尺小，难以在城镇中划出性质单一的区域，多数为复合区域，且这种土地利用方式在目前还比较合理。为此在评估出主要交易方式形成的基准地价基础上，还需评估出复合区域中其他土地用途的基准地价，其评估方法为有样点地价的区域采用算术平均数等直接计算，没有样点地价的区域采用比较法评估其他用地的基准地价。

性质单一的区域，只评估出一种用途的基准地价。评估方法及资料依据土地用途和交易样点确定。商业用地可主要参照市场地价，工业用地则需更多地依靠成本资料或边际效益转换资料。

在确定区域基准地价的基础上，可以按用途相同、地价标准基本一致的区域进行归类划分出土地级，而进行归类的土地用途以主要交易方式评估基准地价为准。在确定了区域中各用途基准地价评估结果的基础上，可以按级差收益测算级别基准地价的方法，确定区域的综合基准地价。只有一种用途的区域，则以此地价为综合基准地价。确定综合基准地价的方法也是按经济效益最佳或综合效益最佳的原则进行。

第三节　基准地价系数修正法的建立

一、基准地价系数修正法的原理

基准地价系数修正法，是在基准地价的基础上，进行各种系数修正，最终评估出宗地地价的一种方法。宗地地价是城镇内某一宗地在当地土地市场正常供求状况和一般经营管理水平下的土地使用权价格。宗地地价可分为标定地价、出让底价、交易价等。

土地出让底价系指政府在出让前确定的具体出让地块的最低控制价格。在协议出让方式中，它是政府出让土地使用权谈判工作中最重要的参考价格；在招标或拍卖出让土地中，它是政府评标、决标或确立拍卖起价的重要依据。土地出让底价既不同于基准地价、标定地价，也不同于交易地价，它介于基准地价与交易地价之间，并与交易地价接近。

如前所述，基准地价是按不同的土地级别、不同区域分别评估和测算的商服业、工矿仓储、住宅等各类用地的平均价格（基本标准价格）。它主要反映城镇地价总体变化趋势和区域地价水平，是国家对地价实行宏观控制、管理和引导地产市场发展的依据，同时也是国家征收土地使用税、参与土地收益分配的基础标准，是区域性地价水平，是进一步评估标定地价和出让底价的重要依据。

出让底价不同于标定地价。标定地价是基准地价的具体表现，是根据具体情况对基准地价进行修正，评估得来的具体地块的标定价格，是政府调控土地二级市场、收取土地增值税（费）、土地使用税（费）以及评估股份制企业土地资产等的标准和依据。标定地价是正在使用宗地的价格，出让底价则是准备出让土地的最低价格；标定地价是政府定的土地价格，具有强制作用，而出让底价是政府在出让土地时的最低控制价格；标定地价是公开的土地价格；出让底价则是不公开的土地价格；标定地价是基准地价区段内具体地块的价格，一宗已使用的土地有一个标定地价，且在较长时期不变化，而出让底价则随出让地块面积、微观区位、时间先后的变化而有所变化，因为出让的土地可以包括几宗已使用土地，也可以是一宗已使用土地的一部分，其价格不能是几宗土地或一宗土地的简单累加或扣除，而且由于出让时间的不同，其价格也会有变化。

出让底价不同于交易地价（成交地价）。成交地价系指具体出让地块实际成交的地价，出让底价是出让土地谈判前决定的价格，只对谈判的一方——政府有作用，并得不到受让方的认可。交易地价则是双方经过谈判或竞投后决定的价格，对双方都有约束作用。出让底价又与交易地价有联系，交易地价高于出让底价，土地出让可以完成；交易地价低于出让底价，土地出让则不能实现。

利用基准地价评估结果，采用系数修正法评估宗地地价，一般多用于地价体系中为政府管理地产市场服务的标定地价的评估。

按照基准地价和标定地价的定义，基准地价是在现实宗地利用效益、地租或地价资料的基础上，通过对城镇中已有资料的数理统计分析，求得的土地级别或区域的平均价格。因此，实际存在的宗地价格、收益是确定基准地价的基础，影响宗地价格高低的因素，同样也影响着基准地价的水平。而标定地价是地块的评估价格，它是在基准地价与宗地价格、收益相关条件和相关因素分析的基础上，通过建立地块价格、影响地价因素和基准地价之间的关系，以基准地价为基础，用系数修订的方法，评估得到的地块价格。

因此，标定地价评估方法是建立在一种个体与总体相关分析基础上的规律类推估价方法，其关系如图 7-1 所示。

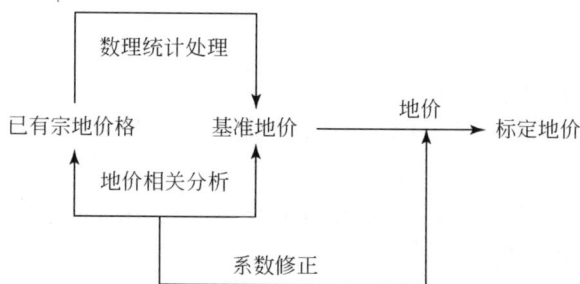

图 7-1　标定地价与基准地价的关系

基准地价系数修正法的基本原理，仍是市场比较法中的替代原则。它是用比较法建立的宗地地价评估标准。

二、宗地地价影响因素的选择

影响地价的因素有一般因素、区域因素和个别因素。在一个城镇或城镇中的某些区域，影响地价的一般因素的变化将引起整个城镇地价水平的变化。因此，具体宗地地价评估中考虑的主要是影响地价的区域因素和个别因素。当然，对某些特定地块，政府从其他政策考虑，一般因素也将影响到地块的地价水平，但这些多数属于决策行为引起的地价差异。对于这类因素，地价评估时一般不考虑，而应由决策者在决策时考虑。

（一）宗地地价影响因素的类型

在一个城镇中，影响土地价格的因素主要有区域因素和个别因素。

1. 影响宗地地价的区域因素

区域因素是指构成区域具体特征，同时又对土地价格起重要影响的各项因素。对于不同的土地利用类型，影响地价的区域因素的项目和强度是有差异的，但主要有以下五类。

（1）位置。影响地价的位置因素主要是指经济位置，是指每一评价对象在城镇内部所处的具体区位，包括已确定的土地级，距城镇中心、商业中心或其他人们活动集聚中心的距离，也包括各类中心对城镇中其他区域或宗地的影响程度。

（2）基础设施条件。影响地价的基础设施条件主要包括基础设施和服务设施两大类，如供水、排水、供电、通讯、供气、供暖以及幼儿园、学校、公园、医院等设施的等级、结构、保证率、完备程度及距离等。

（3）交通条件。影响地价的交通条件主要有区域的交通类型、对外联系方式及方便程度、整体性交通结构、道路状况及等级、公共交通状况及路网密度等。

（4）环境质量。影响地价的环境质量主要包括人文环境和自然环境，如地质、地势、坡度、风向、空气和噪音污染程度等各种自然环境条件以及居民职业类别、教育程度和收入水平等人文环境条件。

（5）城镇规划限制。影响地价的城镇规划因素主要有区域土地利用性质、用地结构、用地限制条件、区域交通管制等。

2. 影响宗地地价的个别因素

个别因素是指构成每一宗地的具体特征，同时对宗地价格又有重大影响的因素。主要有：

（1）宗地的形状、面积。

（2）宗地在区域中的微观区位。

（3）宗地环境质量因素。与宗地有关的环境质量是指与宗地本身有关的坡度、风向、地质条件、自然灾害等。

（4）宗地市政设施条件。与宗地有关的市政设施是指与宗地直接相关的通水、排水、供电、供气、供暖、通讯设施等。

（5）城镇规划限制。作为个别因素考虑的城镇规划因素主要有宗地容积率、建筑物高度、建筑密度、宗地用途等。

除以上主要影响因素外，许多地区根据当地具体条件不同，还会有其他影响因素。

城镇中土地按照用途可以划分为商服用地、工矿仓储用地及住宅用地等，评价土地时也主要针对这三类用地。根据其不同使用性质，影响价格的区域因素及个别因素也有很大不同。

（二）商服用地影响因素

按商业区规模和服务性质分为市级、区级、街区级以及独立的商业用地四类。在一些特大城市，区级商服区和街区级商服区之间，还存在着一个小区级商业服务区。划分商服区类别主要是为了进一步分析确定商业区繁华程度以及确定相应的修正系数。均质地域估算基准地价的，以区域类型确定影响因素及修正系数。根据商服业用地的特点，影响商服业用地土地价格的区域因素和个别因素如下。

1. 交通便捷度

它是指顾客到达商业区的交通方便程度，包括对内和对外两个方面。对内方面有道路类型、道路宽度、路面状况、站点总数及密度、平均车流量、人流量等。对外方面有到火车站、港口、长途汽车站、高速公路入口等设施的距离及对外联络的方便程度等。

2. 环境质量优劣度

反映商业用地的环境质量主要有两个指标：一是人文环境，即商业区周围的人口密度、收入水平等。人口密度大，意味着商业区服务对象多；二是土地自然环境，即商业区的地质状况有无地陷、地裂、地震，土地承载力的大小，地形坡度大小，有无洪水淹没威胁等。

3. 城镇规划限制

主要反映城镇规划对商业区土地利用提出的具体要求，包括土地的具体用途、建筑物的高度、密度、容积率、道路宽度等。此外，交通管制等也会对商业区土地价格产生制约作用。

4. 其他因素

主要指不在以上影响因素中，但又确实对商业区土地价格产生重大影响的因素。其他因素应在评价宗地地价过程中，根据各地区条件和评价人员的经验具体确定。

影响商业用地的个别因素还有宗地的形状、临街状况、临街深度等。

（三）住宅用地影响因素

城镇中的住宅用地类型多种多样，确定住宅用地影响因素时，要按住宅区类型分别确定。在土地定级基础上，住宅区用地一般分为楼房区、平房区、混合区、高层建筑区等。根据住宅用地的特点，影响住宅用地价格的区域因素和个别因素如下。

1. 住宅区的位置

它主要包括距商业服务中心和城镇中心的距离、所处土地级、商业服务业对各类型住宅区的影响程度、住宅区在土地级别中的区位等。

2. 交通便捷度

它主要以购物和工作方便程度两个指标来衡量和反映。购物和工作方便程度可通过从住宅地到达通往市级商业服务区、区级商业服务区和工业区域的公交站点的距离来反映。

3. 基础设施保证度

基础设施主要指直接用于居住服务的供电、供气、供水、排水、供暖等设施。保证度则是用来衡量这些设施配置情况以及运行状况。在我国，许多城镇特别应着重考虑供水、排水、供电、供暖的保证程度。

4. 环境质量优劣度

环境质量优劣度：一是人文环境，包括住宅区内居民的就业结构、受教育程度、社会阶层等居住条件；二是自然环境，包括绿化状况、水污染、大气污染、噪音污染、自然灾害、工程地质条件等。

5. 公用设施完备度

它主要指为住宅区服务的公用设施完善程度，包括学校、幼儿园、医院、邮电所、公园、电影院、体育馆、游乐休闲场所的配置状况。

6. 城镇规划限制

它主要指城镇规划中对住宅区建筑的高度、样式、密度、建筑容积率、消防间距以及土地使用前景等提出的具体规划和限制要求。

7. 其他因素

它主要指不在以上影响因素中，但确实对住宅区土地价格产生重大影响的因素，如区域中不同类型住宅的销售状况及前景。

影响住宅用地的个别因素还有宗地的地形、面积、日照、采光、通风、坡度、地基承载力等。

（四）工矿仓储用地影响因素

在我国，城镇工矿仓储用地根据生产特点、生产的协作关系以及生产企业的规模聚集程度，可以划分为大型、中小型工业园区和独立的工业用地三类。根据我国工业用地的特点，影响我国工业用地的区域因素和个别因素如下。

1. 工业区的位置

工业区的位置对工业用地的地价影响主要是指工业区位置的优劣影响到职工上下班以及后勤服务的状况、生产产品的市场距离远近等；另外一些有污染的企业的选址还应特殊考虑。

2. 产业集聚规模

产业集聚规模是指工业园区内工业企业数目多寡以及企业规模的大小。现代化工业生产分工细，专业性强，许多生产部门需要相互协作。因此，工业区内只有具备一定的规模，具备一定的生产技术体系才能使企业产生规模和集聚效益，减少不必要的生产成本和一些其他费用。

3. 交通便捷度

交通对工业用地地价的影响：一是对内的情况，包括区域内道路类型、宽度、路面状况、道路质量、道路密度等；二是对外联系情况，包括工业区道路系统同对外公路、过境公路联接状况、距火车站、港口、高速公路入口以及其他交通枢纽的距离、可利用程度等。

4. 基础设施完善度

基础设施完善度对工业用地地价的影响是指为工业服务的基础设施配置以及运行能力。基础设施包括动力能源（主要有煤、油、火电、水电、热能等）、供水能力及保证率、排水设施及能力。一般说，基础设施条件好，保证率高，生产则不受影响，企业的土地效益才能得到充分发挥。

5. 环境质量优劣度

环境质量优劣度主要指区域内的自然条件，包括地质状况、土地承载力、地形、地势、污染程度等。

6. 城镇规划限制

城镇规划对工矿仓储用地地价的影响因素主要包括建筑物的高度、密度、消防间距以及土地使用的发展前景等。

7. 其他因素

影响工矿仓储用地地价的其他因素，主要指不在以上影响因素中，但因当地条件造成的能对工业区土地价格产生重大影响的因素，如劳动力的市场供求状况。影响工业用地地价的个别因素还有宗地的形状、面积、宗地用途的限制的。

宗地地价影响因素的选择，应综合各城镇土地特点，根据以上宗地地价影响因素分析，参照《城镇土地估价规程》中提供的参考因素，分土地利用类型选择确定影响宗地地价的因素。

采用级别中行业或区域基准地价建立宗地地价因素修正标准和体系的，级别中行业基准地价必然选择影响地价的区域因素和个别因素进行修正，才能建立宗地地价的修正体系，评估出宗地地价。区域基准地价的修正，则视区域的大小及因素的差异而定，一般情况下，应进行影响地价的区域因素和个别因素的修正。但对一些区域因素差异小的区域或区段，如用路线价法评估的某一街道的商业用地的基准地价，则可以个别因素修正为主，有的也可以只进行个别因素的修正，建立起按区域类型的宗地地价修正体系。

三、宗地地价影响因素修正幅度的计算

在分析和确定土地级别、区域基准地价、影响土地价格的区域和个别因素后，需要计算各因素在不同指标条件下的宗地地价修正系数。

在国外，因素修正幅度的确定主要是通过对土地市场活动和对土地交易结果进行大量调查分析，在此基础上经过不断探索和调试得出的。由于我国在原土地使用制度模式下，城镇土地长期无偿使用，近年来，虽在全国逐步实行了土地使用制度改革，变无偿使用为有偿使用，但是，土地市场发育尚不健全，土地价格也不成体系，同时，我国的土地估价工作尚处于起步阶段。所以，直接依据不健全的土地市场反映的价格差异来分析确定各影响因素的影响强度，计算影响因素修正幅度确有一定的难度。另外，我国实行城镇土地国家所有制，这同国外土地市场有很大区别，加上各城镇的发展水平和发展条件并不一致，因此，我们不可能直接把国外成熟的经验套用过来，只能通过不断探索，才能确定出符合我国实际情况的影响因素修正体系和修正幅度计算方法。

现结合我国具体情况及目前开展的城镇基准地价测算工作，提出以下几种确定各因素影响强度和计算地价修正幅度的方法。

（一）以土地级别内各行业用地的基准地价为基础，分别计算宗地地价修正系数

1. 计算各级土地中各行业用地的修正幅度

基准地价是在城镇土地定级的基础上，通过对每一级土地的市场资料以及土地收益测算而得出的一种综合性平均价格。根据每级土地的基准地价，确定因素整体的修正范围即总修正幅度。具体作法如下：

在每级土地中，对每一土地用途确定的基准地价，根据实际级差收益或地价的斜率以及测算的收益模型，选择出同类可比较的五种收益标准。

如图 7-2 所示，横轴是城镇中心到城镇边缘的距离，横轴上的区段表示根据综合影响因素划分的土地级别。SS' 是每级土地同一用途的收益或地价曲线，A、B、C、D、E 是分别选取的某一土地用途的五个收益或地价标准，将它们分别确定为好、较好、一般、较劣、劣五个档次。

据确定的五个标准以每一点的收益或地价与同一级内的平均收益值（基准地价）相减，得到每点收益或地价同平均收益的差距。然后，分别除以每级土地的平均收益或基准地价，

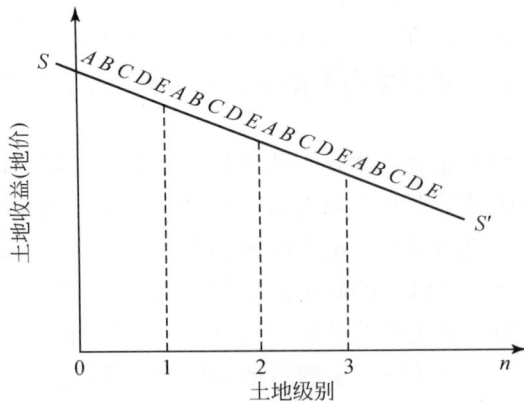

图 7-2　土地级别与土地收益相关关系

得到每点收益或地价同平均收益的差距，再分别除以每级土地的平均收益或基准地价值，便得到每点优劣于平均水平的程度，即

$$\frac{A-C}{C}（好）\quad \frac{B-C}{C}（较好）\quad \frac{C-C}{C}（一般）\quad \frac{D-C}{C}（较劣）\quad \frac{E-C}{C}（劣）$$

根据计算出来的值，将 A、E 点计算的系数，作为每级土地内各行业的最大上调或下调幅度，计算的通用公式为

$$F_1 = \left[(I_{\mathrm{nh}} - I_{\mathrm{lb}}) / I_{\mathrm{lb}} \right] \times 100\%$$

$$F_2 = \left[(I_{\mathrm{lb}} - I_{\mathrm{lt}}) / I_{\mathrm{lb}} \right] \times 100\%$$

式中，F_1、F_2 为级别内各行业用地基准地价修正到宗地地价的最大上调和下调幅度；I_{lb} 为级别内某一行业用地的基准地价或基准地价折算的年收益；I_{nh} 为级别内某一行业用地正常市场状况下的最高地价或土地收益的最高值；I_{lt} 为级别内某一行业用地正常市场状况下的最低地价或土地收益的最低值。

对于市场地价资料充足的区域，可以以级为单位，分行业用地选择符合要求的宗地地价调查资料，对资料进行分析处理，将收集到的资料分为不同的群组。一般情况下可分为五种状况，按各组团地价顺序的高低，依次确定为好、较好、一般、较劣、劣。工作中，对资料进行组团分析有两种方法：一是图示法，将所有合格的宗地地价按宗地所在的实际位置绘制于土地级别图上，从图上观测样点宗地地价的分布状况，按分布密集区确定为几个组团，以组团的平均地价高低进行排序，确定优、劣标准；二是利用样点宗地地价进行聚类分析，按聚类分析结果，将样点地价分成五个组团，计算五个组团的平均地价，按地价的高低排序，确定优、劣的地价标准。根据优劣标准下的地价水平，按公式计算出每级土地各用地类型的最大修正幅度。

2. 确定各影响地价因素的重要性，计算出各因素的最大修正幅度

某点地价优、劣于基准地价的幅度，是由影响地价的因素及重要性共同决定的。因此，在确定级内行业地价调整幅度的情况下，要按工矿仓储、住宅、商服等用地类型的不同，分别确定各类基准地价各影响因素的权重值，计算出各因素在不同行业中的最大修正幅度。确定各因素影响地价权重值的方法有两种。

（1）采用土地定级中确定因素重要性顺序的特尔斐测定法，选择有经验的专家，分商服、住宅、工矿仓储等土地用途确定各因素的权重值，具体测定方法可参照《城镇土地分等定级规程》中的有关内容。确定了各因素的权重后，可按下式计算出各因素最大上调、下调幅度。

$$F_{1i} = F_1 \times W_i$$
$$F_{2i} = F_2 \times W_i$$

式中，F_1、F_2的含义同上公式一致；F_{1i}、F_{2i}为各用途土地中某一影响地价因素的最大上调或下调幅度；W_i为某一因素的权重值。

（2）结合各因素内各指标优劣状况影响地价相对指数的计算，确定出各因素的最大修正幅度。采用此种方法是根据选定的影响宗地地价的因素，通过利用市场地价或土地收益样点资料的分析，在得到每个因素的最大修正幅度情况下，将所有各因素的最大上调或下调幅度相加，得到各因素的总修正上调或下调幅度，经与前面确定的总修正幅度比较后，进行比例平差，最终得到各因素的影响权重和最大上调、下调幅度。

3. 确定各影响地价因素在不同指标或条件状况下的修正系数

根据选择的宗地地价影响因素及各因素的最大修正幅度，计算随影响地价因素指标条件变化而引起的地价修正系数的变化，其计算方法有两种：一是根据各因素的修正幅度F_{1i}、F_{2i}，将级内影响行业用地地价各因素的变化按正相关的方式，排列出因素的变化规律，然后采取因素等间距或不等间距划分区段的办法，计算各因素在这种标准下的修正幅度。一般情况下，将因素变化划分为优、较优、一般、较劣、劣五个档次，并确定基准地价标准下对应的因素指标标准，通常将一般状况下的因素标准作为基准地价对应的因素标准，然后计算出不同因素标准相对于一般标准下的上浮或下浮比例，即可得到不同因素指标或条件下的修正系数。二是利用前面确定各因素影响权重值的结果和方法，确定因素在不同标准下的修正系数。

（二）以土地利用分区基准地价为基础，分别计算宗地地价修正系数

以土地利用分区的基准地价建立宗地地价因素修正体系和计算地价修正系数，一般认为区域内的土地利用性质是一致的。其计算方法如下。

1. 计算各区中的地价修正幅度

按照前面的规定和结果，按不同用地性质划分不同的土地利用分区，如商服用地可分为市级商业区、区级商业区、街区级商业区、独立商业用地等。对每种类型区，因所处的土地级别或区域有一定差异，基准地价修正对每种类型区也有一定差异，为建立统一的修正指标体系和标准，应先将性质相同区域的基准地价进行平均，以得到同种类型区统一的基准地价标准。

计算地价影响因素修正幅度的样点地价资料或土地收益资料，应从分布于城镇中不同位置而土地利用分区性质一致的区域中选择，以保证地价修正幅度的代表性。

利用每一土地利用分区的样点地价资料或土地收益资料，采取聚类分析的方法，计算出所有样点地价或土地收益的组团，按各组团地价或土地收益中的最高值和最低值，分别同基准地价比较，得到每一土地利用分区中地价上调和下调的最大幅度。

2. 确定各影响地价因素的重要性，计算出各因素的最大修正幅度

在土地利用分区基准地价基础上进行因素修正，其确定因素的重要性及计算各因素的最大修正幅度的方法与第一种方法处理此问题的方法一致，只是地域范围有差别。一个是城镇中性质相同的区域，一个是土地级中的某个行业。

3. 确定各影响地价因素在不同指标或条件下的修正系数

具体计算原理与方法参见第一种方法中的相关内容。

（三）以级别内区段基准地价为基础，分别计算宗地地价修正系数

基准地价是区域的平均地价，它代表一定区域的地价水平。当区域中宗地地价或收益差别较大时，某一级的基准地价标准反映级内宗地的地价水平的代表性就不强。因此，在基准地价评估时，对一些行业（如商服业）就要求在级内划分若干区段或区域，评估出区域的基准地价。

在级别内区段基准地价基础上进行宗地地价的系数修正，它通常反映在将路线价价格修正到各宗地上。进行此类修正时，一般只在基准地价与宗地地价之间进行个别因素的差异修正，如容积率、临街进深、宗地宽度等因素，但是计算宗地地价的修正系数，仍然有以下几个步骤。

（1）计算各区段中的地价修正幅度。

（2）计算各因素的最大修正幅度。

（3）确定影响地价各因素在不同指标下的修正系数。

以上几个步骤的处理原理与方法，与第一种方法相同，可参见第一种方法的有关内容。

（四）以级别基准地价为基础，按单元总分值进行宗地地价修正

按照城镇土地定级特点，利用各城镇已有的土地收益或地价测算模型，以土地定级的单元总分值为基础，确定单元总分值与基准地价的关系，计算出不同总分值或总分值区段对应的基准地价，用此基准地价进行系数修正，评估出宗地地价，其修正系数计算步骤如下。

（1）计算出不同总分值或总分值区段的地价修正幅度。

（2）计算影响地价各因素的最大修正幅度，一般只进行个别因素修正。

（3）选择总分值或总分值区段中某种土地收益或地价标准，然后同各区段的基准地价进行比较，得到不同标准的修正幅度，并将此修正幅度按各因素对地价影响的程度，计算出各因素在不同标准下的修正系数。

四、宗地地价修正系数表及指标说明表的编制

编制宗地地价修正系数前，应按前面所述的程序和方法，计算出每级或各土地利用分区的影响宗地地价因素的修正系数，在此基础上，按照宗地地价评估的要求，编制相应的宗地地价因素指标说明表。

五、基准地价系数修正法的估价程序

（一）用土地级别内不同行业用地的基准地价进行系数修正

编表前，要以土地级为单位，利用确定的影响宗地地价的区域和个别因素，分别计算出各级土地中不同行业用地的修正系数，并确定各种修正系数下的因素指标条件，在此基础上，按照《城镇土地估价规程》（下面简称《规程》）附录 A 中表的格式，编制各用途土地

的宗地地价修正系数表。编表时，土地用途为表头，土地级别为主栏，而影响地价的修正因素为宾栏。《规程》附表中提供的因素，仅供各城镇参考，在编制因素正系数表时，要编制各修正系数对应的指标说明表。

（二）用土地利用分区基准地价进行系数修正

编表前，要以土地利用分区为单位：在选定影响宗地地价的因素后，按分区类型计算出影响宗地地价因素的修正系数，同时确定各种修正系数对应的因素指标条件，然后，按照《规程》附录 A 中表的格式，编制各种土地利用分区土地的宗地地价修正系数表。编表时，土地用途为表头，土地利用分区的名称为主栏，影响地价的宗地修正因素为宾栏，《规程》附表中提供的因素，供各城镇参考。与上一种类型表的差异是：对区域因素，不再进行土地利用分区类型的修正。这是因为在确定用于进行修正的区域基准地价时，已进行了分区类型修正。在编制宗地因素修正系数表的同时，要编制各修正系数对应的因素指标说明表。

（三）其他类型宗地地价修正系数表的编制

以级别内区域基准地价为基础编制宗地地价修正系数表的，表格样式同土地利用分区的修正系数表一致，只是表头应为土地级别，表格的主栏为区域类型名称，宾栏为影响地价的因素。

以路线价为基础编制宗地地价修正系数表的，一般是以用途为单位，编制一个全市镇的各因素在不同标准下的修正系数表，各因素分别为一个表格，全市镇不汇总编制综合表，而影响宗地地价的因素主要为个别因素。

以土地定级单元总分值为基础编制宗地地价修正系数的，主要进行个别因素的修正，表格样式同土地利用分区修正系数表一致。表头为土地用途，表格主栏为定级单元总分值，表格宾栏为影响地价的个别因素。

上述计算成果编制的宗地地价修正系数表，要利用城镇中已发生交易的正常交易地价，进行系数表编制结果准确性验证。一般情况下，从前面工作已收集的宗地实例中，选择出宗地地价的样点，并按宗地的位置、用途确定所在地区的基准地价，同时调查宗地的有关因素，确定宗地的修正系数，评估出宗地地价。然后，将实际的宗地地价与评估宗地地价进行比较，当两者价格之差的相对百分数不超过 15%时，表示评估结果基本符合要求。工作中，要求至少抽查 20 个以上的样点宗地地价，在上述精度控制下，不符合要求的样点数不超过5%时，编制的宗地地价修正系数表符合要求。否则，要按上述求算和编制宗地地价修正系数的原理、方法和要求，重新审核，检查编制过程，分析各种过程处理方法的正确性，调整修正系数，再重新检验，直到所编制的修正系数表符合上述精度要求为止。

编制出宗地地价修正系数表后，当需要对具体宗地估价时，则可根据宗地地价修正系数表方便快捷地评估出一般状况下的宗地地价，同时要考虑其他因素的适当订正，得到最后的宗地地价。具体估价程序如下。

1. 确定宗地的位置及用途

根据评估对象的具体条件，运用宗地地价系数修正法时，要确定宗地的用途和所在的土地级别或土地利用分区，以便确定进行修正的基准地价和调查因素的项目。

2. 调查影响宗地地价因素的宗地指标

按宗地所在的区域和用途对应的修正系数表内容，调查待估宗地的影响地价因素的指标，调查的项目应与要进行系数修正的因素一致。宗地因素指标的调查，应充分利用已收集的资料和土地登记资料及有关图件，不能满足需要的，应进行野外实地调查，在调查基础上，建立宗地地价因素指标数据库。

3. 确定宗地地价评估的修正系数

按调查结果，对每个因素的指标值，查对各用途土地的宗地地价影响因素指标说明表，确定因素指标对应的优劣状况，按优劣状况再查对宗地地价修正系数表，得到该因素的修正系数，同时对所有影响宗地地价的因素都同样处理，便可得到宗地的全部因素修正系数。某一宗地的总修正系数按下式计算：

$$K = \sum_{i=1}^{n} K_i$$

式中，K 为某一宗地所有地价影响因素总修正值；K_i 为宗地在第 i 个因素条件下的修正系数。

4. 宗地地价计算

在确定了宗地地价修正系数后，如果系数编制是按基准地价基础上调或下调百分数表示优于或劣于基准地价的差异程度，则可按下式计算宗地地价：

$$P_{1s} = P_{1b} \times (1 \pm K)$$

式中，P_{1s} 为计算的宗地地价；P_{1b} 为宗地所在区域的基准地价。

5. 宗地地价的确定

按正常状况计算的宗地地价，还需根据委托人的要求、估价目的或其他条件进行修正。对使用或出让年期不一致的宗地要进行年期修正。对宗地估价期日与基准地价估价期日之间地价水平有变化的，还应进行期日修正。对不同的委托人，评估目的不一样，如为税收、股份制改组、清产投资、抵押和拍卖等可进行评估目的的修正。另外，对于其他影响地价的因素，如在系数修正时未被考虑，也应进行修正。通过影响地价的其他因素修正，即可得到评估宗地的地价。

六、以基准地价评估宗地地价时需要考虑的问题

（一）区位因素的修正

待估宗地级别或区域内的某一位置，在公共设施、区位优势与基准地价所对应的条件有一定的差距，特别是基准地价所在级别范围很大时，宗地条件与所在区域的平均情况差异更大，这种差异必将导致价格差异。所以，基准地价系数修正法中最重要的就是区位因素修正。

（二）个别因素的修正

个别因素的差异在每块土地都存在，不同的土地之间除了位置不可能相同外，在个别条件方面也不可能完全相同，因此，不可能出现两块价格完全一样的土地。为此，在基准地价系数修正法中需要考虑个别因素的修正。

（三）用途的修正

国家有关技术规程规定，基准地价按照商业、居住和工业三大用途测算并发布，但是，

在估价中，宗地的用途会有更加具体的情况，如商业用途的土地中会有饭店、零售、办公等用途，它们与一般的商业用地的价格差别很大，所以在基准地价系数修正法中，也要考虑用途之间的差异修正。

（四）期日修正

基准地价的基准日是固定的，并且一定会早于估价基准日，除非是回顾性估价。所以，基准地价就像过去发生的案例一样，如果要用它来估价，肯定存在时间上的差异，需要修正。

（五）年期修正

基准地价一般按照国家规范法定年期设定，其中商业用地40年，居住用地70年，工业用地50年，但估价对象的使用年期可能并不标准，需要考虑年期修正。

（六）开发程度修正

一般一个城市的基准地价都是根据当地条件设定全市平均开发程度，但也有一些地区考虑的细致一些，开发程度按照级别设定。不管情况怎样，估价对象的具体开发修正与基准地价不会完全一致，在基准地价系数修正法中考虑了开发程度的修正。

（七）容积率的修正

估价对象的容积率各不相同，对地价影响的程度较大，也需要进行容积率修正。

第四节　基准地价系数修正法的应用

估价师采用基准地价估计一块商业土地的市场单价，该土地所在土地级别为一级，对应商业用途基准地价为2950元/m²。该市基准地价2010年11月1日公布，基准日为2009年1月1日，商业用地土地使用年期为40年，土地开发程度为"五通一平"，一级商业用地的标准容积率为1.4。经调查和测算，有如下参数：

（1）影响地价区域因素及个别因素修正系数（$\sum K$）为0.31；

（2）基准地价基准日至本次估价期日2010年12月31日期间，地价上涨了10%，确定期日修正系数（K_1）为1.1；

（3）基准地价设定年期与基准地价所对应的年期一致，不需要进行年期修正，年期修正系数（K_2）为1；

（4）容积率的修正系数（K_3）为1.25；

（5）用途修正系数（K_4）为0.8；

（6）开发程度一致，不需要进行修正，K_5为0。

根据基准地价系数修正评估的计算公式为

$$宗地价格 = 基准地价 \times (1+\sum K) \times K_1 \times K_2 \times K_3 \times K_4 \pm K_5$$
$$= 2950 \times 1.31 \times 1.1 \times 1 \times 1.25 \times 0.8 + 0$$
$$= 4251 （元/m^2）$$

第八章 路线价法

对地价进行评估，所采取的基本估价方法通常都是对特定条件下个别宗地的地价进行评估，而路线价法同基准地价系数修正法一样，是一种可以在短时间内对大片土地进行估价的方法，并且估价结果公平合理。

第一节 路线价法的概念和基本公式

一、路线价法概念

路线价（unit foot appraisal）是通过对邻接特定街道、使用价值相等的市街地，设定标准深度（也就是距离道路远近的一个标准），求取在该深度下多宗土地的平均单价，并附设于特定街道上，即得到该街道的路线价。路线价法是依据路线价，配合深度指数表和其他修正率表，用数学方法计算出邻接同一街道的其他宗地地价的一种估价方法。路线价指的是这条街道上的价格，而不是标准深度土地的价格。

二、路线价法的基本计算公式

路线价法的一般公式为

宗地总价＝路线价×深度百分率×宗地面积±其他条件修正额

或　　　　宗地总价＝路线价×深度百分率×宗地面积×其他条件修正率

对于一般条件下的宗地，如形状比较规则，其他因素对土地效用的影响很小，此时适用公式：

宗地总价＝路线价×深度百分率×宗地面积

第二节 路线价法的基本原理

路线价法是在各样点宗地价格的基础上，分析宗地地价与影响地价的临街深度等因素的相关关系，进而据此估算其他宗地地价的方法。路线价法认为城市内各宗土地（以商业用地为主）价格的高低，随其距离道路的远近程度，即临街深度的增加而递减；宗地越接近道路，其利用价值越大，地价也越高；距离道路越远，利用价值越小，地价也越低。因此，路线价法与市场比较法类似，只不过以路线价法取代了市场比较法中的可比实例价格，以深度等差异修正取代了区域因素和个别因素等的修正，其基本原理是替代原理和区位论的具体运用（俞明轩，2012）。

一、替代原理与区位论

所谓替代原理是指在正常市场条件下，具有相同使用价值的土地，在交易双方具有同等市场信息的基础上，应当具有相同价格，即替代原理。

可及性可认为是区位条件的一种表示，因此对于商业用地来说，可及性是决定其使用价值的主要因素。同一街道，各宗土地价格的高低，取决于其距离街道的远近程度；同一宗临街宗地，其临近街道部分地价要高于远离街道的部分，越接近街道者利用价值越大，距离街道越远其利用价值越小，价格越低；在一个城市中，按土地的可及性可划分为不同的地价区段，每个区段表示不同的区域条件，即使用价值的差异。

二、路线价法的特点和适用范围

路线价法的特点和适用范围如下。

（1）路线价法的实质是一种土地的市场比较法。路线价是标准宗地的单位地价，而面临同一街道的各宗地土地的单位地价是以路线价为基础，再结合考虑地块的面积、深度、形状、位置、宽度等具体情况，进行各种适当修正的结果，评估结果的合理性取决于路线价深度指数及各种修正率的制定（程阳春，1999）。

（2）运用路线价法的前提条件是，有可供使用的科学合理的深度指数表和其他各种修正率；有完善的城市规划和系统完整的街道；土地排列比较整齐。

（3）路线价法需要较多的交易案例，并且房地产市场比较规范，能够正常运转。否则，路线价法的计算结果将会存在误差，影响土地价格评估的精度。

（4）路线价法适用于市街地，主要适用于商业繁华区域土地价格的估算，特别适用于道路系统完整、道路两旁的宗地排列整齐的区域。

（5）路线价法能够快速评估多宗土地的价格。由于路线价主要取决于宗地的临街深度，影响地价的因素较少。因此，计算过程耗费的时间较少，速度较快。

（6）路线价法适用于对大宗或成片土地进行地价评估，特别适用于土地课税、土地重划、征地拆迁或其他需要在较大面积范围内对大片土地进行评估的场合，而一般的土地估价法仅适用于评估某一单宗地块。

（7）路线价法的精度与路线价及其修正率体系密切相关，路线价的评估是先设定标准深度，求得宗地平均单价，然后用深度指数表等途径进行修正。因此，它的评估精度取决于路线价和修正体系（卫新东等，2004）。

第三节　路线价法的估价程序

根据各样点地价所确定的路线价及其深度修正系数表和其他修正系数表，是利用路线价法评估宗地地价的基准和比较标准，这样在需要对其他宗地进行评估时，评估者就可以对待估宗地的临街深度、宽度、年期等条件进行调查和具体分析，并对照深度修正系数表和其他条件修正系数表确定相应的修正系数，对路线价进行系数修正，从而快速地评估出宗地地价。路线价估价方法的具体程序如下。

（一）　确定待估宗地所处的路线价区段和路线价

根据待估宗地的具体位置，对照城镇路线价区段图、路线价图、路线价表等，确定待估宗地所处的路线价区段和所临街道的路线价，作为进一步修正的基准。

（二）　确定待估宗地的临街深度和其他因素条件

查阅土地登记材料或进行实地勘察，调查待估宗地临街深度的具体数值以及临街宽度、使用年期等具体条件。

（三）　确定待估宗地的深度修正系数和其他条件修正系数

按照调查到的待估宗地的临街深度和其他条件指标，对照深度修正系数表和其他条件修正系数表，分别确定待估宗地的深度修正系数和其他条件修正系数。

（四）　估算宗地地价

根据前面所得到的路线价和修正系数，利用本章第一节中介绍的公式，对路线价进行系数修正，即可评估出待估宗地的地价。

第四节　路线价估价体系的建立

依据路线价法的基本原理和估价要求，路线价及其修正体系建立的基本程序如下。

一、划分路线价区段

根据路线价法的基本原理，在划分路线价区段时，对于可及性大致相等的地段，应划为同一路线价区段。一般情况下，一条街道只设一个路线价，原则上，不同的街道，路线价也不同。但繁华街道有时需将一街道长度作多段划分，附设不同的路线价。而某些不很繁华的地区，同一路线价区段也可延长至数个街道。另外，在同一街道上，若某一侧的繁华状况与对面有明显差异时，同一路线价区段也可划分为两种不同的路线价，这时应视为两个路线价区段。

二、设定标准深度

路线价是标准宗地的单位价格，路线价的设定必须先确定标准宗地面积。标准宗地是指从城市一定区域沿主要街道的宗地中选定的深度、宽度和形状标准的宗地。标准深度，是指标准宗地的临街深度。

设定的标准深度，通常是路线价区段内临街各宗土地的深度的众数。例如，某路线价区段的临街宗地大部分的深度为 16m，则其标准深度应为 16m。如果临街宗地普遍的深度为 18m，则其标准深度也应为 18m。如此才能使路线价的计算达到简化的目的。因为如果不以众数的深度为标准深度，由此制作的深度指数表将使以后多数宗地的地价计算都要用深度指数加以修正，这不仅增加计算工作量，而且会使设定的路线价失去其代表性，降低评估精度。

三、确定路线价

路线价是设定在路线价区段上的标准地价的具有代表性的平均单位地价。路线价的确定方法是先在同一路线价区段内选择若干标准宗地，用市场比较法、收益法等估价方法，分别求出各标准宗地的单位地价。然后再求取这些标准宗地单位地价的众数或中位数、简单算术平均数、加权算术平均数，即可确定该路线价区段的路线价。

路线价是标准宗地的单位价格，路线价的设定必须先确定标准宗地面积。标准宗地的面积大小，随各国有所不同。美国为使市街地的面积单位计算容易，把位于街区中间宽 1 ft（英尺）①，深 100ft（英尺）的细长形地块作为标准宗地。日本运用路线价法之初，正是旧东京市时代，依其土地交易行情，一般普通是以正街深度 5 间（9m）的平均单价为衡量标准；因此，为了便于计算，日本旧复兴局规定原则上采取宽 1 间、深 5 间作为标准宗地。现在日本的标准宗地则改为宽 3.63m、深 16.36m 的长方形土地。我国台湾的标准宗地则取宽 1m、深 18m。

将标准宗地的平均价格作为路线价，以此为标准，就可以评定同一地价区段内其他宗地的价格。路线价在美国、我国台湾均以绝对值货币额表示，即美元、新台币元。而在日本，是以相对数点数表示。东京都法则，选择评价对象区域的土地当中价值最高的地段以 1000 点表示，其他地段与 1000 点相比较，得到以点数表示的相应数值。采用点数表示有以下优点：①点数容易换算成金额；②点数不受币值变动的影响；③点数容易直接估算估价前后的价值差；④点数易求取地价上涨率。而采用货币金额表示则较为直观，易于理解，在交易中便于参考，规定的路线价便于土地持有人及有关人士评判监督。

四、制定深度修正系数表

（一）深度修正系数表编制

土地使用价值同其临街状况有密切关系。深度指数表是指宗地地价随临街深度差异的变化过程。深度指数修正表是反映地价随宗地临街深度的变化而变化的相对程度。制定深度指数表的原则是，地块的各部分价格随街道的深度而有递减的趋势，即深度越深，接近性越差，价格就越低。此外，根据其他因素，如角地、形状、宽窄等的影响，还应编制其他修正率表。因此，依路线价对各临街进深不同的宗地进行深度修正，才能求得各宗地的合理价格。

1. 深度指数修正的原理

如图 8-1 所示，现在假设有一临街宽度为 mm，深度为 nm 的矩形宗地，平均价格为 A 元/m²，则此宗地的价格应为 $m \times n \times A$ 元。

---

① 1ft = 30.48cm。

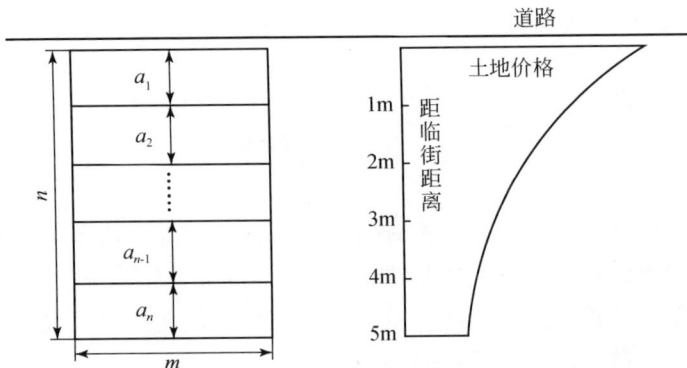

图 8-1　深度指数修正图

在图 8-1 中，沿平行道路的方向，将深度以 1m 为单位加以区分成许多细条的土地，并从临街方向起，按顺序赋予 a_1，a_2，$\cdots$，a_n 等符号，则越接近道路者，利用价值越大。就图 8-1 而言，a_{n-1} 大于 a_n，a_2 大于 a_3，a_1 大于 a_2，随着土地离道路越来越远，单位地价之差逐渐接近于零，深度指数修正是要揭示宗地的价值随其临街深度递减的规律。

2. 深度修正的各种方法介绍

路线价估价法很早就在英美流行，已有许多值得参考的深度指数方法。如欧美的"四三二一"法则、霍夫曼法则、苏慕斯法则、哈柏法则等（表 8-1）。

表 8-1　深度百分率表

深度/ft	25	50	75	100	125	150	175	200
单独深度百分率/%	40	30	20	10	9	8	7	6
平均深度百分率/%	160	140	120	100	87.2	78.0	70.8	65.0
累计深度百分率/%	40	70	90	100	109	117	124	130

（1）"四三二一"法则（也称慎格尔法则）。该法则将标准深度 100ft 4 等分，随着道路距离的增加，每一等份的价值占路线价的比例分别为 40%、30%、20%、10%。应用"四三二一"法则，简明易记，但因深度划分过于粗略，可能会出现评估不够精细的问题。

（2）霍夫曼法则。该法则认为深度为 100ft 的标准宗地，将标准深度 4 等分的情况下，随着离道路距离的增加，每一等份的价值占全部地价的比例分别为 37.5%、29.5%、20.7% 和 12.3%。此法则是最先被承认对于各种深度的宗地评估的法则。

（3）苏慕斯法则。该法则认为深度为 100ft 深的土地价值，前半临街 50ft 部分占全宗地总地价的 72.5%；后半街 50ft 部分占 27.5%；若再深 50ft，则该宗地所增的价值仅为 15%。其深度百分率即在这种价值分配原则下所拟定。

（4）哈柏法则。该法则认为土地的价值与其深度的平方根成正比。即深度百分率为其深度的平方根的 10 倍，即

$$深度百分率 = （10 \times 深度^{\frac{1}{2}}）\%$$

例如：一宗 50ft 深的土地价值即相当于 100ft 深土地价值的 70%，但标准深度不一定为 100ft，所以经修改的哈柏法则为

$$深度百分率 = （所给深度）^{\frac{1}{2}} \div （标准深度）^{\frac{1}{2}} \times 100\%$$

第八章 路线价法 ·153·

3. 深度修正表编制

1）制作深度百分率

如图8-2所示，深度百分率表依下列三种百分率原理制作而成。

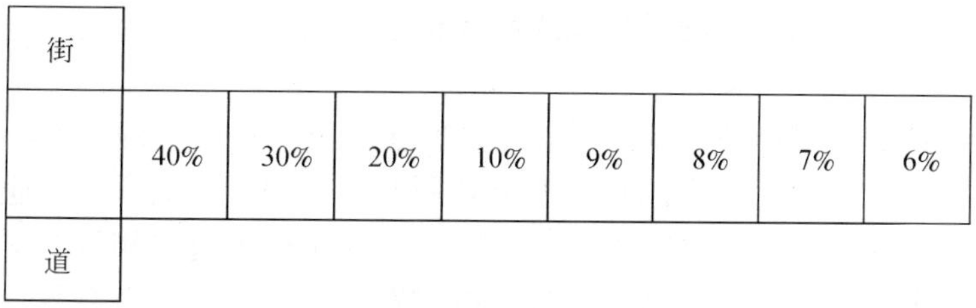

街								
	40%	30%	20%	10%	9%	8%	7%	6%
道								

图8-2　深度百分率制作示例

（1）单独深度百分率。

$$a_1 > a_2 > \cdots > a_n$$

（2）平均深度百分率。

$$a_1 > \frac{a_1 + a_2}{2} > \frac{a_1 + a_2 + a_3}{3} > \cdots > \frac{a_1 + a_2 + \cdots + a_n}{n}$$

（3）累计深度百分率。

$$a_1 < a_1 + a_2 < \cdots < a_1 + a_2 + \cdots + a_n$$

2）制作深度百分率表的步骤

（1）制定标准深度，标准深度——里地线的确定，或以临街宗地的平均进深为准，或以临街宗地进深众数为准。

（2）确定级距，深度百分率表中级距的选定应分析比较实例调查中地价变化的规律性，从而确定级距数、级距。

（3）确定单独深度百分率。

（4）选用累计或平均深度百分率制作深度百分率表。

下面以"四三二一"法则说明深度指数表的制作过程。"四三二一"法则规定的标准深度为100ft，级距为25ft，单独深度百分率为40%、30%、10%、9%、8%、7%、6%，如图8-2所示。

单独深度百分率：40% >30% >20% >…>7% >6%

平均深度百分率：40% >35% >30% >25% >…>17. 7% >16. 25%

累计深度百分率：40% <70% <90% <100% <…<124% <130%

再将平均深度百分率中标准深度100ft的深度百分率25%转换成100%，同时使各相对关系保持不变，因此在上述不等式各边同乘以4，即可得平均深度百分率：160% >140% >120% >100% >…>70. 8% >65. 0%，由此得出深度百分率，见表8-1。

此时平均深度百分率与累计深度百分率的关系为

平均深度百分率 = 累计深度百分率×标准深度/所给深度

日本和我国台湾的深度百分率采用平均深度百分率方式制成，所以百分率呈递减现象。不过，日本在标准深度内不分级距，百分率均为100%，而在标准深度外分级距，百分率递减；我国台湾则相反，它在标准深度内分级距，百分率递减，而在标准深度外不分级距，标准深度外的百分率为40%。美国则采用累计深度百分率方式制成，所以百分率呈递增现象。

（二）其他修正系数表编制

在同一路线价区段内，虽然邻接同一街道，但因各宗地的宽度、形状、面积、位置等不同，需要在深度修正的基础上，进行其他因数修正。

1. 宽度修正

对临街土地特别是临街商业用地来说，地块临街宽度不同，其地价是不相等的。由于临街店铺面的宽窄不一，商店对顾客的吸引力会有所差异，进而影响商店营业额，所以在路线价估价中，必须考虑宽度修正。其计算方法是同一路线价区中进深相等的样本，考虑不同宽度情况下反映在土地价格上的变动情况，最后确定宽度条件下的修正系数。

2. 宽深比率修正

一般情况下，大型的商业建筑物，进深较大，随地块深度的增加，土地价值逐步降低。但是，由于商店大，铺面宽度宽，外观醒目，同样会增加对顾客的吸引力，所以对大型商店单独采用铺面宽度和深度修正，不太实际，而且也难于操作。因此，应采用商店的宽度与深度之比（即宽深比率系数）来反映这种地价的修正情况。

3. 容积率修正

一般情况下，路线价只是代表一定容积率水平下的地价，随着容积率的增加，地价一般会上升。因此，在同一区段内，抽查不同容积率水平下的平均地价，可得到容积率修正系数。

4. 出让、转让年期修正

土地出让是国家将一定年期内的土地使用权让与土地使用者，土地转让是土地使用者将土地使用权再转移的行为。可根据下述地价计算公式计算出宗地的出让、转让年期修正系数。

$$P = a/r[1 - 1/(1 + r)^n]$$

式中，P 为地价；a 为土地年地净收益（年地租）；r 为资本化率；n 为出让、出租或转让、转租年期。

5. 朝向修正

对住宅用地来说，建筑物的朝向不同决定了房屋的坐落不同，房屋的坐落、朝向又会对房屋的销售价格产生影响。那么从房屋售价中扣除成本后剩余的地价，也因朝向不同而有所差异，需进行地块环境条件影响修正。

6. 地价分配率修正

地价分配率是将土地单价（或平面地价）调整，分摊到各楼层后的比率。一般来看，随着楼层数的增高，地价分配呈递减趋势，当趋于某一临界值后，地价分配又会呈现增加的势头。为了评估需要，必须制订一个统一的地价分配率以反映楼层差别，依据楼层高低确定楼面地价在地块总价格中所占的比例。

五、计算临街各宗地价格

根据路线价、深度指数表和其他修正率表以及宗地面积就可以计算各地块的价格。

第五节　路线价法应用

以我国台湾路线价法估价为例，对利用路线价估价法评估各类宗地作简单介绍。在台湾地区规定繁华街道的区段以里地线将土地划分为临街地与里地，里地线以内临街的土地称为临街地；里地线以内但不直接临街的土地称为袋地；里地线以外的土地称为里地。里地线的标准深度以距离街道18m为准。路角地的范围以纵横里地线与临街线中间的范围为准。路角地中第一宗土地正旁街以路线价较高者为正街，路线价较低者为旁街；如果路线价相等时，则以使用宽度较大者为正街，宽度较小者为旁街。各宗土地地价视其位置与临街深度分别依下列方法计算。

一、临街地估价

临街地估价的应用如下。

（1）临街地深度未达里地线的，其每平方米单价（以下简称单价）依其深度，按表8-2深度指数计算（见图8-3中计算）。

表8-2　临街地深度指数表

临街深度	未满4	满4未满8	满8未满12	满12未满16	满16~18
深度指数/%	130	125	120	110	100

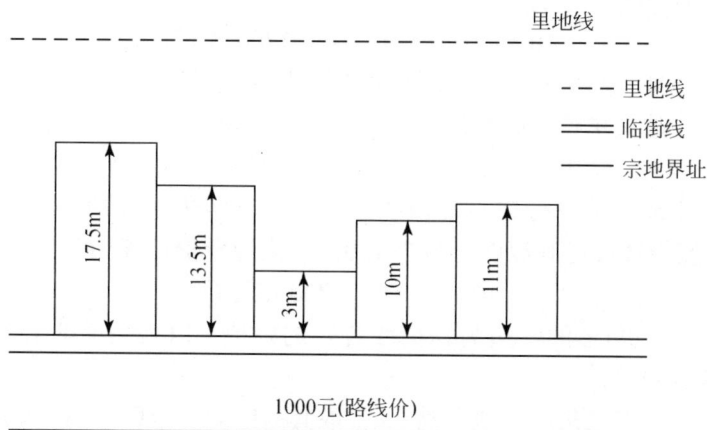

图8-3　临街地深度未达里地线的单价计算

依据表8-2临街地深度指数表，图8-3的各宗地（由左至右）的计算为

$$1000×1=1000（元）$$
$$1000×1.1=1100（元）$$
$$1000×1.3=1300（元）$$
$$1000×1.2=1200（元）$$
$$1000×1.2=1200（元）$$

（2）平行四边形的宗地，以其高度为临街深度，按临街深度指数计算其单价。

图 8-4 中，宗地 1 为平行四边形土地，高 13m，查临街地深度指数表得其深度指数为 110。该宗地单价计算如下：

$$1000 \times 1.10 = 1100 （元）$$

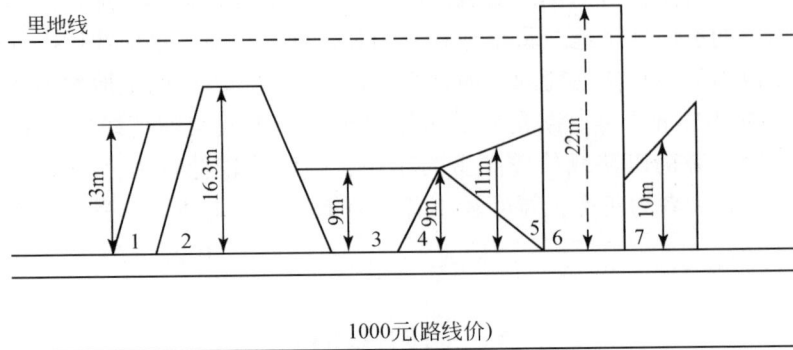

图 8-4　平行四边形宗地的单价计算

（3）平行边与临街线一致的梯形宗地，以其高度为临街深度，按临街深度指数求得其单价后，再按其上下两边长短的比例及利用价值进行加价或减价修正，其修正的数额以不超过原计算的单价两成为限。平行边与临街线垂直的梯形宗地，以其两边中点的连线为其临街深度，按临街深度指数计算其单价，不再进行加价或减价修正。

例如：图 8-4 中宗地 2 为梯形土地，高 16.3m，查临街地深度指数表得其深度指数为 100。因该宗地临街较长利用价值较高，故其单价依临街地标准计算后以两成加价修正。该宗地单价计算如下：

$$1000 \times 1 \times （1 + 0.2） = 1200 （元）$$

宗地 3 为梯形土地，高 9m，查临街地深度指数表得其深度指数为 120。因该宗地临街较短利用价值较低，故其单价依临街地标准计算后以一成减价修正。该宗地单价计算如下：

$$1000 \times 1.20 \times （1 - 0.1） = 1080 （元）$$

宗地 7 为梯形土地，其平行边与临街线垂直，取其两边中点的连线为其临街深度，即 10m。查临街地深度指数表得其深度指数为 120。该宗地单价计算如下：

$$1000 \times 1.20 = 1200 （元）$$

（4）正三角形（三角形的一边为临街线者）的宗地，以其高度的 1/2 为临街深度，按临街深度指数计算其单价。

图 8-4 中宗地 4 为正三角形土地，高 9m，取其高度的一半即 4.5m 为其临街深度，查临街地深度指数表得其深度指数为 125。该宗地单价计算如下：

$$1000 \times 1.25 = 1250 （元）$$

（5）逆三角形（三角形的一顶点在临街线上者）的宗地，以其在临街线线上的顶点与底边中点垂直距离的 1/2 为起始深度，以及底边中点的深度为迄深度，比照袋地计算其单价（见图 8-4 中 5 的计算）。

图 8-4 中宗地 5 为逆三角形土地，以其顶点与底边中点垂直距离的 1/2 及底边中点的深度为其起讫深度，即 5.5 ~ 11m，比照袋地办法计算深度指数，查袋地深度指数表得其深度指数为 74。该宗地单价计算如下：

$$1000 \times 0.74 = 740 （元）$$

（6）两面临街地，应以中间线分前后两部分，分别按其深度计算其临街单价。

图 8-5 中该宗地为两面临街，总深度为 27m，以其中间线分前后两部分，临街深度均为 13.5m，查临街地深度指数表得其深度指数为 110。该宗地单价计算如下：

$$1000×1.10×1/2+600×1.10×1/2=880（元）$$

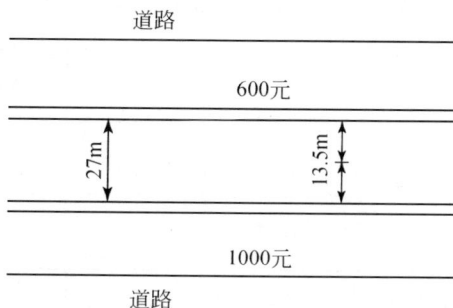

图 8-5　两面临街宗地的单价计算

二、路角地估价

路角地是指宗地同时受两条相交街道影响的街道。路角地的地价除依正街的临街深度按临街深度指数计算单价后，并斟酌加计旁街地价，加价的方法以纵横临街线的交叉点起每 4.5m 为一级距，依据表 8-3 的规定予以加成。

表 8-3　路角地加成表　　　　　　　　　　　　　（单位：元/m²）

地区　　　　　范围	正旁街路线价		
省辖市	<2	2~4（其中一或二街小于4）	>4
县辖市	<1.5	1.5~3（其中一或二街小于3）	>3
乡镇	<1	1~2（其中一或二街小于2）	>2
加记旁街路线价	不超过一成	二、一成	三、二、一成

根据表 8-3 路角地加成表计算图 8-6 中某省辖市各宗地的路线价如下：

宗地 1 的单价 = 50 000×110% +40 000×30% = 67 000（元/m²）

宗地 2 的单价 = 50 000×120% +40 000×20% = 68 000（元/m²）

宗地 3 的单价 = 50 000×125% +40 000×10% = 66 500（元/m²）

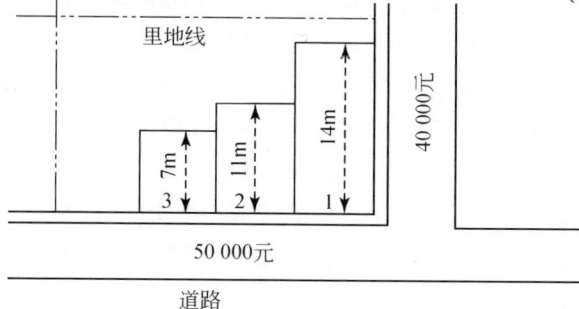

图 8-6　路角地单价计算

三、袋地估价

　　袋地是指里地线以内不直接临街的土地。袋地的深度指数是根据其"起深度"和"迄深度"来确定。深度指数按袋地的深度指数表计算，见图8-7。

					满16~18	60
				满12未满16	66	63
			满8未满12	72	69	66
		满4未满8	75	74	71	68
	未满4	78	77	75	73	70
深度起/m 深度指数/% 深度迄/m		未满4	满4未满8	满8未满12	满12未满16	满16未满18

图 8-7　袋地深度指数图

　　（1）袋地的形状为平行四边形、梯形、三角形的宗地，其计算方法类似于临街地，只是其深度根据袋地的起迄深度来确定。如图8-8中1、2、3、4计算。

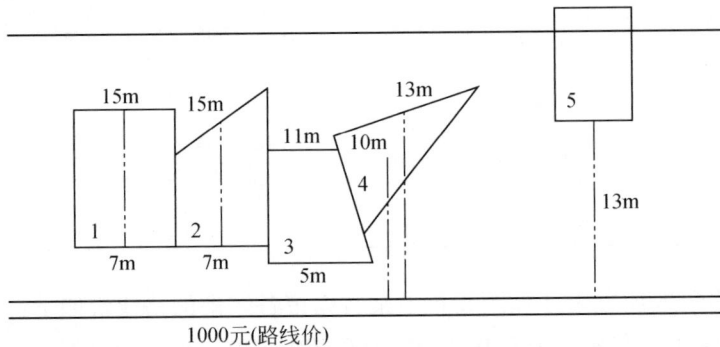

1000元(路线价)

图 8-8　袋地单价计算

　　宗地1的起深度为7m，迄深度为15m，其单价为$1000 \times 0.71 = 710$（元）
　　宗地2的起深度为7m，迄深度为13m，其单价为$1000 \times 0.71 = 710$（元）
　　宗地3的起深度为5m，迄深度为11m，其单价为$1000 \times 0.74 = 740$（元）
　　宗地4的起深度在三角形顶点与底边中点距离的1/2处（10 m），迄深度为底边中点处的临街深度为13m，其单价为$1000 \times 0.69 = 690$（元）
　　（2）袋地位于临街地与里地以上者，其单价应以袋地单价与里地单价按面积比例平均计算，如图8-8中5。袋地部分面积占3/4，其起迄深度为12～18m；里地部分面积占1/4，该部分单价按路线价的四成计算。其单价为

$$1000 \times 0.63 \times 3/4 + 1000 \times 0.4 \times 1/4 = 572.5 （元）$$

四、其他土地估价

其他土地估价方法应用如下。

（1）里地的单价按路线价四成计算（里地地价与路线价四成相差悬殊者，里地应单独划分区段）。

（2）骑楼地已分割者，应并同后面一宗土地计算其临街深度，且后面一宗土地应视为临街地。

（3）道路预定地已分割者，应以路线价为其单位地价，但后面一宗土地应视为临街地，以现行道路临街线计算其临街深度。

第九章　不动产估价的其他方法

第一节　长期趋势法

长期趋势法又称外推法、延伸法、趋势法等，是利用较长时期的历史资料和数据，运用预测科学的有关理论和方法，特别是时间序列分析和回归分析，对不动产价格在估价时做出推测、判断，估算出不动产价格的方法。这种估价方法主要用于对未来不动产价格的推测与判断，如对开发区中未来开发完成后的地价做出估价。

从长远看，反映一些自然或社会现象的时间数列，时刻都处在上升或下降的变化中，这种长期的向上或向下的变动，构成长期趋势变动。因此，人们可根据时间数列变动的方向和程序进行外延和类推，从而能够预测这些现象在下一时期或以后若干时期可能到达的水平，这就是一般预测方法的原理。在较长时间内房地产价格也会显现出一定的变动规律和发展趋势，因此当需要评估某不动产价格时，可以搜集该不动产过去较长时期的历史价格资料，并按照时间的先后顺序将其编排成时间序列，从而找出该不动产的价格随时间变动的过程、方向、程度和趋势，然后进行外延或类推，评估出该不动产的价格（艾建国和吴群，2008）。

利用长期趋势法评估不动产的价格，估价人员必须有估价对象较长期的价格资料，以供分析利用。由于长期趋势法是依据不动产价格长期内形成的趋势来做出价格判断的，因此用于分析的不动产价格资料的年代越久，估价结果越准确。这样，可以消除短期循环变动和意外变动对不动产价格的不规则影响。

长期趋势法的适用范围是价格无明显季节波动的不动产，适用的条件是拥有估价对象或类似不动产的较长时期的历史价格资料。采用这一评估方法，需以长年积累起来的市场价格变动资料作为分析依据，而且所拥有的历史价格资料要真实。拥有长时间的、真实的历史价格资料，是准确地推测、判断不动产价格的必要前提。所采用的价格变动的时间序列最好在10年以上，因为时间序列越长，越能排除偶然因素和短期因素对趋势值的异常干扰，估价的结果越准确。

利用长期趋势法评估不动产价格的步骤为：第一步是收集关于估价对象价格的历史资料，并进行检查鉴别；第二步是整理收集到的价格资料，并将它们排成时间数列，画出时间序列图；第三步是分析这个时间数列，根据时间序列所呈现出来的规律选择适当的方法，建立相应的数学模型；第四步是依据所建立的数学模型推测和判断估价对象于估价时点的价格。

具体的长期趋势评估方法主要有平均增减趋势法、移动平均趋势法、指数平滑趋势法和数学曲线拟合法。

一、平均增减趋势法

平均增减趋势法，具体又有平均增减量趋势法和平均发展速度趋势法两种。

（一）平均增减量趋势法

如果不动产价格的时间数列的逐期增减量大致相同，将它描绘在坐标系中，其图形近似于一条直线，就可以用平均增减量趋势法进行评估。其数学模型为

$$\hat{P}_n = P_0 + n\bar{d}$$

式中，$\hat{P}_n$ 为不动产价格的趋势值；P_0 为第一期不动产价格的实际值；n 为趋势值的顺序数；$\bar{d}$ 为逐年上涨额的平均值。

$\bar{d}$ 的计算公式为

$$\bar{d} = \frac{(P_1 - P_0) + (P_2 - P_1) + (P_3 - P_2) + \cdots + (P_i - P_{i-1})}{i}$$

式中，P_1，P_2，$\cdots$，P_i 为第二期至末期的不动产价格的实际值；i 为第二期至末期趋势值的顺序数。

例如：要评估一项房地产 2011 年和 2012 年的价格，已知该房地产 2006 ~ 2010 年的价格及逐年上涨额（表9-1）。

表 9-1　某房地产 2006 ~ 2010 年的价格　　　　　　（单位：元/m²）

年份	房地产价格实际值	逐年上涨额	房地产价格趋势值
2006	3810	—	—
2007	4130	320	4145
2008	4460	330	4480
2009	4810	350	4810
2010	5150	340	5150

从表9-1中可知该房地产自2006年的价格逐年上涨额大致相同，据此就可以计算4年的平均上涨额，并用平均上涨额推算出各年的趋势值。其计算公式如下：

上例房地产价格逐年上涨额的平均值为

$$\bar{d} = \frac{320 + 330 + 350 + 340}{4} = 335（元/m²）$$

评估该房地产2011年价格为

$$P_5 = 3810 + 335 \times 5 = 5485（元/m²）$$

利用上述资料评估该房地产2012年价格为

$$P_6 = 3810 + 335 \times 6 = 5820（元/m²）$$

上例运用逐期上涨额的平均数计算趋势值，大致上都接近于实际值。但要注意，如果逐期上涨额时起时伏，很不均匀，也就是说时间数列的变动幅度较大，那么计算出的趋势值偏离实际值也随之而大，这也意味着运用这种方法评估出的房地产价格的正确性随之而降低。

（二）平均发展速度趋势法

如果地产或房地产价格的时间数列的逐期发展速度大致相同，就可以根据逐期发展速度计算其平均数，据此推算各期的趋势值。其数学模型为

$$V = P_0 \times t^i$$

$$t = \left(\frac{P_1}{P_0} \times \frac{P_2}{P_1} \times \cdots \times \frac{P_i}{P_{i-1}} \times \cdots \times \frac{P_n}{P_{n-1}} \right)^{\frac{1}{n}} = \left(\frac{P_n}{P_0} \right)^{\frac{1}{n}}$$

式中，P_0 为基期不动产价格的实际值；i 为时期序数；t 为平均发展速度；P_i 为第 i 期不动产价格的实际值；V 为不动产价格的趋势值。

运用平均增减量或平均发展速度进行评估的条件是，不动产价格的变动过程一贯是上升或下降的，同时逐期上升或下降的数额或速度大体接近，否则不宜用这种方法进行评估。

由于接近估价期日的增减量或发展速度对评估更为重要，因此对过去各期的增减量或发展速度，采用不同的权数予以加权后再计算其平均增减量或平均发展速度，且运用这种平均增减量或平均发展速度进行评估，更能使评估接近或符合实际。在评估时究竟应采用哪种权数予以加权，一般应根据房地产价格的变动过程和趋势，以及评估者的经验来判断决定。

二、移动平均趋势法

移动平均趋势法是对原有价格按照时间序列进行修匀，即采用逐项递移的方法分别计算一系列移动的时序价格平均值，形成一个新的派生平均价格的时间序列，借以消除价格短期波动的影响，显现出价格变动的基本发展趋势。移动平均趋势法一般分为以下两种。

（一）简单移动平均趋势法

这种方法适用于不明显长期趋势与季节循环变动的时间序列数据。在运用移动平均趋势法时，一般先按照不动产价格变化的周期长度进行移动平均。

简单移动平均趋势法是将 n 个时期的实际价格的简单算术平均值作为该 n 个时期的中间时期的理论趋势价格值，然后根据这样形成的一系列理论趋势值的变动规律来评估这类不动产未来的价格，这里的 n 称为移动平均值的移动项数，它既可以取奇数项，也可以取偶数项。确定移动项数的原则是：当价格资料时间数列序数多，变动周期长，包含了较多的随机成分时，通常应取较多的项数来计算移动平均数，如 6 个月甚至 12 个月；而估计数列中的趋势变化较频繁时，为了灵敏地反映价格的变化，则应取较少的项数，如 2 个月、4 个月等（艾建国和吴群，2008）。

（二）加权移动平均趋势法

加权移动平均趋势法，是将估价期日前每若干时期的房地产价格的实际值经加权后，再采用类似简单移动平均趋势法的方法进行趋势估计。

在加权移动平均趋势法中权数的选取通常需根据不动产价格的变化过程和趋势，以及估价人员的经验来确定。当需要预测某一期的数值时，通常最近一期的影响最大，而前几期影响较小，因此，最近一期的权数应与其他前期的权数不同。

三、指数平滑趋势法

指数平滑趋势法，也叫指数修匀趋势法。此方法是以本期的实际值和本期的预测值为根据，经过平滑后得出下一时期的预测值。其数学模型为

$$F_{t+1} = aY_t + (1-a)F_t = F_t + a(Y_t - F_t)$$

式中，F_{t+1} 为 $t+1$（下一期）的预测值；F_t 为 t 期（当期）的预测值；Y_t 为 t 期（当期）的实际观测值；a 为平滑指数（$0 \leq a \leq 1$）。

用指数修匀法进行预测的关键在于确定 a 的数值。一般认为，a 的数值可通过试算决定。例如，对同一个预测对象可用 0.1、0.3、0.5、0.7、0.9 进行试算，用哪个常数 a 修正的预测值与实际值的绝对误差最小，就以这个常数来修正最合适。

四、数学曲线拟合法

常用的回归趋势法，有直线回归趋势法、指数曲线回归趋势法和二次抛物线趋势法。这里仅对最常用的直线趋势法作举例说明。

如果估价对象地产或房地产过去价格时间数列的逐年增减量大致相同，那么它的发展趋势是直线型的，就可配合相应的直线模型来评估该地产或房地产的价格。若以 Y 代表各时期的地产或房地产价格，X 代表时间，那么地产或房地产价格与时间的关系可用一个方程式来描述，这个方程式是

$$Y = a + bX$$

式中，a、b 为未知常数，如果确定了它们的值，直线的位置也就确定了。一般来说，a、b 的值可以用最小二乘法来确定，根据最小二乘法求得的 a、b 值分别为

$$a = \frac{\sum Y - b\sum X}{n} \qquad b = \frac{n\sum XY - \sum X \sum Y}{n\sum X^2 - \left(\sum X\right)^2}$$

式中，n 为时间数列的项数，$\sum X$、$\sum X^2$、$\sum Y$、$\sum XY$ 的数值可以分别从时间数列的实际值中求得。在手工计算的情况下，为了减少计算的工作量，令 $\sum X = 0$，可以得出

$$a = \frac{\sum Y}{n} \qquad b = \frac{\sum XY}{\sum X^2}$$

当 n 为奇数时，设中间项的 $X=0$，之前的项依次为 -1、-2、-3、$\cdots$，中间项之后的项为 1、2、3、$\cdots$；当 n 为偶数时，以中间两项相对称，前者依次设为 -1、-2、-3、$\cdots$，后者依次设为 1、2、3、$\cdots$。

不动产估价的长期趋势法，除可以用来评估不动产的价格，还有其他一些功用。其中主要有：①可以用来预测不动产的未来价格及其走向；②可以填补某些不动产价格历史资料的缺乏；③可以用于两宗或两宗以上地产价格发展趋势的比较；④可以用于不动产估价的市场比较法中有关比较实例价格进行交易日期修正。

第二节　数理统计法

数理统计的方法，其原理就是对大量数据资料进行收集、整理，通过特有的数学模型和分析方法，对收集好的数据和资料进行分析研究，继而从中寻找出这些数据和资料中隐含的规律。

现代不动产估价要求大量的数据参考和科学的评估模型的介入，数理统计的各种方法自然而然地被引入到这个领域，并得到了广泛的应用。在本节，结合实际案例，就不动产估价近几年比较热门的几种数理统计的方法进行逐一的介绍，这里主要探讨模糊综合估计、描述统计及聚类分析三种方法。

一、模糊综合估计法

模糊数学的理论由美国加利福尼亚大学控制论专家 Zadeh. L. A 教授在 1965 年创立，相对于经典数学和统计数学，模糊数学把数学的应用范围从精确现象扩大到模糊现象的领域。模糊数学于 1976 年传入我国后，在我国得到迅速发展，目前我国已成为世界上模糊数学的四大研究中心（美国、西欧、日本、中国）之一。

模糊数学是一个新兴的数学分支，它应用微积分、线性代数、概率论和数理统计等理论和方法来研究和处理日常生活中遇到的一些难以定量化的模糊概念。力求使模糊概念在一定的精确程度上量化，从而用数学方法去处理。模糊理论的主要特点是能定量处理定性确定的种种模糊因素。

不动产估价过程中会受到许多不确定的模糊因素影响，如地理位置、交通状况、公共设施、环境、评估专家主观判断的不确定性等，评估因素的复杂多变性，正符合模糊数学的应用范围，可以通过特定的模糊数学理论将人们判断上的主观性转化为有现实意义的，以严密的科学性和逻辑性评估地价。

（一）模糊数学的相关定义

模糊集不同于以往的经典数学集合，一个元素是否属于集合无法像经典集合那样准确刻画，我们引入了隶属度的概念，并以隶属函数来描述模糊集。

1. 模糊子集的定义：设论域 U，称映射

$$A: U \rightarrow [0, 1], \quad x \rightarrow A(x) \in [0, 1]$$

确定了一个 U 上的模糊子集。模糊子集 A 是由隶属函数 $A(x)$ 唯一确定的，一般可以把模糊子集 A 与隶属函数 $A(x)$ 看成是等同的。实质上，隶属程度的思想也就是模糊数学的基本思想。

2. 模糊集的表示方法和基本运算

常见的模糊集的表示方法为向量法，它具有简洁明了的特点，其基本模式是 $A = (A(x_1), A(x_2), \cdots, A(x_n))$，$A(x_i)$ 在这里表示 x_i 对模糊集 A 的隶属度是 $A(x_i)$。

模糊集之间的运算不像经典集合那样有明确的属于关系，它只能以隶属函数间的关系来确定。我们不动产估价中常用的模糊集之间的运算有并、交、补运算。用公式表达为

$$A(x) \cup B(x) = \max(A(x), B(x)) = A(x) \vee B(x)$$

$$A(x) \cap B(x) = \min(A(x), B(x)) = A(x) \wedge B(x)$$
$$A^c(x) = 1 - A(x)$$

这里 A 和 B 分别表示两个模糊集，实质上任一两个模糊集之间的运算，也就是论域 U 中的每一个元素对这两个模糊集的隶属度间的相应运算。

3. 最大隶属原则和择近原则

在刻画两个模糊集之间的关系时，定义了模糊数学特有的内积和外积的概念。

内积公式表述为

$$A \cdot B = \bigvee_{i=1}^{n} (A(x_i) \wedge B(x_i)) = \bigvee_{x \in U} (A(x) \wedge B(x))$$

外积公式表述为

$$A \odot B = \bigwedge_{i=1}^{n} (A(x_i) \vee B(x_i)) = \bigwedge_{x \in U} (A(x) \vee B(x))$$

在常见的不动产估价中，常常遇到如交易情况、交易日期、区位因素、特殊因素等修正因素，这些因素实际上也就构成了一个不确定的模糊集，每种因素集是一个模糊子集，最大隶属原则在房地产评估中主要用于选取可比案例。最大隶属原则用公式可表述为

$$A_{i_0}(x_0) = \bigvee_{k=1}^{m} A_k(x_0)$$

公式表示有 m 个模糊子集，与待评价模型情况最为相近的是模糊子集 A_{i_0}（模型 A_{i_0}），也可以认为 x_0 相对隶属于 A_{i_0}。

在具体的模型选择中，选取的模型与实际待估案例的情况肯定不会是分毫不差的，这就需要将它们之间的相似程度用数字准确地进行表示，这种对模糊集之间相似程度刻画的量称为贴近度。公式可表述为

$$\sigma_0(A, B) = \frac{1}{2}[A \cdot B + (1 - A \odot B)]$$

实际研究表明当贴近度越大时，模糊集之间越贴近，也就是说二者的情况最为相似。择近原则就是选择标准模型库中与待估案例最相似的模型，依据标准模型库中的现有数据推算待估案例的实际交易价格。择近原则的模糊数学内涵用公式可表述为

$$\sigma_0(A, B) = \bigvee_{i=1}^{n} \sigma_0(A_i, B_i)$$

表示了两个模糊集的贴近程度，在实际操作中，可能有其他的方法对贴近度进行一定程度的修正来弥补它的一些不足，但上面提到的未经修改的公式最为容易使人们接受，并且容易参与计算，所以现实中也常常直接运用上面的贴近度公式进行不动产价格的估算，对贴近度公式的改进不再赘述。

（二）评估实务

1. 模糊综合估计法概述

在实际的不动产估价工作中，市场比较法修正系数的给出，有很大的主观性和随意性，导致评估结果的不准确，并且影响不动产价格的因素多数具有模糊性和不可定量性，传统方法很难将这些模糊因素精确处理和量化，针对这种情况，可以采用模糊综合估计法。

模糊综合估计法是通过模糊数学中的多因素、多层次综合评判原理，进行专家模糊综合评估数学模型和影响不动产价格的因素指标体系的研究，促使不动产价格的评估更趋于科学合理。

　　传统的修正系数法对于因素指标的选择只有一种结果，但模糊评定是综合专家的个人意见所选择的，所以针对一个条件因素，结果可能有很多种。这正是体现了模糊评定的思想。由于综合了大量专家的意见，通过完整的数学模型和评估因素指标体系，是可以通过模糊达到精确的目的的（柳鹏，2014）。

2. 模糊综合估计法模型

　　（1）构建评估指标体系。影响不动产价格的因素众多，科学地构建估价评估指标体系，是建立评估模型的第一步。

　　（2）确定各指标的权重。这里对层次分析法确定权重作简要说明。

　　第一步，构造判断矩阵。需要经验丰富的不动产评估专家对指标进行比较评分，取值标准依据如表9-2所示的 1~9 标度方法得出判断矩阵 $\boldsymbol{B} = (b_{ij})_{m \times n}$。

表9-2　1~9 标度法

标度	含义
1	元素和 j 同等重要
3	元素比 j 稍重要
5	元素比 j 明显重要
7	元素比 j 强烈重要
9	元素比 j 极端重要
2、4、6、8	介于相邻判断的中间值

注：j 与 i 两因素比较结果是 j 与 i 两因素重要性比较结果的倒数。

　　第二步，方根法计算最大特征根和对应的特征向量 w_i。

　　首先，求出判断矩阵每行所有元素的几何平均值，公式为

$$\overline{w}_i = n\sqrt{\prod_{j=1}^{n} b_{ij}}$$

　　其次，计算判断矩阵的最大特征值 λ_{max}。

　　第三步，对判断矩阵进行一致性检验。

$$CI = \frac{\lambda_{max} - n}{n - 1} \qquad CR = \frac{CI}{RI}$$

式中，RI 为平均随机一致性指标，其值见表9-3。

表9-3　平均随机一致性指标

阶数	1	2	3	4	5	6	7	8
RI	0	0	0.52	0.89	1.12	1.26	1.36	1.41

　　当 CR<0.1 时，则认为判断矩阵有满意的一致性，特征向量 w_i 即指标因素的权重。

　　第四步，进行层次总排序，公式为

$$w_j = \sum_{i=1}^{m} \alpha_i W_{ij}$$

式中，α_i 为上一层 i 因素的权重；W_{ij} 为相对于上一层 i 要素而言，本层次要素 j 的权重；W_j 为 j 要素的权重。

　　由此构成评价指标权重集合为 $W = \{w_1, w_2, \cdots, w_n\}$

（3）确定评价指标模糊隶属度。建立评价集 $V = \{v_1, v_2, \cdots, v_m\}$ ，一般 $m \in [5, 9]$ 。若 m 取 5，则 $V = \{v_1, v_2, v_3, v_4, v_5\}$ =（优，较优，一般，差，较差）。

（4）建立单因素模糊评价矩阵。估价专家对每个因素进行评判，确定各评价指标对各评语的隶属度，得到隶属向量，具体表示为

r_{ij} = 判定第 i 因素为第 j 情况的专家个数/专家总数，将所有评价指标的隶属向量组成单因素评价矩阵 $\boldsymbol{R}$ 。

（5）得出最终评语集合。最终评语向量为 $\boldsymbol{B} = W \times R = (\boldsymbol{b}_1, \boldsymbol{b}_2, \cdots, \boldsymbol{b}_n)$ 。

（6）求出估价对象得分。将最终评价集合 B 的每一个向量 $\boldsymbol{b}_i$ 与一个评分值按最大隶属度的原则对应起来，如表9-4所示。各对应分值构成的集合记为 I = $\begin{bmatrix} 100 & 90 & 80 & 70 & 60 \end{bmatrix}$ 。

表9-4 评估结果与相应分值对应表

模糊语言	优	较优	一般	较差	差
隶属度	100	90	80	70	60

最终求出估价对象的得分值 $U = B \times I^T$ 。

（7）求出估价对象价格。按照相同方法求出类似交易实例的分值为 U_1 和 U_2 ，成交价格分别为 P_1 和 P_2 ，估价对象的分值为 U ，则估价对象的价格由线性内插求出为

$$P = P_1 + (P_2 - P_1) \frac{U - U_1}{U_2 - U_1}$$

3. 模糊综合估计法实例分析

某住宅小区是一套三室一厅一卫的房子，建筑面积为120m²，房屋坐北朝南，2008年建成，钢混结构，邀请10位评估专家对评价指标进行单因素模糊隶属度评判，并采用层次分析法确定各指标的权重，评判结果如表9-5所示。

表9-5 估价对象评价指标权重及单因素评判表

一级指标 （权重）	二级指标 （权重）	单因素评价结果				
		优	较优	一般	较差	差
区位因素(0.5)	繁 华 度（0.10）	0.8	0.2	0	0	0
	配套设施（0.50）	0.3	0.2	0.4	0.1	0
	交通条件（0.25）	0.1	0.2	0.4	0.2	0.1
	环境景观（0.15）	0.5	0.3	0.2	0	0
实物因素(0.2)	新旧程度（0.35）	0.6	0.2	0.2	0	0
	设 备（0.15）	0.6	0.4	0	0	0
	装 修（0.20）	0.2	0.3	0.3	0.2	0
	房屋格局（0.30）	0.1	0.4	0.3	0.1	0.1
个别因素(0.3)	房屋朝向（0.25）	0.4	0.3	0.2	0.1	0
	所处楼层（0.25）	0	0.3	0.5	0.2	0
	工程质量（0.40）	0.8	0.2	0	0	0
	物业管理（0.10）	0.7	0.3	0	0	0

二级指标的综合权重组成的集合为 W,

W = {0.050, 0.250, 0.125, 0.075, 0.030, 0.040, 0.060, 0.09, 0.075, 0.075, 0.120, 0.030},

由二级指标的单因素评价结果，组成单因素评价矩阵 R。

$$R = \begin{bmatrix} 0.8 & 0.2 & 0 & 0 & 0 \\ 0.3 & 0.2 & 0.4 & 0.1 & 1 \\ 0.1 & 0.2 & 0.4 & 0.2 & 0.1 \\ 0.5 & 0.3 & 0.2 & 0 & 0 \\ 0.6 & 0.2 & 0.2 & 0 & 0 \\ 0.6 & 0.4 & 0 & 0 & 0 \\ 0.2 & 0.3 & 0.3 & 0.2 & 0 \\ 0.1 & 0.4 & 0.3 & 0.1 & 0.1 \\ 0.4 & 0.3 & 0.2 & 0.1 & 0 \\ 0 & 0.3 & 0.5 & 0.2 & 0 \\ 0.8 & 0.2 & 0 & 0 & 0 \\ 0.7 & 0.3 & 0 & 0 & 0 \end{bmatrix}$$

最终评语向量为

$B = W \cdot R = \begin{bmatrix} 0.41 & 0.29 & 0.21 & 0.08 & 0.01 \end{bmatrix}$,

估价对象得分为

$U = B \times I^T = \begin{bmatrix} 0.41 & 0.29 & 0.21 & 0.08 & 0.01 \end{bmatrix} \times \begin{bmatrix} 100 & 90 & 80 & 70 & 60 \end{bmatrix}^T = 90.1$

可比实例采用上述方法计算出的值分别是

$$U_1 = 94.6 \qquad U_2 = 85.8$$

交易价格分别是

$$P_1 = 9800 \ (\text{元}/\text{m}^2) \qquad P_2 = 8600 \ (\text{元}/\text{m}^2)$$

此房屋的价格为

$P = 8600 + (9800 - 8600) \times (90.1 - 85.8)/(94.6 - 85.8) = 9186 \ (\text{元}/\text{m}^2)$

4. 基于模糊数学的市场比较法

基于模糊数学的市场比较法其原理是用模糊数学定量的描述待估房地产与交易实例之间的相似程度，通过对大量的交易典型资料进行检索和修正计算，即运用模糊数学的贴近度概念和择近原则来选择可供比较的交易实例和进行各因素的修正。继而确定待估房地产的价格。

对于某宗待估房地产，我们可以从已经成交的实际案例中找出若干与该宗房地产相似的实例，利用平滑法建立模糊数学评估模型，现有某厂一厂房申请价格评估，以结构特征、质量等级、地理位置、层数这四个特征向量作为评判的基准组成论域。以 $U = \{t_1, t_2, t_3, t_4\}$ 表示，并在 [0, 1] 中取值，经过调查统计，得出已估的一号、二号、三号、四号厂房和待估厂房的有关资料如表9-6所示。

表9-6　已估厂房和待估厂房的有关资料

项目	结构特征		质量等级		地理位置		层数		建筑面积/m²	估价值/(元/m²)	建成日期
已估	砖混二等	0.7	一级九成	1	六、七级地段	0.9	单层	1	2437	3706.38	2010年
	砖混一等	0.85	二级七成	0.8	七级地段	0.8	单层	1	1532	3697.18	2010年
	钢混结构	1	一级九成	1	六级地段	1	双层	0.8	2994	3374.18	2010年
	砖混一等	0.9	二级六成	0.7	七级地段	0.8	单层	1	1511	3680.32	2010年
待估	砖混一等	0.9	一级八成	0.9	七级地段	0.8	单层	1	1813	—	2010年

待估厂房的特征矩阵为

$$T = \begin{bmatrix} T_1 \\ T_2 \\ \vdots \\ T_n \end{bmatrix} = \begin{bmatrix} t_{11} & t_{12} & \cdots & t_{1m} \\ t_{21} & t_{22} & \cdots & t_{2m} \\ \vdots & \vdots & \vdots & \vdots \\ t_{n1} & t_{n2} & \cdots & t_{nm} \end{bmatrix} = \begin{bmatrix} 0.7 & 1.0 & 0.9 & 1.0 \\ 0.85 & 0.8 & 0.8 & 1.0 \\ 1.0 & 1.0 & 1.0 & 0.8 \\ 0.9 & 0.7 & 0.8 & 1.0 \end{bmatrix}$$

待估厂房在论域 U 上的模糊子集为 $t = (0.9, 0.9, 0.8, 1.0)$。计算 t 与 T_1 的贴近度 a_1：

$t \cdot T_1 = (0.9 \wedge 0.7) \vee (0.9 \wedge 1.0) \vee (0.8 \wedge 0.9) \vee (1.0 \wedge 1.0) = 0.7 \vee 0.9 \vee 0.8 \vee 1.0 = 1.0$

$t \odot T_1 = (0.9 \vee 0.7) \wedge (0.9 \vee 1.0) \wedge (0.8 \vee 0.9) \wedge (1.0 \vee 1.0) = 0.9 \wedge 1.0 \wedge 0.9 \wedge 1.0 = 0.9$

$$a_1 = \frac{1}{2}[t \cdot T_1 + (1 - t \odot T_1] = \frac{1}{2}[1.0 + (1 - 0.9)] = 0.55$$

同理可求出 t 与 T_2 的贴近度 $a_2 = 0.6$，t 与 T_3 的贴近度 $a_3 = 0.45$，t 与 T_4 的贴近度 $a_4 = 0.6$。在实际工作中，考虑权值是呈指数逐级递降的，所以通常只要取最相似的三个交易实例就完全满足要求了。利用公式：

$$E = \lambda[\sigma_1 E_1 + \sigma_2(1 - \sigma_1)E_2 + \sigma_3(1 - \sigma_1)(1 - \sigma_2)E_3$$
$$+ \frac{1}{3}(1 - \sigma_1)(1 - \sigma_2)(1 - \sigma_3)(E_1 + E_2 + E_3)]$$

其中，λ 为修正系数，这里取1，来求出待估房地产价格。这里 t 和 T_2 的贴近度与 t 和 T_4 的贴近度相同，利用模糊关系稀疏的大小来排序。

$$T_{a_2} = \frac{\sum\limits_{j=1}^{4} t_{2j}}{\max\limits_{i=1}^{4} \sum\limits_{j=1}^{4} t_{ij}} = \frac{3.45}{3.8} = 0.91$$

$$T_{a_4} = \frac{\sum\limits_{j=1}^{4} t_{4j}}{\max\limits_{i=1}^{4} \sum\limits_{j=1}^{4} t_{ij}} = \frac{3.4}{3.8} = 0.89$$

排序结果为 T_2、T_4、T_1、T_3，对应的贴近度应取前三个，大小排序为

$$\sigma_1 = a_2 = 0.6$$

$$\sigma_2 = a_4 = 0.6$$

$$\sigma_3 = a_1 = 0.55$$

根据上述公式计算待估厂房的价值为

$$E = \lambda \left[\sigma_1 E_1 + \sigma_2 (1-\sigma_1) E_2 + \sigma_3 (1-\sigma_1)(1-\sigma_2) E_3 \right.$$

$$\left. + \frac{1}{3} (1-\sigma_1)(1-\sigma_2)(1-\sigma_3)(E_1 + E_2 + E_3) \right]$$

$$= 1 \times \left[3697.18 \times 0.6 + 3680.32 \times 0.6 \times 0.4 + 3706.38 \times 0.55 \times 0.4 \times 0.4 \right.$$

$$\left. + \frac{1}{3} \times 0.4 \times 0.4 \times 0.45 \times (3697.18 + 3680.32 + 3706.38) \right]$$

$$= 3695.06 \text{ （元/m}^2\text{）}$$

二、描述统计法

现实生活中针对某个问题的研究往往存在大量的资料数据，但从这些杂乱无章的资料中，很难对其总体水平与分布状况做出评价判断。因此，必须采用一些适当的方法对这些资料进行处理，使之简约化、分类化、系统化，描述统计法就是研究简缩数据并描述这些数据的统计方法。将搜集来的大量数据资料，加以整理、归纳和分组，简缩成易于处理和便于理解的形式，并计算所得数据的各种统计量，如平均数、标准差，以及描述有关事物或现象的分布情况、波动范围和相关程度等，以揭示其特点和规律，便于掌握总体的特征，以便对其水平做出客观的评价。

（一）描述统计法常用的相关定义

在常规的不动产评估中，常用的描述统计法的概念是对数据集中趋势和离散趋势的测度。集中趋势的测度常用众数、中位数和算术平均数三个概念来表述，离散趋势的测度常用级差和方差、标准差三个概念来表述。

1. 众数

众数即一组样本中出现次数（频率）最多的变量值，众数一般通过直接观察或工具统计便可以很方便地得到。众数一般用 M_o 表示。

2. 中位数

中位数是将一组样本 $(x_1, x_2, \cdots, x_n)$ 按大小顺序排序，位于最中间位置的数值就是中位数，中位数一般用 M_e 表示。

计算中位数应首先将样本数值进行大小排序，若样本观测值个数 n 为奇数，则中位数为

$$M_e = x_{\frac{n+1}{2}}$$

若样本观测值个数 n 为偶数，则中位数为

$$M_e = (x_{\frac{n}{2}} + x_{\frac{n+2}{2}})/2$$

3. 算术平均数

算术平均数即一组样本 $(x_1, x_2, \cdots, x_n)$ 所有数值加和除以样本的总个数。算术平均数常用 $\bar{x}$ 表示，用公式表示为

$$\bar{x} = \frac{\sum\limits_{i=1}^{n} X_i}{n}$$

4. 级差

级差又称为全距，就是一组样本 $(x_1, x_2, \cdots, x_n)$ 中最大值与最小值之间的差值。级差常用 R 来表示，用公式表示为

$$R = \max(x_i) - \min(x_i)$$

可以看出级差容易受样本数值极端值的影响，对样本中间数值的分布没有给出任何信息。

5. 方差和标准差

方差和标准差弥补了级差的不足，其数值大小与均值代表性的大小成反向变化关系。样本中各数据与样本平均数的差的平方的平均数叫做样本方差，用公式表示为

$$S^2 = \frac{1}{n}[(x_1 - \bar{x})^2 + (x_2 - \bar{x})^2 + \cdots + (x_n - \bar{x})^2]$$

样本方差的算术平方根叫做样本标准差，用公式表示为

$$S = \sqrt{\frac{1}{n}[(x_1 - \bar{x})^2 + (x_2 - \bar{x})^2 + \cdots + (x_n - \bar{x})^2]}$$

在不动产估价的应用中更多地用到单个样本标准差。用公式表示为

$$S = \sqrt{\frac{1}{n-1}[(x_1 - \bar{x})^2 + (x_2 - \bar{x})^2 + \cdots + (x_n - \bar{x})^2]}$$

（二）评估实务

现有已拆迁后的空地，规划用途为商业用地，土地面积为 1000m^2，申请评估。从当地交易价格资料中共收集到了9个相似案例，根据描述统计法原理，待估空地价格取相似案例的数学均值为评估价格。通过各样点实际交易价格（表9-7）可以求算出样点平均交易价格、各样点的单个样本标准差（单个比较价格）和样点标准差（数学均值）。

表9-7　可比较成交案例地价　　　　　　　　　　（单位：元/m^2）

X_1	X_2	X_3	X_4	X_5	X_6	X_7	X_8	X_9
86	90	95	96	100	103	105	111	114

$$\bar{x} = \frac{\sum\limits_{i=1}^{n} X_i}{n} = \frac{86 + 90 + 95 + 96 + 100 + 103 + 105 + 111 + 114}{9} = 100 \ (\text{元}/\text{m}^2)$$

$$S_x = \sqrt{\frac{\sum\limits_{i=1}^{n}(x_i - \bar{x})^2}{n-1}} = \sqrt{\frac{196 + 100 + 25 + 16 + 0 + 9 + 25 + 121 + 196}{8}} = 9.27 \ (\text{元}/\text{m}^2)$$

$$S_{\bar{x}} = \frac{S_x}{\sqrt{n}} = \frac{9.27}{\sqrt{9}} = 3.09 \ (\text{元}/\text{m}^2)$$

求出本宗房地产评估价格为 100 ± 3.09（元/m²），即价格在 $96.91 \sim 103.09$（元/m²）。

三、聚类分析法

在数学上，按一定的要求和规律，通过对事物的数量关系的分析，对事物进行分类的方法，叫做聚类分析法，应用于模糊事物的聚类分析叫做模糊聚类分析。

聚类分析也称群分析、点群分析，它是研究分类的一种多元统计方法。在现实科学研究中，存在着大量分类问题。例如，我们研究的样品或指标（变量）之间存在程度不同的相似性（亲疏关系）。于是根据一批样品的多个观测指标，具体找出一些能够度量样品或指标之间相似程度的统计量，以这些统计量为划分类型的依据。把一些相似程度较大的样品（或指标）聚合为一类，把另外一些彼此之间相似程度较大的样品（或指标）又聚合为另一类，关系密切的聚合到一个小的分类单位，关系疏远的聚合到一个大的分类单位，直到把所有的样品（或指标）聚合完毕，这就是分类的基本思想。

在不动产估价中这种分类主要是研究房地产价格趋于地价区域的问题，一个城市的房地产价格是千变万化的，可以划分出许多价格区域，如何把一个城市的房地产价格分成数个合理的"价格区"，在以往看来是一项十分繁杂的工作，现在借助计算机和相关软件的辅助计算，可以很方便地计算出各个样本之间或各个小类之间的相似程度。

聚类分析的内容非常丰富，有系统聚类法、有序样品聚类法、动态聚类法、模糊聚类法、图论法等。我们在本书中只介绍系统聚类法的具体应用及原理。

设有 n 个样本，p 个指标，数据矩阵为

$$\begin{pmatrix} x_{11} & \cdots & x_{1p} \\ x_{21} & \cdots & x_{2p} \\ \vdots & \vdots & \vdots \\ x_{m1} & \cdots & x_{mp} \end{pmatrix}$$

元素 x_{mp} 表示第 m 个样本的第 p 个指标。

因每个样本有 p 个指标，故每个样本可以看成 p 维空间中的一个点，n 个样本就构成 p 维空间中的 n 个点。因此，我们可以用距离来度量样品之间接近的程度。

明可斯基（Minkowski）距离，也叫做明氏距离，用公式表述为

$$d_{ij}(q) = \left(\sum_{\sigma=1}^{p} |x_{i\sigma} - x_{j\sigma}|^q \right)^{\frac{1}{q}}$$

当 $q = 1$ 时，为绝对距离；

当 $q = 2$ 时，为欧氏距离；

当 $q = 3$ 时，为切比雪夫距离。

其中最常用的就是欧氏距离。

在计算过程中，根据欧氏距离公式，将具体样本中最小两点（或几个点）并类，然后计算各类之间的距离。采用最多的是最短距离法，其公式表述为

$$D_{pq} = \min_{i \in G_p, \, j \in G_q} d_{ij}$$

式中，D_{pq} 为 G_p 和 G_q 两类间的距离；i 为类 G_p 中的一点；j 为类 G_q 中的一点；d_{ij} 为点 i 和点 j 间的距离。

反复依据最短距离公式进行聚类操作，随着 d 的增大，分类的类数逐渐减小，最后所有的样点在一定的距离上合为一类。d 值大小的选取决定可以得到适合需要的分类的数目。整个统计过程可以借助统计软件 statistica 或 SPSS 来完成，有了这些工具，只需要掌握聚类分析的原理，其计算过程由计算机来实现，快捷方便。

第三节　不动产价格指数修正法

一、不动产价格指数修正法的原理

（一）不动产价格指数修正法的含义

不动产价格指数是动态描述一定区域内各类不动产价格变动及其总体价格平均变动趋势和变动程度的相对数，它是指导业界活动和市场研究的有效工具。通过对不动产价格指数的分析和预测，可以对不动产未来的价格进行把握。虽然影响不动产价格的因素很多，但不动产价格变动呈现出一定的规律，根据其某类历史资料，将不动产价格按时间顺序排列，就可以反映出该类不动产价格的变化过程，通过统计分析，可以对未来一定阶段的价格做出判断。不动产价格指数修正法正是由价格指数的这种特性而产生，是根据获得土地使用权成本以及房屋建筑物的账面成本，运用其他相关价格指数推算出建筑物重置成本的一种方法。当然价格指数法由于方法本身的缘故，在推算待估不动产重置成本的准确性方面略显不足，应尽量控制其使用范围。

（二）不动产价格指数修正法的计算公式

不动产估价是在评定不动产质量的基础上估算其现价，如果知道其原价，则不动产现价为

$$不动产现价＝原价 × 价格指数 × 成新率$$

式中，原价 × 价格指数为重置完全价值。

需要说明的是：①价格指数指的是评估基准日的综合价格指数；②待估不动产如果是土地的话，就不存在成新率的问题，求算价格即为原价与价格指数的乘积；③在具体测算综合价格指数时，还应注意统计资料中的年度价格指数是定基价格指数还是环比价格指数。不同性质的价格指数，在计算综合价格指数时方法有所不同。

二、房地产价格指数编制

房地产价格指数是反映不同时期房地产市场价格水平的变化趋势和程度的相对数量指标。房地产价格指数应该是所谓的"纯价格指数"，即价格指数只反映由市场供求变化和货币购买力所引起的价格变化，而不包括其他因素改变而引起的房地产价格变化。

在建立价格指数时，有两点需要特别考虑：①是否能有效地控制不同房地产的特性差

异；②价格随时间的变化是否有足够高的灵活性。为了能提供精度较高的价格指数，所获样本必须能在特性方面提供足够多的信息。

（一）编制方法

从 18 世纪产生房地产价格指数起，编制价格指数的方法就在不断地发展，但由于数据基础条件和编制目的的差异，很难有一个统一的编制方法。分析国外房地产价格指数的成果，我们可以看到，在同一个市场上，可以存在数据基础、编制方法和编制目的不同的若干房地产价格指数，这些指数往往在描述该市场的长期趋势上有相同或类似的结论，但在反映市场短期波动或预测上却存在明显的差异。下面具体介绍各种指数编制方法并对常用方法进行分析。

1. 平均值法

（1）中位数价格法，是选取地产售价的中位数来编制价格指数的方法。房地产市场价格易受极端值（即最高、最低价）影响，而中位数价格能反映市场变动的集中趋势，代表性比较强。

运用中位数价格法非常简便，不需经过复杂的编制程序。从某种程度上讲，中位数价格法比加权平均价格法更能反映房地产市场的真实情况。因为加权的方法虽然能在一定程度上降低房地产品质差异对指数的影响，但并不能完全消除这一影响；而且随着时间的变化，房地产品质的差异可能因为加权的原因而对指数产生较大的偏差。因此，在国外房地产价格指数的实践中，加权平均法多用于地价指数的编制，很少用于编制房地产价格指数。

（2）成本投入法，早期主要编制方法之一，是根据建造房地产各项投入成本（包括材料及人工费用等）的变化情况，用算术平均法编制房地产价格指数。

这种方法对于新建成房屋价格的走势分析有一定的适用性，能够反映出房地产价格变化的某些规律。其不足之处在于：①该方法认为生产成本决定房地产的价格，但众所周知房地产的价格并不是由生产成本决定的，而是由房地产的效用决定并受供求关系的影响。如果用房地产投入要素成本的变动来反映房地产价格的变动，就会有较大的偏差；②在生产力提高的情况下，成本投入价格指数往往会高于房地产价格指数；③该方法不能用来反映土地价格和二、三级市场的房屋价格的变化。因此，成本投入法无论在理论基础还是实际应用方面均欠科学，这是一种较早期的房地产价格指数的编制方法，在规范的市场运作背景下，该方法已经基本淘汰。

（3）简单加权平均法，是以报告期房地产实际交易价格与基期实际交易价格相比作指数。加权的目的在于降低不同交易案例的特征差异所带来的偏差。一方面可以将大量的交易案例加总，另一方面也可以在一定程度上降低房地产品质差异及房地产结构变动对指数带来的影响，但并不能完全消除这一影响，随着时间的变化，房地产品质的差异可能会对指数衡量房地产价格的变动产生较大的偏差。因此，在国外房地产价格指数的实践中，加权平均法多用于地价指数的编制，而用在住宅价格指数编制上的较少。但在国内仍是现有的房地产指数的常用方法。

2. 样本匹配法

（1）估价法，主要应用于缺乏市场交易信息情况下的指数编制，国内外仍有应用。

（2）典型项目法，在顾问咨询机构的指数编制实践中有所应用。

（3）价格调整法，经常与其他编制方法结合使用。

3. 加权综合指数法

（1）拉氏指数，国内外目前主要的编制方法之一。拉氏指数的优点是用基期数量作权数可以消除权数变动对指数的影响，从而使不同时期的价格指数具有可比性。但该指数也有明显的缺陷，它是假定销售量不变的情况下报告期价格的变动水平，这一指数尽管可以单纯反映价格的变动水平，但不能反映数量的变动，特别是不能反映数量结构的变动。

（2）帕氏指数，国内外指数编制实践中应用相对较少。帕氏指数由于以报告期数量加权，不能消除权数变动对指数的影响，因而不同时期的指数缺乏可比性，但帕氏指数可以同时反映出价格和数量及其结构的变化。

（3）费氏指数，未见应用于房地产价格指数编制实践中。

（4）时间哑元法，在各国指数编制实践中得到大量应用。

4. 特征价格法

（1）特征价格法的基本思路是，把房地产商品的价格分解，以显现出其各项特征的隐含价格，保持房地产的特征不变的情况下，将房地产价格变动中的特征因素分解，从价格的总变动中逐项剔除特征变动的影响，剩下的便是纯粹由供求关系引起的价格变动。其意义为每单位消费者在追求效用极大的过程中，每增加一个单位某种属性消费，所愿意支付的边际费用。

特征价格法的优点是，理论基础较为完善，容易取样，可以得到大量价格资料；特征价格模型的经济意义比较直观，计算相对简单。但同时存在以下缺点：①模型存在多重共线性问题；②会出现由于房地产的个别性而掩盖市场供求关系对房地产价格的影响；③实际操作中，如何确定房地产品质特征、怎样建立房地产价格与各项品质特征的关系数据模型、如何估计纯粹价格的变化均有一定的难度。在实际操作上该方法需要大量的房地产交易案例，并有较完善系统的房地产统计数据，能够建立回归模型测算出房屋各类属性与房价的关系。在各国指数编制实践中的应用程度略逊于时间哑元法。

（2）模拟价格法，很少作为独立的编制方法，但经常与样本匹配法结合使用。

（3）价格调整法，很少作为独立的编制方法，但经常与样本匹配法结合使用。

5. 重复交易法

该方法是用同一栋房屋在两个时期售出的价格资料计算房地产价格指数，这是国外编制存量房屋价格指数的主要方法。这样，不同的时期考察相同的房地产，在结构、材料、外部品质等方面均相同，免去了控制房地产品质的麻烦，保证了前后期对比的样本的同质性，使价格指数能够反映出房地产市场供求关系的变化。

重复交易法经过实践和专家的多次修正，在理论上已经相当完整。但同时，重复交易法的如下缺点也限制了其广泛运用：①有两次重复出售价格记录的房地产数量有限，样本容量相对较小，抽样误差较大。②重复交易价格的周期很难与指数要求的周期相匹配。③房产再交易间隔期间发生重大整修或品质质量变动会影响价格指数的真实性。即使房地产品质在两次交易之间没有发生改变，也难以保证该房地产在不同的时期能够给人们带来相同的效用。④重复交易的资料两次交易的期间不能太长，否则品质固定的假设将会被突破。⑤只利用重复交易价格信息而偏废一次性交易资料，难以保证资料的市场性。

6. 混合模型法

鉴于特征价格模型和重复售出模型的缺陷，Case 和 Quigley 在 1991 年提出了将二者混合并利用广义最小二乘法（GLS）分析随机误差变量方差的方法。该方法被称为"混合方法"，又称 PooledGLS 模型。1997 年 Hill、Knight 和 Sirmans 对 PooledGLS 模型进行了改进，提出基于最大似然估计法（MLE）的 PooledMLE 模型。该方法尚处于理论研究阶段，未见于指数编制实践中。

（二）我国现行的主要的房地产价格指数

房地产价格指数既可以反映城市或地区的房地产市场整体行情变化，也可以反映出不同物业类型变化情况。房地产指数的变动可以清晰地描绘出房地产市场发展的轨迹，并可以预测未来市场的走势以及行业的发展态势。

据不完全统计，目前我国公布的各类房地产指数有 10 多个，其中，既有全国性的，也有地方性的；既有政府主办的，也有企业主办的，还有官方和民间合办的。这里，以目前房地产市场较具代表性的中房指数和国房指数为例，来介绍我国目前房地产指数的编制方法及其特点。

1. 中房指数

"中国房地产价格指数系统"，简称"中房指数"，是一套以价格指数形式反映全国各主要城市房地产市场发展变化轨迹和当前房价变动状况的指标体系，是我国最早研究、编制并公布的房地产价格指数系统。该指数分为中房城市指数和中房综合指数。

从功能上来说，中房指数中的单个城市指数基本反映了各种综合因素影响下，本地房地产市场供求关系发生的变化，两个或两个以上城市指数的比较，能显示城市房地产价格水平的差异和不同城市房地产市场走势；中房综合指数反映以若干城市房地产为代表的中国房地产市场走势。

中房综合价格指数采用按比例分层抽样方法确定各主要城市物业样本，一次样本项目的基期预报数据通过加权平均法计算所属区域物业指数，从而得到区域房地产综合价格指数，以基期数 1000 点进行折算发布。其计算公式按权数因素所属的时期不同分为两种：综合价格指数（拉氏公式）$= \sum P_1 Q_0 \div \sum P_0 Q_0$，综合价格指数（派氏公式）$= \sum P_1 Q_1 \div \sum P_0 Q_1$，式中，$P_0$、$P_1$ 分别为基期、报告期的价格；Q_0、Q_1 分别为基期、报告期的交易量。采用拉氏公式，权数可以固定不变且长期使用，但当物业样本发生变化时，其计算结果会与实际情况有较大出入。派氏公式虽然需要同时采集报告期的价格和数量材料才能计算，但当样本物业增减时只需调整基数，既可使计算结果免受影响，也可维持房价指数的连续性和可比性。

中房指数虽然开创了中国大陆现行房地产价格指数编制之先例，有许多值得推行之处，但仍存在以下缺陷。

（1）降低了指数的横向可比性。由于采用了固定权数的拉氏方法，在市场发展迅速、结构变化较快的情况下，反映基期市场结构的权数会逐渐与现期市场结构脱节。这样一来，指数虽然还能够反映市场房价的变化趋势，可是会与市场实际结构及价格产生距离，降低指数的可比性，尤其横向可比性会受到较大影响。

由于采用了固定权数的拉式方法，在市场发展迅速、结构变化较快的情况下，反映基期市场结构的权数会逐渐与现期市场结构脱节。这样一来，指数虽然还能够反映市场房价的变化趋势，可是会与市场实际结构及价格产生距离，降低指数的可比性，尤其是横向可比性。

（2）指数测算方法不够完善。现实应用的公式未考虑物业结构类型的变动，公式所选用的权重是报告期的物业面积，而原始公式所用的权重是固定（即基期）的物业面积。原始公式的优点在于剔除了因物业结构变化所引起的指数变动，使得指数变动完全表现为物业价格的变化。现实应用的公式则操作简便，实施费用降低，但如果完全按照加权平均法的样本选择方式，则会在指数中包含非价格变化因素。为了解决这一问题，中房指数在目前的实际操作中多先用同一项目，同一小区的物业价格样点。这其实是借鉴了重复交易法的思想。

（3）样本数据缺乏代表性。样本数据是编制指数最基本的资料，为保证指数的科学性和准确性，首先应保证足够的样本量、均匀的样本区域和物业类型分布，样本数据的及时更新，样本数据的真实性和连续性等。目前中房指数在编制过程中，存在样本规模小，样本区域和物业类型分布不合理，样本数据缺乏时效性，连续性、真实性等问题也存在。

（4）指数的应用受到限制。目前中房指数在应用上尚显稚嫩。一方面，由于指数本身不完善，质量不高，指数的变动与市场的实际变化趋势可能并不相符，从而影响了指数的应用。例如，中房指数公布的往往是上一月、上一季度、年度的数据，这在很大程度上只是对市场发展的历史轨迹的一种描述，而开发商、投资者则往往更加关心市场的未来走势。这种房地产指数的滞后性就影响了房地产指数的推广和应用。另一方面，受国内目前关于房地产市场、房地产价格、房地产指数的理论研究深度的限制，以及房地产实际从业者对市场研究工作的轻视甚至忽视等影响，房地产指数的作用远未得到充分发挥。包括中房指数在内的众多房地产指数定期的公布报告、市场分析报告等也大都存在着内容少、信息量不足、分析深度不够，以及就指数论指数，只是进行一些简单的说明和肤浅的分析等问题。

2. 国房指数

"国房指数"是国家统计局 1997 年研制建立的"全国房地产开发业综合景气指数"的简称。它是对房地产产业发展变化趋势和变化程度的综合量化反映，由八个分类指数合成运算出综合指数，用百分制表示。其数据资料来源于国家统计局房地产统计机构进行的调查，数据资料月月更新。

"国房景气指数"的编制方法是根据经济周期波动理论和景气指数原理，采用合成指数的计算方法，从房地产产业发展必须同时具备的土地、资金和市场需要三个基本条件出发，选择土地出让收入指数、本年完成开发土地面积指数、房地产开发投资指数、本年资金来源指数、商品房销售价格指数、新开工面积指数、房屋竣工面积指数、空置面积指数八个具有代表性的统计指标进行分类指数测算，再以 1995 年 3 月为基期对比计算出综合指数体系。国房景气指数的测算分为八个方面：一是确定指标体系；二是建立原始指标数据库；三是消除量纲的影响；四是确定权数；五是确定对比时期；六是消除季节、价格因素的影响；七是建立分类指数和国房景气指数计算数学模型；八是国房景气指数计算结果的分析报告。

关于国房指数编制方法的几点说明。

（1）国房指数采用了与目前国家统计部门消费价格指数类似的理论架构，属于拉氏年距同比指数。指数基值以上年同期为 100 点，权重由专家打分确定。在指数计算中权重一直固定，基值不固定。由于国房指数属于合成指数，指数的变动实际上反映了房地产市场的综合情况，也就是说可以较全面地反映房地产市场目前的景气状态。

（2）国房指数由于是同期相比计算得出的指数，所以采用指数数值表示，同比变化比较清楚。

（3）国房指数系统采样由各级统计部门采用统计报表制度，对注册房地产公司等进行统计监督。数据来源有统计面广、来源稳定等优点，数据具有较好的广泛性。

关于国房指数缺陷分析：

（1）忽视了指数的横向与纵向可比性。国房指数由于是环比指数且为合成指数，虽然包容了大量市场信息，但缺少纵横比较的能力。若要进行纵向比较，则必须经过逐级换算，工作量大。

（2）不同指标变化对指数造成的影响不能清晰反映。国房指数综合了多种信息资料，可综合地反映市场状况，但不同指标变化指数造成的影响却不能清晰反映，需要单独说明。

（3）调查数据的可靠性问题。国房指数采样由各级统计部门采用统计报表制度。统计部门沿用旧的习惯，在设计指标后，下发到相关房地产开发公司，由后者填写后进行上报。房地产开发公司出于各种顾虑，或由于对编制房地产指数的意义认识不足，很难填报客观、准确的数据。

三、不动产价格指数修正法的应用

（一）使用的注意事项

我们可以发现，在不动产指数修正计算方法中，不动产的价格指数是一个非常重要的因素，它的选取将直接影响测算结果的准确性和可行性。应认真分析地价指数与物价指数和土地市场供需关系，以正确反映地价变化规律，从而预测未来房地产的价格。使用该测算方法具体应注意以下五点。

（1）在测算不动产价格时，应选择与不动产具有同质性的价格指数。由于房地产市场和房地产产品自身的特殊性，相应的对房地产价格指数的质量也具有特定的要求，其中最重要的是价格指数应满足同质性要求。选择和待估不动产具有同质性的不动产价格指数，能够消除区位、品质等影响，单纯反映供求变化等市场因素所带来的波动，测算结果会接近不动产的实际价值。

（2）应确保编制价格指数基础数据真实性、准确性，从而确保价格指数的可行性。采集价格信息应进行大量的实地调查。只有进行实地调查，特别是对消费者进行调查，才能取得较为可靠的价格资料。同时大面积的调查也可以减少采样和计算中的误差。进一步推广和完善房地产交易信息系统，以此作为房地产价格指数编制的主要数据来源。

（3）改进价格指数的编制方法，根据实际选用相应的编制原理。目前各城市在编制房地产价格指数时大多采用拉氏公式，即仍采用一般商品价格指数的计算方法。由于房地产的特殊性，如独一无二性、价值大、寿命长久性、数量有限性、用途多样性等，用此公式计算出的价格指数很难反映城市房地产市场的真实供求关系，从而失去意义。然而编制价格指数也不能一味照搬国外的模式，各国的国情不同，地产市场的特点不同，对房地产价格指数基本理论的认识不尽相同。我国目前正处于社会主义初级阶段，社会主义市场经济体制并不等同于西方国家的市场经济，同时，我国房地产产业的发展也具有自身的独特性。因此，必须紧密结合现阶段我国房地产价格及地产市场的特点，设计适合我国国情的城市房地产价格指数编制技术路线。

特征价格理论作为编制房地产指数的理论依据是一种比较可取的理论模式，已成为编制房地产价格指数最主要的理论基础之一。随着我国经济迅速发展，在市场体制较完善的地区和城市，房地产市场不断规范和成熟，市场交易案例逐步增多，已初步具备了应用特征价格理论的现实可行性，大量的交易案例和实际价格数据使得房地产各属性与房地产价格关系的测算成为可能。

（4）在基期确定问题上，宜采用可变基期和环比指数来反映房地产价格变化趋势。房地产价格指数是反映两个时期房地产价格变动趋势和程度的相对指标，这里所说的两个时期是指基期和报告期。由于房地产的异质性决定了房地产的品质易发生变化，如果采用固定基期更使对比缺乏可比性。因此，采用可比基期和环比指数来反映房地产价格变化趋势更具操作性。

（5）应提高估价人员的专业素质，选取编制方法或采用现行的价格指数。这一过程带有较大的主观性，估价人员应掌握各种编制方法的特点，区分清各种价格指数哪些侧重于宏观，哪些侧重于微观，从而运用恰当的价格指数进行测算。具体来讲应注意以下几点：①分析待估不动产。对各种不动产做好分类、分区工作来确定该不动产的品质因素。②了解自己所选的指数。实际工作应用中，各个房地产指数都有自己的编制方法和自己重点关注的领域范围。③进行必要的调整。对于任何原始资料，都不能够直接利用。在应用前，都要根据待估目标要求进行筛选、整理和加工。

由于我国房地产市场还在成长中，不动产价格指数编制无论是在基础资料还是理论方法上都存在着或多或少的不完善，利用现有各种价格指数还需要排除各种影响因素，不动产价格指数修正法还并不是一种成熟的估价方法。因此，该方法不建议作为单独的估价方法使用，作为粗估或验证估价结果更为合适。另外就是用于单位价值小、品质典型、房地产市场稳定发展时期以及运用其他方法有困难的建筑物的重置成本估算。

（二）应用举例

例如：某经济适用房 120m²，2005 年 10 月竣工，以 14 万元购入，房屋正常使用年限为50 年，使用期间进行了正常的修缮维护，现对二次出售价进行粗估。

我们运用重复交易法的原理，从品质类似的已发生二次交易的房屋求算出价格指数。选择案例为某经济适用房 2013 年 12 月现交易价为 4200 元/m²，该房屋 2003 年 12 月竣工交用单位造价为 1000 元/m²，房屋正常使用年限为 50 年，已使用 10 年，使用过程对房屋进行正常修葺保养。

价格变动指数：$4200 \div 1000 = 420\%$ ；

年价格变动指数：$420\% \div 10 = 42\%$ ；

还需要求出待估房产的成新率，将这些因素带入估价公式就可以求出估价。

待估房的成新率：$(50-8) \div 50 = 84\%$ ；

粗估价 $= 140\ 000 \times 42\% \times 8 \times 84\% = 395\ 136$ （元/m²）。

第四节 高层建筑地价分摊法

一、高层建筑地价分摊法的背景

在现代城市中，由于土地越来越稀缺，地价越来越高，以及建筑技术的日益发展，多层、高层建筑物越来越多。不仅办公楼、商店，而且住宅、厂房等也都实现了多层或高层化。此外，人们活动还向地下发展，出现了地下商场、地下停车场、地下仓库等。在城市中心商业区，建筑物除了多层、高层化之外，建筑物的用途还出现了立体化。典型的一座大厦的立体用途是：地下一至二层为停车场、设备用房，地面一至二层为商店，三至四层为酒家，五层以上可能是办公楼，再往上可能是公寓等。

二、高层建筑地价分摊法的意义

随着房地产交易活动的日益发展和产权多元化，一座建筑物只有一个所有者的格局打破了，出现了一座建筑物内有着众多的所有者或使用者的情况，他们分别拥有该建筑物的某一部分，如有的拥有地下一层，有的拥有地面一层，有的拥有地上一层。特别是多层、高层住宅或公寓，一户居民往往只拥有其中的一套住房。

但是，整座建筑物占用的土地只是一块，在事物形态上不可分割。当这座建筑物的开发商售出其中的某一部分后，该块土地的使用权的一个相应份额也就随着转移，最后是购得这座建筑物的众多所有者按份共有这块土地的使用权，但是大家各自的份额是多少就成了一个需要解决的现实问题。拥有一块土地，不仅享有该块土地的一定权利，而且还要承担由此权利而产生的义务。例如，在建筑物寿命终了时或者建筑物被火灾损坏后，大家决定将该块土地出售，但是售出后的地价收益如何分配；相反，在建筑物使用过程中，政府要根据这块土地的位置或价值征收土地税费，该土地税费在各部分建筑物的所有者之间如何分摊。要解决这些问题，就需要解决在建筑物建成后的地价合理分摊问题，由此找出每个所有者应占有的土地份额。知道了土地占有份额，无论是土地的权利还是义务，就都可以通过它顺利得到解决了。

三、高层建筑地价分摊法的方法

高层建筑地价分摊法主要有按建筑面积分摊、按房地价值分摊、按土地价值分摊以及按楼层地价分配率分摊四种。

（一）按建筑面积分摊

按建筑面积进行分摊的方法，是根据各自拥有的建筑面积的多少来分摊，即如果甲拥有建筑面积若干平方米，那么他应该享有的地价数额为他所拥有的建筑面积乘以土地总价值与总建筑面积的比率，他应占有的土地份额为他所拥有的建筑面积除以总建筑面积。具体如下：

某部分享有的地价数额＝（土地总价值/总建筑面积）×该部分建筑面积

某部分占有的地价份额＝该部分享有的地价数额/土地总价值＝该部分的建筑面积/总建筑面积

例如：有一幢楼房，总建筑面积为 $1000m^2$，如果某人拥有其中 $80m^2$ 的建筑面积，则该人占有的土地份额为 $80/1000=8\%$，如果该楼房的土地总面积为 $500m^2$，则该人拥有的土地数量为 $500×8\%=40m^2$，或 $500/1000=0.5m^2$ 的土地面积。

这种方法简单明了，且易于操作，但存在的问题也很明显，例如，当各楼层的使用用途不同时，或者同种用途由于楼层不同使用效用会有较大差异（如普通多层住宅的一层效用与四、五层效用的差别）时，若按照楼房的每部分分摊的地价款都相等的做法，会引起各不同使用、所有者的异议（即当各部分的土地价值需要显现时就会出问题）。

（二）按房地价值分摊

为了克服按照建筑面积分摊出现的不同部分的价值不同，但却分摊了等量的地价问题，可以依据各部分的房地价值进行分摊。按房地价值分摊是以各方拥有的房地价值占高层建筑房地总价值的比例作为其占有的土地份额，享有或承担该份额相应的权利和义务，具体方法是

某部分享有的地价数额＝（土地总价值/房地总价值）×该部分房地价值

某部分占有的土地份额＝该部分享有的地价数额/土地总价值＝该部分的房地价值/房地总价值

例如：某座大厦，房地总价值为5000万元，某人拥有其中的商业部分，该部分的房地价值为1000万元；另一人拥有其中的酒店部分，该酒店部分的房地价值为500万元。则上述的第一人占有土地份额为1000/5000＝20%，第二人占有的土地份额为500/5000＝10%。

但是这种分摊方法仔细研究起来仍然有一些缺陷，例如，根据这种分摊方法的结果，各层分摊的建筑物价值不相等，这在理论上是很难解释的。从理论上看，各层房地价值有差异的原因，撇开为各层特殊的装修装饰不谈，应该是土地的垂直立体效果不同所造成的，各层的建筑物价值应相同。举一个简单例子，可使这个问题得到更清楚的说明：假设整座大厦都是住宅，且每层的面积、户型、装修装饰都相同，但由于楼层不同，售价肯定不同，如底层与其他层的价格有差异。显然，各层之间的价格差异不是建筑造价不同造成的，只能归因于土地，是各层占据的土地立体空间位置的不同，从而其可观性、景观、安宁、空气等的不同造成的。

（三）按土地价值分摊

与上述两种方法相比，按土地价值进行分摊的方法会改善这个建筑物价值不等的缺陷，因为它是依据各部分的土地价值进行分摊的，具体方法如下：

某部分占有的土地份额＝（该部分房地价值–该部分建筑物价值）/（房地总价值–建筑物价值）

某部分享有的地价数额＝该部分占有的土地份额×土地总价值＝该部分的房地价值–该部分的建筑物价值

例如：某座大厦，房地总价值为5000万元，其中建筑物总价值为2000万元。某人拥有该大厦的某一部分，该部分的房地价值为100万元，该部分的建筑物价值为40万元。该人占有的土地份额为（100–40）/（5000–2000）＝2%。

这种地价分摊方法说来是较简单的，只要知道了建筑物占有的土地的价值，知道了建筑物各部分的房地价值，就可以进行。而在现实中这两个价值一般都是已知的。但这种分摊也有一定的不足，就是假设未来房地价值是不变动的。由于未来的房地价值是不断变化的，土地价值也是不断变动的，因此，按房地价值进行分摊的方法和按土地价值进行分摊的方法，从理论上讲需要地价分摊不断地进行，但这在实际中不可行，因为进行分摊所需的费用可能很高，另外土地占有份额一旦确定下来之后也不宜经常变动。而如果间隔一定的年数进行分摊，这种间隔期多长合宜也是值得研究的。

（四）按楼层地价分配率分摊

该分摊方法是对土地价值分摊法的补充和完善。其分摊思路是：收集典型楼宇样本，通过求取各楼宇各楼层的效用比，并将各楼宇建筑物效用分离出来后，即可得到每个楼宇样本的楼层地价分配比率系列；通过统计技术，我们可得到某同质地区同结构某类型楼宇楼层地价分配率系列，运用概率论和数理统计方法对此地价分配率系列进行检验，以及求得各楼层地价分配率置信区间后，便可用于在楼层和用途与该类别建筑物相近或相似的其他"高层建筑物"地价的分摊。某权益人所拥有的土地价值也可以根据所求得的不同楼层单位楼面地价而计算出来（邱枫，2007）。具体步骤如下。

1. 楼层地价分配率序列的取得

1）各楼层效用比

高层建筑各层楼的效用不同，造成了售价之间的差别，将各楼层的单价以百分率方法来表示，即称为楼层效用比。计算时测得各楼层的平均单价，以最低单价为基数，各楼层单价与最低单价之比即为各楼层的效用比率，可以简易求得。楼层效用比是利用市场支付意愿差异程度来观察各地段高层楼房各层间存在的差异比率，是求算地价分摊的基础资料。具体公式如下：设某大楼共有 m 层，各层的平均单位楼价为 $P_i(i = 1, 2, \cdots, m)$，建筑物总价格为 C，房地产总价格为 P，各楼层的效用比率为 $a_i(i = 1, 2, \cdots, m)$，建筑物的效用为 b，楼层地价分配率为 $c_i(i = 1, 2, \cdots, m)$，则根据上述思路，各楼层单价与最低单价之比即为各楼层的效用比率，公式为

$$a_i = \frac{P_i}{\min P_i}$$

2）建筑物效用比

建筑物效用比是建筑物部分在整个楼层效用比中所占的比率。其计算方法是建筑物总价格与房地产总价格（即楼价）的比值与楼层效用比的平均值的乘积。建筑物价格由建造建筑物的土建安装、内部固定设备、室外配套及专业、管理费等全部直接和间接的成本费用组成，并包含正常的利息、利润。一般认为各楼层、各部位的建筑物单位价格是相同的，是将建筑物总价按总面积分摊后的平均价格，若为特殊设备、特殊装修的楼层和部位，建筑费有明显差异的，应根据实际情况进行个别部位的调整，尽量排除因装修、设备而造成的建筑成本差异。具体公式为

$$b = \frac{1}{m} \sum_{i=1}^{m} a_i \times \frac{C}{P}$$

3）楼层地价分配率

楼层地价分配率是按各楼层所处土地立体空间的位置给予分配的比率，各楼层价值差异，并非由建筑物引起，而是由土地空间位置不同所致，故用楼层效用比减去建筑物效用可求得楼层地价分配率。具体公式为

$$c_i = a_i - b$$

4）用统计技术来确定楼层地价分配率系列

要寻求各类别建筑物楼层地价分配率序列的统计规律，显然不能寄希望于经由市场调查直接获取各楼层的地价分配率；我们可以遵循剩余法的思路，由各楼层效用比和建筑物效用比，反求楼层地价分配率，而前两者的数据资料是完全可以从市场调查中得到的。那么，我

们又该如何从样本的市场调查资料推断得到总体规律呢？可采用数理统计技术，具体步骤是：广泛调查收集"高层建筑"的各楼层用途分布、交易价格及建筑物价格的市场资料；对上述资料按房屋坐落地段相似、楼层用途分布相近、建筑层数相同的标准整理归类；对属于同一类别的各个楼宇分别按剩余法求取各楼宇的楼层地价分配率序列；按算术平均数求得每一类别的楼层地价分配率序列。

用统计方法根据上述公式，可计算出某类别建筑物楼层地价分配率系列（c_1，c_2，…，c_m），设某区域某类建筑共有 n 幢，每幢 m 层，第 j 幢建筑第 i 层的平均单位楼价为

$$P_{ji}(j = 1, 2, …, n; i = 1, 2, …, m)$$

第 j 幢楼宇的建筑物总价格为 $C_j(j = 1, 2, …, n)$；第 j 幢楼宇的总楼价为 $P_j(j = 1, 2, …, n)$。

通过上述公式可以求出第 j 幢建筑楼层地价分配率为

$$c_{j1}, c_{j2}, …, c_{jm}(j = 1, 2, …, n)$$

运用算术平均数可以求得此类建筑的楼层地价分配率系列 c_1，c_2，…，c_m。其中，

$$c_i = \frac{1}{n} \sum_{j=1}^{n} c_{ji}(i = 1, 2, …, m)$$

2. 对楼层地价分配率进行可靠性检验

所求得的楼层地价分配率是否可靠需要经过检验，在此我们运用概率论和数理统计的有关知识对所求得的楼层地价分配率进行假设检验。其方法是：收集与所求得的楼层地价分配率样本相似的样本资料（房屋坐落地段相似、楼层用途分布相近、建筑层数相同），对这些样本资料（称为检验样本）同样按上述第一步中的四个步骤求出另一个楼层地价分配率系列（可称为检验样本楼层地价分配率系列），同时我们也能计算出各检验样本楼层地价分配率的不同方差，此时假设原所求得的楼层地价分配率是可靠值，并给定一定的检验水平，就可利用 t 分布来检验原楼层地价分配率系列是否可靠。如果通过原来的典型样本所求得的楼层地价分配率系列经检验是不可靠的，则需要重新收集典型样本资料来重新求取一个楼层地价分配率系列，经检验在其可靠度范围内时才能进行运用。具体公式如下：

采集与上述相同区域同类建筑相同用途楼宇样本，设该楼宇样本共 N 幢，每幢楼宇同样为 m 层，第 J 幢建筑第 i 层的平均单位楼价为 $P_{Ji}(J = 1, 2, …, N; i = 1, 2, …, m)$，第 J 幢楼房的建筑物总价格为 $V_J(J = 1, 2, …, N)$，第 J 幢楼房的总楼价 $Q_J(J = 1, 2, …, N)$。通过第一步中的四个步骤，可以求得检验样本的楼层地价分配率系列 x_1，x_2，…，x_m。设检验样本的楼层地价分配率系列各楼层样本方差为 S^2，利用方差公式可以求得检验样本的楼层地价分配率系列的各样本方差。

假设根据原来典型样本所求的楼层地价分配率是可靠值，即 $c_i(i = 1, 2, …, m)$ 是可靠的，根据 t 检验方法，构造统计量 t，并确定其分布（计算出 t_i 的值）：

$$t_i = x_i - c_i / \sqrt{\frac{S_i^2}{N}} \sim t(N-1)^8$$

对于给定的检验水平（0<<1），由自由度 $N - 1$（自由度表示误差信息的个数）和公式 $P(|t_i| > \lambda) = \alpha$ 查 t 分布表，确定临界值（分位数）。

若 $|t_i| > \lambda$，表明检验样本的楼层地价分配率在检验水平 α 的条件下分布超出了临界值 λ，与典型样本所求取的楼层地价分配率系列 c_i 有显著差异，则通过典型样本所求取的楼层

地价分配率系列 c_i 在检验水平 α 的条件下是不可行的，不能用于相似类别建筑物地价的分摊，这时需要收集更多的同类型样本资料，重复第一步中的四个步骤，重新求取楼层地价分配率，再进行假设检验；若 $|t_i| \leqslant \lambda$，则通过典型样本所求取的楼层地价分配率系列 c_i 在检验水平 α 的条件下是可行的，可用于与样本楼宇（房屋坐落地段相似、楼层用途分布相近、建筑层数相同）相似的其他楼宇的地价分摊。

3. 对楼层地价分配率系列做区间估计

简单地以典型样本平均数值直接作为总体平均数，是以样本数据推断总体参数的一种点估计方式。该方法虽然操作简便，但没有考虑样本误差，也没有说明估计的准确度和可靠性大小，特别是房地产具有的异质性特点使标的楼宇和它所归属类别中的样本楼宇必有很多的差异。因此，从每一类别中的典型样本楼层地价分配率序列推断该类别总体的楼层地价分配率系列时，更宜采用区间估计方式，即给出楼层地价分配率的一个区间范围，而非仅仅一个确定的数值点。这样，有经验的估价师便可根据标的楼宇的具体情况，作弹性选择。对楼层地价分配率做区间估计需要在完成上述第一步四个步骤的基础上，再计算出各类别每一楼层地价分配率的样本方差，给定一个置信水平，利用 t 分布表，可以求得楼层地价分配率的置信区间。

经过可靠性检验后，能确定一个可行的楼层地价分配率系列 c_i，这时我们需要对此系列作一个区间估计，以尽量减少误差，提高其准确度。

首先，根据方差公式，计算出各类别每一楼层地价分配率的样本方差。方差公式为

$$\delta_i{}^2 = \frac{1}{n-1} \sum_{j=1}^{n} (c_{ji} - c_i)^2 \quad (i = 1, 2, \cdots, m)$$

其次，取定显著性水平（$0 < \alpha < 1$），则第 i 层地价分配率的置信区间为

$$\left(c_i - \lambda \sqrt{\frac{\delta_i{}^2}{n}}, \ c_i + \lambda \sqrt{\frac{\delta_i{}^2}{n}} \right)$$

其中，临界值 λ 的大小可从 t 分布表中相应于自由度为 $n-1$、置信水平为 $1-\alpha$（又称为置信度）的位置处查到。通常，α 可取 0.01、0.05 或 0.1，视精度要求的具体情况而定。

4. 不同楼层的楼面价求取

知道此类别建筑物楼层地价分配率系列（$c_1, c_2, \cdots, c_m$）和相应的置信区间，对于在楼层和用途与该类别建筑物相同或相似的某一建筑物，视其具体情况选择在置信区间内相应的地价分配率，结合由地价和总建筑面积计算出的平均楼面地价，可计算出其单位楼面地价以及楼层楼面地价。设待分摊楼宇的建筑物面积为 S，土地总价格为 V，即

第 i 层楼单位楼面地价 =（第 i 层楼地价分配率/平均楼层地价分配率）

$$\times 该幢大楼平均楼面价 = c_i / \frac{1}{m} \sum_{i=1}^{m} \times \left(\frac{V}{S} \right)$$

第 i 楼层楼面地价 = 第 i 楼层单位楼面地价 × 该层建筑面积

此分摊方法不仅提高了分摊结果的精确度，而且扩大了应用范围，具有如下特点：第一，此方法运用了替代原理，并且保留了剩余法的合理理论，使之具备了扎实的理论基础；第二，在前提性工作中需要收集大量翔实的典型样本资料，保证了计算出的楼层地价分配率的现实性；第三，运用概率论与数理统计的方法，验证了通过典型样本所求出来的楼层地价分配率的可靠度，并对可靠的楼层地价分配率进行置信区间的估计，这使分配率的结果更具可靠性；第四，在完成了一定的前提基础性工作取得楼层地价分配率系列与置信区间后，任

意一"高层建筑"地价的分摊只与建筑面积和所占用土地的总地价有关，无需预知楼价等变量，计算简洁，操作方便，特别适宜批量进行地价分摊的求取。

从理论上说，同一城市不同地块的地价在空间的分配比例是各不相同的，世上不存在同一种分配比例的两块地。因此，对地价在楼层中的分摊问题，更多的应从理念上去认识，要在理性认识的基础上，不断积累资料，尽可能掌握一定时期内、一定土地区域范围内、不同性质楼宇的地价在楼层中的垂直分布规律。

第十章 资源性资产估价方法

第一节 矿产资源评估方法

一、矿产资源评估影响因素

（一）评估对象

根据《矿产资源法实施细则》第 2 条规定，矿产资源是指由地质作用形成的，具有利用价值的，呈固态、液态、气态的自然资源。目前我国已发现矿种 171 种，可分为能源矿产（如煤、石油、地热）、金属矿产（如铁、锰、铜）、非金属矿产（如金刚石、石灰岩、黏土）和水气矿产（如地下水、矿泉水、二氧化碳气）四大类。

矿产资源资产是国家、企业或个人可控制的，依托于矿产资源，在一定的技术条件下具有一定的效用，并且在市场经济中能够为产权主体带来预期收益的有形财产和无形的权利的资产（夏佐铎和姚书振，2002）。矿产资源资产是我国国有资产的重要组成部分，也是资源性资产的一个大类，同时它又属于不可再生性资源资产，具有不可再生性资源的显著特征，因此，对其评估进行专门的探讨有着重要的意义。加强对矿产资源资产等不可再生资源资产的评估，贯彻有偿使用的原则，可以促进其合理的开发和利用，有利于人类可持续发展。作为评估对象的资产必须满足 4 个基本条件：①满足交易性——市场特性；②有明确的业务边界——估价特性；③有实际的价值——价值特性；④产权界限明晰——权益特性。由于矿产资源资产的特殊性，市场的交易行为是以矿业权流转的形式出现，但它离不开矿产资源实体，因此，对矿产资源资产评估对象的确定必须遵循矿产资源实物资产、矿业权无形资产的本质和特征以及可交易性的特点，同时还必须考虑各种评估需求。根据具体评估对象的不同，可以划分为实物性资产和权益性资产。实物性矿产资源的评估对象为经过地质勘查工作，证明能被工业部门利用的地质体，权益性矿产资源一般指的是矿业权，他的评估对象是探矿权和采矿权（夏佐铎，2004）。

在对矿产资源进行评估时，划分资产类别，对于我们判断使用何种价值定义，使用何种评估方法及参数的选取都是必要的。

（二）矿产资源评估影响因素

1. 矿产资源产品的供求状况

影响矿产资源价格水平形成的两个最终决定因素是供给和需求，其他因素通过影响这两个因素来影响价格。矿产品在某个特定时刻的价格取决于供给和需求状况之间的相互关系。供不应求的资源产品价格水平高；供大于求的资源产品价格就低。

2. 矿产资源的稀缺程度和可替代程度

不同的矿种，稀缺程度往往差别很大，市场条件下，越是稀缺的资源价值越高；同时，国家给稀缺性的资源以保护性开采的政策，这就更使其具有相对较高的价值，开采这部分资源能获得较多的超额利润。一般来说，资源稀缺程度越高，可替代程度就越低，资源资产的价值也就越高。

3. 矿产资源的储量品位及赋存条件等自然因素

储量是指矿床中矿石或有用组分的埋藏量，一般指矿产资源中具有经济意义的未开采部分。储量多的、级别高的当然价值就高，质量越高的价值也越高。品位是指矿石中有用元素组分或矿物的含量。品位高，不仅有用含量多，而且市场价格高，开采经济价值大，开采权价格就高。还有矿产的具体赋存状况、地理位置等，都会影响资源的价格。矿体的赋存条件是指矿体的形状、大小、厚度、埋深、围岩的强度和水文状况等地质条件，这些都直接决定了开采的复杂程度和成本的高低，从而成为影响资源价值和矿业权价值的重要因素。

4. 科技进步的水平

这主要表现在：①科技进步会使有些过去被认为无法利用的伴生元素或矿物得到开发利用，资源价值当然提高了；②可以发明创造出更有效的开采方法，降低开采成本，增加收益，增加资源的价值；③可以发现现有资源的最有效的利用方法，从而改变和增加矿产资源资产的价值，相应地也会提高矿业权资产的价值；④可以发现更有效的找矿方法，降低探查成本和风险，减少对环境的破坏，从而提高矿产资源资产的价格水平。

5. 开采条件

影响开采权价格的开采条件主要有三类：一是矿床的赋存条件。矿藏埋藏深度越深，覆盖层越厚，则开采成本越高。二是矿石及围岩性质。若矿石围岩稳固性、穿爆性好，开采时支护和爆破费用低，开采成本就可适量降低，开采经济价值就大，采矿权价格就高。三是矿床水文地质条件。矿床水文地质条件越复杂，开采成本越高。

6. 加工条件

加工条件是指选矿和冶炼条件。影响采矿权价格的加工条件有以下几点：①矿石类型。矿石类型不同，加工的技术条件不同，所以成本不同，开采权价格也不同。②矿物组分及其结构构造。矿物组成简单，结晶粗大，则生产成本低，矿产价值高。③共生、伴生和有害元素。这些元素的存在形式、含量等直接关系原始矿石和矿产品的去向，这些也影响矿产资源的价值。

7. 区位条件

影响矿产资源价格的区位条件有以下几个方面：①自然地理区位主要包括矿区地形、地貌和矿区大气。②经济地理区位主要有水、电、劳动力、原材料供应状况，矿区即周围经济发达程度。③交通地理区位包括地理位置和交通状况。总之，区位条件越优越，矿产资源价值越高。

8. 社会的平均资金利润率和矿业的资本利润率

社会的平均资金利润率和矿业的资本利润率的对比可影响资金流向和矿业企业的经营利润，从而影响矿产资源价值和矿业权价值。

二、实物性矿产资源评估方法

实物性矿产资源一般指的是矿体。矿体指的是含有足够数量矿石、具有开采价值的地质体。对于实物性矿产资源的评估，通常以技术评估为主，评估的核心是资源数量、质量和勘察远景，如矿体的圈定、品位的计算、储量的估算等。

对实物性矿产资源的评估，一般需要经过储量评估和价值评估两个阶段。其中，储量评估是价值评估的基础。

（一）储量评估

矿产资源是指天然赋存于地球内部或表面、由地质作用所形成，呈固态、液态或气态的具有经济价值或潜在经济价值的富集物。从地质研究程度来说，矿产资源不仅包括已发现的并经工程控制的矿产，还包括目前虽然未发现、但经预测（或推断）可能存在的矿产；从技术经济条件来说，矿产资源不仅包括在当前经济技术条件下可以利用的矿物质，还包括根据技术进步和经济发展，在可预见的将来能够利用的矿物质。矿产储量是指已被地质勘探工程揭露的并已基本控制的矿产资源蕴藏量，是查明资源的一部分。而作为评估对象的储量，按照新的《固体矿产资源储量分类》解释，是指基础储量中的经济可采部分，扣除设计、采矿损失的可实际开采储量，是当时经济可采部分。基础储量是指满足工业生产要求，经可行性研究或预可行性研究，认为是经济的或边际经济的部分，未扣除设计、采矿损失的储量。《矿产资源储量评审认定办法》规定矿产资源储量必须经过评审，再经国家认定，方可作为矿山开发、设计的依据。现行的储量评审，大都从地质角度出发，没有把经济因素引入矿产勘查开发的各环节，虽然在工业指标审批下达过程中进行了论证，但由于方法、原则不统一，其结果达不到可研或预可研阶段，对矿床开发不具意义。而储量计算方法的多样性，对储量计算的结果也会造成较大差异。现行的储量计算方法有地质块段法、垂直纵投影法等。这些方法经过实践证明可行，但由于适用条件的限制，不能通用。过去常常先用一种方法计算，再用另一种方法进行验证，是不合适的。国际上通常采用地质统计学方法，如普通克立格法、协同克立格法等。由于考虑矿化规律与被估块段的相对距离、位置等影响因素，在计算品位和储量时，比其他方法估计的精度高、通用性好，不但能解决矿床勘探和矿山开发过程中的一些地质问题，还能根据市场供求及价格因素及时调整生产方案。所以地质统计学方法具有明显的优点，某些国家已把它作为储量计算的标准方法。目前我国储量计算方法仍采用传统方法。主要原因就是地质统计学法对技术人员掌握的知识结构要求比较高，难于掌握。而传统方法在人们头脑中根深蒂固，使用起来驾轻就熟。从市场经济的发展来看，与国际接轨已势在必行。因此，尽快研制出一套适合我国国情又能与国际上通用做法相适应的储量计算方法迫在眉睫，使储量评估工作科学化、规范化。为我国矿业制度与国际矿业制度接轨提供契机（刘宝春和马文洪，2000）。

（二）价值评估

由于涉及的技术经济参数较多，价值评估是一项复杂和严谨的工作。其中矿产品的价格是矿产储量价值评估时的一项重要影响因素。长期以来，我国矿产品价格一直偏低，这一现象制约了我国矿业的发展，其根本原因是矿产品定价不合理，用部门平均成本代替边际成本定价，更没有考虑国际市场因素。因此，在进行矿产资源资产评估时，掌握国内国际市场价格变化情况，才能使评估结果真实合理（刘宝春和马文洪，2000）。

矿产资源资产一般含有三个层次的价值：一是矿产资源本身的价值；二是矿产资源资产的权益价值；三是地质勘查劳动投入产生的劳动价值。

矿产资源本身的价值，将其转换成货币形态就是矿产资源的底价。其计算原理是根据资源丰度不受任何勘查成本和采矿成本的制约，即不管投入多少劳动消耗，都不会改变资产的丰度，但同样的劳动耗费获得的矿石品位却不同，收益大小也不一样，因此它是自然有用性创造的价值量，是超额于社会平均利润率水平之上的超额利润和垄断利润。根据矿床的地质品位，可以计算出矿产资源的底价。用公式表示为

$$P_d = L \times C_q \times Q_j$$

式中，P_d 为矿产资源资产底价；L 为矿石单位品位（品级）的平均收益增量；C_q 为扣除边际品位的平均品位；Q_j 为可利用储量（或经济储量）。

三、权益性矿产资源评估方法

对于权益性矿产资源的评估，通常以经济评估为主，技术评估是基础和前提，其核心是资产使用或交易的现时价值。矿业权评估的是矿产资源的权益价值，它是对矿产资源资产使用权（无形资产）的估算和评定，即经营权权益的本金化。

矿业权的评估对象是探矿权和采矿权。根据《〈矿产资源法〉实施细则》第六条规定：探矿权，是指在依法取得的勘查许可证规定的范围内，勘查矿产资源的权利。取得勘查许可证的单位或者个人称为探矿权人。采矿权，是指在依法取得的采矿许可证规定的范围内，开采矿产资源和获得所开采的矿产品的权利。取得采矿许可证的单位或者个人称为采矿权人。探矿权、采矿权与矿产资源实体或矿床（矿产地）实体有不可分性。

按照评估对象的性质，矿业权的评估可以分为探矿权评估和采矿权评估。

探矿权评估的实施目的是寻找和勘查矿产资源。由于矿产资源勘查是一项探索性比较强的工作，勘查可以分为预查、普查、详查、勘探四个阶段。这四个阶段的勘查投资风险都不相同，对勘查对象的了解程度也不同。在全世界范围内，探矿权的评估仍处于探索阶段，能够称其为评估方法的，也都不成熟，这与评估对象的特殊性有关，也与人们对探矿权价值的认识方式和差异有关。在高精度的勘查阶段，主要有约当投资——贴现现金流量法、地勘成本法、地勘加和法等；在低精度的勘查阶段，主要有地质要素评序法、联合风险勘查协议法以及粗估法等。

采矿权评估实施目的是开采矿产资源并经营矿产品。采矿权评估国际上通行的做法是贴现现金流量法，当矿业权市场发育比较完善时，可比销售法也可用于矿业权评估。

人们对矿业权价值的认识和对评估技术路线的拟定均与社会发展阶段、经济发展水平、市场发育状况，以及实践经验的积累等有密切的联系。下面介绍的矿业权评估方法只反映现阶段业内人士的一般认识，它们还将随着矿业权市场的发展和实践经验的增加而不断完善。

下面就几种主要的评估方法加以介绍。

（一）贴现现金流量法

1. 基本概念

贴现现金流量法，即 DCF（discounted cash flow）法，是通过预测矿被实施后各年的现金收支（现金流入和现金流出），计算净现金流量（net cash flow），经贴现后求出现净值之和作为矿业权价值的一种方法。

2. 贴现现金流量法的前提条件与适用范围

1）贴现现金流量法使用的假设

贴现现金流量法使用的假设是：①资本市场是有效率的；②投资项目经营者（或企业）所面临的经营环境是确定的，资本市场和产品市场稳定；③投资的不可逆性；④项目所面临的制度是稳定的，社会、法律制度不会突然变迁；⑤公民具有充分的理性（李松青和刘异玲，2010）。

2）前提条件

应用贴现现金流量法进行矿业权价值评估时，需要具备以下前提条件。

（1）待评估的矿业权具有独立的获利能力，并能被测算。

（2）待评估的矿业权未来的收益能用货币来计量。

（3）要了解掌握行业的技术水平、盈利水平和矿产品市场的变化及矿床的内外部建设条件、技术经济参数等。

3）适用范围

该方法适用于各种类型的采矿权评估和详查、勘探工作程度的探矿权评估。

3. 方法原理

贴现现金流量法的基本原理是通过预测矿业权被实施后各年的现金收支（现金流入和现金流出），计算净现金流量，经贴现后求出现值之和作为矿业权价值（李松青和刘异玲，2010）。

其计算公式为

$$W_p = \sum_{i=1}^{n} \left[(CI - CO)_i \right] \times (1 + r)^{-1}$$

式中，W_p 为矿业权价值；CI 为现金流入量；CO 为现金流出量；r 为贴现率；n 为计算年限（$i = 1, 2, 3, \cdots, n$）；

CI＝年销售收入＋固定资产残值回收＋流动资金回收

CO＝固定资产投资（含新增投资）＋流动资金＋经营成本＋销售税金及附加＋所得税

4. 贴现现金流量法的参数及选取

贴现现金流量法的参数主要有八个方面，即矿产资源储量、生产能力及生产年限、固定资产投资、流动资金、销售收入、总成本费用、贴现率和社会平均收益（利润）。前六个方面取自地质勘查报告、可行性研究报告（或预可行性研究报告）、矿山设计书、矿山企业财务资料，后两个方面取自社会有关统计资料。

这里需要注意的是，贴现率是影响矿业权价值的最直接、最重要的因素，因此确定贴现率是关键。矿业权评估使用的贴现率不同于国家银行发布的贴现率。银行贴现率的涵义仅指货币时间价值，是货币的报酬；矿业权评估采用的贴现率与一般资产评估使用的贴现率的涵义接近，是一种特定条件下的收益率，反映该项资产应取得收益的水平。一般来说，贴现率应包含无风险报酬率、风险报酬率和通货膨胀率。无风险报酬率是指资产在一般条件下的获利水平，也称安全报酬率，通常以银行储蓄利率为依据；风险报酬率是指冒风险取得的报酬与资产的比率，它取决于投资的风险大小，风险大的投资，要求的风险报酬率就高。

在采矿权评估时风险报酬率可在 3%～5%取值。探矿权评估时贴现率与行业风险溢价之和（$r + r'$）应在 10%左右。个别风险高的矿种，可略有提高，但不高于 12%。而国家政策限制开发的矿种或者在限制开发的地区，贴现率的取值应降低。综合以上因素，我国矿业权评估的贴现率一般选取 7%。

5. 应用程序

贴现现金流量法的应用程序如下。

（1）确定评估基准日。

（2）核实矿产储量。

（3）确定生产规模和生产期限。

（4）确定合理的评估参数。

（5）确定贴现率。

（6）评估计算，其中包括固定资产投资计算、流动资金计算、销售收入计算、固定资产折旧计算、生产成本计算、税费计算、矿业权价值计算。

在应用中应注意以下问题：①评估基准日应有效且合理。②矿产储量是指依据地质勘查所探明、控制的储量，基础储量扣除设计损失量和采矿损失量后得到评估用的可采储量。属于次边际经济的、内含经济的资源储量，不能作为贴现现金流量法评估的储量依据。③生产规模应结合实际，根据矿山生产能力来确定。生产年限应根据可采储量和生产规模来确定。④贴现率的确定，贴现率包括无风险报酬率、风险报酬率、通货膨胀率。在目前评估实践中贴现率一般为 7% 左右。⑤固定资产投资估算。⑥流动资金估算，流动资金＝应收账款＋存货＋现金－应付账款。⑦销售收入计算要按矿产品的产量和基准日矿产品价格计算。⑧固定资产折旧根据固定资产类别和国家有关规定计算折旧年限，年折旧费一般在折旧年限内按线性折旧计算。⑨生产成本为总成本费用扣除折旧费、矿山维检费、摊销费和财务费用后的余额。⑩税费按国家有关规定计算，主要包括增值税、城市维护建设税、教育附加费、矿产资源补偿费和资源税。

（二）市场比较法

1. 基本概念

在评估某一矿业权价值时，将待评估矿业权与近期完成交易的、环境和地质条件类似的矿业权的各项技术经济参数进行对比研究，分析二者的差异，对所选定的参照物（已成交的矿业权）价格进行调整，通过市场比较的途径来估算待估矿业权资产价值的方法。

2. 前提条件

市场比较法应用的前提条件有如下几点。

（1）要有一个发育活跃的矿业权市场。矿业权市场虽然不像一般商品市场的交易那么频繁，但是其频数相对增多，就会使寻找相似样本的机会增多。对于一项买卖双方在无任何第三方干预下所完成的市场交易，我们可以认为其交易价格是公平的，可被用于类比定价。

（2）类似参照物是可以找到的。虽然有矿业权市场，可是如果从市场上找不到一个近期的、相邻的、可比的参照物，同样是无法运用市场比较法进行评估的。

近期，是指距离评估基准日 1~2 年内交易或评估的矿业权，在此期间社会和行业内经济条件变化不大。如果矿业权市场不发达，物价波动不大，时间可以在 2~3 年内。

相邻，是指区位条件不能有大的差异，地理位置不能相距太远。

可比，是指在地质条件、类型、规模、建设条件、交易条件等各方面，具有可比性。

（3）参照物与待估矿业权可比较的指标、技术参数等资料是可以搜集到的。运用市场比较法，重要的是能够找到客观上与待评估矿业权相类似的可比参数。客观上与待评估矿业权完全相同的参照物是很难找到的，这就要求对待评估矿业权与类似的参照物矿业权可比参数是存在的、可以搜集到的，这是决定市场比较法成功运用的关键。

3. 适用范围

根据市场比较法的原理，只要符合方法所要求的条件，这种方法既适用于采矿权的评估，也可适用于探矿权的评估，其主要在矿山市场发达国家得以应用，我国随着市场经济体制的不断完善和成熟，也会越来越多地采用这种方法。在目前矿业市场还不够成熟的情况下应用不多。

4. 方法原理

在评估某一矿业权的价值时，根据替代原则，将待估矿业权与在近期完成交易的、类似环境和类似地质特征的矿业权的地质、采、选等各项技术、经济参数进行对照比较，分析其差异，对参照矿业权价值进行调整，调整后的价值作为待评估矿业权的价值（徐文超等，2005）。

评估时首先是要通过市场调查，选择三个以上与评估对象类似的矿业权作为参照物。分析参照的矿业权与被评估的矿业权内在条件、地质特征、油藏地质条件、开发利用技术条件、市场条件等方面的差异，并对差异要素进行灵敏度分析，确定需调整的参数和调整幅度，经调整计算，得出待评估矿业权的价值。

在实际情况下，影响矿业权价值的参数是相互影响的，例如，品位变化会引起价格变化，进而引起可采储量的变化。灵敏度分析就是要检测某个参数的不同量级的变化，对其他相关的参数以及矿业权价值的影响幅度。从中确定几个灵敏度相对较大的参数作为本方法的调整参数。

确定调整参数并计算了调整系数后，为了简化矿业权价值的计算，假定这些参数是相互独立的，并单独、直接对矿业权价值产生影响。

其计算公式为

$$P_s = \frac{\sum_{i=1}^{n}(P_x \cdot m \cdot w \cdot \varphi \cdot t)}{n}$$

或

$$P_s = \frac{\sum_{i=1}^{n}(P_x \cdot m \cdot w \cdot \varphi \cdot \theta)}{n}$$

式中，P_s 为待估矿业权价值；P_x 为参照的矿业权成交价格或评估值；m 为可采储量调整系数；w 为品位调整系数；φ 为价格调整系数；t 为差异调整系数；θ 为成本调整系数；n 为参照矿业权项数。

5. 参数调整

在利用市场比较法进行评估时，需要调整的因素很多，诸因素之间也会互相影响，如果诸多因素都需调整，会使评估过程复杂化，因而会选择最主要的因素（如上述公式）进行调整，实际应用中还要根据矿种的不同作具体分析和选取调整参数。

简单介绍几种主要调整系数的计算方法。

储量调整系数＝待估矿业权可采储量÷参照矿业权可采储量

品位调整系数＝待估矿业权矿石品位÷参照矿业权矿石品位

差异调整系数＝待估矿业权差异要素评判总值÷参照矿业权差异要素评判总值

矿业权差异要素包括矿产资源的交通条件、自然条件、经济环境和地质采选条件等共分四类 20 项差异要素，由专家对比评判，得出评判值后计算加权平均值。

6. 应用程序

市场比较法的应用程序如下。

（1）明确评估对象，考察评估对象的特征。

（2）进行市场调查，选择可比参照物。

（3）对可比要素充分对比与分析，收集相关资料，利用科学方法将两者的差异进行量化。

（4）对评估结果进行分析，在确认评估的矿业权价值具有一定可靠性、准确性的情况下，作出结论，撰写资产评估报告。

在应用中需要注意的问题：

（1）参照物与待评估矿业权必须是同矿种的相同或相似成因类型。否则，不能选用该方法。

（2）参照矿业权与待评估矿业权之间必须存在可比因素，例如，因素差异悬殊，调整系数可能无法调整，就要去寻求其他调整途径。

（3）由于矿业权的未来收益具有高风险性，不同形式的交易其表现出的价值是不同的。在我国矿业权市场尚不发育时期，有些矿业权交易并不一定表现出其真实价值。所以，选择参照矿业权必须注意交易形式及交易背景的附加条件。

（4）所选择矿业权的信息和待评估矿业权的信息应是丰富的，在有关资料信息不详时，无法采用这种方法。

（5）应用这种方法时，对每个差异要素的调整要给予充分的说明。

（6）成本调整系数和差异调整系数不能在同一个公式中使用；差异调整系数中的每项差异要素，除待评估采矿权和参照的采矿权都不存在的要素外，都必须赋值，如果待评估采矿权和参照的采矿权一方缺项，该项要素赋值要为 0。

例如：评估某铜矿矿业权资产的价格，其参照资产有 3 个，其评估价格分别为 7500 万元、8300 万元和 9000 万元；矿石储量分别为 1200 万 t、1500 万 t 和 1600 万 t；入选品位分别为 3.2%、3.0% 和 2.9%；差异调整系数分别为 0.95、0.955 和 0.935；已知该矿业权资产预计储量 1200 万 t，估计入选品位 3.3%。计算该矿业权资产的评估价格。

$$(7500 \times \frac{1200}{1200} \times \frac{3.3\%}{3.2\%} \times 0.95 + 8300 \times \frac{1200}{1500} \times \frac{3.3\%}{3.0\%} \times 0.955 + 9000 \times \frac{1200}{1600} \times \frac{3.3\%}{2.9\%}$$

$$\times 0.935) \div 3 = 7168.25(万元)$$

（三）收益法及简易收益法

收益法及简易收益法是通过收益途径，为生产矿山及特定的小型生产矿山采矿权评估而设计的一种方法。

1. 收益法

1）基本概念

收益法也叫做收益现值法，是指通过估算被评估资产未来预期收益并折算成现值，借以确定被评估资产现值的一种资产评估方法。与贴现现金流量法不同的是：不采用现金流量表和其计算公式，不采用经营成本参数。

2）收益法的前提条件及适用范围

（1）收益法应用的前提条件同贴现现金流量法，它适用于评估基准日处在正常生产期内的生产矿山的采矿权评估。

（2）适用范围。这种方法适用于评估基准日处在正常生产期内的生产矿山的采矿权评估。

3）方法原理

收益法的基本原理是将总资产以折旧的形式计入生产总成本，计算未来获得的净利润，扣除社会平均收益并贴现后的净现值作为采矿权价值。

收益法的计算方法是直接从销售收入中扣减总成本费用、销售税金及附加、所得税和社会平均收益，得出剩余净利润，剩余净利润的现值即为采矿权价值。

其计算公式为

$$W_p = \sum_{i=1}^{n} (W_{ai} - W_{bi}) \cdot \frac{1}{(1+r)^i}$$

式中，W_p 为采矿权价值；W_{ai} 为年净收益（年销售收入–年总成本费用–年销售税金及附加–所得税）；W_{bi} 为社会平均收益；r 为贴现率；n 为计算年限（$i=1,2,3,\cdots,n$）。

2. 简易收益法

我国的小型生产矿山具有开采方法落后、财务管理不规范、占用储量大、产品单一的特点。对这类矿山的采矿权采用收益法评估也有些困难。采用可比销售法的条件还不具备。因此，从实际出发，根据小型生产矿山的特点，在遵循收益评估途径的基本原理及原则下，设计用于小型矿山采矿权评估的简易收益法。

1）简易收益法的前提条件及适用范围

（1）前提条件。小型生产矿山的产量相对稳定，销售正常，具有一定的获利能力，持续经营状况较好。

（2）适用范围。这里的小型矿山不是单纯规模意义上的小型矿山，而是指那些开采方法落后、设备陈旧、财务管理不规范、产品单一、生产初级化，评估所需资料不齐，生产能力属于小型的特定生产矿山。

2）方法原理

简易收益法是在收益法评估原理的基础上，把收益法财务模型的计算程序简化，采用矿业权权益系数，直接切割销售收入现值。矿业权权益系数是近几年一部分矿业权评估价值与销售收入现值之比的统计结果，它包含着收益途径的全部内涵。

根据上述评估原理，简易收益法的计算方法是：将各年销售收入贴现后累计求和，再用矿业权权益系数调整得出采矿权评估价值。计算公式为

$$W_p = \left[\sum_{i=1}^{n} E_{pi} \cdot \frac{1}{(1+r)^{i-1}} \right] \cdot k$$

式中，W_p 为采矿权评估价值；E_{pi} 为年销售收入；k 为矿业权权益系数（通过近几年的评估实践，根据部分评估资料统计测算）；r 为折现率；n 为计算年限（$i=1,2,3,\cdots,n$）。

3）应用中应注意的问题

（1）小型矿山的生产能力不是采用生产矿山的实际年产量，而是采用合理的生产能力；同样，生产年限也是按合理生产能力计算。

（2）小型生产矿山所占有的储量必须核实。因该类矿山无可行性研究报告和矿山设计

资料，无法确定矿产储量的经济意义。鉴于该储量已被实际利用，因此，其占用的储量均按经济的可采储量计算。

例如：某矿山石灰岩矿区采矿权价值评估中，根据该矿山的储量核定，确定了矿山的合理生产规模和服务年限（1年8个月），评估基准日为 2010 年 11 月 30 日，并估算了销售收入，确定了矿业权权益系数，按照贴现率 7% 进行计算，最后得出采矿权评估价值（表 10-1）。

表 10-1 采矿权价值

序号	项目名称	合计/万元	价值/万元	
			2011 年	2012 年
1	石灰岩矿产量/万 m³	1.67	1.00	0.67
	建筑用石料产量/万 m³	0.83	0.50	0.33
2	销售价格/（元/m³）	—	150.00	150.00
3	销售收入	125.00	75.00	50.00
4	贴现系数（r=7%）	—	1.0700	0.9346
5	销售收入现值	126.98	80.25	46.73
6	矿业权权益系数	3.50%		
7	采矿权评估价值	4.43		

注：该矿山的产品只考虑建筑用石料产量

（四）重置成本法

1. 基本概念

重置成本法是通过成本途径评估矿业权的方法之一，它是根据成本和效用的原则设计的一种方法。

2. 重置成本法使用的前提条件及适用范围

（1）前提条件。①各类实物工作量有详细的原始记录，足以说明各类实物工作量的相关性、有效性和质量状况；②有正规的原始图件和综合图件；③由于工作程度较低，可以不具备矿产资源量数据。

（2）适用范围。①适用于当探矿权所指向的矿产地的勘查程度较低，储量数可靠性差的情况；②适用于预查阶段的探矿权评估和经勘查工作后找矿前景仍不确定的探矿权评估。

3. 方法原理

重置成本法评估探矿权的价值由已经投入的勘查成本及取得的效果两个要素决定。成本要素是勘查时所采用的各种技术方法所投入的工作量和工程量的现值，不是原始实际成本，因此要对勘查投入进行重置计算。效用要素是对成本的价值所做的判断，勘查有效性即确定"勘查效用系数"，它是通过专家和评估人员判断勘查远景的有望程度来确定的。

探矿权评估中使用的重置成本法跟其他评估中的方法类似。

其计算公式如下：

$$P_a = P_b \times F + P_c = \left[\sum_{i=1}^{n} U_{bi} \times P_{ui} \times (1 + \varepsilon) \right] \times F + P_c$$

式中，P_a 为探矿权评估值；P_b 为探矿权资产重置全价；F 为勘查工程加权平均效用系数，是各项（如槽探、钻探等）或工作量的效用系数根据各自的直接重置成本加权平均计算得到的；P_c 为探矿权使用费；U_{bi} 为各类地勘实物工作量；P_{ui} 为对应各类地勘实物工作量现行市价；ε 为其他地质工作；n 为地勘实物工作量项数。

4. 应用中应注意的问题

在判断实物工作量的相关性、有效性，以及判断效用系数时，应充分陈述理由和依据，以反映评估的公正性和客观性。

（1）重置计算的实物工作量是指商业性地质勘查投入，公益性地质工作投入的实物工作量不能进入重置计算。

（2）地质勘查报告和有关资料、图件是探矿权评估的重要依据，除对报告中所记载的地质信息和矿产资源信息认真核实外，还要求报告本身必须是正规的地质报告。阶段性报告、简报、小结类勘查成果所记载的实物工作量应以原始记录为依据，否则不可采用。

（3）同时评估两个以上探矿权时，不可以合并评判赋值和计算价值。每个探矿权应分别计算价值。

例如：某探矿权人于 2009 ~ 2011 年对某勘查区进行了铅锌矿预查，地质报告提供的数据和原始资料表明，在 $17km^2$ 的勘查区内，共施工 4 个钻孔，工作量为 1626.37m，工程部署合理；施工坑探 253m，由于工程布置位置欠妥，未达到地质目的；施工浅井 4m，无编录资料；施工槽探 $1790m^3$，其中 $390m^3$ 未见基岩；完成 1：2000 地质简测 $4km^2$，1：10 000 地质简测 $7km^2$，1：2000 勘探线剖面 2.53km，1：500 地层剖面 0.15km，总体质量符合规范要求。完成 1：2000 瞬变电磁法测量 $4km^2$，初步确定控矿构造和矿化体埋藏情况，对指导工程部署具有重要意义；1：2000 激电中梯测量 $4km^2$，仪器精度低，勘查手段重复；1：2000 磁法测量 $4km^2$ 缺乏物质基础，效果不好；1：10 000 土壤地球化学测量 $7km^2$，圈定数个 Pb、Zn、Cu 组合异常，与瞬变电磁异常套合好，经检查具有较好的找矿意义。

本区经过上述勘查工作，已发现明显矿化，但未能圈定出工业矿体，对勘查区铅锌矿找矿前景存在较大争议。

各项实物工作量及重置直接成本见表 10-2 ~ 表 10-4。效用系数判别值见表 10-5。

表 10-2　某铅锌矿探矿权评估四探工作量重置直接成本计算表

工程名称	岩石级别	计算单位	工作量	现价/(元/单位)	重置直接成本/元	备注
钻探 1	Ⅷ	m	189.64	1800.00	341 352.00	ZK633
钻探 2	Ⅷ	m	920.45	2070.00	1 905 331.50	ZK1016、ZK1220
钻探 3	Ⅷ	m	516.28	2190.00	1 130 653.20	ZK1212
钻探小计	—	m	1626.37	—	3 377 336.70	—
坑探	Ⅷ	m	253.00	6973.05	1 764 181.65	—
槽探	砂土	m³	1790.00	180.00	322 200.00	—
浅井	Ⅷ	m	4.00	1830.00	7320.00	—
合计					5 471 038.35	—

表 10-3　某铅锌矿探矿权评估地质、物化探工作重置直接成本计算表

工作名称	比例尺	计算单位	工作量	现价/元	重置直接成本/元
地质简测	1：2000	km²	4.00	57 154.56	228 618.24
地质简测	1：10 000	km²	7.00	9 525.21	66 676.47
勘探线剖面	1：2000	km	2.53	5701.74	14 425.41
地层剖面	1：500	km	0.15	4662.00	699.30
瞬变电磁法测量	1：2000	km²	4.00	115 776.00	463 104.00
激电中梯测量	1：2000	km²	4.00	133 380.00	533 520.00
磁法测量	1：2000	km²	4.00	70 080.00	280 320.00
土壤地球化学测量	1：10 000	km²	7.00	25 878.00	181 146.00
合计	—	—	—	—	1 768 509.42

表 10-4　某铅锌矿探矿权评估实物工作量重置成本计算表

工作名称	重置直接成本/元	备注
钻探	3 377 336.70	—
坑探	1 764 181.65	—
槽探	322 200.00	—
浅井	7 320.00	—
地质测量	309 720.12	—
瞬变电磁法测量	463 104.00	—
激电中梯测量	533 520.00	—
磁法测量	280 320.00	—
土壤地球化学测量	181 146.00	—
以上合计	723 9547.77	—
四项费用分摊	2 171 864.33	$=\sum \cdot 30\%$
重置成本合计	9 411 412.10	—

表 10-5　某铅锌矿探矿权评估效用系数评判表

工程类别	重置直接成本/万元	工作成果评述	效用系数
钻探	337.73	工程部署合理，部分孔段采取率较低	1.70
坑探	176.42	工程布置不合理，但对地质情况的了解可以利用	0.20
槽探	32.22	控制矿化及找矿标志，1/5 工作量未见基岩	1.20
浅井	0.73	未达地质目的，无资料数据	0.00
地质测量	30.97	符合规范要求	1.00
瞬变电磁法测量	46.31	工作必要，数据可靠，具有指导意义	1.50
激电中梯测量	53.35	手段重复，部分成果可利用	0.20
磁法测量	28.03	精度低，利用价值小	0.20
土壤地球化学测量	18.11	工作必要，找矿意义较明显	1.50
四项费用分摊	723.95	报告质量好，分析因素合理，部分样品偶然误差超差	0.90
加权平均效用系数	941.14	—	1.05

（五）其他方法

1. 约当投资——贴现现金流量法

约当投资——贴现现金流量法主要用来评估探矿权在探矿权人之间的转让价格，是通过对新探矿权人未来开采投入的全部资产的预期收益现值进行估算，按原探矿权人和新探矿权人投资的比例对预期收益现值进行分割，以原探矿权人分割所得的预期收益现值来确定探矿权的转让价格。该方法的应用须具有一定的勘查程度，并以有较详细的地勘投资财务资料为条件。具体步骤如下。

（1）计算新探矿权人的资产收益现值。其计算公式为

$$W_p = \sum_{i=1}^{n} \left[W_i \cdot \frac{1}{(1+r)^i} \right]$$

式中，W_p 为资产收益现值；W_i 为第 i 年的收益额（年销售收入－年经营成本－年资源补偿费－资源税金－其他税金）；r 为贴现率；n 为计算年限。

（2）计算原探矿权人、新探矿权人投资现值，原探矿权人投资现值可采用重置成本法计算（即原投资的资产重置全价，计算略），新探矿权人投资现值可以用贴现法计算；其计算公式为

$$T_x = \sum_{i=1}^{n} \left[T_i \cdot \frac{1}{(1+r)^i} \right]$$

式中，T_x 为新探矿权人投资累计现值；T_i 为第 i 年的投资；n 为投资年限（$i = 1, 2, 3, \cdots, n$）。

（3）计算探矿权评估价值；其计算公式为

$$P_c = \frac{T_y}{T_x + T_y} \cdot W_p$$

式中，P_c 为探矿权评估价值；T_x 为新探矿权人投资累计现值；T_y 为原探矿权人投资现值；W_p 为资产收益现值。

2. 地勘加和法

地勘加和法是利用地勘投入的重置成本加以地勘投入所分配的超额利润来确定探矿权价值，是重置成本法和贴现现金流量法相结合的一种评估方法。其计算公式：

$$P_c = P_{ax} + L_n$$

$$L_n = M \cdot \frac{T}{T + G}$$

式中，P_c 为探矿权评估价值；P_{ax} 为不含勘查风险的探矿权净价（可按照重置成本法求得）；L_n 为应分配的超额利润；M 为超额利润总额；T 为地勘总投资；G 为矿山建设总投资。

在勘查阶段，一般很难寻求计算超额利润的参数，如果能求得，则完全可以通过收益的途径来评估；而且由于我国矿产品价格严重偏低，收益往往会出现负值，所以完全通过收益的途径来评估，结果会脱离真实的价值。一项只有地勘成果资产的探矿权价值受各种因素的影响，单从成本途径评估也会偏离资产的真实价值。所以综合考虑收益和成本的因素，把探矿权资产看成是相当于整体资产的评估，会比较接近于资产的真实价值。

该方法适用于单独以高精度勘查阶段地勘成果资产投资为目的的评估。

3. 地学排序法

地学排序法是低勘探阶段的一种矿业权价值评估方法，它是对找矿前景相对比较明朗的块段，以基础购置成本为基数，通过对地勘成果综合评价，将定性的地质要素转化为定量的价值调整系数，对基础购置成本进行调整来确定探矿权价值的方法。基础购置成本包括国家规定缴纳的探矿权使用费和矿业权人承诺履行的地质基本支出或已经形成的原始地质勘查费。主要的地质要素包括成矿显示、异常显示、品位显示、成因显示、蕴藏规模显示和前景显示，将每种显示划分为若干级，并赋予相应的价值指数。评估时根据具体情况，确定地质要素价值调整系数。

4. 联合风险勘查协议法

联合风险勘查协议法，只需根据独立自主的买卖双方已经签订的联合风险经营协议条款或类似的勘查协议条款，按照合作公司所承诺的投资及所获得的相应股权，评估探矿权价值的方法。

一般常见的联合风险性经营协议是：甲公司对乙公司的某勘查区投入一定量的勘查费用（C_{ek}）在 T_e 年挣股期内投入足够协议量后，即可取得此勘查区的一部分权益（$I_e\%$）。此时，乙公司的该勘查区探矿权价值应为

$$V_{ea} = C_{ek} \times \frac{1}{\gamma^{T_e}} \times \rho \times \frac{100 - I_e}{I_e}$$

式中，V_{ea} 为挣股期内乙公司勘查区探矿权评估净值；C_{ek} 为在 T_e 年挣股期内投入的勘查费用；I_e 为在 T_e 年挣股期后可取得的此勘查区的部分未分权益；γ 为贴现率；ρ 为完成勘查费用的概率。

它主要对一方持有探矿权、另一方加盟投资的探矿权转让价格进行评估。这种方法在西方运用较多，我国一般可能用在中外合作矿山的矿业权转让价格评估中。

这种方法在应用中应注意：①会计核算要真实、准确；②严格界定是否属于该项目发生的实际成本。

5. 粗估法

这是在低勘探精度阶段采用的一种近似方法。它主要是根据上市公司公开的一些资料和股票市场走势的分析资料来估算探矿权。国外常用的有资源品级价值粗估法和以国土面积资源价值为基础的粗估法。

最后介绍的三种方法都是低勘探精度阶段的矿业权评估方法，由于这个阶段获得的信息非常少，所以评估的难度和评估结果的误差都较大，各自方法都有一定的局限性，应该根据合适的条件尽可能多采用几种方法，以便互相检验，才能取得较好的评估结果。

第二节　农用地价格评估

一、农用土地价值构成

（一）经济价值、社会价值与生态价值

农用土地作为一种重要的土地利用类型，具有经济、社会、生态功能；同时，农用土地

也是一种重要的土地资产，具有经济、社会、生态价值。在快速城市化及新农村建设的背景下，农用土地的流转、征收、转用等现象越来越普遍。为了更好地保障农民的切身利益，建立完善农用土地市场，提高农用土地的使用效率，就必须建立合理的农用土地价格体系、评估方法体系。

农用土地是一种外部性较为典型的资源，它不仅能产生经济效益，而且还能产生生态效益和社会效益，因此农用土地所有者（使用者）不仅具有经济上的收益权，而且应当具有生态效益收益权和社会效益收益权，从而农用土地的理论价值也应是经济效益价值、社会效益价值和生态效益价值三者之和。

农用土地的经济价值，主要是指农用土地所提供的粮食作物、经济作物、禽畜产品和水产品等农林牧副渔产品的价值；农用土地的社会价值，是指农用土地的社会保障价值和社会稳定价值。农用土地不仅是生产生活资料的载体，而且对农民具有生活保障、提供就业、直接收益、继承、资产增值等效用，承担了农民的社会保障责任。农用土地又是提供粮食产品的实体，国家为了保障充足的粮食供应，就必须保护农用土地，以求粮食安全，维护农村社会稳定。可见农用土地对于粮食安全具有重要的保障作用；农用土地的生态价值，是指农用土地的净化空气、减少污染、保持水土、维护物种多样性等功能的价值。

（二）市场价值与非市场价值

市场价值，是指在公开市场上可以完全得到体现的价值，主要是指农用土地上的经济产出，如各种农畜产品的价值，这种价值能够通过市场交换来得到实现，是能够量化和显现的价值。非市场价值，则是不能够或者不完全能够在市场上得到体现却又客观存在的那部分价值，如农用土地的游憩价值、景观价值、维护物种多样性等价值。这种价值不容易通过市场交换得到实现，不易量化，属于隐性价值。农用土地的非市场价值又包括选择价值、存在价值和馈赠价值。选择价值是指人们为了未来需要时能够随时使用农用土地资源所愿意提前支付的代价。存在价值是人们为使某一环境存在与延续而愿意支付的费用或代价。馈赠价值是指当代人为了满足后代人对农用土地的使用需要而愿意支付的一定代价，用以保护农用土地不被破坏，使其可以持续地利用。

（三）使用价值与价值

一种商品的使用价值是其满足人们某种需要的效用，交换价值是该商品同其他商品相交换量的关系或比例。没有使用价值的东西就没有交换价值，即不能成为商品；没有交换价值的东西不一定没有使用价值。农用土地使用价值主要体现在农用土地作为一种基本的生产资料，具有生产功能，农用土地的土壤中含有农作物生长发育所必需的各种营养成分和有用矿物，在一定的光、温、水、土等自然条件和耕作条件下能生产出各种农作物，为人类提供各种食物。农用土地价值是由凝结在其中的人类社会必要劳动决定的。由于农用土地是自然界的产物，是自然界长期演化的结果，并不是人类劳动的产物，所以农用土地一开始并未含有土地价值部分，但一经人类利用，融入了人类的物化及活化劳动，人类投入部分就成为了土地价值部分，但这部分价值形成的农用土地价格是很少的。由于农用土地的稀缺性及有用性，农用土地价格表现出来的不仅仅有农用土地价值，还包含着农用土地的使用价值。

二、农用土地价格构成

（一）经济价格、社会价格与生态价格

农用土地价格由经济价格、社会价格和生态价格构成。

1. 农用土地经济价格

农用土地作为一种生产资料，表现为农业为社会提供日益丰富的农产品。农用土地经济价值在市场上的实现即为农用土地的经济价格，也可称作农用土地质量价格。

在农用土地交易中，农用土地经济价格部分的支付方应为非产权人（买方），收入方应为土地权益人（卖方）。

2. 农用土地社会价格

农用土地社会价格是指农用土地的社会效益价值的市场体现，主要包括两部分：其一，为农用土地对农民所具有的就业、生存保障价值的市场体现，即社会保障价格；其二，为农用土地的存在对社会提供粮食安全作用而产生的社会稳定价值所具有的市场体现。因此，农用土地社会价格包括农用土地社会保障价格和社会稳定价格之和。

在农用土地交易中，农用土地社会保障价格部分的支付方应为非产权人（买方），收入方应为土地权益人（卖方）；社会稳定价格部分的支付方应为非产权人（买方），收入方应为国家，由国家相关部门统一支配，开展土地开发、整理、复垦工作，以补充、稳定农用土地的数量和质量。

3. 农用土地生态价格

农用土地作为一个特殊的土地利用类型，具有生态效益，将农用土地的这种价值货币化即为农用土地生态价格。

在农用土地交易中，农用土地生态价格部分的支付方应为非产权人（买方），收入方应为国家，由国家相关部门统一支配、开展土地生态条件稳定与治理工作。

（二）有形收益价格与无形收益价格

农用土地价格由有形收益价格和无形收益价格构成。

农用土地有形收益是指可以明确确定的收益，有形收益价格是农用土地市场价值的体现。

无形收益是指隐性的、难以度量的土地收益，无形收益价格是农用土地非市场价值的体现。

（三）土地物质价格与土地资本价格

农用土地价格由土地物质价格和土地资本价格构成。

土地物质即指自然的农用土地，土地物质价格是土地使用价值的市场体现。

土地资本为投入到土地的人类劳动，包括进行土地开发、整治的相关费用，也就是凝结在土地中的价值部分，土地资本价格是土地价值的市场体现。

三、农用土地价格的评估方法

(一) 农用土地经济价格评估的方法

农用土地经济价值即农用土地质量价值，目前评估机构评估的也就是这部分价值。农用地作为不动产的一种，其经济价值评估方法与一般的评估方法有一定的相似性，但又有所不同。农用土地经济价值常用的评估方法有收益还原法、市场比较法、成本逼近法、假设开发法、模型法、农用地社会价值评估法、基准地价系数修正法、影子价格法、标准田块法、收益倍数法等。

1. 收益还原法

收益还原法是把购买土地作为一种投资，地价款作为购买未来若干年农用地价格评估研究土地收益而投入的资本，从农用地生产过程中的投入产出出发，根据对未来收益的预测，结合还原利率，能够较客观地计算农用地的资本价值的方法。假设收益情况未来年限不变，地价、土地纯收益、还原率之间的关系为

$$P = \frac{a}{(1+r)} + \frac{a}{(1+r)^2} + \frac{a}{(1+r)^3} + \cdots + \frac{a}{(1+r)^n} = \frac{a}{r}\left[1 - \frac{1}{(1+r)^n}\right]$$

若 $n \to \infty$，则得出

$$P = \frac{a}{r}$$

式中，P 为地价；a 为未来预期年租或土地净收益的估算值；r 为土地还原利率。

根据收益还原的原理，考虑未来收益的情况还可以演变出许多公式，但是其基本原理一致。在农用地估价中，农用地的收益可以按照农用地上历年的产量与作物种植结构及市价计算出纯收益，再减去各项费用求得，或者根据当地土地出租租金情况取得，还原利率根据银行存款、贷款利率以及风险利率综合分析取得。

收益还原法适用于有收益的土地价格的评估，而耕地正是以种植农作物获得农产品实物收益或货币收益的土地利用类型，而且在我国农村土地使用制度比较稳定、政府鼓励发展高产、优质、高效农业的条件下，耕地收益功能居重要位置。因此，用收益还原法评估耕地地价在我国受到较为普遍的认可与应用。由收益还原法发展而成的总收益倍数法，在实践中应用也较广泛。按总收益倍数法测算，农用地价格＝若干年总收益的平均值 × 若干倍数。倍数一般依据土地集约度及收益率等因素确定，认为一般为 6 ~ 10 倍，例如，中国将征用耕地的补偿费用标准定为该耕地被征用前 3 年平均产值（按 3 年平均产量及国家规定的农作物价格计算）的 6 ~ 10 倍，但各国、各地区在不同时期规定也不一样。目前，我国大部分省（直辖市、自治区）都已经公布了征地区片地价标准，耕地补偿标准按此标准执行。

2. 市场比较法

市场比较法是从土地市场交易中，总结地价规律，并运用数学方法模拟条件变化后地价升降的趋势和幅度。市场比较法应用的前提是有大量的交易案例，而我国的农用地估价工作刚刚起步，没有太多公平合理的农用地交易实例，所以目前无法应用。

3. 成本逼近法

成本逼近法是指以未利用土地开发成农用地或中低产田改造所耗费的各项客观投资，包

括土地取得费和基础设施开发费，这两大部分作为"基本成本"，运用经济学等量资金获得等量收益的原理，加上"基本成本"这一投资所应产生的相应利息、利润，组成农用地质量价值的基础部分，并同时根据国家对土地的所有权应得收益，即应缴纳的税金和农用地增值收益，并进行各种修正，从而确定农用地价格的方法。基本公式如下

$$P = E_a + E_d + T + R_1 + R_2 + R_3$$

式中，P 为农用地价格；E_a 为土地取得费；E_d 为土地开发费；T 为税费；R_1 为利息；R_2 为利润；R_3 为土地增值收益。

4. 假设开发法

假设开发法是在预计开发完成后农用地正常交易价格的基础上，扣除预计的正常开发成本及有关专业费用、利息、利润和税收等，以价格余额来估算待估农用地价格。假设开发法适用于新开发或经改造的农用地价格的评估。

5. 模型法

地价模型构建的理论基于农用地的价格与其影响因素之间存在的相关性，这种相关性有多种可能，有的是线性相关，有的是非线性，有时甚至相关性并不显著。一种是将此方法用于农用地基准地价的评估，即先利用农用地定级的成果来完成农用地质量的量化。农用地的综合质量是农用地自然、经济和社会因素的综合体现，反映了农用地的适宜性及其生产力水平的高低，在建立地价模型时就需要对农用地的质量进行量化，需要运用若干自然、经济与社会因素指标对农用地质量进行综合评价。在农用地价格评估研究的基础上，通过对样点地价的评估，建立农用地价格与农用地质量量化值的模型，探讨两者的数学关系，确定可应用的模型，以此对农用地质量价格进行评估。另一种是套用已有的函数模型成果，如南京农业大学的唐众、吴群、刘友兆教授就利用美国数学家柯布和经济学家道格拉斯建立的投入与产出关系的生产函数，测算农用地的边际收益，再通过一定还原率还原为农用地价格。

6. 农用地社会价值评估法

农用地转作建设用地或是被国家征用时所作的价格补偿，它须能保障被占地农民的基本生活水平。这就不仅要评估农用地的土地质量价值，还要对农用地的社会价值进行评估。有学者提出农用地的社会价值需从社会保障价值、社会稳定价值两个方面入手。其中，社会保障价值可以采用《中华人民共和国土地管理法》的征地补偿标准，也可根据农村居民人均基本生活费用标准，按照保险公司的个人养老金保险费率，结合人均耕地水平计算社会保障价值；社会稳定价值依据耕地开垦费用、土壤经济肥力形成的资金投入折现值和收益损失值确定。国土资源部制定的《农用地估价规程》在确定农用地征用价格时，提出在农用地基准地价评估基础上，用区域社会经济资料评估社会保障价值，叠加农用地基准地价和社会保障价值并确定农用地征用价格。

7. 基准地价系数修正法

基准地价系数修正法是利用农用地基准地价和基准地价修正系数表等评估成果，按照替代原理，对待估农用地进行修正，从而求取地价。可见，基准地价系数修正法适用于有基准地价成果区域的农用地价格评估，而目前我国的农用地分等定级估价工作还未大范围开展，尚没有可用的基准地价成果。

8. 影子价格法

影子价格法是运用线性规划的数学方法计算的，反映社会资源获得最佳配置的一种价格。影子价格是现行市场价格之外、反映资源稀缺程度及社会劳动耗费的一种理论价格，对

于反映农用地经济稀缺度——农用地价格评估也不能脱离社会、经济、技术及自然条件，其着眼点是全部资源的最优分配，评价尺度是农用地的边际生态经济效益。影子价格的实质是：高效能的稀缺资源在最优利用的条件下，其每单位所能获得的超额利润。影子价格既非按价值定价，也非按市场定价，这种价格既符合农用地价格特点，又符合我国市场发育现状，能够较好地反映农用地稀缺度。因而，影子价格法是衡量土地价格的最好方法。但是，就中国农村土地市场现状来说，农用地影子价格与客观存在的市场价格还有差异，这是因为现行扭曲的经济关系（如工农产品剪刀差等）以及信息障碍将会导致扭曲的影子价格。影子价格是在没有农用地市场实际作用过程与语言翻译条件下模仿农用地市场的稀缺信号，显然，信号的依据只是农用地利用规划制定者的偏好体系。从线性规划模型来看，影子价格反映的只是一种静态的农用地资源最优配置顺序，难以解决农用地经济运行中的现实问题。鉴于此，不能把用线性规划方法推算的影子价格作为最优价格，在目前只能作为一种指导价格，并要加以调整和修正，以使其接近现实的农用地交换价格。

农用地既是生产资料，具有质量价值，同时作为一种资源又具有社会保障价值、社会稳定价值和环境价值。在内部流转，要进行土地质量评估，但当农用地从内部转出为建设用地时，就要根据不同价值形态，采取不同方法进行价格评估。赋税或征租一般以农用地土地质量价格为基础，而若以农用地为抵押取得贷款时，银行为保证其资金的安全率，一般以农用地土地质量价格的 7~8 折确定贷款金额，有时甚至更低。因此，估价宜农用地价格宜采用收益还原法；若为收回农用地开发投资，促进农用地开发利用的良性循环，一般以成本法或假设开发法来估价；若将农用地投入市场促进交易，则必须以农用地市场供需平衡为依据，用市场比较法或市场分析法；政府征地，可采用成本法对农用地社会保障价值、社会稳定价值和环境价值进行评估。

9. 标准田块法

标准田块法在评估农用土地价格时，首先依据土地评估因子计算土地综合质量分值并划分土地级别；其次在各级别内选取相应的标准田块，采用一定的估价方法如以收益还原法、成本逼近法等估算标准田的地价；最后根据各土地级别标准田块的价格，将同级内各地块的综合质量分值与标准田块比较，进而推算出各地块的地价。

10. 收益倍数法

收益倍数法实质是收益还原法的变形方法，是在农用土地年纯收益或总收益的基础上，以一定的相应倍数相乘得出农用土地的价格。采用收益倍数法评估农用地经济价格的基本过程为

（1）计算农用地的纯收益或总收益；

（2）确定收益倍数；

（3）计算农用地经济价格。

（二）农用土地社会价格评估方法

农用土地社会价格评估是评估农用土地的社会价值，即农用土地作为农民生存保障、社会福利功能和农用土地为社会提供粮食安全稳定功能的社会价值。因此，农用土地社会价格包括农用土地社会保障价格和社会稳定价格。

1. 社会保障价格评估方法

对失去土地的农民进行安置补偿的最好办法是替农民支付养老保险金，提供教育和再就

业费用, 以充分保障失去土地的农民的生存权利, 其方法过程如下。

1) 划分社会保障区

社会保障区是社会经济条件相对一致的区域, 一般与行政区一致, 如行政村或乡 (镇) 行政区。

2) 分组测算人均社会保障价格

以保障区为单位, 按照数理统计原理, 抽取一定数量的村庄或村民小组为样点, 测算并确定不同年龄组的人均社会保障价格。测算公式为

$$Y_j = （Y_{jm} \times b_j + Y_{jw} \times C_j） \times M_{ji} / M_{jo} + C_{je}$$

式中, Y_j 为 j 年龄组人均社会保障价格; Y_{jm} 为 j 年龄组男性公民保险费迄缴金额基数; Y_{jw} 为 j 年龄组女性公民保险费迄缴金额基数; b_j 为 j 年龄组男性人口占 j 年龄组总人口的比例; C_j 为 j 年龄组女性人口占 j 年龄组总人口的比例; M_{ji} 为 j 年龄组农民基本生活费 (月保险费领取标准); M_{jo} 为 j 年龄组月保险费基数; C_{je} 为 j 年龄组人均教育和再就业培训等费用。

年龄组按 0～18 周岁; ¯18～40 周岁 (男)、18～35 周岁 (女); 40～60 周岁 (男)、35～55 周岁 (女); 60 周岁以上 (男)、55 周岁以上 (女) 划分。Y_{jm}、Y_{jw}、M_{ji}、M_{jo} 按组中值周岁取值。

3) 计算人均社会保障价格

对样点数据进行同一性检验和异常值剔除, 采用算术平均法或加权平均法计算并确定各年龄组人均社会保障价格。计算公式为

$$Y = \sum_{j=1}^{n} Y_j R_j / \sum_{j=1}^{n} R_j$$

式中, Y 为人均社会保障价格; R_j 为 j 年龄组人口数。

4) 计算单位面积社会保障价格

计算单位面积农用土地社会保障价格, 计算公式为

$$P_a = Y / A_a$$

式中, P_a 为单位面积农用土地社会保障价格; A_a 为人均农用土地面积。

2. 社会稳定价格评估方法

社会稳定价格是指农用土地为社会提供粮食及农副产品安全作用而产生的社会稳定功能的价格。

对社会稳定价格的评估, 依据替代原则, 耕地开垦费可以作为社会稳定功能价格, 这是因为耕地开垦费是对占用耕地的价值补偿。

耕地开垦费标准的确定, 应考虑平均质量水平耕地的土地资本投入量, 如农田基本设施费、土壤改良费等。

社会稳定价格 = 耕地开垦费 = 土地平整费 + 农田设施费 + 土壤改良费

随着建设占用和土地开发的增多, 耕地后备资源越来越少, 农用土地开垦难度越来越大, 社会稳定价格则逐渐升高。

(三) 农用土地生态价格评估方法

评估景观生态价值的难点就是使景观生态价值货币化, 并能够同其他商品相比较。目前可行方法主要有假设市场评价法和收益还原法等。

1. 假设市场评价法

假设市场评价法是让被调查者假想自己作为该市场当事人，为了保证自己的效用恒定在一定的水平上，根据各项消费对自己带来的效用，对待评估公共财产的供给量变化的支付愿望值做出回答，据此评估该公共财产价值的方法。

2. 费用支出法

费用支出法以人们对某种环境效益的支出费用来表示该效益的经济价值，常用于评价环境或生物多样性的服务价值。例如，对具有旅游观赏功能或娱乐功能的农用土地，可用游憩者前来观赏的实际总支出来表示农用土地的地价，包括往返交通费、餐饮费、住宿费、门票费、摄影费、购买纪念品费用以及相关的服务支出等费用。

3. 恢复和保护费用法

这种方法把恢复或防护一种资源不受污染或不受破坏所需要的费用，作为该环境资源被破坏造成的经济损失。例如，当农用土地转化为建设用地后，其环境功能损失的价值可用人们为了农田免受洪涝灾害而修建的排水渠道以及其他蓄洪工程的预防性支出来表示；因森林破坏而造成水土流失的，造林费用或防治水土流失费用可作为森林破坏的损失或原有森林的效益。

4. 收益还原法

收益还原法是假定土地用途的转变使生态环境恶化，从而带来相关的效益损失，以此估算效益降低数额，在确定出资本化率及年限后，应用收益还原法估算农用土地生态价格。

5. 市场价值法

人们常用市场价格来表达商品的经济价值，但是生态系统给人类提供的产品或服务属于"公共商品"，没有市场交换和市场价格。为解决此问题经济学家利用了替代市场技术。这种方法先寻找"公共商品"的替代市场，再以市场上与其相同的产品价格来估算该"公共商品"的价值。

市场价格法的数学表达为

$$V = Q \times P$$

式中，V 为生态系统服务功能价值；Q 为生态系统产品或服务的量；P 为生态系统产品或服务的市场价格。

农用土地生态服务功能价值中，主要是气体（气候）调节价值和水土保持价值。

气体（气候）调节价值估算的步骤：

（1）推算农作物净生物生产量；

（2）利用作物生产过程中净生物生产量与吸收 CO_2 和释放 O_2 量的关系，估算出农作物吸收 CO_2 和释放 O_2 量；

（3）依据碳税法和造林成本法计算吸收固定 CO_2 的生态价值量，以及依据造林成本法和工业氧价格替代法计算释放 O_2 的生态价值量；

（4）把吸收固定 CO_2 的生态价值量和释放 O_2 的生态价值量加和，即为农用土地生态系统气体（气候）调节价值。

保持水土价值估算采用下式计算：

保持水土价值的估算 = 保持土壤养分价值 + 减少废弃土地价值 + 减少泥沙淤积的价值

这种方法在估算中最常使用，也是最简单的。在评估土地的气体调节、减少养分损失等服务功能时常使用此方法，但是这种方法只适用于有市场价格的生态系统产品或服务，对于没有市场价格的产品或服务只能通过其他方法进行转换才能适用。

6. 机会成本法

机会成本，就是做出某一决策而不做出另一种决策时所放弃的利益。任何一种自然资源的使用，都存在许多相互排斥的备选方案，为了做出最有效的选择，必须找出社会经济效益最大的方案。资源是有限的，而且具有多种用途，选择了一种方案就意味着放弃了使用其他方案的机会，也就失去了获得相应效益的机会。其他方案中的最大经济效益，称之为该资源选择方案的机会成本。

机会成本法的数学表达为

$$C_k = \max \ \{E_1, E_2, \cdots, E_i\}$$

式中，C_k 为 K 方案的机会成本；E_1，E_2，$\cdots$，E_i 为 K 方案以外的其他方案的效益。

机会成本法主要针对自然资源，在核算时既考虑使用者本人开发资源所付出的代价，也反映了资源开发对他人的影响以及后代人由于不能使用该种资源所需付出的代价，比较客观全面地体现了某种资源系统的生态价值。

7. 影子工程法

影子工程法又称替代工程法，是恢复费用法的一种特殊形式。影子工程法是在生态系统遭受破坏后，人工建造一个工程来代替原来的生态系统服务功能，用建造新工程的费用来估计生态系统破坏所造成经济损失的一种方法。影子工程法的数学表达为

$$V = G = \sum_{i=1}^{n} X_i$$

式中，V 为生态服务功能价值；G 为替代工程的造价；X_i 为替代工程中 i 项目的建设费用。

影子工程法在生态服务功能价值评估中，常用于评估土地减轻泥沙淤积等功能，计算方法过程比较简单，但由于是参照建造工程的费用确定功能价值量，所以选择参照工程就显得非常重要，评估中存在一定的主观性。

8. 意愿调查评估法

意愿调查评估法是评估农用土地非使用价值的一种方法，它属于模拟市场价值评估的类型，也叫做条件价值评估法（CVM）、问卷调查法、投标博弈法。其原理是：从消费者的角度出发，在一系列假定前提下以调查、询问、问卷和投标的方式询问消费者的支付意愿（willingness to pay，WTP）和受偿意愿（willingness to accept，WTA），然后通过数据整理、统计分析得出生态系统服务价值（Veisten，2007）。

CVM 的基本经济学原理是：以消费者效用恒定的福利经济学理论为基础，构造生态环境物品的假想市场，调查消费者的"支付意愿"和"受偿意愿"来衡量环境物品改善或损失的消费者福利改变（张翼飞和赵敏，2007）。

WTP 与 WTA 分别对应于福利计量的两个指标——补偿变动（compensating variation，CV）与等值变动（equivalent variation，EV）（强真等，2005）。在传统的个人效用函数中纳入生态环境等非市场物品，消费者的直接效用受市场商品 x、非市场物品（将被估值）q 和个人偏好 ε 的影响，可表示为 $U(x, q, \varepsilon)$。以此为基础，构造间接效用函数 V 和支出函数 e。

消费者面对环境改善愿意支付的货币量为

$$\text{WTP} = \text{CV} = e\left[q^1, V^0(p, q^0, y, \varepsilon)\right] - e\left[q^0, V^0(p, q^0, y, \varepsilon)\right]$$

面对环境退化消费者愿意接受补偿的货币量为

$$WTA = CV = e\left[q^1,\ V^1(p,\ q^1,\ y,\ \varepsilon)\right] - e\left[q^0,\ V^1(p,\ q^1,\ y,\ \varepsilon)\right]$$

式中，环境质量从 q^0 改善至 q^1；p 为私人商品价格；y 为收入；ε 为个人偏好；V^0 与 V^1 为对应 q^0 和 q^1 时的间接效用函数；e 为支出函数。最后，通过统计与计量方法分析 WTP 或 WTA 的分布规律，从而获得生态环境物品或服务的经济价值。

意愿调查评估法所采用的评估技术可分为三类：一是直接询问调查对象的支付或接受赔偿的意愿，叫投标博弈和权衡博弈；二是询问调查对象对上述意愿的商品或服务的需求量，并从询问结果中推断出支付意愿和赔偿意愿，称之为无费用选择法；三是通过对有关专家进行调查来评定土地生态价值，称之为优先评价法。

第三节　森林资源资产评估

一、森林资源资产的含义与特点

森林是以乔木为主体，乔、灌、草多种类森林植物和森林动物、微生物群集的共生相结合的，与其相应的水、土、大气资源共处于同一空间范围内的自然资源综合体。由此可以认为，森林资源包括两个部分：一是生物资源（物质资源），如植物、木材、林副产品、动物等；二是环境资源（生态资源），如洁净的空气、水、美学价值等。这两种资源都是有条件的可再生资源，同时也是一种耗竭性的资源，要求人们在利用它们的同时，应很好的对它们加以保护。

森林资源资产是指由特定主体拥有或控制并能带来经济利益的，用于生产、提供商品和生态服务功能的森林资源，包括森林、林木、林地、森林景观等。森林资源资产是自然资源资产的主要组成部分，是一种具有再生产能力的自然资源资产（陈平留等，2010）。

（一）森林资源资产与一般资产的共同特点

1. 获利性

森林资源资产是林业企业及其经济组织所拥有的，能够获得预期经济效益的森林资源。企业生产的目的是盈利，不能给企业带来经济利益的森林资源不能作为森林资源资产。

2. 占有性

森林资源资产必须为某一经济主体占有，产权必须明确并能够被有效控制，无法实施有效控制的森林资源不能作为资产。

3. 可比性

根据资产价值分析，资产功能与成本有着内在联系。所以，资产的合理价值应体现在生产功能的重要性系数和成本系数的一致性上。虽然森林资源资产经营周期性长，成本对市场价格反应滞后，但长期来看成本仍然对其功能产生影响。因此，在评估中可以通过资产功能的对比，确定其调整系数，评估资产的成本价值。

4. 变现性

从市场经济角度考虑，任何具有价值和使用价值的资产，都是可以变现的，森林资源资产也不例外。虽然森林资源资产的生产周期性长，但同样受价值规律影响，具有变现的能力。

（二）作为可再生自然资源，森林资源资产的独特性

1. 再生的长期性

森林资源资产是可再生资源资产，受森林生长规律的限制，其产品要经过很长时间之后才能出售。投入某一森林资源资产经营的资金要经过数年甚至数十年才能收回。

2. 功能的多样性

森林资源不仅具有多种多样的经济功能、生态功能，而且具有极大的社会功能。例如，森林中的木材、干果、鲜果、树皮、香料、药材、饲料等都可作为工农业生产和生活之用；森林能净化大气、防风固沙、保持水土、涵养水源等，为人类创造良好的生存环境。由于森林资源的系统性，森林的一种功能的实现可能引起其他功能的损失。因此，在利用森林资源时，要综合考察，使森林资源系统功能的实现在整体上最佳。森林资源资产从而也具备森林资源这些功能，在进行资源资产评估时要考虑多种因素（陈平留等，2010）。

3. 分布的辽阔性

森林资源是陆地上最大的生态系统，森林分布非常广泛。森林资源资产的经营部门拥有较大面积的森林资源，不同地域的森林资源资产有着不同的经营属性，不能对其采取同一经营模式。分布的密集程度也直接关系到森林资源资产的价值与功效，由地域性派生出来的分布不均衡性，使森林资源资产价值评估复杂化。

4. 经营的永续性

森林资源资产属于可再生的资源性资产，根据森林生长规律和再生能力，通过合理科学的森林经营利用措施，使森林资源资产消耗得以补偿。森林资源资产在没有受到自然灾害和人为破坏时，在科学合理经营下，不发生折旧问题，并且每年都出售部分资产，其森林资源资产总量保持不变，或略有增长，长期永续地实现其保值增值的目的。

5. 管理的艰巨性

森林资源资产既不能仓储，又难以封闭，其安全和保卫十分困难，火灾、虫灾、盗伐等人为或自然灾害很难控制。其风险损失性大，资产易流失。

二、森林资源资产经济价值评估

（一）森林资源的价格构成

森林资源价格，简称林价，有广义和狭义两种解释。从广义上讲，林价是森林价值的货币表现，包括森林中的立木价值、动植物、微生物等产品的价值。从狭义上讲，林价是森林活立木价值的货币表现，即立木价格。在资产评估的实践中，一般将立木价格视为森林资源的价格。林价主要由地租、营林成本、利税和其他费用等构成。

1. 宜林地地租

森林作为一种产品，要经过十几年、几十年甚至上百年，在人类劳动和自然力的共同作用下才能形成。森林的形成在很大程度上依赖于自然条件，当人们以同等的劳动作用于森林时，优质宜林地的效益自然高于劣质宜林地。为使经营劣质宜林地者仍能获得相当的利润，林产品的定价就必须以劣等地为依据，这样，优等地就能获得比劣等地高的利润，其中的差额就是级差地租。同时，由于宜林地的稀缺，劣等宜林地也必须投入使用，为使劣等宜林地

的经营者也能获得社会平均利润，林产品的利润水平应高于社会平均利润水平，两者的差额即为绝对地租。绝对地租与级差地租都应属于宜林地所有者。

2. 营林成本

营林成本是经营宜林地时付出的成本，一般应包括造林费、经营费和管理费三部分。

（1）造林费，包括种苗、整地、栽植、幼抚、施肥等费用（如工厂化育苗，则应计算苗木的平均成本），是一次性投资。

（2）经营费，包括护林防火、防治病虫害等设施装备、药物等费用。这种费用有一次性支付的，也有定期支付的。

（3）管理费，包括行政管理、技术管理、科研、社会负担及职工工资等费用，管理费是逐年支付的。由于森林资源的培养从栽植到砍伐往往有一段较长的时间，所以，在计算营林成本时必须考虑资金的时间价值，也就是说，必须将资金的利息计入成本。

3. 营林的利税

森林经营与其他经营一样，也需要获取利润和交纳税金。利润和税金是森林资源价格的组成部分。利润率的估算大体上可以利用三种方法，即工资利润率、资金利润率和成本利润率。利润率的确定一般以林业的地区平均成本利润率较适宜。

4. 其他费用

其他费用首先应包括林木生产中的各种损失。森林在漫长的培育过程中必然要遭受各种自然灾害，如火、风、雪、水、病虫害等，这就不可避免地带来一定的经济损失。这种不可抗拒的损失，在林价中应予以承认。另外，由于森林的转让可能会引起转让方其他利益的损失，这部分损失也应计入林价。

（二）森林资源资产的评估范围和对象

评估范围是指为实现评估目的而涉及的全部森林资源资产，评估对象是指评估范围内的各种具体的森林资源资产权利。

既然森林资源是由生物资源与环境资源两部分组成的，森林资源资产的评估对象就应包括这两部分。但是目前我国的森林资源资产评估对象仅限于林木与林地，并且是以有商业价值的立木为主要评估对象。这一方面是因为环境资源，包括生态林业，具有社会公益性，或者说具有公共品的性质，如防风林，一般不由市场提供，因此它不宜作为资产市场交易的对象；另一方面，作为公共品，也不是不可评估其价值，只是目前在技术上有一定的难度，然而这并不意味着不应该对环境资源资产进行评估。无论从维护国有资产的完整还是从环境保护出发，都有必要对其进行评估，以便在森林资源产权交易过程中环境资源受到损害时，可以得到及时弥补。

（三）森林资源资产评估的原则、特定目的和作用

1. 森林资源资产评估的工作原则

1）公平性原则

森林资源资产评估的结果，直接关系不同经济主体的经济利益。因此，评估机构和人员必须要以掌握的资料为依据，尊重客观事实，不带有主观随意性，不受外界干扰，坚持客观真实地表达自己的观点，坚持公正的态度和独立的立场处理资产评估涉及有关各方的利益关系。

2）独立性原则

独立性是指评估机构和人员的社会化，并保持应有的独立性。他们应根据国家法律、政策和客观资料对被评估资产作出完全独立的评定。评估人员遇事要独立思考，观点鲜明地提出自己的见解，作出正确的判断。

3）客观性原则

评估人员要从实际出发，认真进行调查研究，在评估过程中排除人为因素的干扰，坚持客观、公正的态度和采用科学的方法，评估的指标具有客观性，推理和逻辑判断建立在市场和现实的基础资料上。

4）科学性原则

科学性是指资产评估工作的规范、标准、程序、方法，必须符合客观实际，体现事物的内在联系。资源评估工作的规范、标准、程序、方法是否科学、正确，对资产价格评估的合理性、准确性有极大的影响。其具科学性，会使评估结果合理；反之，将会导致错误的结果。

5）可行性原则

森林资源资产评估方法要简便易行，使人易于掌握和了解。进行森林资源资产评估时应确保森林资源资产评估机构是合法的，评估程序是规范的，所用方法是科学的，评估结果是可信的并具有法律效力。

2. 森林资源资产评估的操作原则

1）产权利益主体变动的原则

产权利益主体的变动包括利益主体的全部改变和部分改变。

2）资产持续经营原则

资产的持续经营原则是指评估时必须根据被评估资产目前的用途和使用方式、规模、频度、环境等情况继续使用，或者在有所变化的基础上使用，相应确定评估方法、参数和依据。

3）替代性原则

替代性原则是指在评估操作时，如果同一资产或同种资产在评估基准日可能实现的或实际存在的价格或价格标准有多种，则应选择最低的一种。

在森林资源资产评估中存在着评估数据、评估方法等的合理替代问题，正确运用替代原则是公正进行森林资源资产评估的重要保证。

4）公开市场原则

公开市场原则（也称公允市价原则）是指资产评估中选取的作价依据和评估结论都可以在一个公开市场上存在或成立。

5）贡献原则

贡献原则也称为重要性原则。即指资产本身所具有的属性表现在资产所占有的地位和贡献上。

贡献原则主要适用于构成整体资产的各组成要素资产的贡献，或者是当整体资产缺少该项要素资产将蒙受的损失。

6）预期原则

预期原则是指在资产评估的过程中，资产的价值可以不按照过去的由生产成本或销售价格决定，而是由基于对未来收益的期望值决定。预期原则是以技术形式概括出森林资源资产及其资产价值的最基本的决定因素，它是评估人员判断资产价值的一个最基本的依据。

3. 森林资源资产评估的特定目的

森林资源资产评估的特定目的是指对某项具体的森林资源资产评估所要达到的具体目的和结果。

（1）以保障资产所有者的合法权益为目的的评估。

（2）以确定和检查经营者经营状况的责任为目的的评估。

（3）以重新认定资产的现时价值为目的的评估。

（4）以解决资产账面价值与实际价值相背离为目的的评估。

4. 森林资源资产评估的作用

森林资源资产评估的作用体现在如下几个方面。

（1）森林资源资产评估是优化资产配置和经营的基础工作。

（2）资产评估是有效维护和协调所有者、经营者权益的基本尺度。

（3）资产评估是确保国有资产足额补偿、理顺价格构成、协调森林资源再生产比例关系的必要条件。

（4）森林资源资产评估是完善和发展我国社会主义商品市场的客观需要。

（5）森林资源资产评估有助于森林资源资产的流转和林区资金市场的建立。

（四）森林资源资产评估基本方法

森林资源资产评估是根据特定的目的、遵循社会客观经济规律和公允的原则，按照国家法定的标准和程序，运用科学可行的方法，以统一的货币单位，对具有资产属性的森林资源实体以及预期收益进行的评定估算。它是评估者在被评估森林资源资产的实际情况、所掌握的市场动态资料及对现在和未来进行多因素分析的基础上，对森林资源资产所具有的市场价值进行评定估算。森林资源资产评估必须遵循公平性原则、科学性原则、客观性原则、独立性原则、可行性原则等资产评估基本原则。森林资源评估主要有以下三种方法。

1. 收益现值法

1）收益净现值法

收益净现值法是指评估被评估森林资源资产未来经营期内各年的预期净收益并按一定的折现率折算成现值，并累计求和借以确定被评估的森林资源资产价值的一种资产评估方法。其计算公式为

$$E_n = \sum_{i=n}^{u} \frac{A_i - C_i}{(1 + p)^{i-n}}$$

式中，E_n 为 n 年生林木资产评估值；A_i 为第 i 年的年收益；C_i 为第 i 年的年成本支出；u 为经济寿命期；p 为折现率；n 为林分的年龄。

收益净现值法通常用于有经常性收益同时具有经济寿命的林木资产。这些资产每年都有一定的收益，并且也要支出相应的成本，同时具有一定的经济寿命周期，运用收益净现值法需要预测经营期内未来各年度成本支出与经济收入，其预测较为麻烦，在无法使用其他方法时才使用这种方法。

2）年金资本化法

年金资本化法是将被评估的森林资源资产每年的稳定收益作为资本投资的收益，再按适当的投资收益率求出资产的价值。其计算公式为

$$E = \frac{A}{i}$$

式中，E 为评估值；A 为年平均纯收益额；i 为投资收益率。

该方法使用有两个条件：①待评估资产的年收入必须十分稳定。②待评估资产的经营期是无限的，它能够无限期地永续经营下去。

2. 重置成本法

重置成本法也称成本法，是指在森林资源资产评估时按被评估资产的现时量置成本扣除其各项损耗价值确定被评估森林资源资产价值的方法。森林资源资产的重置成本是指在现行市场条件下重新营造与被评估森林资源资产相类似的资产所需的成本费用。计算公式为

$$E_n = K \sum_{1=1}^{n} C_i \left(1 + p\right)^{n-i+1}$$

式中，E_n 为 n 年生林木资源资产评估值；C_i 为第 i 年的以现行工价及生产水平为标准的生产成本（年初投入）；p 为投资收益率；n 为林分的年龄；K 为林分质量调整系数。

3. 现行市价法

现行市价法也称市场法、市场价格比较法，是指通过比较被评估森林资源资产与最近售出类似资产的异同，并通过林分质量、物价系数对类似森林资源资产价格进行调整，从而确定被评估森林资源资产价格的评估方法。应用现行市价法进行森林资源资产评估，需要有一个充分发育的活跃的森林资源资产市场。市场经济条件下，市场交易越频繁，与被评估森林资源资产相类似资产的价格越容易获得，同时，也要求参照物及其与被评估森林资源资产可比较的指标、技术参数等资料可以搜集得到。其计算公式为

$$B_u = K \times K_b \times G \times S$$

式中，B_u 为林地评估值；K 为林地质量调整系数；K_b 为物价指数调整系数；G 为参照案例的单位面积交易价格；S 为被评估林地的面积。

$$E = K \times K_b \times G \times M_e$$

式中，E 为林木评估值；K 为林分质量调整系数；K_b 为物价调整系数；G 为参照物的市场交易价格；M_e 为被评估林地的面积。

三、森林资源资产生态价值评估

对林地生态价值的鉴别、量化以及货币化比较困难，因为它缺乏市场信息，而且还牵涉人们的生活水平及价值观等不太确定的因素。所以，关于林地生态价值的评估，目前还没有十分成熟的方法，只是用一些替代性技术来估算。近年来，国际上对林地生态价值评估的研究十分重视，许多生态学家、经济学家及其他相关领域的科学家共同合作，致力于林地生态价值评估与可持续发展的研究，从原理、方法再到计量模型进行深入探讨，初步形成了一套思想体系。

（一）林地的生态环境效益

1. 涵养水源，保持水土

林地具有重要的涵养水源、保持水土功能。据测定，1cm 厚的枯枝落叶层，就可把地表径流减低到裸地的 1/4 以下，泥沙量减少 94%，1 万 hm^2 林地可蓄水 300 万 m^3。林地可以

使集水区的径流较缓地进入溪流，在暴雨情况下延缓洪峰，减小洪水量；在枯水季节，又可使河流有一定的流量，对流域水量的平衡起到调节作用。因此，中国把植树造林控制水土流失作为一项整治国土的重大战略措施。如中国在黄土高原的水土流失治理中，大面积造林种草，并辅之以工程措施治理后，每年少流入黄河泥沙 1.5 亿 ~ 3.0 亿 t。

2. 防风固沙，遏制土地荒漠

林地的防风效益是从降低风速和改变风向两方面表现出来的。一条疏透结构的防护林带，迎风面防风范围可达林带高度的 3 ~ 5 倍，背风面可达林带高度的 25 倍。在防风范围内，风速减低 20% ~ 50%。如果林带和林网配置合理，就可以把灾害性风变为无害的小风、微风。中国林业科学研究院的研究表明，大范围绿化工程可以使林网内的沙尘减少 80%，绿化区的降尘量比未开发的荒漠区降低 40%，大气浑浊度降低 35%。乔、灌木根系可以固着土壤的颗粒，或者把被固定的沙土经过生物作用改良成具有一定肥力的土壤，对土地荒漠化起到有效的遏制作用。中国是世界上受荒漠化危害最严重的国家之一，其中沙化土地每年就净增 2460km²，其治理任务非常艰巨。防治荒漠化的根本措施在于造林种草，发展林业，建立农林牧有机结合的体制。

3. 防灾减灾，确保农业稳产高产

大量的研究表明，林区或林地附近地段的日温差小，可减弱冬季的寒冻和夏季的日灼高温危害。经过蒸腾作用，有林区可比无林空旷区平均增加空气湿度 15% ~ 20%，因此，平原农区的防护林网可以改善农田小气候，有利于作物播种、生长和越冬；林地对减轻水旱灾害的综合作用是明显的，同时还能减轻干旱风、霜冻等自然灾害，保障农牧业稳产、高产。

4. 吸收、固定 CO_2，缓解全球"温室效应"

陆地生态系统碳储量约达 5600 亿 ~ 8300 亿 t，其中 90% 的碳自然存储于森林之中。每生长出 1 m³ 的木材，大致可吸收固定 350kg 的 CO_2。森林既能固定 CO_2，又能在遭到破坏后向大气中释放 CO_2。当前，由于全球大气中 CO_2 浓度升高而引起的"温室效应"已成为世界各国最关注的环境问题。因此，人们在千方百计保护森林、减少砍伐的同时，大力植树造林，增加森林覆率，以调节大气中 CO_2 的浓度。中国科学家利用大量的野外实测资料证实，近些年来，中国的森林植被净吸收碳的功能明显增强，中国森林资源为改善中国乃至世界的生态环境做出了巨大的贡献。

5. 保护物种资源，维护生物多样性

中国是世界上生物物种最丰富的国家之一。生物物种种类丰富，生态系统类型齐全。但由于森林的破坏，物种多样性降低。据统计，中国的物种有 15% ~ 20% 受到威胁，高于世界平均水平的 10% ~ 15%。经过多年的努力，中国积极开展主要濒危物种的拯救繁育工作，促进了一些濒危物种的恢复和发展。中国的野生动植物保护事业为全球生物多样性保护做出了突出贡献。此外，森林在提供氧气、净化空气、防治污染，满足人类身心健康和精神享受的需求，以及提供木材、薪材和非木质林产品，振兴山区经济等方面有着不可替代的重要作用。

（二）森林价值的分类与构成

森林价值是由森林生态系统所承载的一类价值的总称。鉴于森林生态系统的独特功能和作用，其价值不能用一般经济学上的"价值"来反映，而应覆盖多种内涵，这就决定了价值形式的多种分类。葛守中将森林总经济价值分为直接使用价值和间接使用价值，现代多数研究都认为英国经济学家皮尔斯的观点比较合理，即分为直接使用价值、间接使用价值、选择价值和存在价值。另外，孔繁文等认为在此基础上还应补充遗产价值，即当代人为了能将森林环境资源及其生态服务功能遗留给后代人而愿意支付的费用。森林生态价值的计量不能直接套用上述模型，因为这些模型并非完全以生态价值作为计量目标。用环境价值尺度衡量，皮尔斯的计量模型比较合理，不仅计量了使用价值和非使用价值，而且还将可持续发展理论融入其中，但应该注意不同时期生态产品的需求收入弹性。孔繁文的模型中，遗产价值已在选择价值和存在价值中作了反应，存在重复计算，而葛守中的价值计量不全。生态价值评估的难点在于森林生态的间接价值、选择价值和存在价值方面，目前研究的重点主要集中在间接使用价值评估上。森林价值的分类与构成见图 10-1（高云峰，2005）。

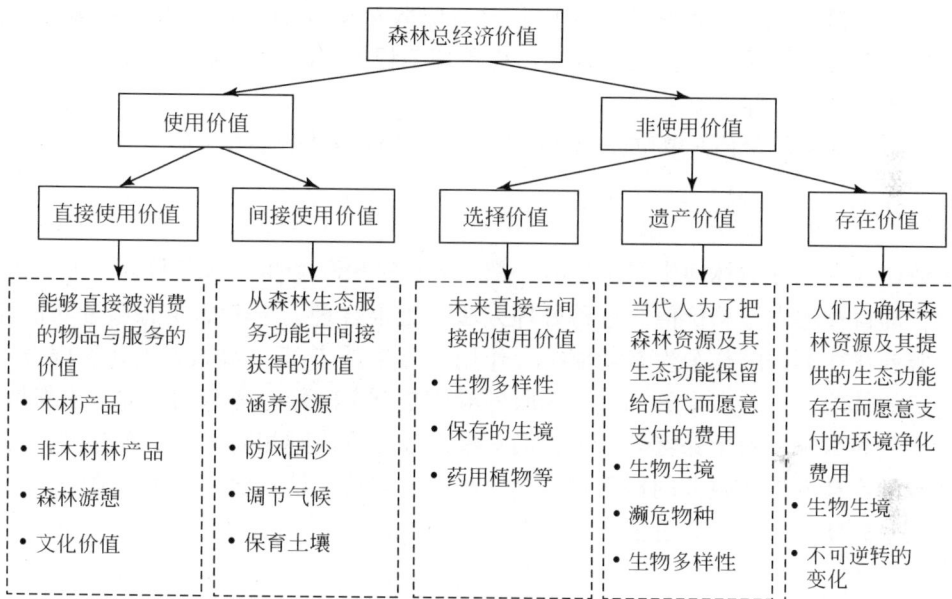

图 10-1　森林价值的分类与构成

（三）林地生态价值评估思路与方法

1. 涵养水源价值评估

利用影子价格法计算。其计算公式为

$$W = R - E - K \times R$$

式中，W 为区域林地涵养水源量（m^3）；R 为区域年降水总量（m^3）；E 为区域林地蒸散量（m^3）；K 为径流系数。

2. 净化环境的价值评估

我国学者在 20 世纪 80 年代开始着手这一方面的研究，中国环境科学研究院、北京市园林科学研究所等开展了一些植物净化作用机理的研究，中国科学院生态环境研究中心在进行生态服务物质量研究的同时，研究其价值量。我国林地生态系统的净化服务主要体现在固碳释氧、有毒物质的吸收、滞尘、灭菌和降噪等方面，受多方面因素的限制，目前在这方面的价值评估主要集中在固碳释氧、SO_2 的吸收、滞尘和净水四方面。多数学者常利用直接市场法中置换成本法估算森林的净化价值。

（1）固定CO_2的价值评估根据林地生态系统内各林分单位面积植物年净生长量，可算出各林分每年单位面积所固定的CO_2量，再用年固定CO_2总量与固定单位CO_2量的价格相乘，得到固定CO_2的总价值。即

$$固定CO_2的价值＝年固定CO_2总量×固定单位CO_2量的价格$$

①CO_2固定量的估算：根据植物光合作用方程式，植物每生产 1g 干物质需要 1.63g CO_2，那么可以根据林地生态系统内主要林地类型的年平均材积生长量近似计算干物质生长量，进而推算固定CO_2的量。②单位CO_2固定量的价格：目前，国内外确定CO_2固定价格的方法主要有碳税率法和造林成本法。西方一些国家为了限制CO_2等温室气体的排放，使用碳税制。

（2）污染物降解的价值评估用单位面积林分吸收污染物的平均值乘以林分面积，汇总得每年林地降解污染物总量，再根据近年污染治理工程中削减污染物的单位投资成本，算出降解污染物的总价值。即

$$污染物降解的价值＝单位面积林分吸收污染物量×林分面积×人工削减成本$$

（四）小结

大多数研究者在评估林地生态价值时，都是先计算出单个生态服务价值，然后再进行简单的叠加，即得林地生态总价值。这种处理方法不是很合理，未考虑生态服务功能作用链，因为生态服务往往都是由几个生态功能综合作用的结果或者某一功能产生几种服务。而且，对某片特定的林地，它所产生的几种生态服务应该是有主次轻重之分的，如水土保持林的价值应该侧重涵养水源、固土保壤等服务，而其他服务的价值则相对来说要轻些。因此，如何科学合理地确定林地生态服务的权重将是今后林地生态价值计量研究的重点之一，因为这与人们能否接受如此巨大的生态价值直接相关。

四、森林资源评估方法应用

依据《中华人民共和国森林法》、《关于森林资源资产化管理试点工作有关问题的通知》和《森林资源资产评估技术规范》等有关法规文件，我们首先搜集有关资料、清查资产，然后评定估算。具体步骤如下。

（一）确定评估对象

森林资源是林地上各种资源总称，按其内部物质结构的层次划分，有林地资产（有林地、采伐造林及宜林荒山荒地）、林木资产（商品林、非商品林）、森林野生动植物资产、森林环境资产。按效益分，有经济效益、生态效益（含蓄水源、保持水土、防风固沙、调节气候、净化空气）、社会效益（美化环境、保护物种、游乐观赏）。按用途分，有用材林（竹林）、经济林、防护林、生态林、薪炭林。针对本评估目的系抵押贷款及依据《中华人民共和国担保法》53 条"债务履行期届满抵押权人未受清偿的，可以与抵押人协议以抵押物折价或者以拍卖、变卖该抵押物所得的价款受偿"的规定，选定其有经济价值（效益）的林地资产（有林地）及林木（用材林）资产两大项为评估对象。

（二）查询资料

委托方提供了如下资料：①林木、林地资产所有权证件；②林木林地分布情况林象图（标明林种、面积、方位）；③具有权威性的《某县2010年森林资源调查成果资料》（以下简称《成果资料》），该资料经上级业务主管部门审查确认发给合格证书，记录该县内各有林权单位的林地面积、林种活立木蓄积量；④林场2011年、2012年有关经营实绩及价格资料。

（三）核查资产

依据委托单位申请，从3000余hm²林地中选定用材林地资产2700余hm²为评估计价标的物，而林木资产则据申报实有活立木蓄积量（《成果资料》中列示的数量）为评估计价标的物。为验证其申报的林地与林木资产实有量，除依据前述三项资料按林地面积及林木树种、树龄等相互核对查实外，并实地踏勘部分林地地形位置（如距公路远近）与土地质量（土质肥沃情况）及林木（分树种）生长状况，并摄影存档。

（四）评定估算

依据（技术规范）列示的方法，按评估标的物分别选用适当方法。

（1）林地资产是林业用地中具有货币表现属性的资产，采用较容易搜集资料的林地地租法，即我国目前现行林区林地地租计算方法：以林木采伐时所收取林价标准的10%～30%计算（评估时按实际收入15%计算），再按立地质量和运输距离远近因素上下调整。公式：

$$林地资产＝面积（亩）×收入×15\%×（1±调整因素）$$

（2）林木资产用材林中的各树种幼龄林，依据资源补偿原则采用成本推算法。公式：

$$幼龄林价＝培育成本＋资金占用利息＋营林利润＋林地使用费$$

式中，培育成本和使用费以亩计；利息还原为本金。

（3）林木资产——用材林中的中龄林（近熟部分）、近熟林、成熟林，依据可参与市场流通即时变现属性，采用市场价格法即借用类似参照物价格。公式：

$$成木林价＝成品材积（m^3）×参照物价格/m^3$$

由于《成果资料》记载活立木蓄积量数量为2010年10月数字，与评估基准日2012年9月时差为二年整，因此必须将活立木蓄积量计算调整为基准日蓄积量。公式：

$$年末蓄积量＝年初量×[1＋（生长率–枯损率）]–消耗量$$

$$消耗量＝采伐量＋培植作业耗材量$$

并按树种分别计算2011年、2012年年末蓄积量，成材率折算成品材。公式：

$$成品材＝活立木蓄积量×成材率$$

（五）评估价格计算

1. 市场价格法

按委托方2011年和2012年1～8月各树种规格成品材每立方米平均实际销价和2012年计划销价，两者均价减去采、运杂费用为成品材评估价。公式：

$$成品材评估价＝（2012年实际平均销价＋2012年计划销价）÷2–（采伐费用＋运杂费用）$$

2. 成本推算法

（1）培育成本包括第一年造林成本与第 2～5 年抚育成本，按委托方 2011～2012 年实际成本与预算成本两者平均为评估价。公式：

$$培育成本 = （2011 年和 2012 年实际平均成本+预算成本）/2$$

（2）资金占用利息以各年实际资金占用额（包括上年利息）乘以林业贷款利率并折算为现值。公式：

$$资金占用利息 = 实际资金占用额×利率×折现系数$$

（3）营林利润因委托方核算资料不全，并无市场考核资料，故未计算。

（4）林地使用费按林地资产评估每亩价值除以各树种成材生产周期。公式：

$$林地使用费 = 林地（亩）评估值/树种成材周期$$

通过评估计算净现值为 4266 万元，比委托方立项申报资产 4000 万元增加 6.65%，经委托方、贷款银行及审查确认部门三方认可，比较圆满地完成了该县首例森林资源资产评估项目。

第四节　草原资源价值评估

一、草原资源概念与功能

草地资源是我国陆地上面积最大的生态系统，可利用面积为 3.1 亿 hm^2，对发展畜牧业、保护生物多样性、保持水土和维护生态平衡有着重大的作用和价值。草原地区大多是黄河、长江、淮河等水系的源头区和中上游区，具有生态屏障功能。由于我国长期以来对草地资源采取自然粗放经营的方式，重利用、轻建设、轻管理，草地资源合理利用存在过牧超载、乱开滥垦、草原破坏严重、草原建设缺乏统一计划管理、投入少、建设速度慢、草原退化、沙化、碱化面积日益增加、生产力不断下降的问题。因此，对我国草地资源的价值进行评估具有重要的意义。

草原的功能可以概略分为两大类：使用功能和非使用功能。其中，使用功能又分为生产功能和生态功能。生产功能，即为人类生产和生活提供生态系统产品，如提供食物、工业原材料、药品等可以商品化的功能，表现为直接价值；第二类是生态功能，即支撑与维持人类赖以生存的环境，如气候调节、水源涵养、水土保持、土壤肥力的更新与维持、营养物质循环、二氧化碳的固定及氧气的释放等难以商品化的功能，从而表现为间接价值。这些间接价值虽不直接表现在国家的核算体制上，但其价值可能大大超过直接价值，且直接价值常常源于间接价值。

二、草原资源功能价值评估的意义

（一）阐明了草地生态系统服务的具体项目及其不可代替性

评估研究从理论上阐明了草地有很多的生态系统服务功能，而以前这些重要功能的意义不够清楚，没有具体的价值。此外，还通过对各项服务内容的阐述，表明草地生态系统服务功能是其他生态系统无法代替的，即使是人工草地，也无法代替自然草地的如传粉、基因资源、栖息地、游憩和娱乐、文化等服务功能。这样，提高了人们对草地生态系统服务及其自然资本的认识，并提醒和警示人类必须对此问题给予足够的重视，为加大对草地的保护和建设提供了科学依据。

（二）确定了草地生态资本的价值

生态系统服务估价较好地反映了生态系统及其自然资本的价值。评估从实践上确定了草地生态系统自然资本的具体价值，使以前仅知道概念却难以回答具体数据的这一问题得以明确和解决。草地生态系统服务概念和价值的明确，给立法部门制定法律条例、发展和计划部门制定政策和编制计划、领导部门决策、财务和会计系统预算决算、审计部门检查核算、监理部门严格执法等，提供了相关工作必需的依据和数据，对建立科学的发展观，提高草原宏观管理的科学化程度具有极为重要的意义。

（三）促进环境核算和实现绿色 GDP

随着人类对生态系统的强化利用，生态资本的逐渐耗竭，生态系统服务的价值将越来越高。为此，从保护草地自然资本和可持续发展的需要出发，任何一个与草地有关的建设项目的规划和设计，都必须经过对生态环境影响价值的评估和核算。如果项目对草地生态系统服务造成较大的不利影响，则应慎重批准和执行，以免受到难以弥补的损失。以前由于草地自然资本和生态系统服务价值的边界不太清楚，评价有很大的弹性，难以统一认识和得出结论。草地生态系统服务价值的研究可为项目规划设计中有关草地生态环境的评估，提供可操作的统一标准，促进环境核算，并将其纳入国民经济核算体系，促进循环经济和绿色 GDP 观念的形成。

三、草原资源功能价值评估

（一）草原生产功能价值评估

草原的生产功能主要表现为人类生产和生活提供畜牧产品、食物、工业原材料、药品等可以量化的产品，草原生态系统直接使用价值主要计算生产实物产品的价值。实物产品价值评价方法采用市场价值法，主要根据市场产品的收购价和销售价及当年各类产品的估计收购量或销售量，辅以当年市场产品数量和价格的变化情况资料。

实物产品总价值等于各类产品价值之和，公式为

$$V_t = \sum V_t = \sum Q_i P_i$$

式中，V_i 为某类产品价值；V_t 为实物产品总价值；Q_i 为某类产品数量；P_i 为某类产品价格。

（二）草原生态功能价值评估

草原生态系统服务功能主要表现为气候调节、水源涵养、水土保持、土壤肥力的更新与维持、营养物质循环、二氧化碳的固定及氧气的释放等难以商品化的功能，其价值是草原生态系统为人类提供的生态服务的长期、真实、全面的价值，可用于衡量人类活动真实的效益和成本。

　　国内外专家对许多资源，特别是森林资源服务功能的价值评估方法进行了研究，但对草原资源及其生态服务功能价值评估方法的研究还比较少。由于草原和森林的许多生态机理相通，所以借鉴森林生态服务功能价值评估的一些方法，对草原生态系统的几种主要的生态服务功能价值进行评估。根据草原提供的生态服务功能类型的不同，可采用不同的方法对其进行价值评估。

1. 水土保持

　　草原生态系统在保持水土方面具有显著作用。草原植物根系发达，根部一般是地上的几倍乃至几十倍，它能深深地植入土壤中，牢牢地将土壤固定。研究表明，如果土地植被稀疏，在地表径流的冲刷下就会出现水土流失，使土地废弃，泥沙淤积，同时带走土壤中的有机质和各类营养物质。根据有关资料，在大雨状态下草原可减少泥土冲刷量 75% ~ 78%，因此我们首先应对草原的保土价值进行计量。对此项服务功能的价值计量可选用机会成本法、影子工程法和市场价值法，从草原生态系统可减少土地废弃、泥沙淤积和保持土地肥力三个功能来评价它在保持水土方面所带来的经济效益。

　　1）运用机会成本法估算减少土地废弃的功能

　　根据土壤潜在侵蚀量与现实侵蚀量的差值进行计算，用单位面积草原上的平均收益乘以草原所保持的土地面积即是此项功能所带来的经济效益。不同类型土壤下有草地与无草地的土壤侵蚀量大不相同，不同类型草原植被覆盖下的土壤侵蚀量也不尽相同，因此我们应区分不同类型的草原来评估此项功能。其计算公式：

$$Q = \sum \sum (Q_j - Q_{ij})$$

式中，Q 为草原生态系统所保持的水土量；Q_j 为第 j 种类型的土壤在无草原植被覆盖下的土壤侵蚀量；Q_{ij} 为第 j 种类型土壤在第 i 种草原覆盖下的现实土壤侵蚀量。

　　然后可根据草原所保持的水土量 Q 和土壤耕作层的平均厚度计算出土地的保有面积，再用草原的平均收益 Y 估算出草原生态系统每年在减少土地废弃上所具有的价值。公式为

$$V_1 = Q/h \times Y$$

　　2）运用影子工程法估算减少泥沙淤积的功能

　　根据泥沙运动规律，土壤中总有一部分泥沙会淤积于水库、江河、湖泊，这部分泥沙会直接造成水库、江河、湖泊蓄水量的下降，减少地表有效水的蓄积。因此，可根据草原每年减少的泥沙相当于多少库容，即用蓄水成本来估算此项功能的价值。

$$V_2 = Q/m \times R \times Z$$

式中，V_2 为减少泥沙淤积的价值；Q 为草原生态系统所保持的水土量；m 为土壤容重；Z 为单位库容的工程费用；R 为土壤侵蚀流失的泥沙淤积于水库、江河、湖泊的百分比。

　　3）运用市场价值法估算保持肥力的价值

$$V_3 = \sum M_i \times S_i \times Y \times P$$

式中，V_3 为草原保持肥力的价值；M_i 为第 i 种类型单位面积草原土壤中 N、P、K 的含量；S_i 为第 i 种类型草原的面积；P 为各类化肥的销售价；Y 为纯 N、P、K 折算成化肥的比例。

　　草原生态系统保持水土的总价值：

$$V = V_1 + V_2 + V_3$$

2. 涵养水源

　　草原生态系统具有较高的透水性和保水能力，可减少地表径流量，增加储水量。在同等

气候条件下，草原土壤的含水量较裸地大约高出 90% ，其涵养水源能力比森林高 0.5 ~ 3 倍。此项服务功能价值的计量可选用影子工程法和水量平衡法两种方法进行估算。

1）用影子工程法进行计量

其公式为

$$Q = \sum T_1 \times R_i = \sum T \times N_i \times R_i$$

式中，Q 为草原涵养水源量；T_1 为草原区降雨量；T 为某一地区总降雨量；N_i 为某一地区第 i 种草原覆盖率；R_i 为第 i 种类型草原的降雨储存量占草原区总降雨量的百分比。

选择一个适宜水利替代工程，计算建造一个同等水源涵养量的 Q 水利工程的成本，同时结合人们的支付意愿，用发展阶段系数 f 加以修正即可估算出此项服务功能的价值。

运用影子工程法计量此项功能的价值，具有较强的可操作性，但它也有一定的不足，因为替代工程并不是唯一的，工程造价差异较大，估算出的结果差异也大。

2）用水量平衡法进行计量

该方法假定地表径流量即为涵养水源量，某一地区年降雨量等于该地区涵养水源量和该地区年蒸发量之和。

$$Q = T - \sum E_i \times S_i$$

式中，Q 为草原涵养水源量；T 为草原区总降雨量；E_i 为第 i 种草原单位面积年蒸发量；S_i 为第 i 种类型草原的面积。

根据草原所涵养的水源 Q 和当地水价来评估草原生态系统涵养水源量的价值。用此法评估此项功能的价值，也有一定缺陷，因为径流不一定对人类都有利，有时会带走土壤中的有机质，产生一定的危害，故可使用影子工程法来评估此项功能的价值。

3. 净化环境

草原生态系统可以为人类提供净化污染这项生态服务，在新陈代谢过程中吸收二氧化碳、二氧化硫、氟化氢等许多有害气体，起到净化空气的作用。草原还可以去除空气中的粉尘等污染物，消除噪音，给人们提供一个舒适、安静的生活环境。这项服务功能的价值可以用不同的方法进行估算。

1）草原吸收二氧化碳的价值计量

根据植被光合作用的反应方程式可知陆地生态系统的植被每年能固定大量的二氧化碳，其中草原生态系统所固定的二氧化碳量大约占去总固定量的 58% ，可用碳税法和生产成本法评估该功能的价值。

（1）碳税法。先求出不同类型草原每年固定二氧化碳的量，再借用碳税的影子价格计算出草原纳碳的价值。其公式为

$$V_c = \sum X_i \times S_i \times P$$

式中，V_c 为不同种类的草原吸收二氧化碳的总价值；X_i 为第 i 种类型草原单位面积吸纳二氧化碳的量；S_i 为第 i 种类型草原的面积；P 为碳税的影子价格。

（2）成本法。基本思路是先求出单位面积草原的纳碳量，再求出种植单位面积草原的成本支出，然后按碳氧分配系数和草原的面积算出草原纳碳的价值。

用碳税法和成本法评估此项功能的价值所估算出的结果不尽相同，为了更加精确可取其平均值。

2）草原吸收二氧化硫的价值计量

$$V_s = \sum Q_i \times S_i \times W$$

式中，V_s 为不同类型草原吸收二氧化硫的总价值；S_i 为第 i 种类型草原的面积；Q_i 为第 i 种类型草原单位面积吸收二氧化硫的量；W 为我国治理二氧化硫排放的平均费用。

草原对其余有害气体吸收的价值计量可仿照吸收二氧化硫的估算方法。

3）草原净化粉尘的价值计量

$$V_d = \sum Q_i \times S_i \times W$$

式中，V_d 为不同类型草原净化粉尘的总价值；Q_i 为第 i 种草原单位面积吸滞粉尘的数量；S_i 为第 i 种类型草原的面积；W 为我国削减每吨粉尘的平均治理成本。

4）草原杀灭病菌的价值计量

草原生态系统的这一生态服务功能无法直接评估，但可先用德尔菲法或调查评价法评估出该项服务功能价值与草原生态系统其他服务功能价值的比例，根据所对比的服务功能的价值，估算该项服务功能的价值。对草原降低噪音的价值也可以用此法进行计量。

草原生态系统废物处理服务功能的总价值为

$$V = \sum \sum Q_{ij} \times S_i \times W_j \quad (i = 1，2，3，\cdots，18；j = 1，2，3，\cdots，n)$$

式中，V 为不同类型的草原净化污染的总价值；Q_{ij} 为第 i 种类型单位草原面积净化第 j 种污染物的数量；S_i 为第 i 种类型草原的面积；W_j 为我国削减第 j 种污染物的平均治理费用。

4. 营养循环

草原植被在土壤表层可形成大量的有机物质，这些有机质可改善土壤的理化性状，形成土壤团粒结构。在盐碱地种草，能降低这些土地的土壤盐渍化程度，增加土壤中营养元素的含有量。据测定，$1 hm^2$ 苜蓿 3 年可固氮 $210 \sim 270 kg$，相当于硝铵化肥 $675 \sim 825 kg$。可见草原生态系统可以通过循环，将环境中的营养元素归还土壤，也可以将营养元素以不同的形式输出生态系统，释放到周围的环境中。可选用市场价值法评估此项功能的价值。

$$V = \sum \sum M_{ij} \times S_i \times P_j$$

式中，V 为草原生态系统所含营养元素的总价值；M_{ij} 为第 i 种单位面积草原上第 j 类元素的含有量；S_i 为第 i 种类型草原的面积；P_j 为第 j 种元素在市场上的价格。

5. 生物多样性

草原生态系统是生物多样性的重要载体之一，草原上存在着大量的动植物和微生物，为人类提供着丰富的基因资源。生物多样性不仅有其直接和间接的利用价值，还有遗赠和选择的非利用价值，可用条件价值评估法进行价值评估。具体步骤如下。

（1）设计一份调查问卷进行面谈或电话访谈，先向被调查者描述生物多样性的含义、演变、现状、功能及需要保护的理由等，使被调查者掌握尽可能多的有关信息。

（2）询问被调查者若干问题，包括被调查者的个人信息，来确定他们是否愿意保护生物多样性，如愿意，由被调查者给出支付意愿（WTP），反复投标，得出精确值；如不愿意，说明理由。

（3）通过 WTP 与被调查者的社会经济和人口统计上的特征相联系的方式来检验回答的合理性。

条件价值评估法特别适用于公共物品的价值评估，它可以涵盖其他方法难以做到的评价问题。这种方法不足之处主要表现在要求研究者进行广泛而且细致的调查，并需要有充足的时间和财力作保障。而且在调查过程中由于被调查者的心理及社会特征等不可控因素较多，会产生一定的偏差，此方法要求被调查者必须具备一定的相关知识。

6. 游憩休闲

草原视野开阔，宁静悠远，空气清新，芳草茵茵。草原上的数以千计的植物和动物物种以及游牧民族的传统文化和风土人情具有鲜明的生态旅游特色，已成为生态旅游的理想目的地，为人类提供了旅游休闲、文化娱乐等非实物型生态服务。对此项服务功能价值的计量可以采用两种方法。

1）条件价值法

用条件价值评估法对此项生态服务的价值计量，具体做法同生物多样性的价值计量方法大致相同。

2）旅行费用法

旅行费用法（travel cost method，TCM）是目前世界上应用广泛的游憩价值评价方法。这是一种费用–效益分析方法，通过对游客游憩费用的统计分析得出游憩需求与旅行费用之间的关系，求出游憩需求曲线，将旅游者的旅行费用作为影子价格，求出游客的消费者剩余，游憩的全部价值包括消费者支出和消费者剩余两部分。这实质上是消费者的自愿支付总值。

总旅游价值＝消费者支出＋消费者剩余

（1）消费者支出是指游客旅行总费用的实际支出，包括交通、食宿和门票等服务费，还有旅行时间花费和其他附属费用。即

旅行费用支出＝交通费用＋食宿费用＋门票及服务费

旅行时间花费价值＝Σ不同游客旅行总时间小时数×游客每小时的机会工资

其他费用＝摄影、购物及参观等费用

（2）消费者剩余是指对于一件商品或一项服务，使用者愿意为其支付的费用和实际支付的费用之间的差额。消费者剩余的评估步骤：第一，采用问卷调查的形式对该景区的游客进行调查；第二，按旅游率划分出发区；第三，进行实际平均旅行成本的估算，建立相应的回归模型，进行回归分析；第四，求出游憩休闲的需求曲线，计算出全体消费者剩余及游憩价值。

除此之外，草原资源还有另外的一些生态服务功能，如授粉、气候管理、生物控制、保持草原文化、科研等，这些服务都有其独特的价值。

（三）草原非使用价值评估

非使用价值，主要包括存在价值、选择价值和遗产价值。主要采用 WTP（支付意愿）法估算。

四、草原资源价值单价订正及总价值计算

费用–效益分析是环境经济学的基本分析方法，是目前有关生态系统服务价值各种评估方法的基础。我们采用 Costanza 等的评估体系、经济参数和评估方法，如条件价值法、费用支出法、替代花费法、市场价值法、影子工程法、机会成本法等，对自然草原生态系统各种服务功能价值进行估算，然后计算其总价值。

按下述公式，根据生物量订正各类草原生态系统服务价格和评估草原生态系统的服务

价值：

$$P_{ij} = (b_j/B)P_i$$

式中，P_{ij} 为订正后的单位面积生态服务价值；P_i 为生态系统服务价值参考基准单价；b_j 为 j 类草原的生物量；B 为我国草原单位面积平均生物量；（i = 1，2，3，…，17）分别代表牧草生产、药用植物、畜产品生产、娱乐、文化价值、CO_2 固定、O_2 释放、气体调节、有机物质的生产、土壤形成与保持等不同类型服务价值；（j = 1，2，3，…，18）分别代表温性草甸草原类、温性真草原类、温性荒漠草原类、高寒草甸草原类、高寒草原类、暖性灌草丛类、热性灌草丛类、沼泽类等 18 种草原类型。

j 类草原生态系统服务总价值：

$$V_j = \sum_{i=1}^{17} A_j p_{ij}$$

式中，V_j 为上述 j 草原生态系统服务总价值；A_j 为 j 草原类的面积；p_{ij} 为 j 草原类 i 类生态服务单价。

区域草原生态系统服务功能计算：

$$V = \sum_{i=1}^{17} \sum_{j=1}^{18} A_j p_{ij}$$

式中，V 为区域草原生态系统服务总价值；A_j 为 j 草原类的面积；p_{ij} 为 j 草原类的 i 类生态服务单价。

草原生态系统服务功能价值评估就是要评估草原生态系统为人类提供生态服务的长期、真实、全面的价值，通过对不同类型草原生态服务功能价值的动态评估，可以反映人类活动长期真实的效益和成本，这对于实现可持续发展和建立绿色国民经济核算体系意义重大。

草原生态价值评估是一项复杂的工作，评估方法多种多样。对草原生态不同服务功能的价值进行评估，可以使用不同的方法。如废物处理的评估方法，还可以使用人力资本法来评估，从污染物会导致环境支持生命能力的改变、引起疾病发病率的上升、日常活动对健康的损害增加，以及降低人们对生命的预期的角度进行评估，着重反映草原净化污染物的这项生态功能对人类健康的贡献。

当然，每一项生态系统服务功能的价值评估都有多种方法，具体哪一种方法更合适还需进一步实践、探讨。由于每种方法都有其局限性，对各项草原生态服务功能的价值评估可以同时采用不同的方法，以互相验证，得出更准确的结果。

草原的生态服务功能价值表现为间接价值，虽不直接表现在国家的核算体制上，但其价值可能大大超过直接价值，且直接价值常常源于间接价值。

五、草原资源评估方法应用

某草甸草原自然保护区生态系统服务价值估算如下。

（一）直接使用价值估算

该自然保护区草原生态系统直接使用价值主要计算生产实物产品的价值。实物产品价值评价方法采用市场价值法，主要根据市场产品的收购价和销售价及当年各类产品的估计收购量或销售量，辅以当年市场产品数量和价格的变化情况进行分析。

实物产品总价值等于各类产品价值之和，其公式为

$$V_t = \sum V_i = \sum Q_i P_i$$

式中，V_i 为某类产品价值；V_t 为实物产品总价值；Q_i 为某类产品数量；P_i 为某类产品价格。

该自然保护区草原面积为 23 800 hm^2，每年平均干草产量为 0.6t/hm^2，按 240 元/t 计算可得年牧草生产量价值。该地区平均产羊 1000 只/a，平均每只重 50 kg，产肉约 20 kg，按 350 元/只计算；产牛 150 只/a，平均每只重 500kg，产肉 200～250kg，按 3000 元/只计算。可得畜产品生产价值量，药用植物价值尚未确定。

（二）间接使用价值估算

1. CO_2 固定价值

该自然保护区草原生态系统 CO_2 固定价值可用市场价值法（碳税法）和生产成本法（造林成本）两种方法计算。前者使用瑞典碳税率，即 150USD/t C，折为 1245 元/t C；后者使用中国造林成本 240 103 元/m^3 折合 26 019 元/t C（1990 年不变价）。根据植物光合作用方程式，植物每生产 162g 干物质可吸收固定 264g 的 CO_2，那么生成 1g 干物质可吸收 1163g CO_2，形成 1t 干物质需 1163t CO_2，则年固定 CO_2 量等于植物生产量的 1163 倍。根据该保护区牧草生产量，采用以上两种方法计算取平均值可作为该区固定 CO_2 价值。

2. O_2 释放价值

根据植物呼吸作用的反应方程式推算每形成 1g 干物质，释放 1.2g O_2。O_2 释放量等于保护区生产力的 1.2 倍。我国平均造林成本为 240.03 元/t O_2，折合人民币 352.93 元/t O_2（1990 年不变价），工业制氧的现价为 0.4 元/kg。根据造林成本法和工业制氧法计算，取均值可得 O_2 的释放价值。

3. 有机物质生产价值

生态系统有机物质的生产只有约 10% 为人类所利用，成为人类赖以生存的食物或生活必需品，而表现为直接使用价值，其余大部分未被人类直接利用，这部分却支撑着整个生物界，为所有的动物、异养微生物提供食物和生活的场所，其经济价值实际上是无法估计的，这里根据该保护区实物产品价值量的 9 倍加以推算有机物质生产价值。

4. N、P、K 营养元素循环价值

生态系统中营养物质通过复杂的食物网而循环再生，并成为生物地化循环中的重要环节，可用替代花费法或市场价值法进行计算。在估算营养循环价值时仍以生产力为基础，估算其重要营养物质 N、P、K 在生态系统中的年吸收量。欧阳志云等的研究表明，中国草原生态系统每年新吸收的 N 总量为 51.51×10^6t，P 为 0.35×10^6t，K 为 34 315×10^6t。N、P 和 K 的总储存量分别为 30.12×10^6t、0.21×10^6t 和 20.19×10^6t。中国草原总面积为 4349 844 km^2，则草原每生产 1t，固定 N、P、K 营养物质为 13.3×10^{-3}t、0.09×10^{-3}t、8.91×10^{-3}t；由本区草原生产力可得该自然保护区年营养物质量。我国化肥平均价格为 2549 元/t（1990 年不变价），再由市场价值法可计算该保护区营养元素循环价值。

5. 部分间接使用价值

草原类型是指在一定时间、空间范围内，具有相同自然和经济特征的草原单元。天然草原生态服务价值与其类型关系密切。该自然保护区草原属中国东北温带半湿润、半干旱气候区草原。其单位面积生态系统娱乐服务价值为 49.0USD（hm^2·a）、土壤形成与保持价值为

1.1USD($hm^2 \cdot a$)、文化服务价值71.8USD($hm^2 \cdot a$)、气体调节服务价值18.6USD($hm^2 \cdot a$)、调节水循环与涵养水源价值0.045USD($hm^2 \cdot a$)、废物处理价值为436.5USD($hm^2 \cdot a$)、干扰调节服务价值369.8USD（$hm^2 \cdot a$），根据草原生态系统生态效益评价权重因子，计算以上各项间接使用价值。

（三）非使用价值估算

主要采用WTP（支付意愿）法估算草原的非使用价值。根据CV抽样调查结果可推导全国乃至国外的WTP总值，在该自然保护区进行科研、教学的人员基本上都是国有经济单位的职工，而从事旅游活动的基本都是城镇职工，因此以城镇职工WTP为基础。该草甸草原生态系统动植物种类丰富，按照对416位答卷人对保护对象的偏爱统计，偏爱保护动植物的约占48%，这样可计算出草地生态系统非使用价值。

以上各项生态系统服务功能及其估算结果见表10-6。

表10-6 该自然保护区草原生态系统服务价值估算

类型	价值种类	生态系统服务功能	服务价值/（万元/a）	价值构成/%
直接使用价值	牧草生产量	以羊草为主的牧草资源	342.72	0.13
	畜产品生产	畜牧等获得肉类制品	125.00	0.05
	药用植物	种植药用植物	—	—
间接使用价值	CO_2固定	植物和其他生物对碳的吸收和储存	1752.60	0.66
	O_2的释放	通过植物光合作用产生有机物质的同时有氧气产生	645.11	0.24
	气体调节	CO_2/O_2平衡，防O_3，紫外线，SO_2水平，对温度、降水和气流的影响	365.81	0.14
	有机物质生产	利用太阳能，将无机化合物，如CO_2、H_2O等合成有机物质	4209.48	1.59
	土壤形成与保持	岩石风化和有机物质的积累，牧草根系固定沙土	21.63	0.01
	娱乐	生态旅游、钓鱼运动及其他户外游乐活动	963.66	0.36
	文化	生态系统的美学、艺术、教育、精神及科学价值	1412.24	0.53
	营养元素循环	N、P等元素的养分循环	81.17	0.03
	调节水循环与涵养水源	为农业、工业和运输供用水，向集水区、水库和含水岩层供水	88.51	0.03
	废弃物处理	废弃物处理、污染控制和毒物降解	8585.64	3.25
	干扰调节	风暴防治、洪水控制、干旱恢复生态功能	7273.71	2.75
非使用价值	存在价值	提供物种栖息地、基因资源等	238 300	90.23
	遗产价值			
	选择价值			

总计 264 167.28 万元/ a

由以上价值量计算可以得出，该草甸草原生态系统每年的服务价值可达 26.42 亿元。由于生态系统服务功能的复杂性，我们在估算过程中所采用的数据、参数可能导致计算结果偏低，但能够揭示生态系统服务的巨大经济价值，为生态资源的合理定价和有效补偿提供科学的理论依据，并且促进经济、社会的可持续发展（郭新春等，2005）。

第十一章 不动产估价实务

第一节 不同估价目的的估价

不动产估价目的，是指估价委托人因为什么原因，要达到什么要求而委托不动产估价机构对估价对象进行不动产评估。综合起来讲，包括为了进行买卖、租赁、抵押、保险、课税、补偿、分割与合并、纠纷、企业、贷款等目的而估价。

一、买卖目的的不动产价格评估

（一）国有土地使用权出让价格评估

1. 国有土地使用权出让价格评估的概念

国有土地使用权出让，是指国家将国有土地使用权在一定年限内出让给土地使用者，由土地使用者向国家支付土地使用权出让金的行为。市县土地行政主管部门代表政府进行土地使用权出让之前，应评估、确定出让价格，作为受让人交纳土地出让金和其他费用的依据。因此，国有土地使用权出让价格评估是指国家以土地所有者的身份，委托不动产评估机构，对拟出让的国有土地进行评估，从而确定国有土地使用权出让价格的行为。

2. 国有土地使用权出让价格评估的特点

国有土地使用权出让价格评估有以下特点。

1）国有土地使用权出让价格评估应采用公开市场价值标准

国有土地使用权出让是政府作为土地所有者参与的一种市场行为。是一种国家与土地使用者之间的权利义务关系，属于经济范畴，具有平等、自愿、有偿、有限期等特点。因而土地使用权出让价格评估需采用公开市场价值标准。

2）估价时点一般为估价作业日期以后某一时点

一般来说，市县土地行政主管部门代表政府在国有土地使用权出让前，需要对出让宗地的出让价格或出让底价进行评估。所以，国有土地使用权出让价格评估的估价时点一般在估价机构接受委托、完成估价任务之后的某一时间，即为估价作业日期以后某一时点。具体来说，拍卖方式出让国有土地使用权时，其拍卖底价估价时点为宗地拍卖出让日；招标方式出让国有土地使用权时，其招标底价估价时点为宗地招标出让日；协议方式出让国有土地使用权时，其协议底价时点为宗地协议出让日；以划拨方式取得的土地使用权准予转让时，补交土地使用权出让金的估价时点为受让方可办理土地使用权出让手续开始日。

3）不同出让方式可侧重采用不同的估价方法

国有土地使用权出让价格评估为政策性估价范围。按照法律所规定的三种土地出让方式，分别选用针对性、适应性强的估价方法，是保证估价结果合法、合理的关键一步。

拍卖方式出让土地使用权时，宜重点选取市场法、假设开发法等评估方法。因为市场法充分考虑了市场行情、市场承受力；而假设开发法，则充分考虑了宗地自身使用情况、将来可能带来的土地收益。

协议方式出让土地使用权时，宜重点选取成本法、基准地价修正法等评估方法。由于协议方式出让土地使用权是双方协商的结果，没有引入市场竞争机制，出让透明度不高，主观随意性较大，因此，在对此方式出让土地使用权出让价格进行评估时，如其出让金低于国家规定的最低价，则应依法调至国家规定最低价或适度高于最低价。通常不低于按照土地的基础设施完备程度、平整程度等对应的正常成本价格。基准地价修正法也是对不同土地用途的成本反映或对成本的一定修正。

4）搜集市场资料时，尤其应注重所选实例的可替代性

由于土地数量的稀缺性和位置的固定性，即使在具有同质性的同一供求圈内，每一宗土地也都有自己的特点，也就是说土地的可替代性较差。因此，在采用市场法进行国有土地使用权出让价格评估时，更要注意所选取的可比实例的用途和所处地段应相同，即有相同的土地利用方式和处于相同特征的同一区域或邻近地区，或处于同一供求圈内或同一等级土地内。否则，不能采用市场法评估出让土地使用权价格。

3. 估价方法在国有土地使用权出让价格评估中的应用

国有土地使用权出让价格评估可采用市场比较法、假设开发法、成本法、基准地价修正法等。

1）市场比较法

市场比较法是土地使用权市场交易较为活跃，可比实例较多时普遍采用的一种方法。评估国有土地使用权出让价格时，先选取与估价对象土地有可比性的市场交易实例（一般为3例以上），然后在交易日期、交易情况、区位状况、实物状况等方面予以调整，得出估价对象土地使用权价格。

2）假设开发法

假设开发法是评估国有土地使用权出让价格的常用方法之一。其方法运用的前提条件是估价对象土地规划设计条件已经得到主管部门审批。只有在此情况下，估价对象土地才有假定开发的具体规划设计方案，才能据此规划方案假设得到开发建设后的剔去建筑物部分的剩余土地部分价格。

3）成本法

成本法是在估价对象土地使用权价格各组成部分费用项目明确、账目清楚时适宜采用的一种方法。《房地产估价规范》（GB/T 50291-1999）规定，土地取得费用包括三部分：一是征地和房屋拆迁安置补偿费；二是土地使用权出让金或者地价款；三是有关土地取得的手续费和税金。征用耕地和其他土地的补偿费和安置补助费标准，在《土地管理法》等法律、法规中已作规定。城市房屋拆迁安置补偿费用的金额，可根据被拆迁房屋的区位、用途、建筑面积等因素，以不动产市场评估价格确定。土地使用权出让金或地价款以及有关土地取得的手续费和税金，依据相关法律、法规、政策的规定。

4）基准地价修正法

基准地价修正法是以该区域或级别的基准地价为依据，再根据实际情况进行必要的修正后估算土地价值的方法。该方法的关键是确定土地的基准地价。土地的基准地价是在一定区域范围内，根据用途相似、地段相连、地价相近的原则划分土地价值区段，然后调查测算出各区段在估价时点的平均价值水平。基准地价修正法的估价过程为：利用政府已经确定公布的基准地价，依据替代原理，通过对交易日期、区位状况和实物状况（包括土地使用权使用年限、剩余年限等）的比较修正，由基准地价调整得出估价对象出让土地价格。

（二）不动产转让价格评估

1. 不动产转让价格评估的概念

不动产转让，是指不动产权利人通过买卖、赠与或者其他合法方式将其不动产转移给他人的行为。其他合法方式主要包括：①以不动产作价入股、与其他人成立企业法人，不动产权属发生变更的；②一方提供土地使用权、另一方或者多方提供资金，合资、合作开发经营不动产而使不动产权属发生变更的；③企业被收购、兼并或合并，不动产权属随之转移的；④以不动产抵债的；⑤法律、法规规定的其他情形。

不动产转让价格评估，是不动产转让人或受让人或交易双方当事人委托不动产估价机构对所转让的不动产标的物的价格进行评估，以此评估额作为双方交易的参考依据。

2. 不动产转让价格评估的特点

不动产转让估价具有以下几个方面特点。

（1）从估价时点上看，不动产转让估价多数是在转让前进行，估价时点则在估价作业日期之后。

（2）从委托人和评估主体讲，不动产转让估价可以委托社会上任何一家值得委托人信任的评估机构评估，委托人既可能是买方和卖方单独委托，也可能是买卖双方共同委托，这是一种自愿的行为。

（3）从估价目的和要求上讲，不动产转让评估只是为了了解、掌握不动产交易行情而进行的评估，其目的只是为了在进行不动产交易时有一个参考价格，它带有一种咨询性，如买方需要了解购买一宗不动产时可能实现的最低价格，而卖方则需要了解出售不动产时可能实现的最高价格。

3. 估价方法在不动产转让价格评估中的应用

不动产转让价格评估可采用市场比较法、收益法、假设开发法、成本法等。

（1）市场比较法。市场比较法是不动产转让市场交易较为活跃、可比实例较多时普遍采用的一种方法。评估不动产转让价格时，先选取与估价对象不动产有可比性的市场交易实例（一般为3例以上），然后在交易日期、交易情况、区位状况、实物状况等方面予以调整，得出估价对象不动产转让价格。

（2）收益法。收益法是在转让不动产为收益性不动产，而且其未来预期收益可预测或可确定的情况下常用的估价方法。收益法评估转让不动产价格的关键是年净收益的计算和报酬率的选定。净收益的计算因转让不动产的情况不同而有差异，如因具体用途（商业、工业）不同，其计算年净收益的各个项目、方法也不同。

（3）假设开发法。假设开发法的适用对象是具有开发或再开发潜力的不动产。其方法运用的前提条件是估价对象不动产具有明确城市规划设计条件的要求。只有在此情况下，估价对象不动产才有假定开发的具体规划设计方案，才能据此规划方案假设得到开发建设后的不动产评估价格。

（4）成本法。当市场上交易实例难以获取、估价对象土地使用权及地上建筑物价格各组成部分费用项目明确、账目清楚时比较适宜采用成本法。

二、租赁目的的不动产价格评估

（一）不动产租赁价格评估的概念

不动产租赁是不动产市场中一种重要的交易形式。不动产租赁，是指不动产所有权人作为出租人将其不动产出租给承租人使用，由承租人向出租人支付租金的行为。不动产租赁价格评估是不动产所有权人（出租人）或使用者（承租人）为获得该不动产租赁价格，委托不动产价格评估机构对估价对象进行评估的行为。

（二）不动产租赁价格评估的特点

不动产租赁价格（租金）是不动产承租人为取得一定时期内不动产的占有、使用、收益权利，向出租人交付的代价。其价格评估具有如下特点。

1. 住宅类不动产租赁价格评估分为政策性评估和市场租赁评估两种类型

住宅类不动产租赁价格的政策性评估，估价人员应严格执行有关租赁政策，不能超越规定调整租金幅度的价格空间。这类住宅房屋的类型包括各级政府所属的直管公房和廉租房等。住房是人们生存的基本条件和基本权利。国家和地方人民政府对这类政策性、公益性住房租金标准等都有具体规定，明确了一般标准，限定了浮动幅度。此类政策性住房租赁价格评估时应严格遵守国家和地方政府的有关规定。

住宅类房屋的市场租赁价格评估主要涉及商品房住宅和已购房，由于该类房屋的买卖、租赁行为属于市场行为，其租赁价格为市场价格，应参照公开市场价值标准评估。

2. 租约对租金估价有一定的影响

如为合理性契约式不动产租赁价格评估，宜采用租约所确定的租金。租约期外的租金则采用正常客观的租金标准。租赁房屋已订立租约时，应对租约中所约定的租金标准的客观性、合理性进行判断。如租约所约定的租金客观合理，一般应根据该租金估价；如与市场租金标准相差较大，租金明显存在不合理性，则应重新评估其租金值。

3. 划拨土地上的营利性房屋租赁价格评估应确定土地收益中的国家部分

根据《城市房地产管理法》等法律、法规和政策的规定，以营利为目的出租划拨土地使用权的房屋，其租赁价格评估应同时给出租金中所含的土地收益值。房屋租赁价格中应含土地收益值，而房租中的土地收益为上缴国家部分，因此，需要将土地收益值单独列示。

（三）估价方法在不动产租赁价格评估中的应用

1. 市场法

市场法是不动产租赁市场公开、租赁信息充分时首选的一种方法。评估时应广开信息渠道，可查阅有关报刊中租赁信息，收集不动产交易展示会资料，了解不动产中介租售行情等。在调查不动产租赁市场交易实例时，不仅应了解交易实例的价格及不动产状况，如坐落、面积、结构、交通条件等，还应记录其租赁期限、租赁用途、租金支付方式等情况。这些因素都是不动产租赁双方进行市场比较时的不可或缺的比较项目。只有全面而准确地选取可比实例及其实例比较项目，并在此基础上进行适当修正调整，才可能得出反映公开市场价值标准和估价对象特点的租赁价格。

2. 收益法

收益法是在租赁不动产预期收益可预测或可确定的情况下常用的估价方法。收益法评估不动产租赁价格的关键是年净收益的计算和报酬率的选定。租赁净收益为租赁收入（主要为有效毛租金收入及承租保证金、押金等的利息收入）扣除维修费、管理费、保险费和税金等四项税费后所得。四项税费的取舍，应根据租赁契约规定的租金涵义决定。如四项税费全部由出租方承担，应将其全部扣除。如部分为出租方承担，则只扣除出租方承担部分。在选定报酬率时，应考虑不同地区、不同用途、不同时期的租赁不动产风险程度。

3. 成本法

成本法是市场难以提供类似估价对象的可比实例，也不便准确预测净收益时，易于计算、把握不动产租赁价格基本标准的方法。成本法评估不动产租赁价格由八项因素构成：折旧费、维修费、管理费、利息、税金、保险费、地租和利润。采用该方法估价时，应先求取建筑物的重置价格。一般通过政府公布的房屋重置价格标准确定，也可采用按工程造价估算等方法求取。

三、抵押目的的不动产价值评估

（一）不动产抵押价值评估的概念

不动产抵押是指抵押人以其合法的不动产、以不转移占有的方式向抵押权人提供履行债务的担保，当债务人不能按期履行债务时，抵押权人有依法以抵押的不动产拍卖所得的价款优先受偿的权利。不动产抵押价值评估是评估抵押不动产在设定抵押权时某估价时点的公开市场价值，作为抵押贷款活动的价值参考。它的服务对象是金融业或抵贷双方。

作为抵押物的不动产有其设定抵押权时的市场价值。银行最终的贷款额，是抵押物市场价值乘安全系数（抵押率）得出的。还有出现不良资产处置抵押不动产时的变现价值等。

不动产抵押价值评估，应采用公开市场价值标准，可参照设定抵押权时的类似不动产的正常市场价格进行，但应在估价报告中说明未来市场变化风险和短期强制处分等因素对抵押价值的影响。这里定义的"抵押价值"等同于公开市场价值。

（二）不动产抵押价值评估的特点

不动产抵押价值评估有以下特点。

（1）不动产抵押价值评估的估价目的是为委托人以估价对象为抵押物（债务履行担保物）向银行（抵押权人）申请抵押贷款提供抵押物（担保物）市场价值参考。

（2）不动产抵押价值评估对象有明确的法律规定，法律规定的不允许抵押的不动产不得进行抵押价值评估。

（3）不动产抵押价值评估的估价时点一般以勘查现场的某一天为估价时点。

（4）不动产抵押贷款具备一定的风险，主要有适宜性风险、预期风险、市场变现风险、耗损风险等。因此，为避免这些风险，银行在抵押贷款时考虑风险折扣。目前在抵押贷款实务中银行或金融机构一般按估价机构评估的抵押不动产市场价值的40%（或以下）~80%为借款额，即考虑了20%~60%（或以上）的折扣风险。

（5）不动产抵押价值评估也有一定风险，主要是价值高估风险。若由于高估不动产价值而使银行利益受到损害，估价机构和估价师要承担相应的损失责任。因此，不动产估价机构和估价师应当了解抵押评估自身的风险，通过加强内部管理、提高估价水平和道德水平加以控制。

（6）不动产抵押价值评估在适用法律规定、考虑因素、相关参数选择、报告说明等方面与其他估价目的的估价有所不同。要严格执行《房地产估价规范》，采取客观、谨慎，甚至偏保守的做法，使估价结果客观、公正、合理，切忌不实估价，切忌高估价值。另外，在报告中要说明主要风险对估价值的影响大小。

（三）不动产抵押价值评估的类型与估价方法

不动产作为抵押物的类型较多，应遵循谨慎、保守原则，选用估价方法时，一般尽量将成本法作为一种估价方法。

（1）以获得出让土地使用权和房屋产权的不动产作为抵押物进行评估时，可根据具体情况采用市场法、收益法和成本法估价。其不动产类型包括各类商品房、自建自营的饭店、招待所、培训中心、教育机构、高尔夫球场、工厂等。

（2）以行政划拨土地上的建成使用房产作为抵押物进行评估时，市场交易性较强，如原国有企事业单位、社会团体的各类不动产、廉租房、经济适用房、房改房、合作建房等，可先假设估价对象为完全产权的商品房，选用市场法（收益法）为一种方法，得出的客观市场价值中减去需要补交的土地出让金或出让毛地价价值，再选用成本法为另一种方法，其中不含土地出让金或出让毛地价；市场性差的可采用房产与土地分别估价再综合的成本法估价，不含土地出让金或出让毛地价。

（3）对已建成或使用的部分（局部）不动产作为抵押物进行估价时，应注意该部分（局部）不动产在整体不动产中的作用、它的相应权益、能否独立使用、是否可以独立变现，并注意土地的分摊和公共配套设施、共用部分的合理享用问题，估价方法可选用市场法、收益法或成本法。这类不动产，如部分栋号、层、单元、综合物业中某部分用途物业等。

（4）在建工程抵押是以合法取得的土地使用权连同在建工程进行抵押，对在建工程作为抵押物进行评估时，要全面掌握估价对象状况、注意切实的进度和相应可实现的权益。此时评估只能反映房屋未建成时的某一时点的价值，估价方法可选用成本法和假设开发法。

（5）以乡（镇）、村企业的厂房等建筑物及其占用范围内的集体土地使用权作为抵押物进行评估时，应注意未经法定程序不得改变土地集体所有的性质和土地用途。在估价过程中应扣减与国有土地价值的差异，估价方法可选用成本法、收益法或市场法。

四、保险目的的不动产价值评估

（一）不动产保险的概念、类型

为了消除各种风险可能带来的不利影响，房屋所有权人、承租人或有关当事人可以与保险公司达成一项协定，一方（被保险人）通过交付一定的费用（保险费）以获得另一方（保险公司）对房屋的意外损失或因对房屋具有利益而可能产生的意外损失给予一定的经济补偿的保证。这种以房屋及其有关利益或责任为保险标的的保险，称为不动产保险。

根据承保的保险标的和风险种类不同，不动产保险可以分为房屋财产保险、房屋利益保险、责任保险、信用保险、综合保险、建筑工程保险等。因土地不会损坏或灭失，无损害则无保险，所以土地不能成为不动产保险合同的保险标的。投机风险（如不动产市场价格变化）和必然或已知损失（如房屋自然损耗）不属于不动产保险范围。

（二）不动产保险估价的概念

不动产保险估价指投保人或保险公司为了进行不动产投保或者保险事故赔偿，委托不动产评估机构对所要投保或者保险赔偿的不动产的价值进行评估，作为投保或者保险赔偿的参考依据。

（三）不动产保险估价的特点

（1）不动产保险估价的估价目的不同于其他不动产评估，主要为不动产投保时的保险价值评估或者保险事故发生后的损失价值或损失程度评估。

（2）不动产保险估价的估价时点因不同目的而不同，为投保目的的估价时点一般应在投保之前委托估价之时，而赔偿目的的估价时点应在事故发生的时间。

（3）不动产保险估价应依据《保险法》、《城市房地产管理法》和其他有关规定进行。

（4）要分清楚保险价值和保险金额的区别。保险价值又称为保险价额，是指保险标的在订立保险合同时估定的实际价值或者在发生保险事故时所具有的价值。保险价值为确定保险金额的基础。保险金额是保险双方当事人在保险合同上载明的，投保人对于特定的保险标的实际投保的金额，又简称"保额"，也是在保险事故发生后承担损失补偿义务的最高限额。

（5）要分清直接损失和间接损失的区别。当财产因自然风险和社会风险的作用导致财产本身直接损坏或消失，财产即受到直接损失。例如，房屋被大火烧毁，室内墙壁被人破坏等就属于直接损失。间接损失指的是由于财产的直接损失而引起的未毁损财产价值的降低或收益的下降。例如，当一座建筑物严重受损，虽然没有完全毁掉，但可能须完全重建，为了重建，该建筑未损坏的部分必须完全毁掉，这种损失就是间接损失。它等于毁掉未受损部分所需的费用和未受损部分的价值。间接损失中很重要的一种类型就是净收入下降的损失。净收入下降的损失指的是在被损坏的财产被修复完好之前，人们由于全部或部分地丧失了对财产的使用而导致的收益下降或费用上升。进行保险事故后的损失评估时，要首先明确估价范围是否包含间接损失。

（四）不动产保险估价的方法

1. 不动产投保时的估价

不动产投保时的保险价值评估，应评估有可能因自然灾害或意外事故而遭受损失的建筑物的价值，不应包含土地价值，估价方法宜采用成本法、市场比较法。

不动产投保时的保险价值，根据采用的保险形式，可按该不动产投保时的实际价值确定，也可按保险事故发生时该不动产的实际价值确定。

2. 保险事故发生后的评估

保险事故发生后的损失价值或损失程度评估，应把握保险标的不动产在保险事故发生前后的状态。对于其中可修复部分，以估算其修复所需的费用作为损失价值或损失程度。估价方法宜采用成本法、市场比较法。

五、课税目的的不动产估价

（一）不动产课税估价的概念

不动产课税估价，是国家为了进行不动产课税，委托不动产估价机构对课税对象不动产的价值进行评估，作为开展不动产课税工作的参考依据。

为了保证国家税收公平合理。纳税人和税务机关都要求对不动产价值进行评估。因此，不动产估价人员必须全面了解我国目前的不动产税种、名称、纳税人含义、课税对象和征收范围、课税依据、税率水平、减税、免税对象。特别要注意适用税额和应纳税额计算公式、应扣除项目和其他有关规定。课税估价的技术路线和方法必须按照我国税法中的有关规定执行。

（二）不动产课税估价的类型

我国目前的不动产课税估价主要包括房产税估价、土地增值税估价、契税估价三种类型。

1. 房产税估价

对于出租的房产，以房产租金收入为计税依据。租金收入是房屋产权所有人出租房屋使用权所得的报酬，包括货币收入和实物收入。

2. 土地增值税估价

土地增值税的课税对象是有偿转让不动产所取得的土地增值额。土地增值税以纳税人有偿转让不动产所得的土地增值额为计税依据，土地增值额为纳税人转让不动产所取得的收入减去规定扣除项目金额后的余额。

3. 契税估价

契税的依据是房屋产权转移时双方当事人签订的契约价格。征收契税，一般以契约载明的买价、现值价格或典价作为计税依据。为了保护房屋产权交易双方的合法权益，体现公平交易，避免发生隐价、瞒价等逃税行为，征收机关认为在必要时，也可以直接或委托有关单位对房屋价值进行评估，以评估价格作为计税依据。

（三）不动产课税估价的方法

现行的估价方法以市场比较法为主。若是有收益的不动产，还应考虑用两种以上方法进行评估。即收益法和市场比较法并用，根据不同情况。选取不同的权重综合取值，以确定最终估价值。

六、征地和房屋拆迁补偿估价

（一）征地和房屋拆迁补偿估价的概念

征地估价是指在将集体所有的土地经依法征用转为国有土地的过程中，对征用土地的补偿价格进行的评估。

城市房屋拆迁估价（以下简称拆迁估价），是指为确定被拆迁房屋货币补偿金额，根据被拆迁房屋的区位、用途、建筑面积等因素，对其不动产市场价格进行的评估。

（二）征地和房屋拆迁补偿估价的分类

根据原始土地的性质及征用、规划用途，征地和房屋拆迁补偿估价可分以下三种情况。

（1）征用城市规划区内集体所有土地的补偿估价，是指在将集体所有的土地经依法征用转为国有土地的过程中，对被征用集体所有土地的补偿价格进行的评估。

征地估价应根据《中华人民共和国土地管理法》以及当地制定的实施办法和其他有关规定进行。

（2）征用城市规划区内集体所有土地上房屋及附着物的拆迁补偿估价，是征用集体土地时对被拆迁房屋及附着物货币补偿价格的评估。

拆迁集体所有土地上的房屋的补偿估价应根据《中华人民共和国土地管理法》，参照《城市房屋拆迁管理条例》、《城市房屋拆迁估价指导意见》以及当地政府制定的拆迁管理及拆迁评估的实施细则，有些地区还专门制定了集体土地房屋（或宅基地）的拆迁估价办法。

（3）城市房屋拆迁估价，是指为确定城市国有土地上被拆迁房屋及附着物（土地和房屋或房屋）货币补偿金额的估价。根据被拆迁房屋的区位、用途、建筑面积等因素，对其不动产市场价格进行的评估。

城市房屋拆迁估价应根据《中华人民共和国城市不动产管理办法》、《中华人民共和国土地管理法》、《城市房屋拆迁管理条例》、《城市房屋拆迁估价指导意见》以及当地政府制定的拆迁管理及拆迁评估的实施细则。

（三）征地补偿估价的特点

征地补偿估价的特点如下。

（1）征地补偿估价对象是集体所有的土地及其地上附着物。

（2）征地补偿费用包括土地补偿费、安置补助费、青苗补偿费、地上附着物补偿费，其补偿标准由法律规定。

（3）拆迁集体所有土地上的房屋补偿估价标准基本等同城市房屋拆迁补偿标准。但集体土地上的房屋，其产权管理各地区不尽相同也不尽完善，在评估过程中要根据实际情况分别处理。

（四）城市房屋拆迁补偿估价的特点

城市房屋拆迁补偿估价的特点如下。

（1）城市房屋拆迁补偿对象是被拆迁房屋的所有人。货币补偿的金额，根据被拆迁房屋的区位、用途、建筑面积等因素，以不动产市场评估价格确定。

（2）城市房屋拆迁补偿估价对象为拆迁范围内土地、建筑物、构筑物和依托于其实体上的权益。

（3）拆迁补偿估价的价值标准为公开市场价值。不考虑房屋租赁、抵押、查封等因素的影响。

（4）拆迁补偿估价目的是为确定被拆迁房屋货币补偿金额而评估其不动产市场价格。

（5）拆迁补偿估价时点，一般为房屋拆迁许可证颁发之日。拆迁规模大、分期分段实施的，以当期（段）房屋拆迁实施之日为估价时点。

（五）征地和房屋拆迁补偿估价的方法

征地和城市房屋拆迁补偿估价，一般应当采用市场比较法。拆迁评估应根据拆迁房屋的区位、用途、建筑面积等因素，以不动产市场评估价格确定拆迁补偿价格。

不具备采用市场比较法条件的，如对于特殊用途的被拆迁对象：学校、幼儿园、军事用地等公益用房，或被拆迁房屋周边不动产市场不完善，可以采用其他估价方法，并在估价报告中充分说明原因。同时要注意由于拆迁估价目的的特殊性，应尽量避免使用收益法、假设开发法，可采用成本法对估价对象的拆迁补偿价值进行评估。

针对不同估价对象应注意以下几点。

（1）依法以有偿出让、转让方式取得的土地使用权，可视为提前收回处理，在估价中应包括土地使用权的补偿估价，根据该土地使用权的剩余年限所对应的正常市场价格进行。

（2）依法以划拨方式取得的土地使用权，在估价中不应包括出让金部分，只包含该宗地相应的基础设施配套建设费和土地开发及其他费用。

（3）已取得所有权的房屋及构筑物，估价应从占有、使用、收益、处分四方面综合认定其合法性，不能仅仅依据估价时点的用途估价。

（4）"拆除违章建筑和超过批准期限的临时建筑，不予补偿"，故不在估价范围之内。"拆除未超过批准期限的临时建筑，应当给予适当补偿"，估价时应按照使用期限的残存价值参考剩余期限给予估价。

（5）被拆迁房屋的性质和面积一般以房屋权属证书及权属档案的记载为准；各地对被拆迁房屋的性质和面积认定有特别规定的，服从其规定；拆迁人与被拆迁人对被拆迁房屋的性质或者面积协商一致的，可以按照协商结果进行评估。

对被拆迁房屋的性质不能协商一致的，应当向城市规划行政主管部门申请确认。对被拆迁房屋的面积不能协商一致的，可以向《房产测绘管理办法》设立的房屋面积鉴定机构申请鉴定；没有设立房屋面积鉴定机构的，可以委托具有房产测绘资格的房产测绘单位测算。

（6）对于一宗不动产拆迁补偿估价，凡属被拆迁人合法拥有的房屋内外不可移动的设备及其附属物等，都不可遗漏。设备含水、电、暖、卫、气、通讯等设施；附属物含树木、绿地、道路、院墙、门楼等其他构筑物。

（7）拆迁估价应当参照类似不动产的市场交易价格和市、县人民政府或者其授权部门定期公布的不动产市场价格，结合被拆迁房屋的不动产状况进行。

（8）针对一些建设项目的特殊性，地方政府也往往制定相应的规定，估价人员在估价时必须遵从。

七、不动产的分割、合并估价

（一）不动产分割、合并估价的概念

不动产分割、合并估价是指由于不动产的分割、合并，引起不动产分割、合并前后的价值发生变化，由不动产分割、合并的有关当事人委托不动产价格评估机构对分割、合并不动产价格进行评估的行为。

（二）不动产分割、合并估价的特点

（1）不动产分割、合并估价，要从影响不动产合并或分割前后最高最佳使用或最有效使用、规模经济等的角度，分析估价对象在分割或合并前后的可能变化。

（2）对于合并或分割后导致的不动产增值或价值损失，需要在分割后或合并前的两个个体之间合理分配，分配的比例不仅要看每一部分所占的面积比例，还要看每一部分对不动产增值或减值的影响程度。

不动产分割估价实际上就是不动产合并估价的逆向操作，本节重点以不动产合并估价为例来说明不动产分割、合并估价的操作方法及要点。

（三）不动产合并的法律规定

不动产合并的必然结果就是相邻的两宗不动产中的一宗转让给另一宗的所有者，也就是说不动产合并是一种不动产转让行为，在关于不动产转让的法律规定中，以下几点要特别注意，其可能直接影响不动产合并。

（1）不动产是否符合法定的转让条件。国家和地方不动产管理法规对各类不动产转让条件进行了明确的规定，如果待合并的不动产不符合规定，可能会导致不动产合并预期价值无法实现，或由于要支付额外费用使待合并不动产达到可转让条件而使得合并预期价值减损，这在估价过程中必须考虑和说明。

（2）待合并不动产的土地使用权取得方式。《城市房地产管理法》第四十条对土地使用权为划拨性质的不动产转让做出明确规定，要求补缴土地出让金或上缴土地使用权收益，这也会影响不动产合并价值。

（3）待合并不动产的土地用途。不动产合并预期价值的实现有赖于合并后的不动产实现最高最佳使用，但有可能待合并不动产的土地用途与不动产合并后的最高最佳使用用途并不一致，《城市房地产管理法》第四十四条规定这种情况下必须进行用途变更，这一因素对不动产合并价值的影响也要考虑。

（4）待合并不动产的土地使用权剩余年限。《城市房地产管理法》第四十三条规定，出让方式取得土地使用权的不动产转让，其土地使用权剩余年限为合同约定总年限减已使用年限，要注意其对不动产合并价值的影响。

（四）不动产合并估价方法要点

1. 不动产合并前后价格的计算要客观、准确

不动产合并前后价格的计算，一定要注意合并前后各项因素的变化导致不动产价格水平的差异，并严格按《规范》要求选取合适的估价方法计算合并前后的价格。

2. 增值额的分配要准确、合理

相邻土地合并后，往往会使效用增大，价值升高，从而产生额外的增值。因此，邻地合并经营能使双方获得额外的收益；而一方购买另一方的土地，卖方的要价一般会高于土地本身正常的市场价格。无论是邻地双方合并经营还是一方购买另一方的土地，都需要我们对土地价格进行评估，以便确定各自的出资额及卖方的合理要价。而解决这个问题的关键，则是合理地将增值额进行分配。将增值额进行分配，大致有以下三种方法可供选择。

（1）以合并前地块各自的单价为基础进行分配。各自所占增值额的分配比例分别为 $a_1/(a_1+a_2) \times 100\%$ 和 $a_2/(a_1+a_2) \times 100\%$，$a_1$、$a_2$ 为合并前地块各自的单价。

（2）以合并前地块各自的面积为基础进行分配。各自所占增值额分配比例分别为 $s_1/(s_1+s_2) \times 100\%$ 和 $s_2/(s_1+s_2) \times 100\%$，$s_1$、$s_2$ 为合并前地块各自的面积。

（3）以合并前地块各自的总价为基础进行分配。各自所占增值额分配比例分别为 $A_1/(A_1+A_2) \times 100\%$ 和 $A_2/(A_1+A_2) \times 100\%$，$A_1$、$A_2$ 为合并前地块各自的总价。

对三种方法计算的结果根据影响程度大小不同，取加权平均值即可综合得出最终的增值分配率，计算出邻地合并产生的增值额。以上三种计算方法中，第一种方法的计算结果应占有较大权重比例。因为对增值额进行分配，应当遵循不动产估价中的贡献原则，即应当根据地块对增值额的贡献程度来决定各自应得的分配额。而土地合并后增值的原因，主要是影响不动产价格因素中的实物状况如面积、形状或是临街状况等（因为是邻地，所以影响价格的其他因素都相同）得到了改善。就合并前的地块而言，实物状况较好的地块对增值额的贡献自然较大，而实物状况较好的地块其单价也一定会较高。也就是说，单价是反映地块对增值额贡献程度的主要因素，按单价计算出的增值分配率也应占有较大权重比例。

八、不动产纠纷估价

（一）不动产纠纷估价的概念

不动产纠纷估价是指对纠纷案件中涉及的争议不动产的价值、交易价格、造价、成本、租金、补偿金额、赔偿金额、估价结果等进行科学的鉴定，提出客观、公正、合理的意见，为以协议、调解、仲裁、诉讼等方式解决纠纷提供参考依据。

（二）不动产纠纷估价的类型

不动产纠纷估价可分为两大类：一类是针对不动产的价值、交易价格、造价、成本、租金、补偿金额、赔偿金额的纠纷，这类纠纷可称之为不动产价格（价值）类纠纷；另一类是针对估价结果本身的纠纷，这类纠纷可称之为估价结果纠纷。前一类纠纷的估价通常由法院、仲裁机构聘请不动产估价机构完成，后一类纠纷的估价则由专门的估价仲裁部门或组织（如估价专家委员会）出面对估价结果做出鉴定和裁决。

（三）不动产价格（价值）类纠纷特点

不动产价格类纠纷具有种类多、标的价值大、历史遗留问题多等特点，具体表现在以下四个方面。

（1）不动产价格类纠纷中的民事法律关系较复杂。一宗不动产价格类纠纷案件中往往同时存在两个以上的民事法律关系，并且彼此牵连。而且引起不动产价格类纠纷的原因中有许多是历史上的行为和事件，但我们又不能用现行的民事法律政策去硬套过去法制不健全年代的行为。还有，由于年代久远，不少房屋的自然状况及其管理、使用情况、权属更迭较多，变化很大，同时，不动产的权属证书资料也有不少已流失，查证工作有较大难度。不动产价格类纠纷中的当事人关系也很复杂。

（2）不动产价格类纠纷争议标的价值一般较大。在中国，作为不动产的房屋、宅基地，对于一个家庭甚至一个单位来说，就是最有价值的财产或最大的固定资产。在市场经济条件下，不动产价值更是呈现出不断攀升的趋势。有的单位或个人为了打一场不动产官司，不惜耗资、费时、费力、旷日持久地讼争。

（3）不动产价格类纠纷涉及面广。不动产价格类纠纷往往会涉及诸多与不动产建设、管理有关的部门，如规划部门、城建部门、土地管理部门、房产管理部门等。这些部门有时以第三者的身份对不动产纠纷进行调处，有时它们直接是纠纷中的一方当事人。有的不动产纠纷中还涉及几个家庭、几代人、几个单位的切身利益，牵扯面极广。所以处理不动产价格类纠纷时应注意在掌握原则的基础上，协调好各方面的关系。

（4）不动产价格类纠纷政策性强，适用法律的难度较大。现阶段我国房屋的建设与管理以及土地的管理，尽管不动产管理方面的法律法规在不断地完善，但仍有不少政策需要进行调整。政策与法律相比，其规范性、稳定性与强制性较弱，而且我国各个历史时期，关于不动产的法律、法规、政策、司法解释性文件等纷繁杂乱，既有相关联的，又有重复的，还有不少已过时，甚至有相互冲突的。总之，不动产价格类纠纷是属于政策性、法律性都较强的民事纠纷，在审理时应严格贯彻执行国家的有关法律、法规、政策及其他规范性文件的规定。

（四）不动产估价结果纠纷特点

（1）不动产估价结果纠纷是针对估价机构已经做出的估价结论的，与不动产价格（价值）纠纷不同，不动产估价结果纠纷不是针对未确定的不动产价格（或价值），而是针对已经做出的不动产估价结论，并且这种结论必然是由专业的不动产估价机构做出的。

（2）上面的特点，导致了不动产估价结果纠纷的另一个特点是：不动产估价结果纠纷的调处必须由专门的估价仲裁机构（或鉴定组织）进行，否则无法让原来提供估价结果报告的估价机构信服，也无法让纠纷的其他当事人接受。

（五）　不动产纠纷估价特点

与其他目的的不动产价格评估相比，不动产价格（价值）类纠纷估价存在着如下三个特点。

（1）除为抵押贷款目的评定不动产的抵押价值外，其他价格评估的时点一般不是当前或未来某一时间，而是过去某一时间。对不动产转让与租赁缴纳税费纠纷、不动产交易价格纠纷、房屋拆迁补偿纠纷进行估价时，一般应以不动产交易协议、拆迁补偿协议的签字日期或协议所载的日期作为估价时点；对遗产、共有财产中不动产分配纠纷进行估价时，一般应以继承关系、共有财产关系确定日期作为估价时点；对土地共有人占有共有土地份额纠纷进行估价时，一般应以最近一次确定共有土地纳税金额的日期为估价时点，对不动产估价服务纠纷进行估价结论检验时，一般应以原估价报告所载估价日期作为检验、评估的估价时点。

（2）价格评估依据的资料，一般来说，只能是不动产纠纷发生前的近期客观资料。为解决不动产价格纠纷而进行价格评估、价格重新评估、价格结论检验时，不管采用何种技术思路，不管采用何种估价方法，其所依据的不动产市场资料、成本资料、收益资料、政策法规和收益率及利率等资料，都只能是不动产纠纷发生前的近期客观资料。因为纠纷发生时的不动产价格是在纠纷发生前、特别是纠纷发生前较近时期的多种价格影响因素共同作用的结果，而不是纠纷发生后多种价格影响因素作用的结果。不动产纠纷发生时的真实、客观、合理价格，只能依靠纠纷发生前的近期客观资料等来推测、判断。

（3）不能以当前不动产市场实际价格作为判断原估价结论是否真实、客观、合理的标准。当前不动产市场真实价格是以前不动产市场价格动态变化的延续，是包括以前不动产市场价格等价格影响因素共同作用的结果。但当前不动产市场价格的形成，不是仅由以前的不动产市场价格唯一因素影响的结果。若以当前不动产市场价格判断以前不动产估价结论是否真实、客观、合理，是因果关系的颠倒。原估价结论有效与否的确认，应该依据不动产估价的程序、思路、方法等是否符合估价原理、原则、实践及法规等的要求、规定而做出判断。

九、企业各种经济行为涉及的不动产估价

（一）　企业各种经济行为涉及的不动产估价的类型

随着社会主义市场经济体制的确立和发展，企业行为主体的性质在逐渐变化，以适应经济体制改革、建设市场经济的需要。在公有制占主导地位的前提下，其他经济成分有了较快的发展。各种经济成分并存的局面已经形成。各种经济成分之间的合资、参股、产权交易变动逐渐增多，企业的经济行为日趋多样化、复杂化。无论是企业间、行业间还是不同所有制经济主体间、涉外经济联营合作以及债务处理、破产等，都涉及不动产价值的确定。因此，不动产估价是企业各种经济活动中不可缺少的一个环节。

同时，企业投资结构的多元化也带来了产权及收益的问题，加之投资、信贷利税政策的多次调整，使得企业资产产权归属出现了许多争议和混乱。因此，产权明晰成为企业的各种经济活动的前提。而作为企业资产中重要组成部分的不动产，在企业的经济行为中也必须遵循这一前提。从这一前提出发，在这种目的下的不动产估价就可以分为不动产权属发生转移

和不动产权属不发生转移两种类型。

1. 不动产权属发生转移

企业各种经济活动中所涉及的不动产估价，大都涉及不动产权属的转移。企业合资、合作、股份制改组、合并、分立等活动，均涉及不动产权属向新设立公司转移的行为；此外，企业的出售、兼并、破产清算，通常也伴随不动产权属的转移。例如，某企业将其厂房设备及相应的土地使用权作价，作为该企业与其他企业或投资者合资、合作的条件，并在新设立的股份公司中占有相应的股份，则该企业的不动产权益实际上已经转移到新设立的公司。按照公司法的有关规定，对作为出资的实物、工业产权、非专利技术或者土地使用权，必须进行评估作价。因此，类似这种经济活动中的不动产估价就属于权属发生转移这一类型。

2. 不动产权属不发生转移

企业联营中涉及的不动产估价，通常不伴随不动产权属的转移。例如，某国有轻工企业拟利用其闲置的部分厂房和场地使用权，与另一愿提供生产技术、设备和流动资金的企业组成联营公司，共同生产市场急需的某一轻工产品，则该国有轻工企业的不动产权属虽然没有发生转移，但为确定其在联营公司中的利润分配比例，同样需要评估其投入的不动产价值。

(二) 估价的假设前提

在企业各种经济活动中所涉及的不动产估价，不仅要结合企业经济活动的特点来确定不动产权属是否发生转移，而且根据《规范》要求，还应根据原用途是否合法改变，按"保持现状前提"或"转换用途前提"进行估价。

无论保持现状还是转换用途，其共同点都是要保证估价对象的最高最佳使用，二者的差别是：在转换用途前提下考虑估价对象单独使用时的最高最佳使用，在保持现状前提下考虑估价对象作为企业资产的一个组成部分的最高最佳使用。

(三) 估价方法的选用

1. 不动产权属发生转移的估价

不动产权属发生转移，在估价时均按照不动产转让方式处理。企业在合资、合作时，一般应根据新设立公司的有关合资、合作协议，以及相应的可行性研究报告，来分析不动产用途是否发生转变。如发生用途转变，则在符合城市规划要求的前提下，分析考察项目的未来发展和经济效益情况，同时综合考虑更新改造的费用成本，采用假设开发法和收益法进行估价；如果继续使用，即不转变用途，则在充分考虑项目的预期发展的可行性前提下，采用市场比较法和成本法进行估价。

破产清算的不动产估价与抵押物处置类似，属于强制处分。由于是出于迅速变现的需要，购买者的选择范围受到限制，其交易情况属非正常的公开市场交易，因此可能实现的市场价值较公平市价低很多，其估价结果可低于公开市场价值。

2. 不动产权属不发生转移的估价

这一类不动产估价主要用于企业联营活动中，确定以不动产作为出资的出资方的分配比例。因此，估价时要充分考虑联营各方协议的具体条件，结合不动产的未来使用方式进行估价。估价方法视具体情况一般可用市场法、成本法和收益法。

十、不动产贷款项目评估

（一）不动产贷款项目评估的概念

不动产贷款项目评估是不动产开发企业在向银行、信托公司、投资基金等金融机构进行融资时，金融机构委托评估咨询机构或自行对借款企业及开发项目进行全面调查、分析、测算、评价的一项贷前评审的专业服务活动。一般均形成书面报告的形式，作为贷款评审的重要依据。有时也受不动产开发企业委托做项目评估，为其投资项目的决策进行科学论证。

（二）不动产贷款项目评估的特点

1. 综合性

不动产贷款项目评估是一项综合性很强的业务。它与对某一不动产的价值（价格）评估不同，评估的内容、涉及领域、对象、角度都复杂得多，涵盖方方面面的内容。针对每宗不动产项目其状态上有土地、在建工程、存量房；用途有住宅、办公楼、公寓、别墅、商场以及娱乐用房等。因此，不动产贷款项目评估是全面、综合、动态的系统分析过程，从而需要评估人员具有较宽的知识结构和专业素质，大部分业务需多种专业人士配合作业。

2. 科学性

由于不动产贷款项目评估是作为决定发放贷款或投资决策的依据。评估的科学性尤其重要。进行项目评估时，应采用科学的方法和手段、定性与定量分析相结合。注重数据采纳的客观性，有依据性。

3. 专业性

不动产贷款项目评估涉及广阔的领域，有社会、人文、环境、区域发展、法律规划、建筑、施工、金融财务、市场营销等诸多专业领域。各项内容均须进行专业化的评估分析，采用符合所涉及专业的相关规定、专业特征、内在规律和程序的方法进行评估。

4. 特殊性

不动产项目与工业、交通运输等其他投资项目不同，具有其自身的特性，如作为销售经营的不动产项目，其测算的投资回收期相对较短，根据项目大小，其投资回收期在 1~3 年；不动产的经营方式多样化：可售、可租或混合经营等。从而增加了不动产贷款项目评估的复杂性。

（三）不动产贷款项目评估的内容

不动产贷款项目评估的内容主要包括对企业的资信评估、开发项目合理性的评估、市场分析、财务及经济效益评估、不确定性分析、风险评估、结论等几大部分。具体来讲有：借款企业资信评估；项目概况评估；市场分析；项目投资估算及资金来源、筹措评估；项目进度与资金运用评估；项目财务效益评估、指标计算及分析；不确定性分析；贷款风险评估；结论与建议等 9 部分内容。

一般在报告开头作报告的摘要。摘要应将各章内容浓缩，主要的数据、指标、结论、依据应尽量摘录。报告的最后应附各种财务分析表格和相关资料、批件的复印件及地理位置示意图、项目现状的现场照片。

　　报告的撰写方面，力争文字简洁、准确、通俗，叙述全面、清楚。定性分析与定量分析结合运用，尽量采用数字、图表表述。注意数字来源的客观性、有依据性。

第二节　综合用地评估

一、综合用地概念与特点

　　综合用地是伴随城市经济发展和土地利用集约化程度的提高而产生的新的用地类型，它体现了土地用途由一元向多元、由平面向立体空间发展的趋势。综合用地是指由居住用地，工业用地，教育、科技、文化、体育、卫生用地，商业、旅游业、娱乐业用地这四类用地类型中任何两种以上用途的综合。这种综合包含三种类型：第一种是宗地上某一幢建筑物在楼层空间上多种用途的综合，常见的如"底商+住宅"、"底商+办公"，这种综合可以称为立体型综合，小城镇和经济发展水平一般的城市中较多见；第二种是指一宗地内多幢不同用途建筑物的综合，常见的如商品房开发中，一宗地（一宗项目）内既有门面房等商业用房，又有住宅楼，还有其他如车库、社区服务中心等辅助配套设施，这种综合可以称为平面型综合；第三种是由平面型综合和立体型综合复合而成的混合型综合用地（杜彬等，2005）。

　　综合用地不同于单一用途的土地，而是几种用途的综合，因此综合用地的价格是复合价格，价格的评估远比单一用途的宗地价格评估复杂和困难。这种综合用地价格不可能用单一的如商业或住宅用地的地价来反映，而必须在客观地分析商住综合用地收益实现的途径和特征的基础上，针对综合用地不同的类型，运用综合的方法来评估。

二、综合用地的评估原理和技术路线

（一）原理

　　综合用地的价格评估原理是空间价值理论。空间价值理论是传统的城市地租地价理论的一个补充。传统的城市地租地价理论是建立在土地平面利用的价值观上，研究不同平面位置的地租地价的分布规律，解释不同平面位置的土地用途确定问题，它是一种只有位置差别的各等级地价分布和土地用途分布的模式。但是，随着城市土地集约利用程度的提高，土地利用形态发生了变化，逐渐发展为立体利用的价值观，产生了空间地价理论。这是因为房屋位置不仅包括平面区域位置，而且也包括垂直空间位置，两者都对建筑地段地租地价的形成产生影响。房屋垂直空间位置不同，各层空间在可及性、视野、景观、采光、安全性等方面是各不相同的，其空间使用价值也不一样，体现的房屋价格（隐含着地价）出现较大的差异。

（二）技术路线

　　从评估的实践层面上来看，剩余法、收益还原法、市场比较法和基准地价系数修正法均可用于评估综合用地。由于评估思路和方法的差异，不同的方法有不同的特点和应用范围。市场比较法适用于当地房地产交易市场交易比较活跃、秩序良好、并在近期内有类似交易案例发生的情况。在综合用地交易案例较少且各宗地个体情况差异较大、相邻地区较难找到同类型比较案例的情况下，市场比较法实际操作较困难，测算结果可信度一般。运用市场比较法评估的过程中比较案例的选择及相关因素的修正对评估结果影响较大。收益还原法仅适用于有收益的综合用地的评估，其关键是收益和还原利率的确定；剩余法适用范围较广，如无特别情况基本均可使用，其难点在于未来不动产价格各种成本费用的计算。收益还原法和剩余法评估都需收集大量数据，而且数据的准确性对价格影响很大，所以完成项目花费精力较大。基准地价系数修正法适用于有城镇基准地价资料地区的综合用地评估。目前，全国98%以上城市均制定颁布了基准地价，由于基准地价系数修正法评估简单快捷，因此也成为各评估机构常用的评估方法之一。运用基准地价系数修正法的关键在于对基准地价的叠值修正。

剩余法、收益还原法、市场比较法在以前的章节已经详细介绍过，因此在此重点介绍一下运用基准地价系数修正法评估的主要思路。依据不同的修正方法，基准地价系数修正法又可分为空间分配法和加价法。应用空间分配法，首先假设宗地为某种单一用途用地，用该用途基准地价测算出宗地单价，然后测算出空间分配系数（即地价楼层分配率或面积分摊系数），用空间分配系数测算出实际综合用地中该用途部分分摊的地价；用同样方法测算出其他用途部分分摊的地价，将各用途地价相加即综合用地总地价，然后可以求出单位地价，评估中的重点是地价空间分配系数的测算。加价法首先把全部土地看成售价最低的某单一用途土地的价格，如商住综合用地住宅用地价格，然后加上由其他用途导致的价差。

三、综合用地评估的基本方法

（一）剩余法

剩余法是假定在最有效使用前提下按城市规划要求开发并按市场正常价销售，从开发价中扣除成本、税收等费用后剩余出地价的一种估价方法，因此对路段两侧综合用地评估来说是很适合的一种估价方法（陆丽珍，2002）。剩余法的评估公式为

总地价＝开发价－总建筑费－专业费－利息－利润－税收－租售费用

评估过程如下。

1. 按最有效使用原则确定其立体利用方式

即按城市规划要求和地块具体状况，确定其容积率、楼层数及商业和住宅立体利用空间格局。

2. 预测确定总开发价

总开发价计算公式如下：

$$总开发价 = (P_{商售} \times S_{商建} + P_{住售} \times S_{住建}) \times \frac{1}{(1+r)^{t+T+0.5t'}}$$

3. 计算总建筑费

总建筑费计算公式如下：

$$总建筑费 = S_{建} \times P_{建} \times \sum_{j=1}^{T} \frac{R_j}{(1+r)^{j+t-0.5}}$$

4. 计算总专业

设专业费用率为 i，则有

$$\text{总专业费} = \text{总建筑费} \times i = i \times S_\text{建} \times P_\text{建} \times \sum_{j=1}^{T} \frac{R_j}{(1+r)^{j+t-0.5}}$$

5. 计算投资成本利息

因按动态方式计算，故利息为 0。

6. 计算投资成本利润

利润计算公式如下：

$$\text{利润} = (\text{总地价} + \text{总建筑费} + \text{总专业费}) \times \text{利润率}$$

$$= m \times \text{总地价} + m \times (1+i) \times S_\text{建} \times P_\text{建} \times \sum_{j=1}^{T} \frac{R_j}{(1+r)^{j+t-0.5}}$$

7. 计算税收

税收计算公式如下：

$$\text{税收} = \text{销售税} = \text{总开发价} \times w$$

8. 计算租售费用

租售费用计算公式如下：

$$\text{租售费用} = \text{总开发价} \times y$$

代入剩余法公式计算，得到综合用地单位地价计算公式为

$$P_\text{地} = \frac{P_\text{商售}}{S_\text{商建} \times P_\text{住售} + S_\text{住建}}$$

以上各公式中的符号含义：$P_\text{商售}$ 为商业平均单位建筑面积售价（元/m²）；i 为专业费用率（%）；$S_\text{商建}$ 为商业建筑总面积（m²）；r 为年利息率（%）；$P_\text{住售}$ 为住宅平均单位建筑面积售价（元/m²）；w 为销售税率（%）；$S_\text{住建}$ 为住宅建筑总面积（m²）；t 为从购置土地到开始建造年期（年）；$S_\text{建}$ 为总建筑面积（m²）；T 为建造期（年）；t' 为租售期（年）；$P_\text{建}$ 为单位建筑面积平均造价（元/m²）；m 为利润率（%）；R_j 为第 j 期建筑费专业费投入的百分数（%）；y 为租售费用率（%）；$S_\text{地}$ 为总用地面积（m²）；$P_\text{地}$ 为综合用地单位地价（元/m²）；$r_\text{地}$ 为土地还原率（%）。

（二）收益还原法

收益还原法适用于综合用地中有自营和出租收益性物业地价的评估。收益还原法是将预计的待估土地未来正常年纯收益（地租），以一定的土地还原利率将其统一还原为评估时点后累加，以此估算待估土地的客观合理价格的方法。土地未来地租的资本化是其基本原理。收益还原法的基本公式如下：

$$P = \frac{a}{r\left[1 - \dfrac{1}{(1+r)^m}\right]}$$

式中，P 为有限年期土地收益价格；a 为年土地纯收益；r 为土地还原利率；m 为土地使用年期。年纯收益=年总收益−年总费用支出。对于综合用地中收益性物业用地的地价评估而言，土地年纯收益=房地产年纯收益−房屋年纯收益，其中，房地产年纯收益=房地年总收益−维修费+教育附加+保险费+税金+城市维护建筑税+管理费+堤防工程修建维护管理费+房屋拆旧费，房屋纯收益=房屋现值×房屋还原利率。

评估的具体步骤如下。

1. 计算各类年收益

年收益包括合理使用不动产过程中持续而稳定获得的正常年收入，包括租金收入、保证金和押金的利息收入等。

2. 确定各类收益中物业（房地产）自身收益

计算收益中属于物业部分的收益。

3. 计算建筑物折旧费

建筑物折旧费计算公式如下：

$$建筑物折旧费 = 建筑物重置全价 \times （1-建筑物残值率）/ 建筑物耐用年限$$

4. 计算房屋设备折旧费

房屋设备折旧费计算公式如下：

$$房屋设备折旧费 = 房屋设备重置全价 \times （1-房屋设备残值率）/ 房屋设备使用年限$$

5. 计算年维修费

年维修费计算公式如下：

$$年维修费 = 建筑物及房屋设备折旧费 \times 年维修费率$$

6. 计算建筑物保险费

建筑物保险费计算公式如下：

$$建筑物保险费 = 建筑物重置全价 \times 建筑物保险费率$$

7. 计算房屋及设备险费

房屋及设备险费计算公式如下：

$$房屋及设备险费 = 房屋设备重置全价 \times 房屋及设备险费率$$

8. 计算土地使用费（税）

土地使用费计算公式如下：

$$土地使用费（税）= 每平方米土地使用费（税）\times 土地总面积$$

9. 计算出租房产税

出租房产税计算公式如下：

$$出租房产税 = 租金收入 \times 房产税率$$

10. 计算自营房产税

自营房产税计算公式如下：

$$自营房产税 = 建筑物重置全价 \times 自营部分房产 \times 0.8 \times 自用房产税率$$

11. 计算营业税及附加

营业税及附加计算公式如下：

$$营业税及附加 = 租金收入 \times 营业税及附加税率$$

12. 计算年房屋纯收益

年房屋纯收益和房屋现值的计算公式如下：

$$年房屋纯收益 = 房屋现值 \times 建筑物还原利率$$

$$房屋现值 = 重置价 \times 成新度$$

13. 计算土地纯收益

年土地纯收益计算公式如下：

$$年土地纯收益 = 年房地总收益 - 房屋纯收益$$

14. 计算估价对象价格

运用公式计算对象价格。

（三）市场比较法

市场比较法是最常用、最能反映房地产估价的价值标准的方法，其实质就是房地产估价过程的实质。运用市场比较法评估综合用地地价，选择比较案例时应特别注意被选案例与待估宗地用途构成、空间分布的一致性。运用市场比较法估价的操作思路如下。

1. 搜集交易实例

运用市场比较法估价，应准确搜集大量交易实例，掌握正常市场价格行情。这个环节我们往往通过平时调查、看报等采集积累得到不同地段、不同用途、不同时点的房地产信息。搜集交易实例应包括下列内容：交易双方情况及交易目的、交易实例房地产状况、成交价格、成交日期、付款方式、其他一些附加说明（图片资料）。

2. 选取可比实例

根据估价对象状况和估价目的，应从搜集的交易实例中选取三个以上的可比实例。选取的可比实例应符合下列要求：与估价对象类似的房地产；成交日期与估价时点相近，不能超过一年；成交价格为正常价格或可修正为正常价格。

3. 建立价格可比基础

运用市场比较法进行评估的过程中，在选取可比实例之后，应对可比实例的成交价格进行换算处理，建立价格可比基础，统一其表达方式和内涵。换算处理应包括下列内容：统一付款方式，应统一为在成交日期时一次总付清；统一采用单价，常采用建筑面积单价为多；统一币种和货币单位，不同市种之间的换算，应按中国人民银行公布的成交日期时的市场汇率中间价计算；统一面积内涵和面积单位。

4. 进行交易情况修正

由于不同的交易案例都有其与众不同的地方，其实际价值必然有差异，所以我们有必要进行交易情况修正，排除交易行为中的特殊因素所造成的可比实例成交价格偏差，将可比实例的成交价格调整为正常价格。一般来说，有下列情形之一的交易实例不宜选为可比实例：一是有利害关系人之间的交易；二是急于出售或购买情况下的交易；三是受债权债务关系影响的交易；四是交易双方或一方对市场行情缺乏了解的交易；五是交易双方或一方有特别动机或特别偏好的交易；六是相邻房地产的合并交易；七是特殊方式的交易；八是交易税费非正常负担的交易；九是其他非正常的交易。

5. 进行交易日期修正

我们评估的是在估价时点上的房地产市场公允价值。故在交易情况修正之后，还必须进行交易日期修正，将可比实例在其成交日期时的价格调整为估价时点的价格。交易日期修正可直接采用类似房地产的价格变动率或指数进行调整。在无类似房地产的价格变动率或指数的情况下，可根据当地房地产价格的变动情况和趋势做出判断，给予调整。

6. 进行区域因素修正

进行区域因素修正，应将可比实例在其外部环境状况下的价格调整为估价对象外部环境状况下的价格。区域因素修正的内容主要应包括：繁华程度，交通便捷程度（如距离飞机场、火车站、汽车站、码头等交通出入门户的远近，公交状况，其他交通状况等），环境、景观、公共配套设施完备程度，城市规划限制等影响房地产价格的因素。

进行区域因素修正时，应根据估价对象的不同用途进行确定，将可比实例与估价对象的区域因素逐项进行比较，找出由区域因素优劣造成的价格差异进行逐项调整。通过以上修正，我们对估价对象所在区域房地产发展状况便有了更准确地把握。

7. 进行个别因素修正

个别因素是同一区域不同房地产之间的差异比较。进行个别因素修正，应将可比实例在其个体状况下的价格调整为估价对象个体状况下的价格。

有关土地方面的个别因素修正的内容主要应包括：面积大小，形状，临路状况，基础设施完备程度，土地平整程度，地势、地质和水文状况，规划管制条件，土地使用权年限。有关建筑物方面的个别因素修正的主要内容应包括：成新度、装修状况、设施设备配置、平面布置、工程质量、建筑结构、楼层、朝向。

在具体的评估实战中，我们对上述交易情况、交易日期、区域因素和个别因素的各项进行综合修正时，视具体情况可采用百分率法、差额法或回归分析法。同时，上述交易情况、交易日期、区域因素和个别因素的每项修正对可比实例成交价格的调整都不得超过20%，综合调整不得超过30%。

8. 求出比准价格

通过对上述选取的多个可比实例的价格进行各种修正之后，应根据具体情况计算求出一个综合结果，作为比准价格。

（四）基准地价系数修正法

基准地价系数修正法是我国土地估价的方法之一，通过利用城镇基准地价和基准地价修正体系，按照替代原则，将待估宗地的区域条件和个别条件等与其所处区域的平均条件相比较，并对照修正系数表选取相应的修正系数对基准地价进行修正，从而计算出待估宗地在评估基准日价格的方法。这种方法能够直接利用城市中已有的分类基准地价，根据具体地块的各项条件进行系数修正，最终评估得出地价，因此十分简便并易于操作。

综合用地价格评估的关键是正确把握同一建筑物中各不同利用部分的权重及各部分之间的相互作用。综合用地价格评估不能简单等于各不同利用部分所分摊的土地价值之和。综合利用的土地价值可能大于或小于各不同利用部分所分摊土地价值之和。所以应用基准地价修正法评估综合用地应根据综合用地的不同类型和价值构成特点分别进行评估。

1. 立体综合用地的评估

1）空间分配法

空间分配评估法包括地价楼层分配法和面积分摊法两种具体算法。根据采用的空间分配系数的不同，测算方法可分为基准地价结合地价楼层分配率和基准地价结合面积分摊系数两种，评估时应根据掌握数据的情况选用相应的方法。以商住综合用地为例，地价测算的基本计算公式为

综合用地总价＝商业用途部分总价+住宅用途部分总价

　　　　　　　＝基准地价系数修正法测算的商业用地单价×总土地面积×商业用途部分地价空间分配系数+基准地价系数修正法测算的住宅用地单价×总土地面积×住宅用途部分地价空间分配系数

a. 楼层分配法

空间分配评估法中空间分配系数的测算是应用基准地评估综合用地地价的核心。地价楼

层分配率测算的理论基础分别有土地贡献学说、建筑物贡献学说和联合贡献学说三类。土地贡献学说认为每层楼的建筑造价大致相同，而每层楼售价不同的主要原因在于土地立体效用（立体区位）不同；建筑物贡献学说认为整幢大楼的使用收益来自建筑物而非土地，因此立体效用差异的产生也单由建筑物导致；联合贡献学说认为上述二种学说均言之有理。由于采用建筑物贡献学说测算地价楼层分配率的理论依据不充分，因此多采用其他两种学说作为理论基础来测算。

（1）基于土地贡献学说的地价楼层分配率测算。根据土地贡献学说，各楼层间价格水平差异主要来源于各楼层的地价分配差异。因此，测算出各楼层的地价即可测算出地价楼层分配率。在房地产开发经营中房价已知，建筑造价、利息利润、相关费用都是可以获得的数据，因此采用剩余法即可测算出地价楼层分配率。具体的测算公式如下：

楼层地价（p_i）= 楼层不动产总价 −（楼层建筑造价+楼层销售费用+楼层利息+楼层利润+楼层其他费用）

楼层地价分配率（t_i）= 楼层地价（p_i）/各楼层地价总和（$\sum p_i$）×100%

（2）基于联合贡献学说的地价楼层分配率测算。根据联合贡献学说，在楼层不动产价格差异（即楼层效用比）中扣除建筑成本的楼层分配差异（即建筑物楼层效用比），就可以得到纯土地的楼层分配差异（即地价楼层效用比），将楼层分配差异按100%折算即地价楼层分配率。这种测算地价楼层分配率的方法在我国台湾使用比较广泛，测算前同样需要调查收集大量分层出售、出租样点地价资料，具体的测算原理可用如下公式表示：

楼层效用比=建筑物楼层效用比+地价楼层效用比

b. 面积分摊法

面积分摊法即以地面地价为基础，在容积率等修正系数的控制下，求出不同类型用地的单价，再按一定原则分摊土地利用面积，以不同类型的土地单价乘以相应分摊的土地面积，加和求得总地价。其公式表现为（以商住楼为例）

土地总价=商业用地总价+住宅用地总价

　　　　=修正后的商业用地单价×商业分摊土地面积+修正后的住宅用地单价×住宅分摊土地面积

其中面积分摊的原则为：①不同用途的建筑造价和房地产市场销售价格相差不大时，按照各种用途建筑面积占建筑总面积的比例来进行分摊；②当不同用途的建筑造价相差不大，而房地产市场销售价格相差较大时，可以按照各种用途房地产的市场价值占整个建筑的总市场价值的比例来进行分摊；③当不同用途的建筑造价相差较大，而房地产市场销售价格相差也较大时，以剩余法分别计算出土地价格后进行分摊。

2）加价法

加价法是一种在分析住宅用地基准地价、商业用地路线价和商住综合用地路线价之间的关系地价的基础上得出"每米加价模型"，然后用模型进行评估的估价方法（徐一萍等，2000）。加价模型如下：

$$P_3 = \left[P_1 \times \frac{1 - \dfrac{1}{(1+r_d)^{n_3}}}{1 - \dfrac{1}{(1+r_d)^{n_1}}} \times K_1 \times K_2 - P_2 \times \frac{1 - \dfrac{1}{(1+r_d)^{n_3}}}{1 - \dfrac{1}{(1+r_d)^{n_2}}} \right] \times L$$

其中，P_1 为商业用地的路线价（容积率为 R_1、建筑密度为 D_1、使用年限为 n_1 年）；P_2 为住宅用地级别（容积率为 R_2、建筑密度为 D_2、使用年限为 n_2 年）；P_3 为商住综合用地的每米平均加价（容积率为 R_3、建筑密度为 D_3、使用年限为 n_3 年）；K_1 为建筑密度的平均修正系数（D_1 修正至 D_2）；K_2 为容积率的平均修正系数（R_1 修正至 R_2）；r_d 为土地的还原利率；L 为影响商业街面房的宗地平均深度。

利用"每米加价"评估"商住综合待估宗地"的步骤如下。

假设要评估某一宗地在容积率为 R、建筑密度为 D、实际剩余使用年限为 n 年条件下的土地单价和土地总价，那么利用每米加价评估时可采用以下的步骤和计算公式。

（1）根据住宅级别价及其修正体系先评估出待估宗地在容积率为 R_2、建筑密度为 D_2、使用年限为 n_3 条件下的住宅用地单价，设为 Q_1。

（2）根据待估宗地在某一路段的繁华度、影响商业用地地价的各种因素以及待估宗地的实际情况确定待估宗地作为商住综合用地的每米加价，设为 Q_2。

（3）设待估宗地作为商住综合用地在容积率为 R_2，建筑密度为 D_2，使用年限为 n_3 条件下的土地总价为 X，待估宗地土地面积为 S，待估宗地临街宽度为 W，则计算公式为

$$X = Q_1 \times S + Q_2 \times W$$

（4）设待估宗地作为商住综合用地在容积率为 R、建筑密度为 D、实际剩余作用年限为 n 年条件下的土地总价为 Y，则计算公式为

$$Y = X \times \frac{1 - \dfrac{1}{(1 + r_d)^n}}{1 - \dfrac{1}{(1 + r_d)^{n_3}}} \times K'_1 \times K'_2$$

式中，K 为建筑密度的修正系数（D_2 修正至 D）；K_1 为容积率的修正系数（R_2 修正至 R）。K_1 和 K_2 的取值可参照商业路线价修正体系中有关建筑密度和容积率的修正系数。

（5）设待估宗地作为商住综合用地在容积率为 R、建筑密度为 D、实际剩余使用年限为 n 年条件下的土地单位为 Z 则计算公式为 $Z = Y/S$。

2. 平面综合型用地评估

平面综合型用地是指既有门面房等商业用房，又有住宅楼，还有其他如车库、社区服务中心等辅助配套设施的宗地，一般具有块面积较大、用途区分明显的特点。平面综合型用地的评估主要运用分算法。具体方法是：按照该宗地块内不同用途的分摊土地面积分别评估出商业、住宅等用地在法定出让年限下的价格（齐鹏和张林楠，2004）。

某政府准备出让一宗国有土地使用权，有效面积为 20 000m²。根据规划设计条件，该宗地用途为 R_2、C_2（二类居住和二类商业用地），容积率≤1.5，建筑层数≤12，建筑高度≤36，绿地率 ≥35%。其中，商业建筑面积为 4500m²。该区域商业用地基准地价为 900 元/m²，居住用地基准地价 600 元/m²。计算过程如下。

（1）计算商业用地和居住用地的分摊面积。根据最有效使用原则，估价设定该宗地规划容积率为 1.5。

总建筑面积＝20 000×1.5＝30 000（m²）

商业用地分摊土地面积＝（4500/30 000）×20 000＝3000（m²）

居住用地分摊土地面积＝［（30 000−4500）/30 000］×20 000＝17 000（m²）

（2）计算商业用地和居住用地的地价。假设区域个别因素、期日、开发程度修正系数均为1，商业用地出让年限为 40 年、居住用地为 70 年，一年期修正系数也为1。当容积率

为 1.5 时，商业用地容积率修正系数为 1.3，居住用地容积率修正系数为 1.1。

商业用地总价=900×1.3×3000=351（万元）

居住用地总价=600×1.1×17 000=1122（万元）

（3）估价结果。

商业用地分摊土地面积：3000m²，土地总价：351 万元；

居住用地分摊土地面积：17 000m²，土地总价：1122 万元；

土地有效面积：20 000m²，土地总价：1473 万元，土地单价：736.5 元/m²。

3. 混合型综合用地评估

混合型综合用地是指地块内既有商业楼房，又有住宅楼、车库等配套设施还有商住综合楼的一种用地，其根本上是由平面型综合和立体型综合复合而成的。因此，混合型综合用地可以分别使用立体型和平面型综合用地的技术路线评估，然后求和得出地价。而立体型和平面综合型综合用地的评估上文已有详细的论述，故混合型综合用地评估的具体步骤在此不再赘述。

第三节　负有他项权不动产的估价

不动产他项权的评估主要是指设有抵押权、租赁权、地役权等的不动产评估。随着我国不动产市场的日渐活跃，不动产的利用方式和关系也日趋复杂化，为了适应各种经济活动的需要，越来越多地设有他项权的不动产进入市场。另外不动产价格是不动产权益的货币表现，其大小因所获权利的种类而异，因此正确评估不动产他项权的价格非常必要。设有他项权不动产的评估思路是：设有他项权不动产价格＝正常情况下不动产价格±设有他项权产生的增值或贬值。本节主要讨论负有抵押权、租赁权和地役权等他项权的不动产评估。

一、负有抵押权不动产的估价

负有不动产抵押权的评估分为两种情况：一是为设定抵押权的不动产评估，包括在建项目和已建项目；二是已负有抵押权的不动产评估。两者的市场条件不同，其评估考虑的因素也不同。在进行不动产抵押评估之前，必须对抵押评估的不动产进行资料的收集和确认。

（一）不动产抵押评估的资料收集

在建不动产抵押评估的资料收集如下。

（1）抵押人的身份证明材料（外商投资企业批准证书、企业法人营业执照、房地产开发企业资质证书，如系自然人须提供身份证件）；

（2）土地使用权证或土地使用权出让（或转让）合同（或临时使用权证）；

（3）建设用地许可证；

（4）建设工程规划许可证；

（5）施工总承包合同；

（6）商品房预售合同（或其他合法转让凭据）；

（7）商品房销售合同；

（8）房地产管理局出具的房地产权证或正在办理之中的有效证明；

（9）建设项目立项批准文件；

（10）建设用地规划许可证；

（11）商品房预售许可证；

（12）商品房销售许可证；

（13）质监验收合格证明（或分部工程质监验收合格证明）；

（14）抵押物所在区域规划情况；

（15）抵押物总体位置图、总平面图，主要的平、立、剖面图及建筑、结构、水、风、强弱电等设计说明、材料表等；

（16）抵押物开竣工日期，施工进度安排及实际进度；

（17）抵押物预（销）售价格、成交价格情况、销售计划及资料；

（18）抵押物市政配套情况及到位状况；

（19）抵押物清单；

（20）建设抵押物的主要支付凭证。

已建不动产抵押评估的资料收集如下。

（1）抵押人的身份证明材料（外商投资企业批准证书、企业法人营业执照、房地产开发企业资质证书，如系自然人须提供身份证件）；

（2）房地产权证（房屋所有权证和土地使用权证）或房地产管理局出具的房地产权证或正在办理之中的有效证明；

（3）住宅交付（入住）许可证或竣工验收合格记录；

（4）抵押物所在区域规划情况，抵押物总体位置图、总平面图，主要的平、立、削面图及建筑、结构、水、风、强弱电等设计说明、材料表等；

（5）抵押物成交价格；

（6）抵押物市政配套情况及到位状况；

（7）抵押物清单；

（8）购买抵押物发票等主要支付凭证；

（9）抵押物质量状况证明材料。

（二）设定抵押权不动产的评估

1. 设立抵押权条件

随着不动产金融业务的迅速发展，不动产抵押贷款业务已悄然兴起，它的开展离不开对抵押房地产的估价。不动产要设立抵押权首先应满足以下条件：一是抵押人合法拥有国家法律允许转让的房屋及其他建筑的所有权、土地使用权和其他不动产权利；二是抵押的不动产应符合易于变卖、处分渠道畅通、物权明确，属国有资产的不动产作抵押时需经国有资产管理部门认可；三是凡股份制企业、合资合营企业或承包经营企业需经企业董事会或发包人审议批准；四是凡以共有不动产作抵押时需经全体共有人书面同意并履行必要手续。抵押不动产必须进行抵押登记、保险，用作抵押贷款时应保证抵押贷款的抵押权人为第一抵押受益人。

下列不动产不得抵押：

（1）权属有争议的不动产；

（2）用于教育、医疗、市政等公共福利事业的不动产；

（3）列入文物保护的建筑物和有重要纪念意义的建筑物；

（4）已依法公告列入拆迁范围的不动产；

（5）被依法查封、扣押、监管，或者以其他形式限制的不动产。

2. 设定不动产抵押权价格的评估方法

不动产抵押价值评估，应采用公开市场价值标准，可参照设定抵押权时的类似不动产正常的市场价格进行，但应在估价报告中说明未来市场变化风险和短期强制处分等因素。

抵押贷款价值指评估人员在评估时点，综合考虑资产的内在持续发展因素、正常的本区域的市场状况、当前用途和可选择的其他适宜用途基础上，对抵押资产的未来出售情况进行谨慎评估得出的资产价值。该价值衡量抵押资产在未来整个贷款期间预期出售时可实现的价值，其相对较为恒定，不受临时性因素如短期经济或市场波动和投机性因素的影响。抵押贷款价值主要应用在商业银行内部信贷决策或风险管理上，提供一个长期的可持续的资产价值上限。而目前资产评估是在一系列假设前提条件下，对评估时点的市场条件和资产状况价值的认定。从这个意义上讲，抵押贷款价值评估与当前使用的评估方法存有不同。主要表现在以下几方面。

（1）评估方法选择。抵押贷款价值重点考虑资产本身长期不变且可持续发展的特征和因素，剔除或消除短期市场波动对价格的影响，更重视自身未来收益特性。因此，其方法首选收益法，侧重通过对抵押资产未来收益现金流的计算得出其对银行债权的保障程度。当因为数据获取困难等无法采用收益法时，应秉持谨慎性原则，采用成本法评估。最后可选择市场法，但由于可比案例较少，往往很少采用该方法。当前对抵押资产价值的评估，无论采用收益法、成本法还是市场法，其本质上都是要确定估价对象的公开市场价值。

（2）评估参数选取。即使评估方法选择相同，具体参数的选取也存有很大不同。方法乃至参数的选取服务于评估目的，服从于价值类型的选择。如对收益法，抵押价值评估重点考虑自身收益特性，受市场或同类型物业影响相对较小，其衡量不动产相对稳定收益时，主要考虑当前承租人的专业水平和经验、资产物理特性、目前用途和当前市场价格水平等。

（3）评估结果处理。抵押贷款价值评估对评估结果的处理更体现出保守或谨慎性原则。对采用市场法或成本法评估出的价值，在必要的情况下须采用合适的折扣率进行调整。

设定不动产抵押价格的评估方法，可先用收益还原法、市场比较法、剩余法、成本逼近法和基准地价系数修正法求取公开市场条件下的不动产正常价格，再对它进行未来市场风险等修正，修正值一般确定在20%左右。依法不得抵押的不动产没有抵押价格。

（三）已负有抵押权的不动产评估

已负有抵押权不动产的评估是指该不动产已经抵押了，在出售时连同抵押债权一块出售。它的评估方法是：先评估正常情况下的不动产价格，再评估债权（还剩余的未还款的贴现），其两者差值即已负有抵押权不动产的价格。

二、负有租赁权不动产的估价

（一）设定租赁权的不动产评估

城镇土地定级估价规程中规定："国有土地租赁权分为土地所有权人设定的租赁权和土

地使用权人设定的租赁权。前者因发生土地转让、场地出租、企业改制和改变土地用途后依法应当有偿使用而设定，并可依法转租、转让或抵押；后者因土地使用权人以租赁方式利用土地而设定，经出租人许可可以转租、转让，但不能抵押。评估计算的租赁年期不得超过同类土地使用权出让的法定最高年期"。

所有权人设定的土地租赁权价格，可用收益还原法、市场比较法、成本逼近法、剩余法和基准地价系数修正法评估。土地使用权人设定的土地租赁权价格，以公开市场原则下双方签订的租赁契约租金中的土地纯租金为依据评估，以房屋租赁为形式的土地租赁应从房屋租金中分离出土地纯租金。

（二）设有租赁权的不动产评估

如果已设定租赁权的不动产需要转让，而同时所设定的租赁权又无法解除，就需要对设有租赁权的不动产进行评估。评估时主要考虑以下因素：①租赁权的长短；②正常情况下的市场租金；③设定租赁权的租金。其评估该种不动产收益价格的确定方法有两种：①正常情况下的收益价格减去设有租约减少的收益价格；②设有租约的收益价格加上租约到期后的收益价格。

三、负有地役权不动产的估价

（一）地役权的概念

地役权是为自己土地利用的需要，而对他人土地加以支配的权利。目前我国不动产地役权大致包括：通行权、通过权、流水权、通风权、采光权、取水权、眺望权等。其中通风权、采光权和眺望权在确定土地纯收益或进行个别因素修正时已经加以考虑，在不动产评估工作中经常涉及、需要单独考虑的地役权有通行权和通过权。

通行权即需役地在供役地上通行的权利。通过权是需役地将某些管线设施通过供役地的地表、上空或地下的权利，如管道通过权、架线通过权。对地役权价格评估主要是为了确定需役地使用权人对供役地使用权人承受地役权的经济补偿及因设定地役权而对供役地和需役地使用权价格的影响。

（二）地役权的评估

地役权价格在理论上等于需役地因设定地役权而导致地产增值的部分，实际评估中道路通行权和管线通过权的评估方法有两种：一是用需役地因设定地役权而致地产增值为部分评估；二是可用供役地因设定地役权而减少的土地价值部分，加上因设定地役权而致减价的市场修正值来评估。当通行的道路为需役地和供役地使用权人共同使用时，道路通行权价格＝（因设定地役权而减少的土地价值+设定地役权的市场修正）×需役地使用权人使用道路强度（权重）。

需役地价格评估必须与设定的地役权一同评估。地役权的设定，使需役地的利用成为可能，其土地效益才能实现。但设定地役权对土地利用带来的影响程度要用专家经验判断，如地下管道的通过，有可能对供役地作建筑基地没有影响，也有可能使其完全失去建筑基地功能。

四、负有他项权不动产的估价方法的应用

(一) 不动产抵押权的评估案例

甲评估公司受乙公司委托，对其拥有的某在建房地产进行评估，估价目的为抵押。该房地产占地面积为 3500 m²，总建筑面积为 7200 m²，2009 年 1 月取得 70 年土地使用权，预计总投资额为 3000 万元，计划 2012 年 1 月交付使用，2010 年 6 月已完成投资量的 60%，主体已封顶，现将其抵押贷款，贷款利率为 6.5%，问 2010 年 6 月 30 日抵押价为多少？

该案例是在建工程抵押评估，其评估思路有两种。

思路一，先评估该房地产建好后的总价值（未来价值），再评估尚需投入的资金量，两者之差作为抵押价；思路二，根据成本法计算已投入的资金额，再按市场情况修正，修正后的价格作为抵押贷款的依据。

思路一计算过程：

根据调查和有关部门预测，目前同一供需圈的同类档次的房地产平均售价为 5000 元/m²，平均利润率为 20%，未来两年房地产市场将以年均 2% 的价格递增，建材市场价格平稳，劳动力市场也不会有大的变化，通货膨胀率保持在较低水平，并且预计该区域的房地产销售情况会很乐观。

未来两年房地产市场将以年均 2% 的价格递增，但考虑利息等成本，房地产总价就用现在市场价格，还需的投入按总投入的 40% 计，则

抵押价 = 总价 - 需投入价

　　　　= 5000×7200 - 30 000 000×40% / (1+0.065) (1.5/2)

　　　　= 36 000 000 - 11 446 403

　　　　= 24 553 597 （元）

思路二计算过程：

已投入成本 = 取得土地的费用 + 已建建筑物的费用 + 正常利税

按各种费用计算 2010 年已完成投资量的 60%（含各项税费），取平均利润率 20% 作为投资利润率。

　　　　　　已投入成本 = 30 000 000×60% = 18 000 000 （元）

　　　　　　抵押价 = 30 000 000×60% × (1+20%) = 21 600 000 （元）

　　　　　　取均值 = (24 553 597+21 600 000) /2 = 23 076 798 （元）

则抵押价可取 23 076 798 元。

在目前掌握的这种房地产市场条件下，对银行而言可以考虑的抵押价为 21 600 000 ~ 24 553 597 元。如按 70% 抵押率贷款，则该房地产商可获取的融资额为 16 150 000 元。16 150 000 元的贷款对开发商而言是合理的，对银行而言也没有大的风险。因为 16 150 000 元小于成本价 18 000 000 元，在房地产市场景气上升的条件下，在可以预测的未来对于银行的风险很小。

(二) 不动产租赁权的评估案例

某临街商铺要转让，建筑面积为 500 m²，土地使用年限为 40 年，自 2004 年 1 月 1 日起

计。该商铺现已出租，且签订了长期不能提前解除的租赁合同，租金为每年 1 000 000 元，租期为 10 年，2016 年 12 月 31 日到期。以 2010 年 1 月 1 日评估基准日，基准地价修正法评估出地价为 6 000 000 元。不考虑租用合同，相对评估基准日被估商铺正常情况下的纯收益为 1 200 000 元/年，资本化率为 6%。求该不动产的估价时点的转让价格。

具体评估步骤如下。

（1）不考虑租用合同相对评估基准日不动产的收益价格。

地价：6 000 000（元）

房地产纯收益：12 000 000（元/年）

土地纯收益：6 000 000×6% = 360 000（元）

建筑物纯收益：12 000 000−360 000 = 840 000（元）

建筑物收益价（资本化率 6%，剩余使用年限 35 年）：

$$1\ 200\ 000 \times 14.761\ 05 = 17\ 713\ 264\ （元）$$

不动产价格 = 地价 + 建筑物收益价格 = 6 000 000 + 17 713 264 = 23 713 264（元）

（2）至 2016 年 12 月 31 日，由于纯收益减少带来的资本损失。

纯收益减少资本化：资本化率为 6%，年限为 7 年。

$$100\ 000 \times 10.165\ 47 = 1\ 016\ 547\ （元）$$

（3）该设有租赁权不动产的转让价格：

$$17\ 713\ 264 - 1\ 016\ 547 = 16\ 696\ 717\ （元）$$

（三）不动产他项权评估案例

不动产 A 和不动产 B 都属于一个小区，并且相邻。不动产 A 附有一项对不动产 B 有利的通行权。这项通行权体现在：不动产 A 上有 120m² 的车道不动产 A 和不动产 B 共用。不动产 A 有 15 个车位，不动产 B 有 9 个车位，车道修筑费和保养费依据车位数分摊，求不动产 A 设有对不动产 B 有利的道路通行权的价格。

（1）道路通行权评估的基本思路是：按两宗不动产拥有的车位数之比，理论上，把车道面积可分为两个部分，即不动产 A 的使用面积和不动产 B 的使用面积。不动产 A 设有道路通行权的价格应该是因设定地役权而减少的土地价值，即本应由不动产 B 付出的车道使用面积价格，加上因设定地役权而致减价的市场修正值，最后就可得到不动产 B 需向不动产 A 缴纳的道路通行权费用。

（2）道路通行权价格的评估。

由调查可得设定道路通行权之前，不动产 A 车道的市场价格为 1500 元/m²。

不动产 B 车库应负担的使用面积地价 = 120 m² × （9/24） ×1500 元/m² = 81 000（元）

因设定地役权而致减价的市场修正值：5000 元。

道路通行权的价格 = 81 000 + 5000 − 86 000（元）

第四节　不动产估价报告的撰写

一、编写不动产估价报告的作用和目的

一般来说编写不动产估价报告的目的主要有四个：第一，结束估价委托，向委托方说明

估价工作已经完成；第二，估价报告中的估价结果是双方都最为关心的敏感问题；第三，估价报告中的有关估价结果的情况说明，既限定了估价结果的应用条件，也明确了估价机构和估价人员的责任界限；第四，对估价过程、资料的搜集与分析、方法选择与测算、估价结果的确定等方面加以详细记载，体现估价结果的科学性，增强可信度，并且可以为估价机构的申诉提供依据。

由于估价报告是提供给委托方符合专业标准的评估结论，使委托方及与估价相关的其他各方了解估价工作的过程、依据、测算方法，从而理解估价结果的科学合理性。从这个层面上来说编写估价报告有很大的意义。

一方面，估价报告是提供给委托方符合专业标准的评估结论，使委托方及与估价相关的其他各方了解估价工作的过程、依据、测算方法，从而理解估价结果的科学合理性；另一方面，编制估价报告也是估价机构自身工作的需要（周小萍等，2008）。

二、不动产估价工作的程序

不动产估价工作一般可以分为以下几个过程。

（1）委托立项。

（2）确定估价的基本事项。①估价对象：应包括明确估价对象的物质实体状况和权益状况。②估价目的：应由委托方提出。③估价日期：应根据估价目的确定，采用公历表示，精确到日。④价格类型。⑤价格日期。

（3）拟定估价作业方案。①拟采用的估价技术路线和估价方法。②拟调查搜集的资料及其来源渠道。③预计所需的时间、人力、经费。④拟定作业步骤和作业进度。

（4）搜集估价所需资料。①对房地产价格有普遍影响的资料。②对估价对象所在地区的房地产价格有影响的资料。③相关房地产交易、成本、收益实例资料。④反映估价对象状况的资料。

（5）实地查勘估价对象。估价人员必须到估价对象现场，亲身感受估价对象的位置、周围环境、景观的优劣，查勘估价对象的外观、建筑结构、装修、设备等状况，并对事先收集的有关估价对象的坐落、四至、面积、产权等资料进行核实，同时搜集补充估价所需的其他资料，以及对估价对象及其周围环境或临路状况进行拍照等（朱道林，2007）。

（6）选定估价方法。①基本估价方法：市场比较法、收益还原法、剩余法、成本逼近法；②应用方法：路线价法、基准地价修正法、标准宗地估价法。

（7）确定估价结果。

（8）撰写估价报告。

（9）估价资料归档。

三、不动产估价报告内容

不动产估价报告更多的是房地产估价报告，所以下面以房地产估价报告为例来说明不动产估价报告内容。1999年2月12日由国家质量技术监督局和中华人民共和国建设部联合发布《房地产估价规范》格式，并于1999年6月1日实施。一份完整的房地产估价报告通常由下列8个部分组成：封面、目录、致委托人函、估价师声明、估价的假设和限制条件、估价结果报告、估价技术报告、附件。

（一）封面

封面的内容一般包括下列几项。

1. 标题

这是指估价报告的名称，如"房地产估价报告"。

2. 估价项目名称

封面上的估价项目要写清项目的全称。其中重点要突出估价对象所在的区位及物业名称。如"××市××区××广场×号"为估价对象的区位，"××大厦"为估价对象的物业名称。

3. 委托人

封面上的委托人，只要准确无误地写明其全称即可。如"××大厦酒店有限公司"为委托人的全称。如果是个人委托评估，要写明委托人的姓名。

4. 估价机构

封面上的估价机构，同委托人相对应，准确无误地写明估价机构的全称即可。如"××房地产估价公司"为估价机构的全称。

5. 估价人员

封面上所写的估价人员，主要是指参加本次评估的项目负责人或主要估价师，估价师的证书号。

6. 估价作业日期

封面上的估价作业日期，是指本次估价的起止年月日，即正式接受估价委托的年月日至完成估价报告的年月日。需要注意的是，封面上的估价作业日期要与估价结果报告中的估价作业日期相一致。

7. 估价报告编号

封面上的估价报告编号即本估价报告在本估价机构内的报告编号。将估价报告编号写在封面上便于估价报告的查阅及档案管理。

（二）目录

估价报告目录部分的编写，需要注意与后面的报告内容相匹配，特别是所对应的估价报告的页码要求准确无误。目录中通常按前后次序列出估价报告的各个组成部分的名称、副标题及其对应的页码，以使委托人或估价报告使用者对估价报告的框架和内容有一个总体了解，并容易找到其感兴趣的内容。

（三）致委托人函

致委托人函是正式地将估价报告呈送给委托人的信函，在不遗漏必要事项的基础上应尽量简洁。其内容一般包括下列几项。

1. 致函对象

这是委托人的全称。

2. 致函正文

说明估价对象、估价目的、估价期日、估价结果、估价报告的有效期（是指使用估报告不得超出的时间界限，如到未来某个年月日止，或自估价报告完成或交付之日起多长时间内有效。它不同于估价责任期。如果估价报告在其有效期内得到使用，则估价责任期应是无限的；如果超过了估价报告有效期还未使用，则估价责任期就是估价报告的有效期）。另外，通常说明随此函附交一份估价报告。

3. 致函落款

为估价机构的全称，加盖估价机构公章，并由法定代表人或估价师签名、盖章。

4. 致函日期

这是指致函时的年月日。

（四）估价师声明

在估价报告中应包含一份由估价师签名、盖章的声明，它告知委托人和估价报告使用者，估价师是以客观无偏见的方式进行估价的，同时对签名的估价师也是一种警示。估价师声明通常包括下列内容。

（1）估价报告中估价人员陈述的事实是真实的和准确的。

（2）估价报告中的分析、意见和结论是估价人员自己公正的专业分析、意见和结论，但受估价报告中已说明的假设和限制条件的限制和影响。

（3）估价人员与估价对象没有（或有，已载明的）利害关系，也与有关当事人没有（或有，已载明的）个人利害关系或偏见。

（4）估价人员是依照中华人民共和国国家标准《房地产估价规范》进行分析，形成意见和结论，撰写估价报告。

（5）估价人员已（或没有）对估价对象进行了实地查勘，并应列出对估价对象进行了实地查勘的估价人员的姓名。

（6）没有人对估价报告提供了重要的专业帮助（若有例外，应说明提供重要专业帮助者的姓名、专业背景及其提供的重要专业帮助的内容）。

（7）其他需要说明的事项。参与本次估价的注册房地产估价师签名、盖章。

（五）估价的假设和限制条件

估价的假设和限制条件是说明估价的假设前提、未经调查确认或无法调查确认的资料数据、在估价中未考虑的因素和一些特殊处理及其可能的影响、估价报告使用的限制条件等。例如，说明没有对估价对象进行面积测算，或者说明有关估价对象的资料来源被认为是可靠的（而实际上估价人员未去查证）。

在估价报告中陈述估价的假设和限制条件，一方面是保护估价人员；另一方面是告知、保护委托人和估价报告使用者，提醒他们在使用估价报告时注意。

（六）估价结果报告

估价结果报告需要说明下列内容。

1. 标题

估价结果报告的标题要表述完整。即要写明是关于哪个估价项目的估价结果报告。由于估价结果报告是估价机构提供给委托人的"估价产品"当中最主要的部分，所以标题下边一般也要有报告的编号并且要与封面上的报告编号相统一。

2. 委托人

估价结果报告上的委托人，不仅要写明本估价项目的委托单位的全称，还要写明委托单位的法定代表人和住所；如果是个人委托评估，不仅要写明委托人的姓名，还要写明其住所和身份证号码。

3. 估价机构

估价结果报告上的估价机构，与委托人相对应，不仅要写明本估价项目的估价机构的全称，还要写估价机构的法定代表人、住所，以及估价机构的资格等级。

4. 估价对象

概要说明估价对象的状况，包括物质实体状况和权益状况。其中，对土地的说明应包括：宗地名称、《国有土地使用证》证号、坐落、面积、形状、土地是出让的还是划拨的、土地用途、四至、周围环境、景观、基础设施完备程度、土地平整程度、地势、地质、水文状况、规划限制条件、利用现状、权属状况；建筑结构、装修、设施设备、平面布置、工程质量、建成年月、维护、保养、使用情况、公共配套设施完备程度、利用现状、权属状况等。还需要表述宗地容积率、覆盖率等。对于多宗地，应按宗地分别叙述各宗地及其地上附着物的情况。

5. 估价目的

估价目的要说明本次估价的目的和应用方向。

6. 估价时点

估价时点是所评估的估价项目客观合理价格或价值对应的年月日。估价时点也是估价结果所对应的日期。

7. 价值定义

价值定义要说明本次估价所采用的价值标准或价值内涵。如公开市场价值。

8. 估价依据

说明估价所依据的法律、法规和标准，委托人提供的有关资料，估价机构和估价人员掌握、搜集的有关资料。

9. 估价原则

估价原则要说明本次估价遵循的房地产估价原则。

10. 估价方法

估价方法要说明本次估价所采用的方法以及这些估价方法的定义及公式。

11. 估价结果

估价结果是本次估价的最终结果，应包括总价和单价，并附人民币大写。若多宗地，应分别说明各建筑物总价和单价。若用外币表示，应说明估价时点中国人民银行公布的人民币市场汇率中间价，并注明所折合的人民币价格。

12. 估价人员

列出所有参加该估价项目的估价人员的姓名及资格证书号，并由本人签名、盖章。

13. 估价作业日期

估价作业日期是本次估价的起止日期，需要注意的是要与封面上的估价日期相一致。

14. 估价报告应用的有效期

估价报告应用的有效期可表达为到某个年月日止，也可表达为自估价时点起多长年限，一般为一年。

（七）估价技术报告

估价技术报告一般包括下列内容。

1. 个别因素分析

个别因素分析就是要详细分析、说明估价对象的个别因素。

2. 区域因素分析

区域因素分析就是要详细说明、分析估价对象的区位状况。

3. 市场背景分析

市场背景分析是要说明和分析类似房地产的市场状况，包括过去、现在和可以预见的未来。市场背景分析说到底是要分析影响类似房地产价格的主要因素。由于估价对象的类型不同，估价的目的不同，所以影响其市场价格变动的主要因素会有所不同。

4. 最高最佳使用分析

最高最佳使用分析是要说明和分析估价对象最高最佳使用。

5. 估价方法选用

估价方法选用是要详细说明估价的思路和采用的方法及其理由。

6. 估价测算过程

估价测算过程就是要详细说明运用某种估价方法的全部测算过程及相关的确定。尤其是技术复杂的估价报告，报告的写作者要在准确掌握各种估价方法的基础上，按着估价方法的操作步骤，因果关系明确地、条理清楚地表述每种估价方法的测算过程，对于相关参数的确定既符合有关数学公式的要求，又要符合逻辑推理。

7. 估价结果确定

估价结果确定就是要说明本次估价的最终结果是多少，并且它是如何确定的。因为我们在估价报告中要采用两种或两种以上的方法进行估价测算。用不同估价方法得出的结论会有一定的差异，因此最终选用何种数学方法确定估价结果或对其进行进一步调整都需在此说明理由。

（八）附件

把可能会打断叙述部分的一些重要资料放入附件。附件通常包括估价对象的位置图、四至和周围环境的图片、土地形状图、建筑平面图、建筑物外观和内部状况的图片、项目有关批准文件、估价对象的产权证明、估价中引用的其他专用文件资料、估价人员和估价机构的资格证明、专业经历和业绩等。

四、估价报告格式

我国不动产估价由于土地和建筑物的行政主管机关的不同，形成现行房地产估价和土地估价二类估价报告的规范格式。1995 年 12 月 22 日由原国家土地管理局（1996）国土〔籍〕字第 18 号文规定了土地估价报告规范格式，2001 年 3 月为配合国土资源大调查，国土资源部出台了新的《城镇土地估价规程》，对土地估价报告的规范格式重新做出规定。1999 年 6 月 1 日建设部施行了房地产估价报告规范格式。归纳起来，不动产估价报告规范格式主要有：①土地估价报告规范格式（文字式）；②土地估价技术报告规范格式（文字式）；③土地估价报告规范格式（表格式）；④房地产估价报告规范格式。具体可参考有关文件或规程。

参 考 文 献

艾建国，吴群．2008. 不动产估价．北京：中国农业出版社.

别致．2004. 不动产估价中还原利率的研究．南京师范大学硕士学位论文.

蔡剑红，朱道林．2014. 土地估价中收益还原法的误差传播．测绘科学，39（1）：117-120.

柴强．2007. 房地产估价理论与方法．北京：中国建筑工业出版社.

陈平留，刘健，陈昌雄，等．2010. 森林资源资产评估．北京：高等教育出版社.

程阳春．1991. 路线价估价法及其在我国的应用．湖北财经高等专科学校学报，11（6）：17-20.

杜彬，张丽，赵英娜．2005. 应用基准地价评估城镇综合用地地价的方法．南京师范大学学报，28（2）：112-116.

杜奎．2000. 成本估价法应用中的若干问题探讨．基建优化，5：1-4.

杜瑞婷，郑占蕊，郑战忠．2006. 目前房地产抵押评估存在的问题和改进的途径．评估师信息网.

高邦怀，高帮胜，李扣芹，等．2008. 浅谈收益还原法在土地估价实践中的应用．科技经济市场，（4）：95-96.

高帮胜，李扣芹，高邦怀，等．2008. 常用的几种土地估价方法的应用比较．科技资讯，（16）：11-13

高云峰．2005. 北京山区森林资源价值评价背景．中国农业大学博士学位论文.

龚水燕，黄秀梅．2003. 房地产估价：对收益还原法下资本化率求取方法的探讨．商业研究，279（19）：37-39.

郭新春，赵妍，冯江，等．2005. 腰井子自然保护区草原生态系统服务价值估算．南昌大学学报（理科版），29（4）：404-408.

郝丽丽．2013. 假设开发法评估土地价格应用理论与分析．长沙铁道学院学报，14（2）：1-2.

矫德阳．2014. 关于市场比较法区域因素修正方法改进的探讨．东北农业大学学报，12（1）：6-12.

李卉欣．2009. 运用收益还原法评估土地价格探讨．现代商贸工业，6：152-154.

李松青，刘异珍．2010. 矿业权价值评估——基于实物期权理论．北京：社会科学文献出版社.

李亚男．2009. 收益还原法中还原利率的确定方法探析．现代农业科技，21：305-307.

廖凤．2013. 土地估价的几种基本方法的探析．山东纺织经济，（1）：100-102.

林建漳．2012. 不动产估价评价机制的探讨．中国资产评估，（4）：25-28.

刘宝春，马文洪．2000. 矿产资源资产评估的有关问题．中国地质经济，13（7）：10-13.

刘清杰．2000. 浅谈房产的成本估价．学术探讨，7：347.

柳鹏．2014. 基于模糊综合评判的房地产估价方法研究．低温建筑技术，3（3）：139-141.

陆丽珍．2002. 城镇综合用地宗地地价评估方法研究．经济地理，22（增刊）：96-99.

欧阳安蛟，葛昂扬．2002. 城镇基准地价内涵及"基准条件"界定研究．浙江大学学报，29（5）：585-588.

齐鹏，张林楠．2004. 综合用地土地价格的评估方法．房地产评估，12：30-32.

强真，朱道林，毕继业．2005. 农用地转用生态补偿价格评估理论初探．中国国土资源经济，2：36-40.

邱枫．2007. 高层建筑地价分摊方法探讨．重庆工商大学学报，24（1）：57-60.

王庆改，郑新奇，闫弘文，等．2004. 城镇基准地价平衡研究．地理科学，24（1）：37-41.

王秋兵．2003. 土地资源学．北京：中国农业出版社.

王珍莲．2014. 房地产评估之假设开发法运用探讨．财会月刊，80：1-2.

卫新东，李冬玉，王筛妮．2004. 路线价法在中小城镇基准地价评估中的应用初探．国土资源科技管理，3：62-64.

夏佐铎，姚书振．2002. 矿产资源资产经济价值的研究．中国矿业，8：16-18.

夏佐铎．2004．矿产资源资产评估体系研究．科技进步与对策，11：97-99.

肖争鸣，刘小生．2006．基准地价系数修正法评估宗地地价的若干问题．华侨大学学报，27（2）：159-161.

徐文超，孙卫志，崔彬，等．2005．可比销售法在矿产资源概略研究中的应用．中国矿业，14（7）：30-33.

徐晓燕，陈斌．2013．收益还原法中还原率的理论探讨与求取方法．安徽农业科学，41（36）：14121-14122，14126.

徐一萍，李国安，唐绍祥，等．2000．商住综合用地评估的加价模型．宁波大学学报，13（4）：55-58.

严星，林增杰．1999．城市地产评估．北京：中国人民大学出版社．

颜好洁，冯友建．2005．基准地价分类修正综合法在综合用地地价评估中的应用．浙江大学学报，32（5）：579-583.

杨向飞，张绍良，闫艳，等．2009．土地估价方法缺陷探析及完善途径．安徽农业科学，37（1）：290-292.

俞明轩．2012．房地产评估．北京：中国人民大学出版社．

虞晓芬．2010．不动产估价．北京：高等教育出版社．

张欢．2014．房地产估价中市场比较法的改进及应用研究．河北经贸大学硕士学位论文．

张翼飞，赵敏．2007．意愿价值法评估生态服务价值的有效性与可靠性及实例设计研究．地球科学进展，11（22）：1141-1149.

赵林．2013．房地产估价成本法及其应用研究．吉林大学硕士学位论文．

赵明媚．2009．浅析市场比较法在我国房地产估价中的应用．改革与探讨，12：163.

赵文娟．2013．市场比较法在房地产估价中的应用．科技经济市场，9：69-71.

中国土地估价师协会．2007．土地评估机构资信评级办法．

钟悦红．2002．假设开发法在建房地产评估中的应用．湖南大学学报，16（3）：1-2.

周小萍，毕继业，王军艳．2008．不动产估价，北京：北京师范大学出版社．

朱道林．2007．不动产估价．北京：中国农业大学出版社．

邹晓云．2010．土地估价基础．北京：地质出版社．

Veisten K. 2007. Contingent valuation controversies: Philosophic debates about economic theory. Journal of Socio-Economics, 36（2）：204-232.